民國文化與文學 研究文叢

二 編

李 怡 主編

第 16 冊

郭沫若生平史料摭拾

蔡 震 著

國家圖書館出版品預行編目資料

郭沫若生平史料摭拾／蔡震 著 ─ 初版 ─ 新北市：花木蘭文
化出版社，2013〔民102〕
目 2+332 面；19×26 公分
（民國文化與文學研究文叢 二編：第16冊）
ISBN：978-986-322-319-1（精裝）
1. 郭沫若 2. 傳記
541.26208
102012327

ISBN-978-986-322-319-1

民國文化與文學研究文叢
二　編　第十六冊
ISBN：978-986-322-319-1

郭沫若生平史料摭拾

作　　者　蔡震
主　　編　李怡
企　　劃　四川大學現代中國文化與文學研究中心
　　　　　民國文學與海外漢學研究中心（籌）
　　　　　北京師範大學民國歷史文化與文學研究中心
總 編 輯　杜潔祥
印　　刷　普羅文化出版廣告事業
出　　版　花木蘭文化出版社
發 行 人　高小娟
聯絡地址　235 新北市中和區中安街七二號十三樓
　　　　　電話：02-2923-1455／傳眞：02-2923-1452
網　　址　http://www.huamulan.tw 信箱 sut81518@gmail.com
初　　版　2013 年 9 月
定　　價　二編 22 冊（精裝）新台幣 38,000 元

郭沫若生平史料撫拾

蔡 震 著

作者簡介

蔡震，中國社會科學院歷史研究所郭沫若紀念館研究員，中國郭沫若研究會會長，中國博物館協會會員。長期從事中國現代文學史研究，從事博物館工作，曾主編《傳記文學》雜誌。撰寫出版有《郭沫若與郁達夫比較論》、《霜葉紅於二月花──茅盾的女性世界》、《文化越境的行旅──郭沫若在日本二十年》、《郭沫若家事》等著作，主編《郭沫若年鑒》。

提　要

　　郭沫若以自由體詩歌的寫作名聞於世，那時他還只是一個在日本攻讀醫學的留學生。此後，他便棄醫從文，成了文學家。大革命時期，郭沫若投筆從戎參加北伐，經歷了一段鐵馬金戈的軍旅生涯。隨之，是十年海外亡命的坎坷，卻玉成了他在歷史和古文字學領域的輝煌。他的人生行旅就這樣不斷變換著內容和色彩。

　　這是一個在現代中國文學史、學術史、文化史上留下了深深足迹的人物，當然也是一個時有訾議，乃至被歷史模糊了的人物。但無論如何，了解郭沫若，可以讓我們從某一個方面、某一個角度，去閱讀中國現代史，閱讀現代中國的新詩史、文學史、學術史、中日文化交流史等等。這應該是郭沫若作為一個民國史上的人物所值得關注和研究的學術價值之所在。

　　了解一個人，需要閱讀他的一生。但就郭沫若生平而言，還存在有許多歷史空白之處，存在有不少史料的疏誤。本書即著眼於此，撿拾往事，發掘、鈎沉、考證、辨析一則則史料，依其內容分門別類，逐一記入「史蹟篇」、「著述篇」、「交往篇」、「書信篇」。文中所述史實、史事，或大或小，或見全貌或為片段，但皆為展現一個歷史人物的真實存在。

就「民國機制」與民國文學答問
——《民國文化與文學研究文叢》第二輯引言

李 怡

文學的「民國機制」是什麼

周維東：我注意到，最近有一些學者提出了「民國文學史」研究的問題，例如張福貴先生、丁帆先生、湯溢澤先生等等。而在這些「文學史」重新書寫的呼聲中，您似乎更專注於一個新的概念的闡述和運用，這就是文學的「民國機制」，您能否說明一下，究竟什麼是文學的「民國機制」呢？

李怡：「民國機制」是近年來我在中國現代文學史研究中逐漸感受到並努力提煉出來的一個概念。形成這一概念大約是在 2009 年，為了參加北京大學召開的紀念五四新文化運動 90 周年研討會，我重新考察了「五四文化圈」的問題，我感到，五四文化圈之所以有力量，有創造性，根本原因就在於當時形成了一個砥礪切磋、在差異中相互包容又彼此促進的場域，而這樣的場域所以能夠形成，又與「民國」的出現關係甚大，中國現代文學之有後來的發展壯大，在很大程度上得力於當時能夠形成這個場域。在那時，我嘗試著用「民國機制」來概括這一場域所表現出來的影響文學發展的特點。〔註1〕我將五四時期視作文學的「民國機制」的初步形成期，因為，就是從這個時期開始，推動中國現代文化與文學健康穩定發展的基本因素已經出現並構成了較為穩定的「結構」。〔註2〕

〔註1〕 李怡：《誰的五四：論五四文化圈》，見《中國現代文學研究叢刊》2009 年 3 期。

〔註2〕 李怡：《「五四」與現代文學「民國機制」的形成》，《鄭州大學學報》2009 年

　　2010 年，在進一步的研究中，我對文學的「民國機制」做出了初步的總結。我提出：「民國機制」就是從清王朝覆滅開始在新的社會體制下逐步形成的推動社會文化與文學發展的諸種社會力量的綜合，這裏有社會政治的結構性因素，有民國經濟方式的保證與限制，也有民國社會的文化環境的圍合，甚至還包括與民國社會所形成的獨特的精神導向，它們共同作用，彼此配合，決定了中國現代文學的特徵，包括它的優長，也牽連著它的局限和問題。爲什麼叫做「民國機制」呢？就是因爲形成這些生長因素的力量醞釀於民國時期，後來又隨著 1949 年的政權更迭而告改變或者結束。新中國成立以後，眾所周知的事實是，政治制度、經濟形態及社會文化氛圍及人的精神風貌都發生了重大改變，「民國」作爲一個被終結的歷史從大陸中國消失了，以「民國」爲資源的機制自然也就不復存在了，新中國文學在新的「機制」中轉換發展，雖然我們不能斷言這些新「機制」完全與舊機制無關，或許其中依然包含著數十年新文化新文學發展無法割斷的因素，但是從總體上看，這些因素即便存在，也無法形成固有的「結構」，對於文化和文學的發展而言，往往就是這些不同的「結構」在發生著關鍵性的作用，所以我主張將所謂的「百年中國文學」、「二十世紀中國文學」分段處理，不要籠統觀察和描述，它們實在大不相同，二十世紀下半葉的中國文學應該在新的「機制」中加以認識。〔註3〕

　　周維東：「民國機制」與同時期出現的「民國文學史」、「民國史視角」有什麼差別？

　　李怡：「民國文學史」提出來自當代學人對諸多「現代文學」概念的不滿，據我的統計，最早提出以「民國文學史」取代「現代文學史」設想的是上海的陳福康先生，陳福康先生長期致力於現代文獻史料的發掘勘定工作，他所接觸和處理的歷史如此具體，實在與抽象的「現代」有距離，所以更願意認同「民國」這一稱謂，其實這裏有一個值得注意的現象：真正投入歷史的現場，你就很容易發現文學的歷史更多的是一些具體的「故事」，抽象的「現代」之辨並不都那麼激動人心，所以在近現代史學界，以「民國史」定位自己工作者先前就存在，遠比我們觀念性強的「文學史」界爲早。繼陳福康先生之後，又先後有張福貴、魏朝勇、趙步陽、楊丹丹、湯溢澤、丁帆等人繼續闡

---

　　　　4 期。

〔註 3〕李怡：《民國機制：中國現代文學的一種闡釋框架》，《廣東社會科學》2010
　　　　年 6 期。

述和運用了「民國文學史」的概念，尤其是張福貴和丁帆先生，更以「國務院學位委員」特有的學科視野爲我們論述和規劃了這一新概念的重要意義與現實可能，我覺得他們的論述十分重要，需要引起國內現代文學同行的高度重視和認眞討論。在一開始，我也樂意在「民國文學史」的框架中討論現代文學的問題，因爲這一框架顯然能夠把我們帶入更爲具體更爲寬闊的歷史場景，而不必陷入糾纏不清的概念圈套之中，例如借助「民國文學史」的框架，我們就能夠更好地解釋「大後方文學」的複雜格局，包括它與延安文學的互動關係。〔註4〕

不過，「民國文學史」主要還是一個歷史敘述的框架，而不是具體的認知視角和研究範式，或者說他更像是一個宏闊的學科命名，而不是「進入」問題的角度，我們也不僅僅爲了「寫史」，在書寫整體的歷史進程之外，我們大量的工作還在對一個一個具體文學現象的理解和闡釋，而這就需要有更具體的解讀歷史的角度和方法，我們不僅要告訴人們這一段歷史「叫做」什麼，而且要回答它「爲什麼」是這樣，其中都有哪些值得注意的東西，對後者的深入挖掘可以爲我們的文學研究打開新的空間，「機制」的問題提出就來源於此。

周維東：我也意識到這一問題。「民國文學史」提出的學理依據和理論價值，在於它一時間化解了「中國現代文學史」框架中許多難以解決的難題，譬如中國現代文學的「起點」問題，中國現代文學的「包容度」問題，中國現代文學史寫作的價值立場問題等等。但「化解」並不等同於「解決」，當我們以「民國」的歷史來界分中國現代文學時，我們依舊需要追問「現代」的起源問題；當我們不在爲中國現代文學的包容度而爭議時，如何將民國文學錯綜複雜的文學現象統攝在同一個學術平臺上，又成了新的問題；我們可以不爲「現代」的本質而煩擾，但一代代中國現代知識份子的文化追求還是會引發我們思考：他們爲什麼要這樣而不是那樣？

李怡：還有一個概念也很有意思，這就是秦弓先生提出的「民國史視角」，〔註5〕「視角」的思路與我們對其中「機制」的關注和考察有彼此溝通之處，

〔註 4〕 李怡：《「民國文學史」框架與「大後方文學」》，《重慶師範大學學報》2009 年 1 期。

〔註 5〕 秦弓先後發表《從民國史的角度看魯迅》（《廣東社會科學》2006 年 4 期）、《現代文學的歷史還原與民國史視角》（《湖南社會科學》2010 年 1 期）。

我們都傾向於通過對特定歷史文化的具體分析爲文學現象的解釋找到根據。在我們的研究中，有時也使用「視角」一詞，只是，我更願意用「機制」，因爲，它指涉的歷史意義可能更豐富，研究文學現象不僅需要「觀察點」，需要「角度」，更需要有對文化和文學的內在「結構性」因素的總結，最終，讓二十世紀中國文學上下半葉各自區分的也不是「角度」而是一系列實在內涵。

周維東：「民國機制」的研究許多都涉及社會文化的制度問題，這與前些年出現的「中國現當代文學制度研究」有什麼差別呢？

李怡：最近一些年出現的「中國現當代文學制度研究」爲中國文學的發生發展尋找到了豐富的來自社會體制的解釋，這對過去機械唯物主義的「社會反映論」研究具有根本的差異，我們今天對「民國機制」的思考，當然也包含著對這些成果的肯定，不過，我認爲，在兩個大的方面上，我們的「機制」論與之有著不同。首先，這些「制度研究」的理論資源依然主要來自西方學術界，這固然不必指責，但顯然他們更願意將現代中國的各種「制度現象」納入到更普遍的「制度理論」中予以認識，「民國」歷史的特殊性和諸多細節還沒有成爲更主動的和主要的關注對象，「民國視角」也不夠清晰和明確，而這恰恰是我們所要格外強調的；其次，我們所謂的「機制」並不僅是外在的社會體制，它同時也包括現代知識份子對各種體制包圍下的生存選擇與精神狀態。例如民國時期知識份子所具有的某種推動文學創造的個性、氣質與精神追求，這些人的精神特徵與國家社會的特定環境相關，與社會氛圍相關，但也不是來自後者的簡單「決定」與「反映」，有時它恰恰表現出對當時國家政治、社會制度、生存習俗的突破與抗擊，只是突破與抗擊本身也是源於這個國家社會文化的另外一些因素。特別是較之於後來極左年代的「殘酷鬥爭、無情打擊」，較之於「知識份子靈魂改造」後的精神扭曲，或者較之於中國式市場經濟時代的信仰淪喪與虛無主義，作爲傳統文化式微、新興文明待建過程中的民國知識份子，的確是相對穩健地行走在這條歷史的過渡年代，其中的姿態值得我們認眞總結。

周維東：經過您的闡述，我可不可以這樣理解：「民國機制」包含了一種全新的文學理解方式，「民國」是靜態的歷史時空，而「機制」則是文化參與者與歷史時空動態互動中形成的秩序，兩者結合在一起，強調的是在文學活動中「人」與「歷史時空」的豐富的聯繫，這種聯繫可以形成一種類似「場域」的空間，它既是外在的又是內在的。通過對「文學機制」的發現，文學

研究可以獲得更大的彈性空間，從而減少了因為理論機械性而造成的文學阻隔。單純使用「民國」或「制度」等概念，往往會將文學置於「被決定」的地位，它值得警惕的地方在於，我們既無法窮盡對「民國」或「制度」全部內容的描述，也無法確定在一定的歷史時空下就必然出現一定的文學現象。

李怡：可以這樣理解。

為什麼是「民國機制」

周維東：應該說，目前中國現代文學研究已經相當成熟了，各種研究模式、方法、框架都取得了引人注目的成就，在這個時候，為什麼還要提出這個新的闡述方式呢？

李怡：很簡單，就是因為目前的種種既有研究框架存在一些明顯的問題，對進一步的研究形成了相當的阻力。我們最早是有「新文學」的概念，這源於晚清「新學」，「新文學」也是「新」之一種，顯然這一術語感性色彩過強，我們必須追問：「新」旗幟的如何永遠打下去而內涵不變？「現代」一詞從移入中國之日起就內涵駁雜，有歐洲文明的「現代觀」，也有前蘇聯的十月革命「現代觀」，後者影響了中國，而中國又獨出心裁地劃出一「當代」，與前蘇聯有所區別，到了新時期，所謂「與世界接軌」也就是與歐美學術看齊，但是我們的「現代」概念卻與人家接不了軌！到 1990 年代，「現代性」知識登陸中國，一陣恍然大悟之後，我們「奮起直追」，「現代性」概念漫天飛舞，但是新的問題也來了：如何證明中國文學的「現代」就是歐美的「現代」？如果證明不了，那麼這個概念就是有問題的，如果真的證明了，那麼中國文學的獨立性與獨創性還有沒有？我們的現代文學研究真的很尷尬！提出「民國機制」其實就是努力返回到我們自己的歷史語境之中，發現中國人在特定歷史中的自主選擇，這才是中國文學在現代最值得闡述的內容，也是中國文學之所以成為中國文學的理由，或者說是中國自己的真正的「現代」。

周維東：我在想一個問題，「民國機制」的提出在很大程度上來自對目前「現代」概念的質疑和反思，這是不是意味著，我們從此就確立了與「現代」無關的概念，或者說應該把「現代」之說驅除出去呢？

李怡：當然不是。「現代」概念既然可以從其知識的來源上加以追問，借助「知識考古」的手段釐清其中的歐美意義，但是，在另外一方面，「現代」

從日本移入中國語彙的那一天起，就已經自然構成了中國人想像、調遣和自我感性表達的有機組成部分，也就是說，中國人已經逐步習慣於在自己理解的「現代」概念中完成自己和發展自己，今天，我們依然需要對這方面的經驗加以梳理和追蹤，我們需要重新摸索中國自己的「現代經驗」與「現代思想」，而這一切並不是 1990 年代以後自西方輸入的「現代性知識體系」能夠解釋的，怎麼解釋呢？我覺得還是需要我們的民國框架，在我們「民國機制」的格局中加以分析。

周維東：也就是說，只有在「民國機制」中，我們才可以真正發現什麼是自己的「現代」。

李怡：就是這個意思，「現代」並不是已經被我們闡述清楚了，恰恰相反，我覺得很多東西才剛剛開始。

周維東：「民國」一詞是中性的，這是不是更方便納入那些豐富的文學現象呢？例如舊體詩詞、通俗小說等等。提出「民國機制」是否更有利於現代文學史的「擴軍」？也就是說將民國時期的一切文化文學現象統統包括進去？

李怡：從字面上看似乎有這樣的可能，實際上已經有學者提出了這個問題。但是，對於這個問題，我卻有些不同的看法，實際上，一部文學史絕對不會不斷「擴容」的，不然，數千年歷史的中國古典文學今天就無法閱讀了，不斷「減縮」是文學史寫作的常態，文學經典化的過程就在減縮中完成。這就為我們提出了一個問題：一種新的文學闡釋模式的出現從根本上講是為了「照亮」他人所遮蔽的部分而不是簡單的範圍擴大，「民國」概念的強調是為了突出這一特定歷史情景下被人遺忘或扭曲的文學現象，舊體詩詞、通俗小說等等直到今天也依然存在，不能說是民國文學的獨有現象，而且能夠進入文學史研究的一定是那些在歷史上產生了獨立作用和創造性貢獻的現象，舊體詩詞與通俗小說等等能不能成為這樣的現象大可質疑，與唐宋詩詞比較，我們現代的舊體詩詞成就幾何？與新文學對現代人生的揭示和追求比較，通俗小說的深度怎樣？這都是可以探討的。實際上，一直都由學者提出舊體詩詞與通俗小說進入「現代文學史」，與新文學並駕齊驅的問題，呼籲了很多年，文學史著作也越出越多，但仍然沒有發現有這麼一種新舊雜糅、並駕齊驅的著作問世，為什麼呢？因為兩者實在很難放在同一個平臺上討論，基礎不一樣，判斷標準不一樣。我認為，提出文學的「民國機制」還是為了更好地解

釋那些富有獨創性的文學現象，而不是為了擴大我們的敘述範圍。

周維東：文學史研究從根本上講，就不可能是「中性」的。

李怡：當然，任何一種闡述本身就包含了判斷。

「民國機制」何為

周維東：在文學的「民國機制」論述中，有哪些內容可以加以考察？或者說，我們可以為現代中國文學研究開拓哪些新空間呢？

李怡：大體上可以區分為兩大類：一是對「民國」各種社會文化制度、生存方式之於文學的「結構性力量」的考察、分析，二是對現代作家之於種種社會格局的精神互動現象的挖掘。前者可以展開的論題相當豐富，例如民國經濟形態所造就的文學機制。從 1913 年張謇擔任農商務部總長起，在大多數情形下，鼓勵民營經濟的發展已經成了民國的基本國策，中國近現代的出版傳播業就是在這樣的格局中發展起來的，這賦予了文學發展較大的空間；至少在法制的表面形態上，民國政府表現出了一系列「法治」的努力，以「三民主義」和西方法治思想為基礎民國法律同樣也建構著保障民權的最後一道防線，雖然它本身充滿動搖和脆弱。這表層的「法治」形式無疑給了知識份子莫大的鼓勵，鼓勵他們以法律為武器，對抗獨裁、捍衛言論自由；多種形態的教育模式營造了較大的精神空間，對國民黨試圖推進的「黨化」教育形成抵制。後者則可以深入挖掘現代知識份子如何通過自己的努力、抗爭調整社會文化格局，使之有利於自己的精神創造。

周維東：這些研究表面上看屬於社會體制的考察，其實卻是「體制考察與人的精神剖析」相互結合，最終是為了闡發現代文學的創造機能而展開的研究。

李怡：對，尋找外在的社會文化體制與人的內部精神追求的歷史作用，就是我所謂的「機制」的研究。

周維東：這樣看來，民國機制的研究也就帶有鮮明的立場：為中國現代文學的創造力尋求解釋，深入展示我們文學曾經有過的歷史貢獻，當然，也為未來中國文學的發展挖掘出某些啟示。所以說，「民國機制」不是重新劃範圍的研究，不是「標籤」與「牌照」的更迭，更不是貌似客觀中性的研究，它無比明確地承擔著回答現代文學創造性奧秘的使命。

李怡：這樣的研究一開始就建立在「提問」的基礎上，是未來回答現代文學的諸多問題我們才引入了「民國機制」這樣的概念，因爲「提問」，我想我們的研究無論是在文學思潮運動還是在具體的作家作品現象方面都會有一系列新的思維、新的結論。例如一般認爲 1930 年代左翼作家的現實揭弊都來源於他們生活的困窘，其實認眞的民國生活史考察可以告訴我們，但凡在上海等地略有名氣的作家（包括左翼作家）都逐步走上了較爲穩定的生活，他們之所以堅持抗爭在很大程度上還是來自理想與信念。再如目前的文學史認爲茅盾的《子夜》揭示了民族資產階級在現代中國沒有前途，但問題是民國的制度設計並非如此，其實民營經濟是有自己的生存空間的，尤其 1927～1937 被稱作民國經濟的黃金時代，這怎麼理解？顯然，在這個時候，茅盾作爲左翼作家的批判性佔據了主導地位，而引導他如此寫作的也不是什麼「按照生活本來面目加以反映」的 19 世紀歐洲的「現實主義」原則，而是新進引入的馬克思主義的階級觀念。民國體制與作家實際追求的兩相對照，我們看到的恰恰是民國文學的獨特景象：這裏不是什麼遵循現實主義原則的問題，而是作家努力尋找精神資源，完成對社會的反抗和拒斥的問題，在這裏，文學創作本身的「思潮屬性」是次要的，構建更大的精神反抗的要求是第一位的。在這方面，是不是存在一種「民國氣質」呢？

周維東：根據您的闡述，我理解到「民國機制」所要研究的問題。過去我們研究文學史，也注重了歷史語境的問題，但從某個單一視角出發，就可能出現「臆斷」和「失度」的現象，這也就是俗話中的「只知其一不知其二」。「民國機制」研究民國「社會文化制度、生存方式之於文學的『結構性力量』」，實際還強調了歷史現場的全景考察。其次，「現代作家之於種種社會格局的精神互動現象」在過去常常被認爲作家的個體想像，您在這裏特別強調這種互動的集體性和有序性，並試圖將之作爲結構文學史的重要基礎。

李怡：是這樣的。過去我們都習慣用階級對抗在解釋民國時代的「左」、「中」、「右」，好像現代文學就是在不同階級的作家的屬性衝突中發展起來的，其實，就這些作家本身而言，分歧和衝突是一方面，而彼此的包容和配合也是不容忽視的一面，更重要的是，他們意見和趣味的分歧往往又在對抗國家專制統治方面統一了，在面對獨裁壓制的時候，都能夠同仇敵愾，共同捍衛自己的利益。當整個知識份子階層形成共同形成精神的對抗之時，即便是專制統治者也不得不有所忌憚，例如擔任國民黨中宣部部長的張道藩就在

1940 年代的「文學政策」論爭中無法施展壓制之術。民國文學創作的自由空間就是不同思想取向的知識份子共同造成的。

周維東：這樣看來，「民國機制」還有很多課題值得挖掘。譬如民國時期知識份子與大眾傳媒關係問題，過去我們基本從「稿費」和「經濟」的角度理解這一現象，不過如果我們注意到這一時期的「零稿費」現象、「虧本經營」現象，以及稿件類型與稿酬水平的關係問題等等，就可以從單純的經濟問題擴展到民國文人、民國傳媒的趣味和風尚問題，進而還能擴展到民國知識份子生存空間的細枝末節。這樣研究文學史，眞可謂「別有洞天」呀！

作爲方法的「民國機制」

周維東：我覺得，提出文學的「民國機制」不僅可以爲我們的學術研究開闢空間，同時它也具有方法論的價值。

李怡：我以爲這種方法論的意義至少有三個方面：一是倡導我們的現代文學學術研究應該進一步回到民國歷史的現場，而不是抽象空洞的「現代」，即便是中國作家的「現代」理念，也有必要在我們自己的歷史語境中獲得具體的內容；二是史料考證與思想研究相互深入結合，近年來，對現代文學史料的重視漸成共識，不過，究竟如何認識「史料」卻已然存在不同的思路，有人認爲提倡史料價值，就是從根本上排除思想研究，努力做到「客觀」和「中性」，其實，沒有一種研究可以是「客觀」的，從來也不存在絕對的「中性」，最有意義的研究還是能夠回答問題，是具有強烈的問題意識的研究。如何將史料的考證和辨析與解答民國時期文學創造的奧秘相互結合，這在當前還亟待大家努力。第三，正如前面我們所強調的那樣，我們也努力將外部研究（體制考察）與內部研究（精神闡釋）結合起來，以「機制」的框架深入把握推動文學發展的「綜合性力量」，這對過去「內外分裂」的研究模式也是一種突破。

周維東：最近幾年，中國出現了「民國熱」，談論民國，想像民國，出版民國讀物，蔚爲大觀，有人擔心是否過於美化了那一段歷史？

李怡：這個問題也要分兩重意義來說，首先是爲什麼會出現這樣的「熱」？顯然是我們的歷史存在某種需要反省的東西，或者將那個時候的一切統統斥之爲「萬惡的舊社會」，從來沒有正視過歷史的應有經驗，或者是對我們今天──市場經濟下虛無主義盛行，知識份子喪失理想和信仰的某種比照，在這

樣兩種背景上開掘「民國資源」，我覺得都有明顯的積極意義，因爲它主要代表了我們的不滿足，求反思，重批判，至於是否「美化」那要具體分析，不過，在「民國」永遠不會「復辟」的前提下，某些美好的想像和誇張也無需過分擔憂，因爲，「民國」資源本身包含「多元」性，左翼批判精神也是民國精神之一，換句話說，眞正進入和理解「民國」，就會引發對民國的批判，何況今天分明還具有太多的從新體制出發抨擊民國的思想資源，學術思想的整體健康來自不同思想的相互抵消，而不是每一種思想傾向都四平八穩。

周維東：的確是這樣。所謂「美化」的背後其實是缺失和批判。學術史上又太多類似的「美化」，屈原、陶淵明、李白、杜甫等文化名人形成的光輝形象，不正是研究者「美化」的結果嗎？魯迅也曾經「美化」過魏晉。在研究者「美化」歷史人物和歷史時期時，我想他（她）不是諂媚也不是褒貶，而是在更大的文化空間上，揭示我們還缺少什麼，我們如何可以過的更好。

李怡：還有，也是更主要的一點，我們的「民國機制」研究與目前的「民國熱」在本質上沒有關係。我們要回答的是民國時期現代文學的創造秘密，這與是否「美化」民國統治者完全是兩回事，我們從來嚴重關切民國歷史的黑暗面，無意爲它塗脂抹粉，恰恰相反，我們是要在正視這些黑暗的基礎上解答一個問題：現代知識份子如何通過自己的抗爭和奮鬥突破了思想的牢籠，贏得了民國時期的文學輝煌，我們把其中的創生力量歸結爲「民國機制」，但是顯而易見，民國機制並不屬於那些專制獨裁者，而是根植於近代以來成長起來的現代知識份子群體，根植於這一群體對共和國文化環境與國家體制的種種開創和建設，根植於孫中山等民主革命先賢的現代理想。

周維東：「民國機制」不是民國統治者的慈善，不是政治家的恩賜，而是以知識份子爲主體的社會力量主動爭取和奮鬥的結果，在這裏，需要自我反省的是知識份子自己。

李怡：「民國機制」的提出歸根結底是現代文學學術長期發展的結果，絕非當前的「風潮」鼓動（中國是一個充滿「風潮」的社會，實在值得警惕），近三十年來，中國現代文學研究一直在尋找一種更恰當的自我表達方式，從1980年代「二十世紀中國文學」在「走向世界」中抵消政治意識形態的干預到1990年代「現代性」旗幟的先廢後存，尷尷尬尬，我們的文學研究框架始終依靠外來文化賜予，那麼，我們研究的主體性何在？思想的主體性何在？我曾經倡導過文學研究的「生命體驗」，又集中梳理過中國現代文學批評的術

語演變，這一切的努力都不斷將我們牽引回中國歷史的本身，我們越來越真切地感受到更完整地返回我們的歷史情境才有可能對文學的發展作進一步的追問。對於現代的中國文學而言，這一歷史情境就是「民國」，一個無所謂「美化」也無所謂「醜化」的實實在在的民國，回到民國，才是回到了現代中國作家的棲息之地，也才回到了中國文學自身。

周維東：最後一個問題，我們研究民國時期的文學，是否也應該考慮當時歷史狀況的複雜性，比如是不是民國時代的所有文學都從屬於「民國機制」？比如解放區文學、淪陷區文學？除了「民國機制」，當時還存在另外的文學機制沒有？

李怡：這樣的提問就將我們的問題引向深入了！我一向反對以本質主義的思維來概括歷史，社會文化的內在結構不會是一個而是多個，當然，在一定的歷史時期，肯定有主導性的也有非主導性的，有全局性的也有非全局性的。在「民國」的大框架中，也在特定條件下發展起了一些新的「機制」，但是民國沒有瓦解，這些「機制」的作用也還是局部的。延安文學機制是在蘇區文學機制的基礎上發展起來的，軍事性、鬥爭性和一元性是其主要特徵，但這一機制全面發揮作用是在「民國」瓦解之後，在民國當時，延安文學能夠在大的國家文化體系中存在，也與民國政治的特殊架構有關，在這個意義上，也可以說是民國機制在特殊的局部滋生了新的延安機制，並最終為發展後的延安機制所取代。至於淪陷區則還應該仔細區分完全殖民地化的臺灣以及置身中國本土的東北淪陷區、華北淪陷區和上海孤島等，對於完全殖民地化的尚未光復的臺灣，可能基本置於「民國機制」之外，而對其他幾個地區，則可能是多種機制的摻雜，雖然摻雜的程度各不相同。但是，從總體上看，我並不主張抽象地籠統地地議論這些「機制」比例問題，我們提出「民國機制」最終還是為了解決現代中國文學發生發展的若干具體問題，只有回到具體的文學現象當中，在分析解決具體的文學問題之時，「民國機制」才更能發揮「方法論」的作用，啟發我們如何在「體制與人」的交互聯繫中發掘創造的秘密。我們無需完成一部抽象的「民國機制發展史」，可能也完成不了，更迫切的任務是針對文學具體現象的新的符合中國歷史情境的闡述和分析。

周維東：對，我們的任務是進入具體的文學問題，將關注「民國機制」作為內在的思想方法，引導對實際現象的感受和分析。

目次

緒言：於細微處看歷史

「民七民八之交，將近三四個月的期間差不多每天都有詩興來猛襲，我抓著也就把它們寫在紙上」。「個人的鬱積，民族的鬱積，在這時找出了噴火口，也找出了噴火的方式，我在那時差不多是狂了」。〔註1〕為詩歌寫作而「狂了」的郭沫若，從此一步步走進中國現代文化史，並逐漸成為一個具有重要影響的人物。幾年之後，這樣一個富有浪漫激情的詩人卻又投筆從戎，置身於國民革命軍鐵馬金戈的北伐軍旅中。這開始了郭沫若文人從政，往復於江湖廟堂之間的複雜而糾結的人生旅程，也使他成為一個時有訾議的人物。

八十餘年前，郭沫若在開始落筆寫作自傳時曾記下這樣一句「前言」：

我寫的只是這樣的社會生出了這樣的一個人，

或者也可以說有過這樣的人生在這樣的時代。〔註2〕

事實正如此，在郭沫若其人、其人生經歷中，我們能夠從某一個方面、某一個角度，去瞭解中國現代史，閱讀現代中國的新詩史、文學史、學術史等等。這應該是郭沫若作為一個民國史上的人物值得關注和研究的學術價值之所在。

研究郭沫若，而不是簡單地作一些隨感式的評說、臧否，就需要全面閱讀他的生平史跡，包括他的作品著述、他的人生經歷、他的人際交往、他所置身其中的社會環境、時代背景等等。

郭沫若記述自己生平經歷的自傳作品數量眾多。他的自傳性寫作，在現

〔註1〕郭沫若：《序我的詩》，重慶《中外春秋》，1944年5月第2卷第3、4期合刊。

〔註2〕郭沫若：《我的幼年》，上海光華書局，1929年4月版。

代作家中大概無出其右者，因爲他不僅是一位詩人，還是一個歷史學家。他的自傳寫作，既是一個文學創作的過程，也是一個歷史書寫的過程。他把自己的生活經歷從個人的回憶變成歷史的記錄，把記憶裏的生活作成了歷史的文本。自傳之外，郭沫若還曾兩次編撰了自己的年譜：一是作於 1933 年 8 月的《民國三年以來我自己的年表》〔註3〕，一是作於 1941 年 9 月的《五十年簡譜》〔註4〕。前者爲一簡略的年表，後者譜文均以年繫之，故作簡譜。郭沫若的這些作品和文字，爲我們留下了關於他生平活動的大量資料。事實上，許多他人所作郭沫若的傳記，主要就是依據這些郭沫若自傳寫成的。

自郭沫若辭世之後，研究者們開始從學術研究的角度發掘整理其生平文獻史料，陸續編撰出版了《郭沫若全集》、幾種年譜、著譯繫年、書信集、若干佚文集等，還有大量回憶文章及其它相關的史料被整理出來。經過二三十年的積纍，對於郭沫若研究而言，有關郭沫若的生平，應該說已經有了相當豐富的資料。

儘管如此，我們目前從郭沫若生平史迹的記述中，仍然會在這裏那裏看到不少歷史空白之處，看到留存有許多遺闕。而特別需要提及的是，在現有的史料中，包括在郭沫若的自傳中，所述史實、史事，時有史誤出現。有歷史空白點和史料的遺闕，自然需要拾遺補闕，而史實、史事的舛誤，或者會致研究者「誤入歧途」，那就更需要對「現成」的史料再做爬梳整理與考辨的工作。

這裏書中所記，即是針對於這種狀況的一則則史料的摭拾。其中既有發掘、鈎沉，亦有考證、辨析，依其內容，分別記入「史蹟」、「著述」、「交往」、「書信」四篇。文中所述，有許多或許只能稱爲歷史的細節、片段，但歷史的真實狀態，往往就存在於這些細微末節處。

〔註 3〕收入《沫若自選集》，上海樂華圖書公司，1934 年 1 月出版。
〔註 4〕載《中蘇文化》半月刊，1941 年 11 月第 9 卷第 2、3 期合刊。

史蹟篇

三個生辰日期？

1892 年 11 月 16 日，這是一直沿用的郭沫若的生辰日期。郭沫若在自傳中兩次寫到這個日期。較早的一次是在《我的幼年》中，後一次是在《五十年簡譜》裏。

《我的幼年》作於 1928 年，1929 年 4 月由上海光華書局出版。編就於 1941 年 9 月 25 日的《五十年簡譜》〔註1〕，使用的當然是比文學性傳記更嚴謹的記述文字，其第一段譜文寫道：「民紀前二十年（光緒十八年壬辰、西紀一八九二年）十一月十六日（陰曆九月二十七日）午時生於四川省樂山縣觀峨鄉沙灣鎮。」

在郭沫若去世以後，迄今為止已經出版的所有的他的傳記、年譜中，都是按照這個日期記述他的生辰。2001 年 3 月，由重慶出版社出版的武繼平著《郭沫若留日十年》一書中披露了一項史料：郭開貞在進入日本九州帝國大學時於 1918 年 8 月 1 日親筆書寫的入學志願書與履歷書。兩份文書上均寫著「光緒十八年九月二十九日生」。（書中附有兩種文書的照片）該書認為：「這個郭沫若的出生年月日作為我們最新掌握的寫作時間最早的第一手資料，其可靠性毋庸置疑。」

這兩份文書，讓我想到了手頭保存的一份郭沫若在九州帝國大學學籍簿上登記冊頁的複印件，其中郭開貞一欄也寫著「光緒十八年九月二十九日生」。這一份資料在我手中已經保存了十餘年，此前之所以沒有把郭沫若的生辰日期作為一個可能需要考訂的問題提出，是因為考慮到學籍簿為學校登記的文字檔案，並非本人所寫，所以不排除登記過程中抄錄者出現差錯的可能。而根據《郭沫若留日十年》所披露的史料，九大學籍簿所記載的內容，顯然係按照郭沫若自己在入學志願書與履歷書上所寫的出生日期登錄的。那麼，這就確實存在一個對於郭沫若生辰日期可能需要進行考訂的問題，至少是要對於這兩個不同日期的說法有一個合理的解釋。

依常理，以郭沫若「寫作時間最早的第一手資料」，作為判定其「可靠性」或者說準確性的標準，也即是說，以「光緒十八年九月二十九日」（1892 年 11 月 18 日）作為郭沫若的生辰日期，當然是最合適的考慮。但是具體到這個涉

〔註1〕 《五十年簡譜》，刊載於《中蘇文化》半月刊，1941 年 11 月第 9 卷第 2、3 期合刊。

圖 1：九州帝國大學學籍簿

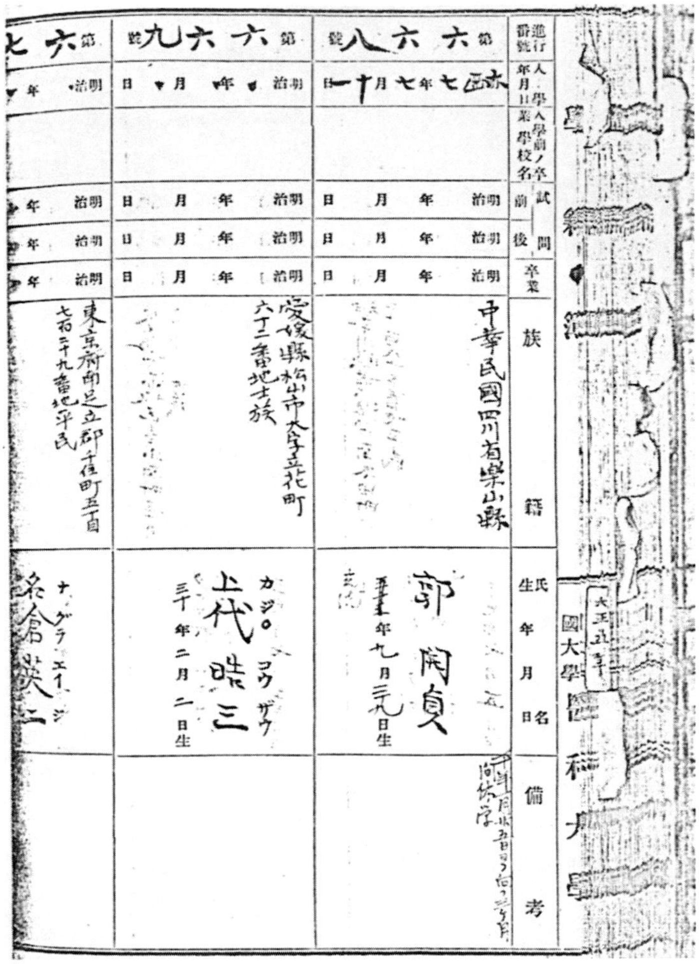

及兩種紀年的日期，是不是就能夠以其斷定為不二的史實呢？我以為還需要做進一步的分析，還需要考慮到一些相關的歷史的社會的因素。

其實，郭沫若的生日，他自己還親手寫下過另外一個日期，這是迄今尚不為人知的。

一位日本學者小峰王親，在 1962 年曾編撰了一部《郭沫若年譜》，該年譜作為日本《法政大學教養部研究報告》第七號於 1963 年 6 月刊印。小峰王親於 6 月底，將此年譜寄給任中國科學院院長的郭沫若。郭沫若接到小峰王親的來信後校閱了該年譜，並在寄來的原文上做了修改和校正，然後於同年 8 月中旬寄還小峰王親。寄還年譜和覆信小峰王親一事，是由中國科學院對外

圖2：郭沫若在小峰王親作年譜上校改的文字

聯絡局代辦的，該局（以局長的名義）在給小峰王親的信中寫有這樣一句話：
「現將郭院長親自校正過的郭沫若年譜一書寄還，請查收。」〔註2〕

郭沫若所做的修改既有文字的增刪改動，也有內容的增刪改動，總計
在七十餘處以上。小峰王親所撰年譜的第一條譜文為郭沫若的生日、家世
等內容，譜文是這樣寫的：「（一八九二年）九月二十一日出生於四川省西

南部……」郭沫若在原件上對時間做了校正，改為：「十一月十七日（陰曆九月二十一日）」。其中「九月二十一日」幾字仍依原文字未做改動。小峰王親原撰譜文時間的月份肯定有誤，他未搞清郭沫若出生月份的九月是按夏曆紀年所記，那「二十一日」的說法又從何而來呢？這個疑問我們暫且放下，郭沫若親自校正的文字（按中科院外聯局給小峰王親覆信所言，從筆跡上判定亦應為郭沫若親筆所寫）就成了他自己親手寫下的又一個生辰日期。

郭沫若改定的文字自然就引出一個新的問題：「十一月十七日」這個日期從何而來？是否為筆誤呢？如果郭沫若就認定自己的生日是「十一月十七日」，又亦或為筆誤，那郭沫若為什麼又沒有將改注在括號內的陰曆月日之「九月二十一日」的文字（即該年譜的原文）予以改正呢？無論是公曆的 11 月 16 日還是 17 日，都不是陰曆的「九月二十一日」。

如果僅就郭沫若對於小峰王親所撰年譜這一條譜文修改的文字進行考證，可能會得到某個結論，譬如出於一個簡單的筆誤，或是一個記憶上的錯誤，也可能是其他什麼根本說不清的原因。但這實際上沒有意義，我在這裏舉出這一條史料，是想將其與上述兩項記錄郭沫若生辰日期的史料聯繫在一起而呈現一個事實：郭沫若對於自己的生日親筆寫下過三個日期：（1892 年）11 月 16 日、11 月 17 日、11 月 18 日。

面對這樣一個事實，恐怕我們很難簡單地以哪一個日期是郭沫若最早寫下的，就判定其為史實，尤其是後兩個日期的記錄，一個是在郭沫若親自編訂自己的年譜時寫下的，一個是他在校閱他人為其所做年譜時寫下的，它們都不是出現在撰寫一般性的回憶文字的過程中，編訂、校閱自己的年譜，理應對這樣的日期格外仔細才是。

所以，實際上我們面對的這一事實只能這樣去解釋：郭沫若對於自己的生辰日期並沒有準確的記憶。

關於這一點，郭沫若早在第一部自傳《我的幼年》中就提到了，只是因為該書後來在版本衍變中文字的易動，使得人們（包括研究者）完全沒有注意到這一情況。《我的幼年》在敘述傳主出生時是這樣寫的：「就在那樣土匪的巢穴裏面，1892 年的秋天生出了我。」「我是生在陰曆九月尾上的，日期是二十一還是二十七，我現在不記得了。我只記得我是午時生的。」小峰王親所撰年譜中「九月二十一」的出處顯然是在這裏了。對於「二十一」和「二

十七」兩個日期應取哪一個，郭沫若表達的意思很清楚：「現在不記得了。」但小峰王親自作主張選擇了「二十一」日，而郭沫若後來在《五十年簡譜》中則用了「二十七」日，但他們都沒有予以說明。

《我的幼年》在以《我的童年》爲題收入《少年時代》〔註3〕時，文字一應如前。1958 年，郭沫若在編訂《沫若文集》第 6 卷時，對《我的童年》的文字做了修訂，將原記述出生一段文字改作：「我是生在陰曆九月的尾上，日期是二十七。我是午時生的。」〔註4〕從那時起，人們關於郭沫若生辰日期所獲得的信息，實際上就出自這刪削過的文字。

郭沫若沒有改動小峰王親所撰年譜中「九月二十一」一處文字，其實還是說明他對於自己出生的準確日期沒有清晰的記憶。當年會導致這種狀況出現的原因，一個最大的可能性應該是與郭沫若東渡日本前後生活在使用不同紀年的社會環境有關。

在沒有出川之前，關於生辰日期，無論家人還是郭沫若自己，應該都只是依據陰曆時間。到日本以後，日本社會早已經改用公曆紀年，郭沫若也需要適應這一環境的改變。如果只是單純改依公曆紀年，那麼在將陰曆的出生年月日換算爲陽曆日期之後使用，自然就不會出現錯誤了。但實際情況恐怕是，在涉及生辰日期的時候，郭沫若需要兩種紀年方式並用（對家人仍講陰曆）。時間一長，既有可能把陽曆的時間搞錯了，也有可能反過來對陰曆日期的記憶也模糊了。事實上，郭沫若在留學時期所寫的家書中就時不時有陰陽曆日期並用的情形，而且不只一次出了差錯，譬如，他在 1915 年 10 月 21 日、1916 年 2 月 19 日所寫的兩封家書，均於公曆日期下並署有舊曆日期，但舊曆日期就都有誤。像這樣的事情，在生活於郭沫若那一時代的人們中間並非鮮見。

如此看來，若沒有原始的關於郭沫若生辰日期的文字記錄（至少到目前仍未發現），我們只能在上述三個日期中做一選擇，而確定的標準，並不能依據對於其所謂準確性的判斷，因爲在實際上我們還不能排除這樣的可能：這三個日期也並非最準確的日期。所以採用一直沿用的日期，即 1892 年 11 月 16 日爲最恰當。當然，在編訂郭沫若的年譜中，對於另外兩個不同日期均應存錄並予說明。

〔註3〕《少年時代》（沫若自傳・第一卷），上海海燕書店，1947 年 4 月初版。
〔註4〕《沫若文集》，人民文學出版社，1958 年 5 月第 6 卷。

與國共兩黨關係中的大革命經歷

1926 年 3 月，郭沫若乘船離滬赴穗，應聘於國立廣東大學。7 月，他加入國民革命軍總司令部政治部，投身於北伐的軍旅行列。1927 年 11 月，在南昌起義部隊南下的軍事行動失敗後，隨起義部隊南下的郭沫若輾轉香港重返上海。在這不到兩年的時間裏，郭沫若經歷了一生中一個非常重要的時間段，走進一個與「創造十年」全然不同的人生領域。他與中國國民黨和中國共產黨，以及兩黨的許多重要人物發生了政治關係，他作為文人知識分子由士而仕途的最初嘗試，以及他一生的政治經歷也是從此開始的。

歷史的誤讀

儘管只有短短一年多時間，郭沫若接下去的人生行旅，卻多與這一段經歷形成了一種歷史的因果聯繫。所以，盡可能準確地描述出郭沫若在 1926 年至 1927 年的經歷，應該是記述他生平活動一個非常關鍵的環節。從上世紀 70 年代末開始，人們已經做了許多這方面的資料發掘整理工作，因此，現有的郭沫若年譜、傳記對於他這一段經歷的描述，讓人感覺似乎已經不存在重要遺漏和歧義了。

然而回過頭來檢識一番，發現情況並非如此。上世紀 70 年代末到整個 80 年代，郭沫若研究曾呈現一種非常熱烈的場面，許多學術資料準備工作也是在那時打下基礎的。但熱烈的場景下其實存在著隱憂，主要有兩個方面：一是在發掘大量史料的同時，忽略或是忽視了許多歷史細節，二是許多回憶資料中包含有非歷史性的因素。

歷史細節並非無足輕重，它們能夠使歷史場景鮮活生動地呈現出來。即使是一些零落的細節資料，在直接史料相對匱乏的情況下，它們可能與相關的其他一些史料聯繫起來傳達重要的歷史信息。回憶資料中包含有非歷史性的因素，是指史料提供（回憶）者在敘述歷史的過程中，融入了屬於主觀判斷的內容。在有關郭沫若的生平史料中，後人的回憶文章是一個重要的組成部分。今天來回憶幾十年前的人、事（或者依據口口相傳），出現記憶上的錯誤，甚至張冠李戴，在所難免。這可以結合一手的資料或者與其它資料相互印證、補充來確定其真正的歷史存在或歷史狀態。但在提供（回憶）者的敘述中已經包含了解讀性的主觀判斷的內容，而它們又反映

著某種時代氛圍的話，那是會在無意中模糊，甚至在某種程度上改變歷史眞實性的。

具體到郭沫若在大革命時期的這一段經歷，人們已經熟知並認可的敘述，大體上是這樣一個歷史過程：

1926 年 2 月，郭沫若得到廣東大學校長陳公博的信函，邀請他去廣東大學任教。這是共產黨人瞿秋白推薦的。

3 月底，郭沫若到達廣州，林伯渠安排了他到廣東大學的事宜。這時，他結識了毛澤東，不久又結識了周恩來。在廣東大學任教的四個月中，擔任文科學長的郭沫若的重要經歷有文科革新、擇師風潮，參與中山大學籌備工作，有多次與時政有關的演講及許多社會活動，加入了國民黨，同時也提出了加入中國共產黨的申請。

6 月，在共產黨人周恩來、孫炳文等人的推動、推薦下，郭沫若擔任了北伐革命軍總司令部政治部宣傳科長，隨軍北伐。

10 月，郭沫若升任總政治部副主任，即往南昌主持總政治部在總司令部行營和江西方面的工作，並再一次提出入黨申請。在此期間，一方面是蔣介石拉攏郭沫若，另一方面則是他逐漸看清了蔣介石的眞實面目。

1927 年 3 月底，郭沫若撰寫了《請看今日之蔣介石》，與蔣介石決裂，並遭通緝。

8 月，參加南昌起義，隨起義部隊南下廣東途中，郭沫若加入中國共產黨。

這一概括敘述所依據的史料，爲行文簡便，在這裏不一一注明，它們都是郭沫若研究者們所知悉的。我要說的是：從這樣一個歷史敘述的梳理中，我們實際上可以很清楚地看出一條脈絡，即它主要，或者說是側重於在郭沫若與中國共產黨發生政治關係的過程中，去描述他在大革命時期的人生經歷，而他與國民黨和蔣介石的交道往來則被包含在這一關係中，或者僅僅是從這一政治關係去解讀那些史料。

這樣一種對歷史的描述，是否就是曾經的歷史，或者說歷史是否僅僅就是這樣一些內容、這樣一種狀態呢？我以爲，這還是一個需要再斟酌的問題，這裏面存在有對歷史的誤讀。我們不妨從對上文所涉及到的一些史料的考辨，與另外一些未被提及的歷史細節以及相關的史料綜合起來進行考察，把那些回憶性史料中所包含的非歷史因素排除掉，然後再來看看歷史敘述的文

本應該是個什麼樣子。

國民黨左派

第一次大革命以國共合作爲其政治態勢最根本的特徵，這是考察此一時期郭沫若生平史料格外需要注意的一個歷史背景，而在很多情況下，這一點實際上是被忽略了。

先說郭沫若的受邀去廣東大學。陳公博（國民黨人）邀請，瞿秋白（共產黨人）推薦，我們把這兩者都確認作史料，但一直以來人們強調的實際上是後者的作用，似乎是有了瞿秋白推薦（與此相關的是，郭沫若到達廣州後先去了林伯渠處），才有陳公博的邀請。其涵義當然是以共產黨作爲促成郭沫若南下廣東的政治背景。且不說關於瞿秋白的推薦只有間接的史料，陳公博的邀請則是直接的史料，在這一敘述中，還有一個被忽略了的歷史細節：陳公博特意致函邀請的是兩個人，郭沫若之外，另一位是田漢（邀請信函的臺頭即爲「沫若田漢先生」）。我不知道當初資料的發掘者是有意還是無意忽略了這一點。陳公博邀請信的內容也是值得注意的，信中寫道：「我們對於革命的教育始終具有一種懇摯迫切的熱情，無論何人長校，我們對於廣東大學都有十二分熱烈的希望，於十二分希望中大家都盼望先生急速南來」。「現在廣州充滿了革命緊張的空氣，所以我更望全國的革命的中堅分子和有思想的學者們全集中到這邊來，做革命青年的領導。深望先生能剋日南來，做我們的向導者。」〔註5〕

廣東大學不是一般的國立大學，而是相當（國民黨）「黨化」了的大學，是國民黨作爲培養人才的重要陣地。在將要把廣東大學改名爲中山大學的計劃裏，國民黨人是準備讓其「達到黨化地步。將來凡係黨員入校肄業，一律免費。非黨員則要交納學費。」〔註6〕陳公博當時是國民黨中央執行委員會委員，在國民黨內也有比他作爲廣東大學代理校長更重要的份量。他之所以會任職廣東大學校長，是因爲國民黨第二次全國代表大會處理了「西山會議派」後，廣州國民政府於 1925 年 12 月 1 日發布命令，免去了「西山會議派」鄒魯的國立廣東大學校長本職，〔註7〕由陳公博代理廣東大學校長。他是去收拾

〔註 5〕 《陳公博函催郭沫若等南歸》，1926 年 2 月 18 日《廣州民國日報》。

〔註 6〕 1926 年 4 月 9 日《廣州民國日報》。

〔註 7〕 《國民政府公報 1925 年第 17 號》，中國第二歷史檔案館《中華民國史檔案資料彙編》第 4 輯，江蘇古籍出版社，1997 年 9 月。

鄒魯留下的一個亂攤子的。在代理校長期間，陳公博施行了幾項新的校務措施。事實上，在邀請郭沫若南下廣州時，陳公博因代理期滿，已提交了辭呈，繼任校長爲褚民誼。而在郭沫若到達廣州後，陳公博即已就任廣州國民政府軍事委員會政治訓練部部長（北伐開始後該部改組爲鄧演達任部長的總司令部政治部）。北伐開始後，他是蔣介石最重要的幕僚之一（總司令部政務局長）。

從這些相關的史料中，我們是不是可以把邀請郭沫若去廣東大學理解爲，它應該是作爲國民黨人的廣東大學校長陳公博的主動行爲，他是爲廣東大學延攬人才（並非只是一個郭沫若）。事實上，創造社的幾員干將後來都被廣東大學延聘：郁達夫任英國文學系主任兼教授，成仿吾任文科兼預科教授，王獨清任文科教授。〔註8〕瞿秋白推薦可以是郭沫若被邀請的原因之一，但並不是決定的因素。陳公博的政治背景又表明，他爲廣東大學延攬人才並非個人之舉，而是出於國民黨政治利益的需要。那麼，郭沫若的南下廣東，理應主要是由國民黨人的意願促成，共產黨人只是從旁推動了此事。

郭沫若進入廣東大學任文科學長不久，就有一個引人注目的舉動：提出了一些革新教務的具體措施，由此引出了廣東大學的擇師風潮，他也一時成了風雲人物。在此期間被我們特別注意的史料是：他提出了加入中共的申請，與毛澤東、周恩來等共產黨人的交往，幾個月後，在共產黨人的推薦安排下投筆從戎，進入北伐革命軍總政治部。在這裏，他與國民黨的關係，幾乎又是被忽略掉了，包括他加入國民黨一事。有的年譜沒有記錄此事，也有在 6 月的記事中含糊地寫一句「此時已加入國民黨」。

郭沫若加入國民黨一事被人們忽略，可能是因爲郭沫若自己就把它忽略掉了。本來他在《脫離蔣介石以後》中清清楚楚記下，他是在 1926 年 5 月中旬加入國民黨，入黨介紹人是廣東大學校長褚民誼，可後來，他從發表的文章中刪去了這一段文字，使得只看今文的後人搞不清此事了。〔註9〕

加入國民黨，應該是郭沫若在大革命時期政治生涯中一件很重要的事情。這不只是此前作爲一位浪漫派詩人的郭沫若在表面上一個政治身份的變化，而且是串聯起他前後經歷因果關係的一個歷史細節，使我們對於他在此

〔註8〕《國立廣東大學概覽》，1926 年 5 月。

〔註9〕發表於 1927 年 5 月 23 日武漢《中央日報・中央副刊》的《脫離蔣介石以後》上是這樣寫的：「說我投機呢，我的確是個投機派；我是去年五月中旬才加入國民黨的，而且介紹我入黨的還是我們褚公民誼。」

期間的活動可以獲得一個具有相對準確政治涵義的解讀。

往前看，郭沫若 3 月下旬到廣東大學，5 月中旬，即由褚民誼介紹加入國民黨，其間只有短短不足兩個月時間。與此相關的是，他在這之前要求加入共產黨的申請沒有被批准。這一方面可以從側面看出，邀請他來廣東大學一事於國民黨方面的政治背景；另一方面則說明，國民黨廣東大學特別黨部對於他在文科學長任上的工作表現是充分肯定的。那麼在這兩個月中讓國民黨人格外看重的郭沫若的工作表現，應該就是文科革新和他在擇師風潮中的表現了。

郭沫若甫任文科學長即提出革新教務措施，其實並非他個人的行為，而是從陳公博代理廣東大學校長到褚民誼接任校長以後，在廣東大學推行改革過程中的一個舉措（在文科之後，其它學科也有做出同樣革新者）。在陳公博之前，廣東大學是被國民黨右派的「西山會議派」鄒魯所代表的守舊勢力把持著，他聘請了一批前清的舉人、貢生，也有著洋裝而無實學的教授任教，早就引起學生的極大不滿，國民黨人感到需要對廣東大學進行革新，也已經著手在進行革新。陳公博代理校長的時間只有兩個多月，即施行了「設立專修學院、公開圖書館、邀請名流演講等幾項新校務措施」，繼任校長褚民誼繼續著這一革新，但革新受到守舊勢力的阻礙。郭沫若就是在這樣的形勢下入長文科的，他顯然瞭解這一政治態勢，並且果斷地順應了革新的趨勢。這應該也是邀請他來廣大的國民黨人所期待於他的。所以，在初到廣州被記者問到整頓廣大文科的計劃時，他表示還需要與褚校長「詳細商訂，乃能確定」，二十餘天後，即與校長褚民誼聯名發出了革新教務的公告。國民黨廣東大學特別黨部後來在關於廣大擇師風潮給國民黨中央執行委員會的報告中也寫道：「文科學生，從前曾屢次要求學校改革文科，其要點有二：（一）撤換不良教師；（二）設立文科圖書館。但是一路都沒有結果。到了郭沫若先生擔任了文科學長，知道他是一位有革命性的人，所以又舊案重提，向他要求。」〔註10〕

革新措施受到一批代表守舊勢力教師的頑固反對。以教育系主任兼文學及專修學院教授黃希聲為首，串聯了部分文科教授講師 26 人開會，於 4 月 21 日宣布罷教，同時呈文校長，要求「罷斥」郭沫若。22 日，又將呈文在廣州

〔註10〕《廣大特別黨部報告》，中國國民黨中央執行委員會編《黨務月報》，1926 年第 2 期。

報紙上登出，並向國民政府教育行政委員會、廣東省教育廳呈送。〔註11〕於是，這次教務革新在廣東大學演繹為一場激烈的風潮，郭沫若被推到了風口浪尖上。

此時，他得到了國民黨廣東大學特別黨部的全力支持。該黨部專門召開了黨員大會，到會者有五百餘人，推畢磊為主席。大會通過四項議案：「（一）援助文科同學之擇師運動；（二）擁護為學生謀利益之褚校長及郭學長；（三）擁護褚校長郭學長改革文科之計劃；（四）普遍擇師運動於學校。」緊接著，文科學生全體大會通過的《文科全體學生宣言》，宣布全力支持革新；又決議組織「文本預科革新委員會」，選出委員9人，辦理一切事宜。會後，並分別呈請國民政府、中央黨部及廣大校長，要求撤換「不良教師」。〔註12〕5月3日，褚民誼函呈國民政府，報告校務革新情況申請預算，同時，報告了文科部分教師罷課風潮的經過及解決。對於參加罷課的26位教員，除已經公意恢復授課的11人外，呈請對於另外15位罷課教員，「從輕處分，即日免其職務，不使借本校教員名義在外煽動，以正學風」。國民政府接到呈文後，於12日批示：「准如所請辦理。」〔註13〕

這一次風潮是以革新勢力的勝利宣告結束，郭沫若則得到國民黨廣大特別黨部的高度評價。在該黨部寫給國民黨中央執行委員會的報告中認為，「各科學長，只有文科學長郭沫若先生，很能幫助黨務的進展」，「他的文字和演說，很能增加黨化宣傳的聲勢」，「能夠在重大問題發生的時候，有徹底的革命表示和主張」。〔註14〕有一個歷史細節，還可以從側面看到在革新風潮後，郭沫若如何受到器重。5月3日，設在番禺的第六屆廣州農民運動講習所舉行開學典禮。這是講習所開辦以來首次在廣東之外招生，參加開學典禮的來賓多為國共兩黨的重要人物：國民黨中央政治委員會主席譚延闓、婦女部長何香凝、農民部長林伯渠、青年部長甘乃光、全省農民大會代表彭湃、廣東大學校長褚民誼、國民大學校長陳其瑗等。開學典禮由林伯渠主持，所長毛澤東報告講習所籌備經過和招生情況，來賓相繼發表演講。郭沫若只是以廣大

〔註11〕見1926年4月26日《廣州民國日報》。

〔註12〕《廣大特別黨部報告》，中國國民黨中央執行委員會編《黨務月報》，1926年第2期；1926年4月26日《廣州民國日報》。

〔註13〕1926年5月14日《廣州民國日報》。

〔註14〕《廣大特別黨部報告》，中國國民黨中央執行委員會編《黨務月報》，1926年第2期。

文科學長的身份參加了典禮，但作了演講，顯然這是一個刻意的安排，應該與褚民誼或國民黨廣東大學特別黨部有關。〔註 15〕這也是一種政治評價。能得到這樣的政治評價，應該就是郭沫若很快由褚民誼介紹加入國民黨的主要原因。5 月中旬入黨，6 月初，郭沫若即受命爲國民黨廣東省黨部青年夏令營講習班的教務工作負責人之一，並將講授「革命與文藝」。其他將開設的課程有：蔣介石講授「北伐計劃與國民黨政策」、周恩來講授「國民革命與黨」等。緊接著，他又與吳稚輝、張太雷、何香凝等受聘爲國民黨廣大特別黨部暑期政治研究班教授。〔註16〕

再往後看，是郭沫若投筆從戎進入北伐革命軍，這與他加入國民黨是不是也有因果聯繫呢？我以爲應該有。

在郭沫若參加北伐革命軍的問題上，一直以來，認可這樣的說法，即，是經由共產黨人（周恩來、孫炳文、李民治等）的推動和安排。並且在回憶資料中還有這樣的說辭：政治部宣傳科長一職，蔣介石不願意讓共產黨人擔任，但國民黨裏面又沒有人可勝任此職，於是認可了共產黨人推薦的郭沫若。我以爲，歷史的眞實大概也未必盡是如此。

這一說法首先就忽視了一個最基本的歷史事實：郭沫若是國民黨員。而且，作爲政治部的主要幹部都應該具有黨派身份（國民黨或共產黨）。其次，這一說法沒有考慮到當時國共兩黨對於北伐的態度是有很大不同的這一歷史背景。以國民革命軍進行北伐的軍事行動是國民黨極力推行的，當時由陳獨秀主持的中共中央，對於這一軍事行動並不積極，也不抱「過分之希望」，而是把「國民會議」作爲這一時期黨的「總的政治口號」。陳獨秀認爲，廣東當時還需要積聚北伐的實力而不要冒險，北伐的時機尙不成熟。因而，中共方面甚至一度把北伐看作只是國民黨的事情，當然也就不會熱心參與其中。郭沫若進入政治部任宣傳科長一事，應該與他南下廣州的情況相似，有共產黨人的推動，但更主要的原因，恰恰還在於他本人就是國民黨員，又在廣東大學任職期間顯示出宣傳方面的才幹，於是被國民黨方面所看中。

國民革命軍總司令部政治部是由國民政府軍事委員會政治訓練部改組而成的，陳公博是政治訓練部主任。政治訓練部應該算是政治部組建的前期。

〔註 15〕《農民運動講習所開學紀盛》，1926 年 5 月 4 日《廣州民國日報》。
〔註 16〕據 1926 年 6 月 2 日、4 日、9 日《廣州民國日報》。

在 6 月 21 日，政治部召開第一次戰時政治工作會議時，陳公博以兩部交接工作的關係參加了會議，郭沫若則以準備進入政治部，還未到任的身份也參加了會議。在這次會議上，主持政治部的鄧演達高度稱讚了陳在軍隊政治工作方面的創建性作用。在這次政治工作會議第三天的會議日程上有這樣一項報告事項：「褚民誼報告廣東大學黨務概況」，而其他報告事項都是各軍政部門的工作報告。〔註 17〕這說明，廣東大學的黨務工作是納入政治部工作範疇。那麼，郭沫若以廣東大學文科學長身份進入政治部，似乎應該也不僅是一種個人行為（即使他有這樣的個人意願），更大的可能，是帶有國民黨廣東大學特別黨部黨務安排的背景。事實上，身為廣東大學校長的褚民誼後來也參加了北伐（校長一職留給戴季陶繼任）。而且，從政治部組建的過程看，這是不是意味著，陳公博仍然有可能在郭沫若進入政治部一事中起過作用？當然，這一點只能是揣測了。

　　郭沫若曾經說到過，政治部的人員構成，基本上是國民黨左派與中共黨員兩部分，事實確實如此，當然掌權者是國民黨左派。那麼作為總政治部一個重要的人物，我以為，我們在描述這一時期郭沫若的經歷時，對於他的政治身份應該有一個基本認定：即，他是一個國民黨左派人士。如果說在郭沫若剛到廣東時，共產黨人是把他作為一個具有革命傾向的知識分子看待的話，那麼在北伐期間，共產黨人則應該是以國民黨左派人士來看待他。

　　從赴廣東大學任教到參加北伐，郭沫若在這一段時間的政治經歷可以這樣概括：國民黨人看中並選擇了他，他也選擇了國民黨並以左派人士的身份投身於國民革命之中。

「知識分子的領袖」

　　隨著北伐軍事行動的一步步前進，國民革命的政治形勢逐漸發生了變化，郭沫若的政治經歷也隨之而發生著變化。

　　北伐革命軍攻克武漢之後，鄧演達身兼了數職，他向蔣介石提出任命郭沫若為總政治部副主任，這在蔣介石年譜中有明確的記載。蔣介石的總司令部駐紮在南昌，按說總司令部政治部也應設於此地，但由於鄧演達主政湖北，所以總政治部設在武昌，於是，鄧演達將總政治部分為兩部分，分設於武昌、

〔註 17〕《李一氓回憶錄》，人民出版社，2001 年 1 月；1926 年 6 月《廣州民國日報》。

南昌兩地，他讓郭沫若在南昌主持總司令部政治部的工作，主要管江西方面和國民革命軍第二軍、第三軍、第六軍的政治工作。這表明他對於郭沫若是非常器重的。

圖3：《廣州民國日報》報導總政治部擴大組織

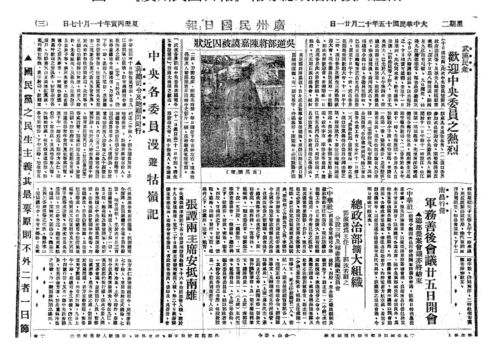

被派駐於南昌的郭沫若直接在蔣介石手下工作，蔣介石應該也是很欣賞他的才幹的。郭沫若於 1926 年 11 月 8 日晚起程赴贛，而到這個月底之前他的工作日程中，我們就可以看到這樣一些記錄：16 日，蔣介石電令郭沫若從將到南昌的黃埔軍校第四期政治科畢業生中挑選人員，擔任各連黨代表及政治工作人員。〔註18〕17 日，蔣介石電催郭沫若「本日訂定」俘虜宣傳大綱。19 日晚，郭沫若應召與從前線回到南昌的蔣介石談話，所談之事為在總司令部或總政治部應該設立經濟科，「以調查佔領區域一切經濟狀況而建設之」。〔註19〕26 日，郭沫若參加了蔣介石在總司令部行營召開的政治、經濟、黨務

〔註18〕毛思誠編：《民國十五年以前之蔣介石先生》第 19 冊；中國人民政治協商會議全國委員會文史資料研究委員會編《第一次國共合作時期的黃埔軍校》，文史資料出版社，1984 年 5 月。
〔註19〕中國第二歷史檔案館編《蔣介石年譜》，檔案出版社，1992 年 12 月。

聯繫會議，討論江西政治、經濟、黨務方面的問題及提案。可見前幾天蔣與他的那次談話，是在徵詢他對於經濟建設方面的意見。在這次聯繫會議上，政治部受命起草「文官考試」、「懲吏條例」等有關吏治的條例，並指導江西黨務工作。〔註20〕29日，在總司令部的總理紀念周活動中，蔣介石發表演說，郭沫若做政治報告。〔註21〕也是在這個月，蔣許諾給郭沫若每個月加發兩百元津貼。不久，蔣的夫人陳潔如來到南昌，蔣特別將陳潔如介紹給郭沫若，幾次讓郭沫若請陳到政治部去玩。〔註22〕1927年2月，郭沫若與張群、陳公博、陳立夫等在總司令部就任「中國國民黨國民革命軍總司令部南昌特別黨部」執行委員職，〔註23〕蔣介石又私下任命郭沫若做他的總司令部行營政治部主任。

從這樣一些歷史細節中，我們可以一窺當時蔣介石與郭沫若之間的關係，他欣賞郭沫若的才幹，希望郭可以成為自己信賴、倚重的幕僚。在外人眼中，這一時期蔣郭之間似乎也具有了這樣的關係。當然，蔣介石這時倒不是在與中共爭奪人才，他一方面是在培植自己的親信，一方面是與武漢方面（後來則是武漢國民政府）的國民黨左派勢力在爭奪人才。

然而事與願違，郭沫若並非趨炎附勢之人，他對國民革命有自己的認識，也就在政治上有自己的判斷和選擇。與蔣介石共事，使他一步步看清了蔣介石代表大地主大資產階級利益的政治本質。1927年3月下旬，他致信鄧演達，表明反蔣的態度，並申明要公佈蔣介石的罪狀，堅決站在武漢國民政府（國民黨左派）一邊。3月31日，他開始起草《請看今日之蔣介石》，以此文公開表示與蔣介石的決裂。在南昌的這段時間，郭沫若與共產黨人的關係愈益密切。當時在南昌有一個由李富春、林伯渠、李民治、朱克靖、朱德等人組成的中共南昌軍事委員會，以統一領導中共在駐南昌國民革命軍中的黨的工作。這個軍事委員會對郭沫若不保密，討論什麼事情，李民治還會向郭沫若徵求意見並向他報告會議內容，郭沫若也常就工作徵詢軍委會的意見，如蔣介石給他加發津貼一事，他就是先徵得了軍委會的意見才予以接受。

〔註20〕1926年12月13日《廣州民國日報》；中國第二歷史檔案館編《蔣介石年譜》，檔案出版社，1992年12月。

〔註21〕《林伯渠日記》，中共中央黨校出版社，1981年7月。

〔註22〕《李一氓回憶錄》，人民出版社，2001年1月。

〔註23〕1927年3月8日《廣州民國日報》。

　　與蔣介石決裂，顯然是使得共產黨人對於郭沫若給予了特別重視的一個緣由。1927 年 3 月 30 日，周恩來在上海第三次武裝起義特別委員會會議上建議，在民眾方面，推舉郭沫若為知識分子的領袖。郭沫若因被委派去上海主持總政治部上海分部而於 4 月 14 日到上海，周恩來面見了他，特別聽取了他對於蔣介石在九江、安慶搗毀黨部、工會，屠殺民眾等情況的介紹及建議。之後，周恩來根據蔣介石在江西、滬、寧等地叛變革命的行經，起草致中共中央意見書《迅速出師討伐蔣介石》。〔註 24〕當寧漢合流以後，共產黨人在籌劃南昌起義的時候，更把郭沫若推到一個非常重要的位置上。

　　「推舉郭沫若為知識分子的領袖」，這是一個非常重要的歷史細節，大概周恩來當時也不會想到，此後幾十年的歷史就是按照這樣一種預設的方式發展下去了。

　　南昌起義是中國共產黨人策劃和領導的，但從策略上考慮，起義時仍然打著國民黨的旗號，所以起義之時，即召開了一次國民黨部分中央委員及各省區特別市海外各黨部代表聯繫會議。會議發表宣言表示要繼續革命，選舉組成中國國民黨革命委員會。〔註 25〕這個委員會的核心機構是一個主要由國民黨左派人士組成的七人主席團，郭沫若為主席團成員之一，並被任命為宣傳委員會主席，起義軍總政治部主任。革命委員會主席團的另外六名成員是：宋慶齡、鄧演達、譚平山、張發奎、賀龍、惲代英。〔註 26〕與他們相比，郭沫若無論在政治經歷還是軍旅生涯方面都是資歷最淺的，可見此時，中共已經非常看中他了，但也仍然是視其為國民黨左派。（起義軍軍力的主體是張發奎第二方面軍的部隊，郭沫若則是第二方面軍的副黨代表、政治部主任。）

　　郭沫若是在 8 月 4 日晚趕到南昌的，起義部隊已經準備南下。在革命委員會的七人主席團中，宋慶齡、鄧演達早已在國外，並未參與起義之事，張發奎不但未加入起義，而且站在起義軍的對立面，譚平山、惲代英則具有國共兩黨的雙重政治身份，那麼實際上，以國民黨人身份參加了起義及南下行動的，只是郭沫若、賀龍二人。南昌起義是國民革命時期的一個轉折

〔註 24〕中共中央文獻研究室編《周恩來年譜》，中央文獻出版社，1998 年。
〔註 25〕《中央委員各省區特別市海外各黨部代表聯繫會議宣言》（一九二七年八月一日），《新國家》，1927 年 12 月 1 日第 1 卷第 12 號。
〔註 26〕《中國國民黨革命委員會令》（一九二七年八月二日），1927 年 8 月 2 日、3 日江西《工商報》。

圖4：總政治部主辦的《革命軍日報》

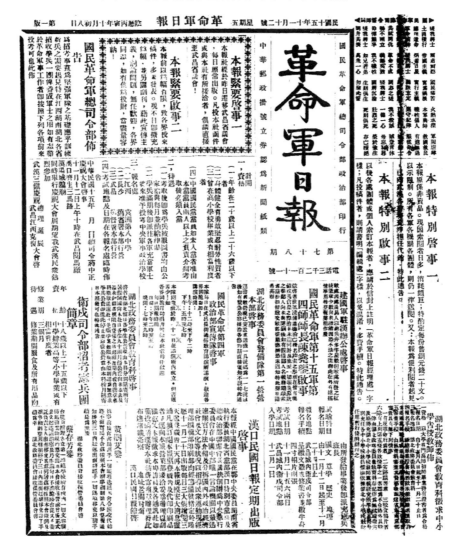

點，它表明，共產黨人要獨自領導中國革命的進程了。所以，當郭沫若隨起義部隊南下至瑞金時，他由周恩來、李民治作爲介紹人，與賀龍一起成爲中共黨員。

從此時開始，郭沫若的政治生涯與中國共產黨緊密地聯繫在一起。也就是說，在北伐初期以後，郭沫若的政治經歷可以概括爲這樣一個脈絡：作爲一個國民黨左派，郭沫若從蔣介的行徑中逐漸看出了其反革命的本質而與之決裂，並被開除出國民黨；中國共產黨人則選擇了他，他也選擇了共產黨。

提出加入中共的申請了嗎？

郭沫若先後加入國民黨和共產黨的經過，在他自 1926 年 3 月到 1927 年 8 月之間的政治經歷中，我們已經可以做出比較清晰和完整的歷史描述，但是一些細節問題仍然有待相關史料的發掘、考訂，方可做出判斷，譬如：他是否向中共黨組織提出入黨申請的問題。

迄今爲止，有兩篇回憶性史料記載了郭沫若提出過加入中國共產黨申請的史事，一爲徐彬如所寫的《六十年歷史風雲紀實》（中國文聯出版公司，1991 年 8 月出版。書中與郭沫若相關的廣州時期的事情，曾以《大革命時期我在廣州的經歷》爲題，刊載於《黨史研究資料》，1983 年第 10 期），一爲朱其華所著《一九二七年底回憶》（上海新新出版社，1933 年 5 月出版）。他們分別記述了郭沫若在 1926 年、1927 年提出過入黨申請的事情。

徐彬如在大革命時期曾擔任中共中山大學支部書記，他在《六十年歷史風雲紀實》中是這樣寫的：「郭沫若此時積極要求入黨，並寫了申請書交給中大總支，經總支討論，同意郭的申請。學生運動委員會對郭的入黨問題也進行了討論，認爲郭還需要到實際工作中去鍛鍊一段時間。總支和學委會的意見由畢磊彙報給粵區區委，陳延年同意我們的意見，惲代英提出最好讓郭到軍隊去，或到黃埔軍校鍛鍊一個時期。陳延年讓畢磊將區委的意見轉告郭沫若，又派惲代英代表區委正式找他談一次話，郭沫若當即表示完全接受組織意見，並要求儘快派他到軍隊中去。正好北伐軍要成立政治部，國民黨中央委派鄧演達任軍事委員會政治部主任，惲代英通過組織手續安排郭沫若去鄧演達處任政治部宣傳科上校科長。」徐彬如這段文字沒有標明具體時間，是敘述到「1926 年初」時寫下的。郭沫若於 1926 年 3 月 23 日到達廣州，7 月隨北伐軍出征，那麼徐彬如所記郭沫若提出入黨申請的時間，可以推斷一個大致的範圍。應該說，徐彬如的這段回憶文字，將郭沫若提出入黨申請的過程描述得非常詳細了。

朱其華是早期中共黨員，也是北伐的親歷者，他在作於 1932 年的《一九二七年底回憶》一書中寫到了郭沫若在南昌起義部隊南下廣東期間加入中國共產黨一事，書中寫道：「在廣昌，賀龍郭沫若彭澤民同時解決了加入 CP 的問題……郭沫若去年在南昌總政治部駐贛辦事處時代就要求加入 CP，但直到此次到廣昌以後，才正式通過。」這即是說，郭沫若於 1926 年 11 月至 12 月間在南昌（郭沫若於 11 月 8 日赴南昌就任總政治部駐贛辦事處主任）提出過

入黨申請。

這兩件史料的回憶者，都是相關歷史的參與者，所以他們記述的史事一直被視爲信史。郭沫若先後兩次提出入黨申請，均已被記入目前他的年譜資料中，也爲許多他的傳記所援用。然而，在對郭沫若1926年至1927年間的政治經歷重新進行描述後，我感到對於這兩個歷史細節——當然是非常重要的細節，需要再做進一步的考訂，才能確定其歷史的眞實性與準確性。事實上，仔細閱讀分析一下這兩篇回憶史料的內容，其中存在有明顯的舛誤。

「郭沫若此時積極要求入黨，並寫了申請書交給中大總支」。實際上郭沫若在廣州那段時間，中山大學還處在籌備階段，郭沫若任廣東大學文科學長，亦爲中山大學籌備委員會委員。雖然中山大學的前身是廣東大學，但那不是簡單的更名，而是國民黨按照培養幹部的辦校原則而建立的一所「黨化」的大學，它自1926年暑假起才掛牌招生，那時郭沫若已經隨北伐軍出征了，顯然不會存在他與中共中山大學支部發生過關係的事情。當然，徐彬如在這裏所說的「中大」，也可能是一個便宜上的稱謂，實際上包括了廣東大學的階段。但是接下去所說的，郭沫若進入北伐軍政治部是由「惲代英通過組織手續安排」的，則肯定爲誤說。郭沫若當時已經是國民黨員，廣東大學亦有國民黨特別黨部，他怎麼可能經過中共的「組織手續安排」進政治部任宣傳科長呢！還有一點也需要指出，即所謂「軍事委員會政治部」的稱謂是錯的，那是抗戰以後的名稱。北伐時期政治部的準確稱謂是：國民革命軍總司令部政治部，隸屬於總司令部。國民政府軍事委員會是在1928年2月才成立的。

一方面是對於一個歷史細節能做出詳細的記述，另一方面卻又在敘述中存在有許多決非細微末節的疏誤，當然會讓我們對其所述內容的是否準確持有疑問。也許我們還不好因此而否定那個歷史細節的存在，但至少我們不應該僅以此孤證作爲敘述歷史的史料。在能爲其找到佐證之前，關於郭沫若在廣東大學期間提出過入黨申請一事，應以存疑爲好。

相比於徐彬如以親歷者的身份所言，朱其華在《一九二七年底回憶》中寫到郭沫若1926年在南昌時提出過入黨申請一事，有點像是道聽途說。因爲該書所記爲發生在1927年內的事情，關於郭沫若曾在年前提出入黨申請之事只是一筆帶過，沒有任何說明和交代。從研究的角度說，對於關乎郭沫若生平如此重要的一個歷史細節，僅以一句沒有來龍去脈的文字爲史料而做出判

斷，是失之嚴謹的，朱其華所記是否屬實，尚需考證。

《一九二七年底回憶》寫於 1932 年，這個時間距書中所述之事只過了幾年，比郭沫若撰寫《北伐途次》的時間還要略早，朱其華又是書中所記之事的親歷者，大概就是這個原因，使得人們很輕易地將書中所記視爲可靠的史料。然而，關於朱其華其人、其書，卻是我們在判斷該書的內容是否完全眞實可信時，首先需要瞭解的。朱其華在 1929 年即脫黨，該書的撰寫在此之後，那麼在撰寫的過程中，這一政治身份的變化，就有可能影響到他對於歷史事實的認定、判斷和評價。事實上正是如此。僅就該書中記述到的共產黨人如周恩來、李立三、聶榮臻，也包括郭沫若、賀龍等人，及與他們相關的一些事情來看，作者在行文中明顯地帶上了主觀臧否或個人的好惡，甚至用惡意中傷的文字進行描述。所以，對於《一九二七年底回憶》一書所記錄的史事，應該進行充分的考證，才好確認其歷史眞實性。

朱其華並不直接與郭沫若共事，他是隨廣州國民政府北遷在南昌工作了幾個月時間，所以關於郭沫若與中共的關係，恐怕只能是「聽說」而已。其實，能夠瞭解在南昌期間郭沫若與中共關係，並且留下有回憶文字的是李一氓（當時叫李民治）。郭沫若在南昌主持總司令部政治部的工作，李民治任主任秘書，爲他的助手。在《李一氓回憶錄》中有一段文字特別記述到中共在南昌的黨的工作：「這個時期江西基本沒有軍事行動，部隊只是處於戒備狀態。黨中央爲了統一南昌部隊黨的工作，成立了一個南昌軍委，李富春爲書記，成員有林伯渠、朱克靖和我。但有時朱、林不在南昌，開會時就由黨員的政治部秘書出席。後來朱德任第三軍教導團團長和南昌公安局局長時，他也參加了這個軍委。因爲沒有軍事行動，部隊就處於一個半平時狀態。所以在軍委來講，也沒有什麼重大的問題要討論，開會的時間不多，每個月大概一次，都在晚上。成立南昌軍委這件事對郭沫若也不保密。我去開會前，總是徵求他有什麼意見；回來以後，除必須保密的以外，我也向他簡單地報告討論內容。譬如蔣介石突然開條子，要給郭沫若每個月發兩百元津貼，就是他提出來，徵求黨的意見，要不要接受。軍委討論過後，認爲他可以接受，就由我轉達了討論的意見。」〔註27〕

李一氓的回憶錄雖然寫於他的晚年，但是作爲眞正的當事者，他的回憶中有一些非常重要的歷史細節。像這一段文字寫到郭沫若與南昌軍委的關

〔註27〕《李一氓回憶錄》，人民出版社，2001 年 1 月。

係，實際上反映的也就是作爲國民黨員的郭沫若當時與中共的關係。然而，李一氓特別寫到郭沫若與南昌軍委的關係，卻沒有說起有郭沫若提出入黨申請之事，這是不是表明在他的記憶裏並沒有這樣一件事。當然，回憶者沒有憶及的事情，並不一定就是沒有發生過的事情，但李一氓在寫到幾個月後郭沫若入黨的具體過程時寫下的另一段文字，其實很清楚地表達了他的意思。他寫道：「在瑞金的時候，周恩來同我商量，要介紹郭沫若入黨。究竟是郭沫若提出在先，還是組織上要他入黨在先，現在無從說起。我看這不是一個重要問題，因爲當時對郭沫若來講，入黨的時機已經成熟了。」〔註28〕即使不說這段文字有無言外之意，一件直接當事者亦認爲「無從說起」的事情，是不能作爲史事就予認定的，所以朱其華所言不足爲信。

客觀完整地記錄歷史

從郭沫若與國共兩黨的關係中來看他從 1926 年到 1927 年，即大革命時期的經歷，與目下許多他的傳記、年譜的記述中所能描述出的那種歷史文本相比，應該是有不小的差異的。但這種差異的出現，除了因爲援引到一些新的史料，更主要的卻緣自彙集了許多被忽略的，以及與之相關的歷史資料的補充、記述，對於回憶性的史料，盡可能地排除其包含的主觀判斷性的內容，以此，來求得還原於眞實的歷史存在。

有關郭沫若在大革命期間經歷的史料並不多，而能讓我們直接做出肯定判斷的史料在數量上更少，大量的史料來源於後來的回憶文章，包括郭沫若的自傳也是在多年後才寫出的。所以對於當時出現、發生過的人、事，如果我們不能以直接確鑿的史料予以記述，相關歷史資料的補充敘述是非常必要的。也就是說，我們即使不能做出十分肯定的判斷，應該盡量完整、眞實地描述出那一歷史場景，那一歷史存在狀態。這比簡單地認可一種判斷更接近歷史眞實，也才更具有學術價值。譬如，郭沫若在自傳中寫到他到廣州後先去林伯渠處接洽，然後才去了廣東大學，後人在實際上就把此處的林伯渠解讀爲（共產黨人）林伯渠。林伯渠是共產黨人不錯，但此時的林伯渠也是國民黨員，而且是國民黨中央執行委員會常務委員、秘書處秘書、農民部長。作爲在當時廣州政壇上活動的一個政治人物，林伯渠先以農民部長，後以國民革命軍第六軍政治部主任的身份，常常在公眾活動中露面。那麼，郭沫若

〔註28〕《李一氓回憶錄》，人民出版社，2001 年 1 月。

最初與林伯渠相識，打交道，究竟是與共產黨人林伯渠還是與身為國民黨政要的林伯渠呢（這實際上涉及的是與共產黨還是國民黨發生的關係）？我們或者並不能對此做出肯定的判斷，那就應該把這些內容完整地、真實地記錄在與郭沫若相關的歷史情節之中去，否則，歷史反而被模糊了。

涉及郭沫若在大革命時期經歷的史料，有相當大的部分是源於上個世紀70年代末到80年代的回憶文章。今天來回看這些資料，有一個問題尤其值得郭沫若研究再作思考，即，當時的許多回憶文章，或多或少都因為時代的政治背景而在對歷史資料的敘述中，無形地具有了某種傾向性。它們以郭沫若去世後對於他在政治上所做的蓋棺論定的評價，來框定出一個敘述他人生行旅的政治脈絡。於是，一些歷史細節被誇大了，另一些歷史細節被忽略或抹掉了，甚至還有主觀推定出來的歷史情節。

李一氓關於郭沫若入黨經過的那一段文字其實頗耐人尋味，其值得尋味之處有二：其一，提出了是郭沫若主動要求入黨，還是組織上要發展他入黨的問題。如果說在瑞金郭沫若沒有主動提出申請，那麼此前他的兩次申請（在廣東大學時、在南昌）應該並不存在一個有效期的問題。而且，至少半年多前在南昌提出的那一次，李一氓是應該知道的，假使有過此事的話。所以他實際上是在表達這樣一層意思：所謂郭沫若提出入黨申請的事情，是有待直接的史料予以證實才能確認的史實。其二，提出「時機」成熟的問題。這「時機」如果僅僅針對郭沫若個人而言，應該指的是他具備了條件，卻不是什麼時機。那麼，主要的應該是針對組織而言。它的含義是：周恩來認為（當然是作為黨組織的意見），南昌起義的行動進行到此時，郭沫若作為國民黨左派的政治身份不再有多少實際意義了，因此，已經被南京國民黨中央開除黨籍的郭沫若應該發展為中共黨員。

李一氓應該是瞭解郭沫若研究的學術狀態的，也瞭解關於大革命時期郭沫若與中共關係的那些說法，但作為基本上見證了這一關係發展經過的當事者，他的回憶文字既沒有輕易否定什麼，也不做無史料依據的認可，它們是審慎的、客觀的。當然，他是歷史的親歷者，而我們這些從史料去瞭解歷史的研究者們，就需要對過目的史料做出考辨。

郭沫若生平的史料，我們所能找到和擁有的，當然是越多，越充分則越好，但肯定是無法做到十全十美，難以窮盡的。所以，問題的關鍵還不完全在於我們是不是記錄了郭沫若生平所有的史料（即使我們現在做出一部郭沫

若的年譜長編，也還會不斷有新的史料需要補充進去），而首先在於，我們是不是能以真正歷史的、客觀的眼光去發掘史料、考察史料，去分析已經擁有的史料，並且恰當地運用這些史料。如果在我們的意識中存在有一個預設的傾向性，那麼勢必在發掘、考察、分析、運用史料的時候出現偏頗，對一些相關的史料沒有應有的注意，在同一史料中忽略掉一些重要的歷史信息，在敘述歷史的時候攙入了主觀推斷的內容。爲什麼關於郭沫若在大革命時期與國民黨的關係會在不同程度上被忽略掉？一個主要的原因就在於此。

京都，幾次有特別意義的出行

雖然郭沫若在日本駐留時間長達二十年之久，除因就學和駐留長時間居住過的東京、岡山、福岡、市川四地，他的足迹所到之處卻說不上很多。不過，爲人們所知的他所到過的一些地方，多是與他的創作或是人生中的重要經歷相關。譬如：1924 年秋，郭沫若決定回國前夕，偕家人往佐賀縣的熊川住了一個月，他以這段時間的生活經歷創作了小說《行路難》、《紅瓜》等；1934 年夏，他同一家人在千葉縣夷隅郡浪花村小住，創作了《浪花十日》；他流亡時期匿名進出日本，都是經由神戶港……這些行迹，當然都是郭沫若生平活動的歷史信息。

一

在郭沫若留下足迹的不算多的地方中，京都應該是特別被注意到的，因爲至少有兩次他的京都行，承載了其人生經歷中的一些非常重要的事情，並結成了一些重要的人際關係。這兩次京都行，一次是在留學時期的 1921 年，一次是在流亡期間的 1932 年。我們先看看現有的郭沫若年譜做了怎樣的記述：

龔繼民、方仁念作《郭沫若年譜》（修訂於 1987 年，天津人民出版社，1992 年 10 月出版）在 1921 年 6 月事項中記載：因創辦文學雜誌的計劃得到泰東書局允諾，郭沫若決定從上海再往日本，與朋友們商定雜誌的名稱，稿件來源和出版時間等問題。「月初」，郭沫若先回到福岡，「在家稍事停留後，隨即往京都，會見了鄭伯奇、穆木天、張鳳舉、沈尹默、李閃亭等人」。在 1932 年 11 月事項中記載：「月初」，「偕田中震二赴京都，訪京都大學考古學教室以

及內藤湖南博士、富岡君撝等人，又得見甲骨八九百片。」

王繼權、童煒鋼作《郭沫若年譜》（江蘇人民出版社，1983 年 4 月出版）於 1921 年 6 月事項下記載：「下旬，又去日本。但在福岡僅停留一天，次日便動身往京都。在京都，訪鄭伯奇、李閃亭、張鳳舉、沈尹默、穆木天等人。」該年譜對譜主 1932 年 11 月的京都行無隻字記述。

應該說，這兩部年譜關於郭沫若兩次京都之行的記述都是很粗略的，沒有比較準確的時間記錄，也有錯記之處。實際上根據目前已有的相關史料，我們可以把郭沫若這兩次前往京都的時間、涉及的人物、他的活動過程，以及與此關聯的背景因素，做出比較準確的歷史描述。

關於 1921 年那次去京都的目的、時間、經過，《創造十年》中是有記述的。

這一年的 4 月，為實現組織一個文學社團，辦起一個純文藝雜誌的夢想，郭沫若與成仿吾從日本前往上海活動。其間經歷了一番周折，終於得到泰東圖書局老闆趙南公應允，為此時尚未成立的創造社一班文學同人出版一個文學雜誌。但郭沫若當時孤身一人在上海，成仿吾已經去了長沙，其他的朋友們還都在東京和京都兩地，所以，郭沫若考慮：「無論如何有再往日本一次的必要須得去巡訪各地的朋友們，定出一些具體的辦法。雜誌用甚麼名字，是定期還是不定期，定期時間限的長短，每人可擔負的稿件的分量，這些都是應該商量的問題。於是我在七月初旬便決定再往日本。」他先返回福岡的家中，但「在福岡僅僅住了一天，第二天便動身往京都。在車上過了一夜，到京都已經是第三天上午了。我先到三高去訪問鄭伯奇。」

郭沫若在《創造十年》中把返回日本的時間繫於「七月初旬」，實際上是錯記了，當然下推前往京都的時間也就是錯的，這可以對照泰東圖書局老闆趙南公的日記來做考訂。趙南公 1921 年 5 月 25 日至 27 日的日記中有這樣一些相關的記載：

25 日，「十時起。晴。到店閱報。二時，沫若來，言明日到東船票已購就。」

26 日，「二時，請沫若來談，據伊言，伊到東目的擬到京都、東京去走一趟，與同志一面趁暑假約定譯幾種好書，專譯述德文書，報酬辦法十分抽一，以售出書為限，買稿暫不言及。予甚贊同。乃估計往來路費約百元左右，予允湊百廿番。四時同出，購金手環一支，

記五十二番。……今晚本送沫若到船，而彼等（指當晚訪客——筆者注）囉嗦不休，已至十二時，乃言予到船送友人，始散。予到虹口碼頭，不見八幡丸，詢之，知泊於彙山碼頭，以時晚路遠遂驅車返。……漢杰乃電編輯所詢沫若，言船不開，已返，明午再到。」

27 日，「十一時起。到店閱報。晴。一時，松泉來，知沫若已去。」

〔註29〕

這幾則日記的內容非常清楚地記述了郭沫若離滬的時間，同時也記述了郭沫若前往日本的目的，這一點與《創造十年》所述大致相同。邀約同人譯書與出版雜誌實為相關之事。趙南公之所以應允為郭沫若他們出版雜誌，應該也是為的籠住郭沫若、郁達夫、田漢等幾位在文壇嶄露頭角的青年，以獲得更多的出版資源。

5 月 27 日上午是郭沫若這一次離滬的準確時間，而他到達京都的時間為 6 月 1 日，這有鄭伯奇的日記為證。據鄭伯奇 6 月 1 日的日記記載：「早晨上了一堂，九時沫若來學校找我，便回家了。」那麼根據這一準確時間前推，我們就可以知道，郭沫若於 5 月 30 日回到福岡。在家中逗留一日，他於 31 日乘火車前往京都。

鄭伯奇日記中也記述了郭沫若此次京都行的目的：「沫若此次由上海回福岡，經由京都赴東京訪友，並商議雜誌叢書事。」這與趙南公日記和《創造十年》中所記是相同的。郭沫若在京都幾天的行程和活動，《創造十年》中亦有記錄，但與鄭伯奇日記中的相關記載比較，當然後者更為準確。《創造十年》中記錄的一些活動和行程的時間、先後次序，以及涉及的人物有錯記和遺漏之處。這裏把鄭伯奇這幾天日記中的相關內容摘錄如下，可以與《創造十年》相互對照。

1 日，「午後我和他訪張、傅、沈、蘇四君，均未在。次赴木天處，談至三時許赴希賢處。夜，張氏兄弟、傅、蘇、傅（原文如此，疑為重筆——筆者注）、李均來家，聚談至十時始散。」

2 日，「早飯後和希賢、沫若同赴白川希賢寓所。午飯後赴張鳳舉處，來會者張氏兄弟、傅、沈、李、蘇共八人。四時許偕沫若赴病院。是夜起在希賢處宿。」

〔註29〕見陳福康：《創造社元老與泰東書局——關於趙南公 1921 年日記的研究報告》，《中華文學史料》（一），百家出版社，1990 年 6 月。

3 日，「早赴希賢處會沫若。是夜同赴音樂會。」

4 日，「早起赴希賢處，知彼已偕沫若六時許外出赴大津。是夜沫若
由大津起身赴東京去矣。」〔註30〕

從上述記載中可知，郭沫若在京都見到和初次認識的人，除鄭伯奇外有：李
閃亭（希賢）、穆木天、張鳳舉與張定釗兄弟、沈尹默、傅堂邁、蘇民生。他
們一起有過兩次聚談。1 日晚的聚談大概是交際性的，而 2 日在張鳳舉住所的
聚會，顯然是幾人事先約定好的，應該就是郭沫若與各位商議事情，可以稱
之為一次會議的活動。但內容是什麼，已經無從知曉了。

在京都郭沫若住了三天，他「覺得在京都想會面的人，都已會了面，雖
然所想討論的事情並沒有說上，但已覺得無可再逗留。」於是，他在 6 月 4
日起身，5 日到達東京。按《創造十年》上所寫，郭沫若對於這一次的京都之
行，似乎略感失望，沒有得到他預期的結果，組織稿件，辦刊物的具體操作
等事宜，是之後在東京與郁達夫、成仿吾等人會面、開會後才確定的。但是，
這一次的京都行，無論對於他個人，還是對於創造社醞釀成立及《創造》季
刊創刊過程而言，其實都是一次有意義的走訪。

郭沫若與鄭伯奇雖然自 1920 年起就有了通信聯繫，但這次在京都才初次
會面。鄭伯奇成為創造社組創過程中積極的參與者，應該說與此次同郭沫若
在京都的會面不無關係。郭沫若在聯繫好同人又返回上海後多次給鄭伯奇寫
信，鄭伯奇與趙南公也開始有信函往來（在其日記中都有記錄），顯然是關涉
編輯書刊之事。而在不久之後的暑假期間，鄭伯奇專程回到上海去協助郭沫
若編輯《創造》季刊和叢書的稿件。穆木天是郭沫若在京都初次結識的，後
來在《創造》季刊的出版預告上列名為七位創造社同人之一。張鳳舉也成為
創造社初期的成員。

即就是與創造社文學活動沒有發生關係的沈尹默，郭沫若與他在京都初
次相識，也成為他們之間日後所形成的朋友關係的開始。在流亡日本期間直
到 1937 年 7 月秘密歸國之際，沈尹默和他主持的孔德研究所，對郭沫若而言
都是一個很重要的人際關係。沈尹默曾延請郭沫若為孔德研究所做些學術研
究的工作且並不指定選題，為此每月付他一筆津貼，這對於當時靠撰稿為生
的郭沫若也算是雪中送炭了。郭沫若的《石鼓文研究》、《周易的構成時代》

〔註30〕引自鄭伯奇日記。原件藏郭沫若紀念館。

兩部著作是作爲孔德研究所叢刊出版的。他在 1937 年 7 月 27 日秘密回到上海的當天，首先就去了孔德圖書館沈尹默處。

這裏還有必要特別說明的一點是，根據郭沫若在京都活動的準確日程，對於他到東京後與郁達夫、田漢、張資平、何畏等人一起開會的時間，也可以推斷出一個準確的日期，即 1921 年 6 月 8 日（《創造十年》中記述在東京逗留了四天，第四天下午在郁達夫寓所開了這個會）。郭沫若稱「這個會議或者可以說是創造社的正式成立」，文學史一般也都以此次會議作爲創造社成立的開始。

二

在流亡日本期間郭沫若受到日本警方監視，所以基本上處於一種深居簡出的狀態，1932 年的一次京都行幾乎就是一個例外了。這是他在從事中國古代社會研究、金文甲骨研究過程中的一次重要的學術走訪活動。這一次的京都行，使他得以結識了京都帝國大學一些日本著名的漢學家，如內藤虎次郎（湖南）、濱田耕作（青陵）、水野清一、梅原末治等，查閱到一大批古文字拓片資料。

關於這一次京都行，在郭沫若的文章著述中，除《卜辭通纂・序》略有提及，再沒有更詳細一點的記述。但是通過《郭沫若致文求堂書簡》，可以對於他這次京都行的情況有一個大致的瞭解。

在深居簡出的生存狀態下，郭沫若爲什麼會想到要去京都做這樣一次尋訪呢？這從他的自傳性文章中倒是可以一窺究竟。郭沫若是很推崇王國維在甲骨文研究方面的開拓性成就的，他在提到王國維曾在京都住過幾年並完成了《殷虛書契前編》的事情時寫道：「王國維在東京學派的那一群人中，雖然不甚被重視，但和東京學派對立的西京學派，卻是把他當成爲一位導師在崇拜著的。……西京學派事實上是在王國維的影響之下茁壯了起來，他們的成就委實是在東京學派的霸徒們之上。這一派的領袖是內藤湖南和狩野君山，他們和王國維都有過密切的交遊。」「西京學派就這樣在王國維的影響下，他們才脫出了宋、明舊漢學的窠臼而逐漸地知道了對於清代樸學的尊重。對於中國學問的研究上，日本的學術界可以說是落後了三百年，但他們在短期間之內卻也把那三百年的落後填補起來了。」〔註31〕西京就是京都，相對東京

〔註31〕《海濤集・我是中國人》。

而言。京都在平安時代一直是日本的京城。

西京學派重視中國古代文獻典籍，提倡「訓詁之學」，所以，郭沫若在推崇王國維治學方法的同時，對於受王國維影響甚深的日本西京學派評價很高，而對東京學派則頗有微詞。內藤湖南又是在日本史學界率先提倡運用甲骨文、金文等考古資料與古文獻對照來研究中國古代史的學者，這與郭沫若踏進古文字研究領域的初衷可謂不謀而合，郭沫若當然會希望能與西京學派有學術上的交流。同時，正在編纂《卜辭通纂》的郭沫若也很需要到京都的學術圈去尋訪更多的古文字資料。

1932 年夏，郭沫若的《金文叢考》一書已經完成並由文求堂出版，他在繼續補充編撰《金文餘釋之餘》的同時，又有了一個新的編撰計劃：「卜辭之選」。這是八月中旬的一天，郭沫若在文求堂與文求堂主人田中慶太郎晤談時商議確定的。「昨日晤談，甚快。卜辭之選，初步考慮，擬限於三四百頁範圍內……擬取名《卜辭選釋》。盡可能寫成兼有啓蒙性與學術性之讀物。至於版稅請老兄酌情處理。」郭沫若在次日寫給田中慶太郎的信中已經爲準備編纂該書向田中慶太郎提出訪求在東京能夠找到的幾種資料，以做著錄之用。然後又特別提到，「他處倘有藏品，藉此機會一併著錄，當有諸多便利。」〔註32〕

10 月，郭沫若開始《卜辭通纂》的著錄工作。在這期間，郭沫若已經把在東京能見到的諸家所藏甲骨刻辭搜尋了一遍，其中包括東京帝國大學考古學教室、上野博物館、東洋文庫等幾家機構的藏品，以及中村不折、中島蚘山、田中慶太郎等私家藏品，總計有二千餘片。10 月 27 日，郭沫若在給田中慶太郎的信中提出：「京都有意一行，能得震二君同伴故妙，不能，亦擬獨往。」〔註33〕

郭沫若欲往京都一行的直接目的，就是走訪京都帝國大學考古學教室。那裏既有甲骨刻辭收藏，又是西京派學者的雲集之地。之所以向田中慶太郎提出希望其次子震二同行，一方面因爲田中震二在同他學習甲骨文，並不時協助做一些資料工作，更主要的原因，恐怕是希望得到田中慶太郎的幫助。

郭沫若雖然在留學時期曾經去過京都，但京都的日本漢學家這個學術圈

〔註32〕《郭沫若致文求堂書簡》第 29 號，文物出版社，1997 年 12 月。《卜辭選釋》在編訂後方定名爲《卜辭通纂》出版。
〔註33〕《郭沫若致文求堂書簡》第 44 號，文物出版社，1997 年 12 月。

對於他來說，還是完全陌生的，因此，他去京都進行學術上的尋訪當然需要有人幫助，至少是給予介紹。在郭沫若的人脈關係中，與日本漢學家們有著廣泛聯繫的文求堂主人田中慶太郎肯定是最合適做這個介紹人的。

田中慶太郎顯然明白郭沫若的意思。從郭沫若 10 月 30 日寫給田中慶太郎信中我們可以看到，田中決定陪同郭沫若一起去京都。郭沫若當然非常高興，他在信中寫下幾句打油詩：「老兄能西下，再好也沒有。已得老婆同意，說走便可以走。」〔註 34〕事實上，著錄《卜辭通纂》是郭沫若與田中慶太郎一同商議確定的，田中全力支持郭沫若也在情理之中。然而不知何故，田中慶太郎卻又改變了決定，所以郭沫若在 11 月 1 日致田中的信中寫著：「京都之行，如震二弟亦有不便，或無願去之希望，請勿勉強。能得老兄介紹書，僕一人獨去亦無妨事也。如震二弟本不願去而強之同行，余頗不忍。請震二弟定奪可也。」〔註 35〕

最後，還是田中震二陪同郭沫若一起去了京都，田中慶太郎應該也為郭沫若寫了介紹的書信，故郭沫若返回東京後，於 11 月 9 日立即給田中寫了一封表示感謝的信，信中說：「此次入洛諸蒙推援，並得震弟陪遊數日，謝甚謝甚。」〔註 36〕洛即京都。

從郭沫若 11 月 1 日與 9 日寫給田中慶太郎的兩函信來看，他的京都之行確是在「11 月初旬」（《卜辭通纂・序》）。我們還可以把時間範圍確認得更精細一點，即，在 11 月 3 日至 8 日之間的幾天內。

在京都期間，郭沫若走訪了京都大學考古學教室，得見該室所藏甲骨四五十片，並結識了主持該考古學教室的內藤虎次郎（湖南），以及濱田耕作（青陵）、水野清一、梅原末治等人。往恭仁山莊拜訪內藤湖南（恭仁山莊為其書齋名——筆者注），得見其所藏甲骨二十餘片，並與內藤湖南交談對於甲骨文研究的見解。另外還在已故的富岡君撝處得見甲骨七八百片。〔註 37〕

內藤湖南在郭沫若去拜訪並與之交談過後，曾對他人表示：「郭沫若儘管很有天才，但對甲骨文字的解釋有些異想天開」，他的研究具有「冒險性」，

〔註 34〕京都在關西地區，東京處關東地區，從東京去京都自然稱西下。《郭沫若致文求堂書簡》第 45 號，文物出版社，1997 年 12 月。

〔註 35〕《郭沫若致文求堂書簡》第 47 號，文物出版社，1997 年 12 月。

〔註 36〕《郭沫若致文求堂書簡》第 48 號，文物出版社，1997 年 12 月。

〔註 37〕《郭沫若致文求堂書簡》第 48 號，文物出版社，1997 年 12 月；《卜辭通纂・序》。

自己不大同意。〔註38〕這種關於學術上的評價應該說很正常,而且顯然郭沫若引起了內藤湖南的注意。事實上,內藤湖南在這之前已經注意到了郭沫若的金文研究。開始時,他對於郭沫若的金文研究評價不甚高,認為研究方法比較「粗漏」,但不久,他就改變了這一看法。他在寫給朋友的信中坦言,日本的漢學研究,有被郭沫若的金文研究超越之虞了。〔註39〕

郭沫若對於這次的京都行應該是很滿意的。一方面他尋訪到了大量甲骨文資料,另一方面與京都的這批學者相識並建立了聯繫。所以他在返回東京後立即作了一首題為《訪恭仁山莊》的詩,請田中慶太郎代為轉寄給內藤湖南。〔註40〕然後,他又請田中慶太郎將《金文餘釋之餘》分別寄送水野清一和梅原末治。在《郭沫若致文求堂書簡》中我們可以看到,此後,郭沫若從內藤湖南、水野清一、梅原末治等人那裏都得到過所需拓片資料的照片。《卜辭通纂》出版後,郭沫若給文求堂開列有一紙贈書名單,其中內藤湖南等幾位京都的學者均為其贈書的對象。〔註41〕

三

除了上面寫到的郭沫若的兩次京都之行,還有兩次可能發生過的京都行,至今沒有被人們注意到,當然也就沒有被記錄下來。這兩次可能發生過的旅行,也是一次在郭沫若留學時期,另一次在他流亡期間。

1955 年底,郭沫若率領中國科學代表團出訪日本,行程安排上有訪問京都。在京都期間,京都大學貝冢茂樹、桑原武夫兩位教授邀請郭沫若進行了一次三人「鼎談」。這不是一般社交性的交談,而是主人刻意安排的一個活動。在談話一開始的時候,郭沫若就講到他初次來京都的情形:「我第一次到日本來是大正三年。當時我到京都,逗留了大約一周,遊覽了嵐山和金閣寺。這就是說,京都是我到日本來,首先訪問的地方。」〔註42〕

郭沫若 1914 年第一次赴日本的目的地是東京,那麼從語義的角度來看,這段話應該理解為他在到達東京之前,先在京都逗留過(不是指路過)約

〔註38〕內藤耕次郎:《關於湖南其人的片段》;劉德有:《隨郭沫若戰後訪日》,遼寧人民出版社,1988 年 9 月。

〔註39〕參見《內藤湖南全集》第 14 卷,日本築摩書房,1976 年。

〔註40〕《郭沫若致文求堂書簡》第 48 號,文物出版社,1997 年 12 月。

〔註41〕見《郭沫若致文求堂書簡》第 83 號,文物出版社,1997 年 12 月。

〔註42〕劉德有:《隨郭沫若戰後訪日》,遼寧人民出版社,1988 年 9 月。

一周的時間。不過，把它理解爲京都是郭沫若在作爲駐留之地的東京以外，首先專程去訪問遊覽過的地方，似乎也是可以的。但是無論怎樣理解，郭沫若在這裏所說到的初次到訪京都的情況，在有關他留學日本之初的史料中找不到任何記載。然而，在那樣一個場合下一開口便說到的事情，顯然是郭沫若事先已經回憶到並有所準備了，所以在他留學之初應該確實有過此行，可能沒有什麼特別的事情，而只是一次遊覽，所以後來也未曾記錄下來。

儘管如此，既然有這樣一件史事存在，我們就需要考證郭沫若的這一次京都之行發生在 1914 年（大正三年）的哪一時間段，或者能更精確一點到哪個月。

如果把郭沫若的話理解爲他到達東京之前曾先在京都逗留過，事情當然就很簡單，但是我們沒有另外的史料可以證實這一點，所以也就不能否定還存在有其它的可能性。在這樣的情況下，我們不妨先從對於這些可能性的分析考訂著手，對其做出是或非的判斷，在排除了所有不可能存在的可能性之後，自然就能獲得最後的結論。

1914 年 1 月，郭沫若一到達日本便進入日語學校投入緊張的學習生活之中，因爲他必須在半年之內學會日語且要考上官費生。7 月，他如願考上東京第一高等學校預科官費生，開始了大學預科的學習。那麼在這一年裏，能讓他有一周的時間在東京之外的一地逗留，必定是在某段無須每日上課的時間內。這樣的時間段有三個：其一，年初離開釜山到達東京之前；其二，夏季的暑假期間；其三，年末的年假期間。也即是說，除了可在到達東京之前先在京都逗留過，還存在另外兩個可能性。

暑假應該是最方便安排外出旅行的，我們先來看看暑假期間，郭沫若有無做一次京都行的可能。

在郭沫若 6 月 21 日所寫的家信中，他向父母報告了這樣一個消息：「以下月將應東京第一高等及千葉醫學，預備甚忙，不能多肅也。」這裏說的是他將在 7 月分別應考東京第一高等學校和千葉醫學校。雖然我們不能據此準確地知道考試完畢，以及之後郭沫若得知被一高錄取的消息是在 7 月的什麼時間，但在他寫於 7 月 28 日的家信中已經清楚地記載著：「頃已同楊伯欽、吳鹿蘋同來房州避暑矣。」〔註 43〕這說明此時已進入暑假中，而郭沫若則與

〔註 43〕兩封家書均見《櫻花書簡》，四川人民出版社，1981 年 8 月。

楊、吳二人已經一同到了房州。即使從 7 月初開始算起，參加兩次入學考試，然後等待錄取的消息，郭沫若不大可能有時間，也應該不會有心情在往房州之前去過其它地方。況且他此時與楊伯欽、吳鹿蘋住在一起，在三人同去房州之前，他一人獨往京都一行亦是不大可能的。若有楊、吳二人同行，則吳鹿蘋的回憶裏就不會不提到此事。整個暑假期間，郭沫若與楊、吳二人都是在房州海濱度過的，這有吳鹿蘋的回憶和郭沫若寫於 9 月 6 日的家信可以爲證。這封信中寫著：「男於前日由房州折轉東京矣。學堂於十一日開學。」〔註 44〕也就是說，郭沫若在開學前夕才返回東京，這樣看來，在暑假期間，郭沫若應該不會出行京都。

然後再看看年假期間的情形。

第一高等學校從 12 月 24 日開始放這一年的年假，郭沫若在這天寫了一封家信，信中慨歎「每逢佳節倍思親」的滋味，同時告知父母說：「年假只十五日，來年正月八日，當復入學也。」〔註 45〕半個月的假期，單從時間上看足夠去京都旅行一次，但判斷郭沫若有無可能去京都旅行，需要考慮兩點。其一，年假的時間是跨年度的，假期在 1914 年內的時間只有一周，如果郭沫若在 1914 年末 1915 年初之際有過一次去京都的旅行，那麼他似乎不應該把這簡單地說成是 1914 年的事情。當然，這樣理解郭沫若話中所說的 1914 年這一時間概念可能過於機械了，那麼另一點是我們特別應該考慮到的，即，從經濟條件或是經濟角度上看，郭沫若有無做一次京都行的可能呢？

由於郭沫若決定赴日本留學只得到大哥有限的資助，他到東京後的生活一直是非常節儉的，可以說是精打細算。雖然後來大哥的經濟狀況有所改觀，又給他寄了錢，家中也託人捎來錢物，以使他無後顧之憂，但他在日常用度上還是保持著節儉。我們從 6 月郭沫若考中一高預科以後的家書中可以得知，在取得官費留學的資助後，郭沫若不再要家中給他寄錢了。就在休完年假開學之後的一封家書中，郭沫若還寫道：「男在此間，自食官費後，家中所寄來銀數及大哥爲男彙來者，多存銀行而無所用。」〔註 46〕這反映了他當時花錢的一種態度。儘管此時郭沫若囊中小有錢款，但若以一周的時間專程去東京都之外位於關西的京都去旅行，所需花費也是要仔細掂量的。這與他同楊伯

〔註 44〕吳鹿蘋的回憶和郭沫若家信均見《櫻花書簡》，四川人民出版社，1981 年 8 月。

〔註 45〕見《櫻花書簡》，四川人民出版社，1981 年 8 月。

〔註 46〕1915 年 3 月 3 日家書，《櫻花書簡》，四川人民出版社，1981 年 8 月。

欽、吳鹿蘋三人一起在東京附近的房州租房開火做飯，避暑度假的支出會大不相同。以郭沫若當時的經濟來源、經濟狀況、對於花錢的態度，以及一心向學的精神心態而言，做這樣的旅行無論如何都是太奢侈了。所以，他在年假期間去京都的可能性應該說微乎其微。

排除了在暑假和年假兩個時間段郭沫若有往京都一行的可能性，就還只有他在1月抵達東京之前那個時間段裏去過京都的可能了。在這一可能性中，既有時間安排上的可能，也有物質條件的可能（不需要多少額外的費用支出），而且可能是一件就便之事。

1913年12月30日，郭沫若與大哥郭開文留日時的同學張次榆一同乘火車抵達朝鮮半島南端的港口城市釜山，他們將從這裏乘船去日本。《初出夔門》記錄了他從12月26日晚離開北京直至到達釜山這一段旅程的經過。〔註47〕1914年1月13日，郭沫若最後到達目的地東京，結束了赴日的旅程。這一時間，他在《自然底追懷》一文中清楚地記錄了下來。但是從釜山到東京這一段旅程的經過，在相關史料上幾乎是一個空白，只在《學生時代》上有一句很籠統的話提到：「在釜山領事館裏面住了一個星期的光景。」從1913年12月30日至1914年1月13日，整整半個月時間，即使按照郭沫若回憶所說，在釜山駐留約一周時間，那麼還有一周多的時間他與張次榆是在前往東京的旅途上度過的，這顯然就存在了一個可能性在其中。

郭沫若與張次榆從北京出發購買的是「聯絡票，由北京一直坐到東京」。〔註48〕這種「聯絡票」即是火車、輪船聯運票，中途可以停留。所以，郭沫若他們從釜山往後的行程，應該是先乘聯絡船至日本九州島的下關，然後再走陸路乘火車往位於本州島關東地區的東京。在這個旅行路線上，關西地區和京都是必然要經過的地方。從時間上說，這一段水陸聯運的旅程約需三天。〔註49〕這即是說，如果郭沫若離開釜山後中途未做停留而是直接抵達東京，那麼他離開釜山應該在1月11日。這就意味著，在釜山他們逗留了

〔註47〕《初出夔門》中記郭沫若與張次榆離開北京的時間是12月28日，有誤。根據郭沫若1913年12月25日家書所記，應是12月26日。（該封家書載《郭沫若》，文物出版社，1992年11月）這樣一來，按照《初出夔門》所記述的旅程，郭沫若與張次榆到達釜山的時間當在12月29日晚或30日晨。

〔註48〕見《初出夔門》。

〔註49〕根據張忠任關於「關釜聯絡船」航班時刻與下關至東京鐵路列車車次時刻的考察，從釜山啓程，中途不做逗留，第三日即可到達東京。

約兩周時間。這與他所回憶的「住了一個星期的光景」，相差太多，是他記錯了嗎？

郭沫若在釜山並無它事，事實上他只是張次榆的同行者。在北京時，是張次榆極力向郭開文主張讓郭沫若隨他去日本留學，郭開文同意了這個主張，並讓八弟與張次榆同行，也就是把他託付給張次榆帶去日本，所以郭沫若赴日本的行程當然是跟從張次榆的行程。張次榆是專程去日本遊歷考察的，在釜山除了轉乘輪船，順便會一會駐釜山領事柯容階（郭開文、張次榆在東文學堂的同學），「在他那兒過年」（因為恰逢新年），並無其他事情。他沒有必要，也不可能在釜山逗留近兩周時間。

所以，郭沫若和張次榆在到達釜山後至到達東京之間的半個月裏，除去路途時間，除去在釜山「住了一個星期的光景」，那另外也大約還有「一個星期的光景」，只能解釋為是在旅行途中停留了。這與郭沫若講到「大正三年」，「我到京都，逗留了大約一周」，正好從時間長短上吻合。

從釜山往東京，郭沫若還在赴日本的旅途上，似乎應該沒有心思在抵達目的地前，先沿路做一番觀光遊覽。但如果赴日本考察的張次榆需要在京都停留，郭沫若肯定會與張次榆同行。又或者張次榆就是想到要利用途經之便，讓初到日本的郭沫若能在京都這個古都遊覽一番（這樣的考慮和安排也是合情合理的），他當然不會拒絕。

所以，郭沫若初次到京都，應該是在 1914 年 1 月上旬從釜山往東京的旅途中。

事實上，在對於郭沫若東渡日本留學行迹的考察中，從釜山到東京一段旅程，一直以來都讓人覺得存在有一個歷史空白點。那麼，在京都先逗留過一周這一情況的認定，應該使得郭沫若的赴日之行完整無缺了。

四

最後要說到的是，1934 年 5 月，郭沫若可能還有過一次京都行，但在目前尚難以十分確切地考訂其是否成行了。

有關此行的線索源出於 1934 年 4 月 15 日郭沫若寫給田中慶太郎的一封信，信上寫著：「擬於五月中旬赴京都。此前《續編》如可出版，最好不過。」〔註50〕《續編》指《古代銘刻彙考續編》，郭沫若已經完成了該書的著錄，正

〔註50〕《郭沫若致文求堂書簡》第 128 號，文物出版社，1997 年 12 月。

在著手《兩周金文辭大系圖錄》的編纂，想必他是爲此而有了赴京都一行的打算的。不過，在這之後郭沫若致田中慶太郎的信函中再沒有提到過此行的隻言片語。

當然，有一點是使我們可以做關於某種可能性考慮的，即，《郭沫若致文求堂書簡》只是以保存下來的信函資料輯錄而成，並不表明那就是郭沫若寫給田中慶太郎父子書信的全部。從該書中我們可以看到，自 1934 年 5 月 9 日——也就是郭沫若擬去京都的那段時間——往後，直至 6 月 4 日的近一個月時間裏，沒有一封他寫下的信函，而在此前此後的兩段時間內，他與田中慶太郎的通信間隔短則三兩日，長不過一周時間。這是不是意味著，在五六月之間他們實際上有過信函往來，但沒有被保留下來，於是我們也就無從得知其中可能記載的關於京都行（如果確實有過）的歷史信息了。

此外，有一件似乎與此相關，但更不確定的資料，也還值得在這裏提及。

研究中國古典文學的日本著名漢學家吉川幸次郎是在 20 世紀 30 年代與郭沫若相識的，他在郭沫若去世後寫有一篇紀念郭沫若的文章，其中回憶到與郭沫若的初次見面。他是這樣寫的：「初次相見肯定是在昭和十年。那時作爲市川的亡命者，埋頭鑽研《兩周金文辭大系》、《卜辭通纂》和中國古代史的郭沫若氏，偕同出版這些書籍的當地文求堂店主田中慶太郎的次子震二，訪問京都的東方文化研究所。首先，我欽佩他的日語的正確。一開頭見到穿著那樣整潔合身的西服的中國紳士，就有好感。大概是客氣吧，他說欽佩我講的中國話。」〔註51〕

東方文化研究所也隸屬於京都帝國大學，吉川幸次郎當時在該研究所任職。吉川幸次郎的回憶文章實際上記述了一件完全不爲我們所知的史事：郭沫若訪問過東方文化研究所。之所以說這是一個不確定的資料，是因爲其關於時間的記述可能有誤。「昭和十年」是 1935 年，這讓人很容易想到文中所記的訪問一事與郭沫若 1932 年的京都行是否爲同一史事，而且同行者爲田中震二這一點也是相同的。不過，這種聯繫顯然是基於人們只知道郭沫若在 1932 年有過一次京都行這樣的情況之下，如果把郭沫若在 1934 年也有過一個擬往京都一行的打算考慮進來，那麼吉川幸次郎所記述的這件史事是不是應

〔註51〕吉川幸次郎：《革命に生き拔いた文人》，1978 年 6 月 14 日本《每日新聞》
　　　　夕刊。

該發生在 1934 年呢？

如果郭沫若在 1932 年那一次前往京都的行程中確實訪問了東方文化研究所，那麼在我們現在可以看到的與那次尋訪有關的史料中不會沒有蛛絲馬迹的記載，事實則是全無踪迹可尋。同時，以吉川幸次郎初次見到郭沫若時對於他的情況的瞭解——「埋頭鑽研《兩周金文辭大系》、《卜辭通纂》和中國古代史」——而言，這也不應在 1932 年，因為《卜辭通纂》問世，是在 1933年。同樣，關於 1935 年間（吉川所記憶的「昭和十年」）郭沫若去過京都的可能性，也沒有任何歷史線索或痕迹能予以確認。所以最大的可能是，吉川幸次郎把發生在 1934 年（昭和九年）的事情誤記為「昭和十年」，那麼郭沫若擬定於 5 月中旬的京都行是成行了的。

當然，這一結論目前還只能算一個推斷，希望以後可以有相應的史料予以佐證。

誤讀「南昌之一夜」

《海濤集》中有一篇文字《南昌之一夜》，記述了郭沫若在北伐期間經歷的一件事：他應鄧演達電邀，往廬山會面，後與鄧演達在返回南昌時遭遇兵變。當時以為是「因為年關的薪餉沒有發足，激起了嘩變」，後來則懷疑此事為蔣介石故意安排，欲置鄧演達於死地。這件事發生的時間，文中明確寫著「那是一九二六年的除夕」，即除夕前一天，郭沫若應鄧演達之邀上廬山，除夕清晨，見過蔣介石後，兩人一同下山乘火車返回南昌。當晚，到牛行車站時，遭遇第三軍部分士兵嘩變，在總司令部過了一夜，次日才回到在東湖的總政治部。這一時間概念將公曆紀年與夏曆紀年混在一起，那麼「除夕」究竟是丙寅年除夕（1926 年是丙寅年，除夕日則在 1927 年初），還是指 1926 年的 12 月 31 日呢？

《南昌之一夜》寫於 1948 年 6 月，《海濤集》中幾篇記述北伐和南昌起義後經歷的文字都寫於 1948 年。但在早兩年的《紀念鄧擇生先生》（寫於 1946年 11 月 24 日，發表於上海《中華論壇》，1946 年 12 月第 2 卷第 7、8 期合刊）一文中，郭沫若已經寫到過「南昌之一夜」的事情，他是這樣寫的：「一九二七年的一月初頭，南昌和武昌實際呈出了分裂的局面。那年的元旦，擇生和我從廬山回南昌，剛到南昌城遇著第三軍的一部分軍變，幾乎在街頭吃了鉛

彈。……」這個時間概念用「元旦」的表述很明確，按此一說，《南昌之一夜》中的「除夕」當爲 1926 年 12 月 31 日。

所以，《郭沫若年譜》根據這兩篇文章的敘述，將「南昌之一夜」前後幾天發生的事情做了這樣的記述：1926 年 12 月 30 日，郭沫若前往廬山，31 日下山返回南昌，1927 年 1 月 1 日晨，他回到位於東湖的政治部。〔註52〕

《郭沫若年譜》在作這幾條譜文的時候，應該是沒有注意《脫離蔣介石以後》一文。該文在記述這一史事的時候是這樣寫的：「那是陽曆的二月一號，——就是陰曆的除夕。」「我是一月三十號，應鄧主任的電邀跑到九江的，在廬山上算是幽會了一次，於二月一號，又同下山來。」「我們到牛行車站的時候，已經是晚上七點鐘的光景，看見南昌城起火，並聽見些槍聲。」「進城，城裏的商店全部掩閉了，街上是死氣沉沉的，只是街沿上處處都有散兵，我們還以爲是放的步哨。及至走到省長公署的前面，前面開起槍來了。」「那天晚上好容易才走進總司令部，在總司令部住了一夜不敢出來。」

按《脫離蔣介石以後》所記，《南昌之一夜》中「一九二六年的除夕」、「年關」這些特定的時間概念，實爲丙寅年的除夕、年關。但《紀念鄧擇生先生》一文又明確寫著是在 1927 年「元旦」，則其除夕當然是指 1926 年 12 月 31 日。那麼「南昌之一夜」的史事，究竟發生在什麼時間呢？《脫離蔣介石以後》作於事情發生的當年，〔註53〕遠早於《南昌之一夜》和《紀念鄧擇生先生》，是不是可以依郭沫若作文的遲早來確認所記史事的正誤呢？這可以是一個考量的因素，但仍然是依據作者自己的文字去互證正誤，也就很難疏理出史事的確鑿信息，如同其生辰日期的問題一樣。

所以「南昌之一夜」的史實，還需要從其它相關史料去予以印證。

郭沫若使用「除夕」一詞，常常沿用他在留學日本時期所習慣的日本公曆紀年的概念（保留有「除夕」、「正月」、「初×」等等稱謂），即，指公曆某年的歲末一日，所以《南昌之一夜》所寫「一九二六年的除夕」，會被《郭沫若年譜》編撰者理解爲 1926 年 12 月 31 日。但是據《蔣介石年譜》（中國第二歷史檔案館據毛思誠所作《蔣公介石年譜初稿》及《民國十五年以前之蔣

〔註52〕見龔繼民、方仁念：《郭沫若年譜》，天津人民出版社，1992 年 10 月。
〔註53〕《脫離蔣介石以後》自 1927 年 5 月 7 日起，連載發表於武漢《中央日報·中央副刊》。

介石先生》編撰）〔註54〕記載，蔣介石在 1926 年 12 月 10 日前後的幾天是在廬山，但 13 日下山到達南昌後，直至月末一直留在南昌，而鄧演達此時則一直是在武昌，30 日上午，蔣介石還有一電，致：「武昌。總司令部鄧主任勛鑒」。所以，《南昌之一夜》中說到的事情不可能發生在 1926 年歲末的幾天，也就是說其「除夕」所指，應為夏曆（陰曆）丙寅年的歲末之日。

丙寅年除夕，是為 1927 年 2 月 1 日，當時任國民革命軍第六軍政治部主任的林伯渠，在其當天的日記中記下了這樣的事情：「訪郭沫若於東江樓。鄧擇生來訪，與之相左。」（這時林伯渠是在南昌）而在 2 日的日記上又寫有這樣的文字：「聞南昌駐兵鬧餉，本軍派一團往牛行車站。」〔註55〕這兩則文字既證實了所謂南昌兵變的事情和發生的時間，也釐清了郭沫若於 2 月 1 日已經身在南昌總政治部駐地而非在返回南昌途中的史實。

也就是說，《南昌之一夜》、《紀念鄧擇生先生》、《脫離蔣介石以後》幾篇文章關於「南昌之一夜」史事的記載，均有史誤：或錯記了日期，或錯記了天數。綜合這些文獻資料，郭沫若上下廬山的行止實際上應為：1927 年 1 月 30 日往廬山晤鄧演達；31 日晨，見過蔣介石後與鄧演達下山同返南昌，在牛行車站遭遇兵變，進城後夜宿總司令部；2 月 1 日晨，回到東湖的政治部，當天接待了來訪的林伯渠。

郭沫若自己說到過，在南昌起義發生後，他從九江趕往南昌的途中遭遇亂軍，北伐期間的幾本日記丟掉了。那麼他在 20 年後的 1946 年、1948 年來寫北伐期間的經歷，全憑記憶，把一件史事發生的具體時間，又恰好是與一個除夕日相關的時間概念，在陰曆、陽曆之間記混了，倒是不足為怪。寫在當年的《脫離蔣介石以後》，也會把時間錯記一天，看來郭沫若對時間的記憶，真是沒有像對文獻那樣的「博聞強記」。

不為人知的一次會面

如果不是將同一個人撰寫的相隔半個世紀的兩篇回憶文章放在一起，那麼郭沫若與一位朋友的一次會面，還可能是不為人知的一次會面。

〔註54〕《蔣介石年譜》，檔案出版社，1992 年 12 月。
〔註55〕《林伯渠日記》，中共中央黨校出版社，1981 年 7 月。

1935 年夏的一天，郭沫若冒著暑熱，從他寓居的千葉縣市川市隻身前往東京西南的伊東。這是一處瀕臨海邊的避暑之地，隔海相望的是著名的伊豆諸島。但郭沫若顯然不是去避暑度假的，因爲他既沒有攜家人同往，也沒有在伊東逗留，而是在當天匆匆返回市川。他是專程去見一位國內來的朋友。

這是我在發表於七十餘年前的一篇舊文中看到的關於郭沫若流亡日本期間行迹的一則史料，那是 1941 年 11 月 16 日《新蜀報·蜀道》刊登的題爲《沫若先生印象片段》，由陳乃昌撰寫的一篇回憶散文。嚴格地說，這還稱不上是史料，而只是一個線索。因爲陳乃昌並非把它作爲一件史事寫在文章中，他只是順便提及此事：他早就仰慕郭沫若，但無緣相識，正好在伊東時聽自己的一個朋友（也就是郭沫若去見的那位朋友）說起郭沫若次日要來伊東，所以期待在這裏可以結識郭沫若。不過事後，那位朋友才告訴他郭沫若已經來過又返回東京了。想見到的人，來也匆匆去也匆匆，陳乃昌於是感慨失諸交臂，因而文中連那位朋友是誰也沒有提及。

大概因爲文章不起眼，又不知郭沫若去見誰，迄今爲止的任何一部郭沫若年譜或郭沫若傳記中都沒有記載這件事。但是這個不起眼的歷史細節其實頗耐人尋味：這不像是一次一般的應酬往來，而是一次不同尋常的朋友會面。之所以這樣說，是因爲郭沫若在流亡期間受到日本警察與憲兵的雙重監視，他一直深居簡出，一般會見朋友，都是朋友到市川他的寓所去，像張元濟、陳銘德、郁達夫等人到日本晤見郭沫若都是這種情況。當然也有約在東京市內見面的。這大概爲的是不要引起警視廳的特別注意，甚至懷疑吧。郭沫若專程到外地（市川和東京之外的地方）去見一個朋友的事情，就目前所知，這是僅有的一次。所以郭沫若去伊東，不會是他主動約朋友在那裏見面，只能是那位朋友特意約他相見。同時，從他去而即返的匆匆行迹，也可以推測應該是有什麼特別的事情。

那麼郭沫若去見的這位朋友是誰呢？陳乃昌在半個世紀之後寫的另一篇文章《相見五十七年前》〔註56〕中告訴了我們。其實這篇《相見五十七年前》是在《沫若先生印象片段》一文的基礎上改寫的，增加了一些內容。增加的內容中有這樣一段文字：

〔註56〕該文收入中共中央黨校出版社，1995 年 11 月出版的《追隨周恩來的歲月》一書的「附錄」。

> 我在伊東海濱時，恰逢章伯鈞也在那裏，我們彼此相識，他說：「我
> 有兩位好朋友，就是朱德和郭沫若。」我對沫若先生說：「你到過海
> 濱，章伯鈞沒有告訴我，你走了，他才說你來過了。」沫若先生說：
> 「是的，北伐時期相識。當天就從海濱回來了。」

章伯鈞就是郭沫若專程去伊東見的朋友。這是一次什麼樣的會見，裏面包含有什麼內容的歷史信息呢？

郭沫若與章伯鈞的確是老朋友，在北伐軍總政治部中，他們一個是宣傳科長，一個是總務科長。章伯鈞到日本，兩人見一次面，按理說屬人之常情。但是見面的地點和方式，特別是章伯鈞當時的政治背景，讓我覺得這不是一次尋常的朋友會晤。郭沫若斷不會老遠地跑去伊東只為敘敘舊，一定是章伯鈞有事與他相談。

章伯鈞是中國國民黨臨時行動委員會，即第三黨的主要負責人，鄧演達那時已經遇害。他當時在日本幹什麼？我沒有看到相關的資料，但是他與李伯球等人在 11 月返回香港後，中國國民黨臨時行動委員會在港召開了第二次全國幹部會議。這次會議根據章伯鈞等人的提議，將該黨更名為「中華民族解放行動委員會」（即後來的中國農工民主黨），並確立了反蔣聯共抗日的總方針。

這與郭沫若會有什麼關係嗎？可能的。郭沫若與第三黨雖無關係，卻有淵源。大革命失敗以後的 1928 年 1 月，從海外回到香港的鄧演達籌組中國國民黨臨時行動委員會，他特別派章伯鈞去勸說已被蔣介石通緝的郭沫若加入該黨，並邀請郭沫若起草該黨成立宣言。郭沫若在南昌起義後隨起義部隊南下廣東之際加入中國共產黨，那時，已經輾轉香港回到上海。鄧演達會邀請郭沫若加入籌組的中國國民黨臨時行動委員會，應該是不知道郭沫若加入中共之事。因為南昌起義雖然是共產黨人領導的，但起義之時仍然打著國民黨旗號，成立了中國國民黨革命委員會。鄧演達（雖然那時已在國外）、郭沫若均為這個委員會核心的主席團成員，且郭沫若任宣傳委員會主席。但鄧演達的邀請和勸說均遭到郭沫若婉拒，因為該黨的宗旨是既反蔣又反共，這是他不能接受的。

鄧演達組建的這個中國國民黨臨時行動委員既反蔣又反共，所以被稱為第三黨。有意思的是，1930 年，中國共產黨為第三黨的事情有過一個考慮，欲安排郭沫若去歐洲做爭取鄧演達的工作，鄧演達那時在德國。之所以如此，

是因為第三黨原來既反蔣又反共的政策有了一些變化。鄧演達經過對歐洲一些國家的社會民主黨情況的考察，開始傾向於社會民主黨的路線，在仍然反蔣的同時，不再堅持反共的政策。不過郭沫若沒有答覆這一安排。但這一情況說明中共黨組織也注意到郭沫若與第三黨領導人（鄧演達、彭澤民、章伯鈞等）之間那種無形的關係。〔註57〕

把這樣一些相關資料聯繫起來，是不是可以推斷：章伯鈞約郭沫若在伊東見面，就是談及第三黨改組的事情，而且可能又一次動員郭沫若加入該黨。當然，事情的結果是不言而喻的。不過郭沫若並沒有忘卻鄧演達，他在抗戰爆發後回國不久，即去南京憑弔過鄧演達的墓，還在1946年特別寫過一篇文章《紀念鄧擇生先生》。

從日本秘密歸國

1937年7月25日傍晚，郭沫若化名楊伯勉，與陪同他的金祖同一起在神戶港登上了加拿大郵輪「日本皇后」號，開始秘密回國的旅程。十年前，也是從這裏，他開始了在日本的流亡生涯。

前一天，郭沫若曾為此行賦詩一首，其中有句云：「又當投筆請纓時，別婦拋雛斷藕絲。」「欣將殘骨埋諸夏，哭吐精誠賦此詩。」他走出書齋，即將投身於一個宏闊的歷史場景之中去了。

關於郭沫若歸國的緣由、經過，一直存有不盡相同的說法。它們互相有所關聯，卻又有些似是而非，以至於讓這件事在郭沫若的生平經歷中顯得雲山霧罩般迷亂，所以有必要做一個歷史的澄清。

在長達十年的流亡生涯中，郭沫若至少自1935年起就在詩文中表達出了回國的意願，但一直懸在他頭上的那紙通緝令，是他回國的根本障礙。也就是說，只有經過經蔣介石同意，至少是默許，郭沫若才有回國的可能。幾種關於郭沫若歸國經過的不同說法，在這一點上是一致的。但是對於由誰，在什麼時候，以什麼理由，通過什麼方式說服了蔣介石？幾種說法的記載和描述則各有差異。

〔註57〕據王廷芳先生與我講起，這是郭沫若親口對他談起的往事。另外，郭沫若在建國後所寫的一份自傳材料中也間接寫到了這一安排。

　　一般認爲，是郁達夫最早提出了郭沫若回國之議，並且爲之奔走。郁達夫 1936 年初應福建省主席陳儀之邀赴閩任省府參議，6 月起又擔任了省政府公報室主任。他在 1936 年 11 月至 12 月之間曾訪問日本，其間幾次晤見郭沫若。就是在此期間，郁達夫與郭沫若議定了回國的事情。郁達夫回憶道：「在抗戰前一年，我到日本去勸他回國，以及我回國以後，替他在中央作解除通緝令之運動，更託人向委員長進言，密電去請他回國的種種事實，只有我和他及當時在東京的許俊人大使三人知道。」〔註58〕他在 1937 年 5 月 18 日致郭沫若的信中寫得更爲具體：「前月底，我曾去杭州，即與當局諸公會談此事。……我在去年年底返國時，已在進行也。此事之與有力者，爲敝東陳公洽主席，及宣傳部長邵力子先生，何廉處長，錢大鈞主任，他們均繫爲進言者。」〔註59〕

　　這一說法在日本尤其被認同。郭沫若回到國內之後，日本報刊上報導他回國一事時就用了這個說法，甚至以文學的筆法描寫到他們二人在日本中國文學研究會舉行的一次宴會上的細節：酒過幾巡後，郭沫若突然代郁達夫接杯痛飲，以防他酒醉後泄露他們商定的回國之議。郭沫若還握著武田泰淳的手反覆說著「我永遠在日本住下去」。其實這完全是他們的揣測。後來更甚者，佐藤春夫以此爲題材寫了一個小說《亞洲之子》，把郁達夫描寫成一個策劃了郭沫若秘密歸國的間諜式的人物。有日本學者以爲，郁達夫後來在南洋被日本憲兵殺害，與佐藤春夫的小說不無關係。

　　郭沫若在回國後寫的《在轟炸中來去》一文中提到，張群曾親口對他說起：「今年五月，在廬山，和慕尹、公洽、淬廉諸位談起了你，大家都想把你請回來。但關於取消通緝的事情，不免躊躇了一下：因爲如果取消了，恐怕你不能離開日本吧。」〔註60〕

　　還有一種說法涉及到陳布雷，也包括有張群、錢大鈞等國民黨內的親日派爲郭沫若回國之議做蔣介石的工作。他們看好所謂郭沫若與日本政界元老西園寺公望的關係，以此爲由說服蔣介石。其中也有陳布雷把郭沫若研究金文甲骨的著作擺放在蔣介石辦公桌上這樣的細節描寫。

〔註58〕郁達夫：《爲郭沫若氏祝五十誕辰》，1941 年 10 月 24 日新加坡《星洲日報·晨星》。

〔註59〕《致郭沫若》，《郁達夫文集》，廣州花城出版社，1984 年 1 月版第 9 卷，第 469 頁。

〔註60〕《在轟炸中來去》，《郭沫若全集·文學編》第 13 卷，第 476 頁。

郁達夫在 1936 年訪日時就提出郭沫若回國之議，應該是確有其事的，雖然郭沫若在《達夫的來訪》中沒有記下談到過這樣的話題。但兩人之間關於這個問題的商議，恐怕也只是達到這樣的程度：郁達夫從郭沫若那裏得到了會考慮回國的認可，同時告訴郭沫若有通過陳儀去說服蔣解除通緝的可能性。他們二人在那時不可能有更具體的商定。郁達夫回國後通過陳儀所做的說服蔣的工作，能在多大程度上影響到事情最後的結果姑且不論，但以陳儀與蔣介石的關係而言，不大可能是決定性的。

陳布雷、張群等當時蔣介石身邊的幕僚向蔣進言，都是有可能的，而且陳儀試圖說服蔣的工作多半正是通過他們進行的，陳倒未必向蔣直接進言。但是以所謂郭沫若與西園寺公望的關係作爲他們向蔣進言的理由，就有些牽強附會了。西園寺公望讀過郭沫若有關金文甲骨研究的著作，並表示過讚揚之意是有的（見「交往篇」）。但以西園寺公望三朝政治元老（明治、大正、昭和）的社會身份，郭沫若乃一介布衣，且是個政治流亡者，他們之間完全沒有政治上的關聯。何況蔣介石身邊並不乏所謂的親日派人物，像張群等。

事實上包括郁達夫所提到的幾人（錢大鈞是當時蔣介石侍從室負責軍事的主任），他們都可能扮演了進言者的角色，但這都只是觸及了事情經過的外圍部分。郭沫若回國的問題究竟是如何被提到蔣介石面前，他又作了什麼樣的考慮？這關鍵的一點還是含混不清的。

郭沫若所寫到的張群告訴他的那番話，其實是接近了事情原委的，它的確與廬山———一個在廬山的會議———有關。有一位當事者的回憶，基本上說清了事情的起因、經過。這個人就是郭沫若到達上海那天國民政府派去接船的唯一的官員何廉（郁達夫的信中也提到他）。何廉當時是行政院的政務處長，晚年居住在美國，他於 1966 年口述了自傳留在哥倫比亞大學。（1988 年由中國文史出版社以《何廉回憶錄》爲名翻譯出版）他在自傳中講到了郭沫若回國的事情。

根據何廉的回憶，郭沫若回國之議是這樣在蔣介石面前被提起的：

1936 年 12 月「西安事變」和平解決之後，蔣介石以休假、休養爲名去了奉化。1937 年 2 月，他從奉化回南京參加國民黨中央執行委員會會議。鑒於時局的原因，他準備邀請各界人士在 5 月召開一個談話會討論國事，地點定在廬山。在離開奉化前，蔣介石對翁文灝（當時的行政院秘書長）、何廉指示

說：「準備一張名單，你們認爲政府應邀請哪些人來參加在廬山舉行的討論國事問題的會議。」〔註61〕3 月前後的一天，翁文灝、何廉去上海見正在那裏的蔣介石，向他遞交了一份二人起草的擬邀請與會人員名單。

何廉回憶道：「我記得，名單上有郭沫若的名字，但我們並不清楚他是個共產黨人。委員長看到郭沫若的名字說：『啊，好得很，我對此人總是十分清楚的。』他問我們此人現在哪裏，我說 1933 年在東京時我曾看到過他，但不瞭解他現在何處。」〔註62〕5 月後，蔣介石和行政院（蔣那時已經復任行政院長）轉到避暑勝地廬山牯嶺辦公。6 月初，開了一系列會議，最後敲定廬山談話會應邀與會者名單及會議的日程等事項，陳立夫、陳布雷、潘公展也參加了。邀請名單得到蔣介石的認可，談話會稱「牯嶺國事會議」，定在 7 月 6 日開始。但因「七・七」事變發生，會議後來推遲至 7 月中旬開始，19 日結束。會議的主題也由原定各方人士交換意見改爲討論統一戰線問題。當時許多各界著名人士參加了會議，像胡適、張伯苓、杜月笙等。會後，蔣介石在南京發表了一個聲明，表示中國決心抗戰。緊接著，原來持反蔣態度的桂系李宗仁、雲南龍雲、四川劉湘等紛紛到南京聲明支持蔣抗日。

從何廉的回憶可以看出，郭沫若的回國之議並非多麼複雜的事情，它的起因在於「西安事變」之後國內開始形成抗日民族統一戰線這樣一個大的政治氣候。陳儀、郁達夫也好，陳布雷、張群也罷，他們的作用——不是哪一個人的作用，在於當蔣介石見到他所要求的那份「牯嶺國事會議」邀請名單時，上面列有郭沫若的名字。事情接下去的發展實際上就是水到渠成的過程。張群對郭沫若所說的，應該是 6 月初在廬山最後敲定與會者名單時的情形。但郁達夫 5 月 18 日寫給郭沫若的信表明，蔣介石在翁文灝、何廉拿出那紙名單的時候，已經首肯了郭沫若參加廬山談話會，當然也就同意了他的回國。

在當時的政治情勢下，經歷了「西安事變」的蔣介石，顯然非常需要作爲「領袖」的某種政治展示，所以才會有召開一次國事討論會的考慮。取消對郭沫若的通緝令，允許他歸國，在蔣介石的政治棋盤上可能只是一個小小的棋子。但郭沫若在文化界、政界都算是大名鼎鼎，當時在日本學界也有相當的知名度，取消對他的通緝，既可以顯示自己的寬容大度、既往不咎，也

〔註61〕《何廉回憶錄》，中國文史出版社，1988 年 2 月，第 124 頁。
〔註62〕《何廉回憶錄》，中國文史出版社，1988 年 2 月，第 124 頁。

－48－

可以在郭沫若回國後爲己所用，表現國難之際延攬人才的誠意，蔣介石當然精通這種政治權術。又或者蔣介石未必不存有這樣的思慮：在中日之間進入戰爭狀態下，像郭沫若這樣的人，是不能讓其留在日本，乃至爲敵所用的，哪怕這僅僅是一種莫須有的可能。

　　對郭沫若的通緝雖未明令取消，但蔣介石這裏是點了頭了，於是下面只是具體操作的問題。金祖同在《郭沫若歸國秘記》〔註63〕中所寫到的，就是這一過程在日本的進行。郁達夫說聯繫郭沫若回國的事情只有他與駐日大使知道恐怕不確。他不可能是具體策劃郭沫若回國事宜的人，駐日大使也不可能是。而且事情不大可能通過大使館來操作，畢竟國民政府對郭沫若的通緝令尚未取消，大使館則是政府駐外的官方派出機構。所以金祖同在書中寫到的由國民黨的情報機關（書中沒有明說而是暗示）具體操作了此事應該是可信的。書中提到的王某某是指王芃生，叔匡是錢瘦鐵。錢應該是王的屬下或是爲其工作的情報人員。書中寫到錢瘦鐵於 5 月回國期間聽說，是「王某某在最高當局面前提起過鼎堂先生」，那應該說明當局正在瞭解郭沫若在日本的情況，而王芃生已經接手了操作郭沫若回國事宜。這也正是郁達夫給郭沫若去信的時候。此事何以會交在王芃生手中，是迄今仍不得而知的。但王芃生的背景有助於瞭解此事。

　　王芃生當時任軍事委員會國際問題研究所主任。他原名王大楨，畢業於保定陸軍小學，曾被保送到日本就讀陸軍經理學堂。1937 年前在駐日大使許世英手下任大使館參事，是個日本通。1937 年 3 月，王芃生組建了國際問題研究所，它是一個對日情報機關，專門研究日本問題，組織上隸屬於國民政府軍事委員會，情報關係上直屬蔣介石的侍從室。研究所成立不久，即根據收集到的情報資料做出分析預測：日軍在 7 月間，最遲至 8 月上旬，將在華北一帶的北平附近發動軍事行動。王芃生遂於 5 月 24 日以「敬電」報告了當時在南昌的蔣介石。「盧溝橋事變」證明了其分析預報的準確性。王芃生和他的研究所由此大爲蔣介石賞識，他們所提交的有關日本問題的情報分析，都是直接送達蔣的辦公室。王芃生在駐日本任上時是不是有過與郭沫若的接觸，我們無法知道，但以他的這些背景，蔣介石或是其侍從室把操作郭沫若回國的事宜交給王芃生的研究所去辦，當然是最合適的選擇。

〔註63〕見殷塵：《郭沫若歸國秘記》，言行社，1945 年 9 月。

　　日本東京警視廳當年的檔案資料，從側面也可以說明這一點。根據日本警方一份關於「日支人民戰線」及諜報網的檔案顯示：王芃生是這一所謂諜報網中主要的主持人物，錢瘦鐵是其手下重要的情報人員。郭沫若、金祖同也列名其中，但警方沒有任何他們二人參與情報工作的證據，也沒有郭與王曾相識的證據，應該只是警方的分析臆測。〔註 64〕不過，將這份檔案與金祖同所記他與錢瘦鐵操作郭沫若回國一事的過程（金祖同是按照錢瘦鐵的指示與安排去一步步做具體的事情）聯繫起來看，王芃生和他的「國際問題研究所」策劃了郭沫若秘密歸國的事宜，應該是毫無疑問的。

　　至於也曾有人以為上海地下黨參與或是操作了郭沫若回國之事的說法，是不確的。這從郭沫若抵達上海時何廉去接船，郭沫若先去了沈尹默主持的中法文化交流出版委員會孔德圖書館，夏衍、阿英等人是在郭抵滬後才得知消息，以及郭沫若最初的行止等等迹象中都可以看出來。

　　在郭沫若秘密歸國事件的整個進行過程中，作為主角的郭沫若直到抵達上海以後，對於事情的來龍去脈似乎也還是一頭霧水。事實上，他在 5 月 27 日接到郁達夫 18 日的信，得知「南京欲藉重」時的反應是，覺得「消息殊突然」。（這也說明前一年郁達夫來日本時，他們沒有具體地談及回國的事情。）郭沫若彷彿驟然間意識到去國已經十年。想到「困苦十年」，想到在此期間「母死兄逝」，心情一時不免有幾分茫茫之慨。此後的一個多月時間內沒有任何消息，讓他感到有些不安。到了 7 月中，錢瘦鐵、金祖同為他安排秘密回國的一系列具體準備工作時，郭沫若是隨著這些安排一步步走下去的。他感到回國之後還會有許多不確定的因素，所以在回國的旅途上，他的心情並不輕鬆。

　　7 月 27 日午後，郭沫若抵達上海。

　　7 月 30 日，國民黨中央執會決議撤銷對於郭沫若的通緝令。〔註 65〕

　　8 月 6 日，國民政府「取銷郭沫若通緝令」。〔註 66〕

〔註 64〕武繼平：《「日支人民戰線」諜報網的破獲與日本警方對郭沫若監視的史實》，《新文學史料》，2006 年第 1 期。

〔註 65〕見 7 月 31 日上海《立報》。

〔註 66〕據國民政府《內政公報》1937 卷 10（7～12）：「警政：（五）取消通緝事項」之第二款。

主政政治部第三廳始末

抗戰期間，郭沫若在國民政府軍事委員會政治部主政負責文化宣傳工作的第三廳（以下簡稱三廳）。這既是他抗戰生涯中所擔當的一個主要歷史角色，也是其政治生涯中非常重要的一段經歷，它實際上預示了郭沫若將以怎樣的方式走過後半生的人生之路。

國民政府軍事委員會政治部在抗戰初期的恢復組建，特別是其中三廳的組建，應該說是國共合作結成抗日民族統一戰線在國民政府組織機構層面一個有些特殊的案例。圍繞三廳的組建，其後的工作，以及郭沫若最終辭職離任，其中顯然內含有許多涉及到當時政治關係背景的歷史信息。

關於三廳的組建和郭沫若主政三廳的一段經歷，在郭沫若年譜、傳記等資料中，已經有一個基本輪廓的敘述，主要依據於兩方面資料：一是郭沫若在《抗戰回憶錄》（後改作《洪波曲》）裏的記述文字；二是一些當事人後來撰寫的回憶文章。郭沫若的《抗戰回憶錄》寫於 1948 年，距事情的發生已經過去十年了，又是回看一段既成的歷史，其中有史實之誤，亦有含混或隱去之處。當事人的回憶文章均寫於 1980 年代後，所憶之事年代久遠，且多為一些歷史場景的情節、片段。唯一完整記述了這一段史迹的回憶文章，是陽翰笙撰寫的長文《第三廳——國統區抗日民族統一戰線的一個戰鬥堡壘》〔註 67〕，其所記，其實主要還是根據郭沫若的《抗戰回憶錄》加以他自己其他人的回憶。〔註 68〕

已有的這樣一個基本輪廓的敘述，在大的歷史脈絡上應無不妥，但若將其敘述的那一段史事細細閱讀，卻會覺得並不是那樣清晰、完整，有些地方缺失了什麼，有些記述明顯帶進後來評說的意味，也有些是具有文學性描述的情節。這不免讓人有霧裏看花或似是而非的感覺，尤其是關於那些隱藏在事情表象背後的動因。當然，其中還存在有一些重要史實、史事的疏誤。所以，有必要對這一段歷史再行梳理，從文獻史料（包括尚未披露或未曾被注意到的文獻資料，包括直接、間接相關的文獻資料）中去獲得一個歷史敘述的文本。

〔註 67〕該文從《新文學史料》，1980 年第 4 期起，分五次連載。
〔註 68〕陽翰笙日記後有整理出版，但並無這一時期前後的日記。

《抗戰回憶錄》〔註69〕如是說

1937 年 11 月 27 日晨，郭沫若登上一艘法國郵船離開上海前往香港。

自 7 月 27 日郭沫若從日本秘密回到上海，已經整整四個月時間過去了。他的歸國，是經由國民黨當局暗中安排的，所以 9 月間，他應召去南京見過蔣介石。蔣說到要委任他一個職位，但一直沒有兌現。這四個月間，郭沫若是以一介文化人的身份投身抗戰的滾滾洪波之中。

8 月 24 日，由郭沫若任社長的上海《救亡日報》創刊。《救亡日報》是根據周恩來的意見創辦，雖然創辦過程中人事、經費等問題，是在國共兩黨之間〔註70〕談判商定的，但中共應爲其主要的政治背景（夏衍、阿英都是主要負責人）。11 月 22 日，《救亡日報》已經印行了「滬版終刊號」，報上刊載了郭沫若所作「滬版終刊致辭」：《失掉的只是奴隸的鐐銬——暫向上海同胞告別》。

此去香港，郭沫若準備赴南洋募集捐款，宣傳抗戰。這樣的考慮，似乎表明他對於離滬之後將以什麼樣的身份和方式做抗戰工作還心中無數，畢竟上海那樣的文化環境是其他地方所沒有的。一到香港，郭沫若就用「白圭」的假名做了護照，然後辦好出國手續，但是朋友們都勸他留在國內，繼續辦《救亡日報》。斟酌再三，郭沫若決定暫不去南洋，改往廣州，先在那裏恢復《救亡日報》的出版。這時的郭沫若還不知道，一個關係到他個人的政治安排，已經在國共之間醞釀考慮。

郭沫若在 12 月 6 日到達廣州，之後，就爲恢復《救亡日報》出版的事情奔忙。轉過年來 1 月 1 日，《救亡日報》在廣州正式復刊出版。恰好就在這一天，郭沫若接到陳誠一封電報，謂「有要事奉商，望即命駕」。雖然疑惑陳誠有什麼「要事」找他商量，郭沫若覺得到武漢去一趟還是有必要的，因爲「八路軍已經在漢口設立辦事處，周恩來、董必武、葉劍英、鄧穎超都出來了，多年闊別，很想去看看他們。」

其實，在接到陳誠電報時，郭沫若應該還是有預感，也有期待的。因爲他很清楚，儘管國民政府決定臨時遷都重慶，但「自京滬失守後，軍事和政治的中心已經移到武漢」，陳誠此時主政湖北兼任武漢衛戍司令部總司令之職，是蔣介石此時倚重的人物。去年 9 月蔣電召他去南京，就是陳誠轉

〔註69〕《抗戰回憶錄》，1948 年 8 月 25 日至 12 月 4 日連載於香港《華商報》。
〔註70〕潘漢年與潘公展就創辦《救亡日報》進行談判。見夏衍《紀念潘漢年同志》。

達的。

郭沫若乘火車於 1 月 9 日抵達漢口，之後，在「新四軍辦事處」、「八路軍辦事處」陸續見到了葉挺、黃琪翔、周恩來、鄧穎超、王明、博古、林伯渠、董必武等人。他先是從黃琪翔那裏得知國民政府軍事委員會打算恢復政治部，欲委他以三廳廳長一職，負責宣傳工作一事。然後，在八路軍辦事處，與周恩來、王明等談及此事時表達了自己不願意幹的意思：「我自己耳朵聾，不適宜於做這樣的工作」；「在國民黨支配下做宣傳工作，只能是替反動派賣膏藥，幫助欺騙」；「讓我處在自由的地位說話，比加入了不能自主的政府機構，應該更有效一點。我相信，我一做了官，青年們是不會諒解我的」。周恩來要郭沫若多聽聽朋友的意見，並表示說：「有你做第三廳廳長，我才可考慮接受他們的副部長，不然那是毫無意義的。」

2 月 5 日晚，郭沫若接陳誠通知，約次日共進午餐。次日，他拉上陽翰笙一起赴宴，結果發現，那「並不是尋常的請吃飯，而是召開第一次的部務會議」。同席的人有擬議中的政治部副部長黃琪翔、秘書長張厲生、總務廳長趙志堯（垚）、第一廳廳長賀衷寒、第二廳廳長康澤、第三廳副廳長劉健群等，唯獨沒請周恩來。郭沫若表示了拒絕的意思，聲明「還沒有充當第三廳廳長的資格」。下午返回後，他請陽翰笙把赴宴的情形告訴周恩來，自己則在當晚離開武漢前往長沙，以此躲避職事。在車站，陽翰笙、李一氓帶來周恩來親筆信，囑其「到長沙去休息一下也好。但不要跑遠了」。

郭沫若在長沙一直逗留到 2 月末。2 月 26 日，于立群來長沙，帶來周恩來信，告以陳誠明確表示「一切事情都可以商量」，要郭沫若立刻回武漢。於是，他在 3 月 1 日返回武漢，當晚，與來訪的陳誠商談，提出工作條件，隨即著手三廳籌備工作。

以上敘述史事的文字是郭沫若記在《抗戰回憶錄》裏的，下面來看一些文獻史料。

幾函書信中的史實：三廳之組建

首先是一封陳誠寫給蔣介石的信函。1938 年 1 月 27 日，陳誠為籌組政治部的人事問題函呈蔣介石，提出自己的意見。信是這樣寫的：

> 職自奉命籌組政治部責任重大，深恐不能仰副鈞座之期許，時經一
> 月，而人事紛紜，迄未敢草率從事。因此一切編制預算，皆難著手，

日復一日，貽誤堪虞。對於人事，鈞座自有權衡，惟爲發生效能計，職僅就觀感所及，敬陳如左：

（一）我國人事，久苦複雜，茲應以簡單明快處之，所謂快刀斬亂麻，當斷必斷也。

（二）任人貴專，專則得行其志而無掣肘之弊；選人應有標準，標準既定，則不至爲人所用。

（三）與其用四面圓通投機取巧者，不如用有良心有血性者；凡有良心有血性有堅定志趣之人，即仇者亦當破格用之。

（四）科學治事，責在分工，指臂相使，形成節制。除大經大法外，餘應依次授權各級行之，然後職權與責任，始能相稱。

（五）……今政治部之組織，事前既無準備，現在又不能確定標準，將來掣肘摩擦，定在意中，擬請鈞座予以短期（三個月）之試驗。

（六）對於剋制共黨最有做之方法，厥爲從政治設施之實跡上克服之。例如政府對於人民應做之事，不待共黨批評，政府即先去做。又如鏟除貪污，應即破除情面，嚴屬實行，使青年在事實上，對政府生出信仰來，則共黨自然無所藉口，以施其技。一言以蔽之，中央及地方加緊實行三民主義，即爲剋制共黨唯一之要訣。

（七）周恩來郭沫若等，絕非甘於虛掛名義，坐領乾薪者可比。既約之來，即不能不付與相當之權。周之爲人，實不敢必，但郭沫若則確爲富於情感血性之人。果能示之以誠，待之以禮，必能在鈞座領導之下，爲抗日救國而努力。

（八）鈞座迭次訓示，一切應求之在我，誠爲不刊之至論。可見本黨自身果能健全努力，他人即無釁可擊。……〔註71〕

陳誠這一封信函，是迄今所能見到有關政治部三廳組建初始的、最直接的文獻資料。從中我們可以讀到這樣一些歷史信息：政治部（當然包括三廳）組建，開始於 1937 年 12 月；邀請周恩來參加組建政治部（是以個人還是中共代表身份被邀請這一點似不明確）；政治部的人事組成既需要在國共兩黨之間

〔註71〕《陳誠先生書信集——與蔣中正先生往來函電》（上），臺灣國史館，2007 年
　　　 12 月。

權衡考慮，又涉及到國民黨內人事關係的掣肘；政治部的人事安排要經蔣介石拍板決定；雖邀請周恩來參加政治部，但剋制中共，是國民黨方面組建政治部的原則；陳誠對於郭沫若評價頗好，對於任用郭沫若頗有期待，且並未將其劃入中共之列（當年郭沫若被開除國民黨籍並遭通緝的罪名是「趨附共產，甘心背叛」）；陳誠想在政治部有一番作為。

再看周恩來就參加組建政治部及三廳事致郭沫若的兩封信。

其一是 1938 年 2 月 17 日周恩來致郭沫若的信。寫道：

> 壽昌、一立兩兄先後到，函電均悉。一切已與壽昌兄詳談，煩他面達。茲特簡告數事如下：
>
> 一、我已在原則上決定幹，惟須將政治工作綱領起草好呈蔣批定後，始能就職，否則統一思想、言論、行動諸多解釋，殊為不便。
>
> 二、我們希望你也能採此立場，先覆辭修一電，告以正在起草宣傳綱領，敦勸田、胡諸友來漢，並提議以田代劉。
>
> 三、我在這兩天將各事運用好後，再請你來就職，免使你來此重蹈難境。
>
> 明日各事如有進展，當再煩一立兄來告。〔註72〕

其二是周恩來 1938 年 2 月 24 日致郭沫若的信。寫道：

> 前日去會辭修，適你的來信正到，他看完後給我看，並說「限制思想言論行動」問題已解釋過，並要我將上次所談的寫一個文件交辭修轉呈蔣先生批准，便可便利我們工作。關於副廳長，他說可即要范揚先生擔任，廳長仍唯一希望於你。假使你要在長沙耽擱，可先要范揚來組織。他並要我及黃琪翔兄寫信給你，勸你早來，他也即覆你信。陳還說，為地位計，請你以指導委員兼廳長。
>
> 我根據他談話的情況，認為你可以幹。現託立群姊送信給你，請你：（一）速催范揚先生即來；（二）速將宣傳綱領起草好，以便依此作第三廳工作方針；（三）請壽昌兄同來；（四）電漢年轉催胡愈之兄速來。
>
> 我這裏已電翰笙，催其速由重慶趕回，以便著手組廳。各廳編制草

〔註72〕《周恩來書信選集》，中央文獻出版社，1988 年 1 月。

案中，均裁專員。陳說要請之專員，均可作爲設計委員。

我擔任寫的文件，須由延安出來始能寫成。我今日飛延安，約一周出來，你得陳覆信後，最好五天後來此，先我來此兩三天較同到爲好也。〔註73〕

在解讀這兩封信之前需要瞭解一下當時國共兩黨正在協商合作的一些情況：

當時已經建立了一個國共兩黨關係委員會，在 1937 年 12 月 26 日召開的兩黨關係委員會會議上確定由周恩來、劉健群分別代表兩黨起草共同綱領。12 月 30 日，中共代表團和長江中央局臨時會議討論通過了周恩來起草的抗日救國共同綱領草案，但在當日隨後舉行的兩黨關係委員會會議上，未能討論周恩來起草的同綱領草案。1938 年 1 月 1 日，中共代表團和長江中央局召開聯繫會議，會議認爲，對於國民黨提出的改組政府和軍事委員會各部等意見，一般宜採取讚助的立場，應該同國民黨開誠合作。1 月 11 日，王明、周恩來、博古、董必武、葉劍英致電中共中央書記處，告以：國民政府軍事委員會組建政治部，蔣介石以陳誠任部長，要周恩來任副部長，周曾再三推辭，請中央考慮意見。同日，中共在國統區的機關報《新華日報》創刊。1 月21 日，鑒於蔣、陳堅持要周恩來出任軍事委員會政治部副部長，王明、周恩來、博古等再次致電中央書記處，提出：政治部屬軍事系統，爲推動政治工作，改造部隊，堅持抗戰，擴大共產黨的影響，可以擔任此職。如屢推不幹，會使蔣、陳認爲共產黨無意相助，使反對合作者的意見得到加強。2 月7 日，王明、周恩來、博古、董必武、葉劍英致電中共中央書記處，針對時局中發生許多新的嚴重的問題，提議在 2 月 20 日左右召開政治局會議。2 月 10日，周恩來會見蔣介石、陳立夫。蔣表示：不限制各方對主義的信仰，無意取消各黨派或不允許其存在，惟願融成一體。2 月 24 日，周恩來與王明乘飛機前往延安，27 日至 3 月 1 日出席中央政治局會議。會議決定由周恩來起草對國民黨的軍事建議書，同意周恩來出任國民政府軍事委員會政治部副部長。〔註74〕會議結束後，周恩來即返回武漢。

從這樣一個政治時事的背景上可以看到：蔣介石、陳誠邀請周恩來出任

〔註73〕《周恩來書信選集》，中央文獻出版社，1988 年 1 月。

〔註74〕資料出自中共中央文獻研究室編《周恩來年譜》，中央文獻出版社，2007 年 9月。

軍事委員會政治部副部長，是以邀請其個人的方式提出，但雙方其實都清楚，這將會納入到國共兩黨之間合作抗日的整個考慮之中。所以，蔣介石會向周恩來表示「不限制各方對主義的信仰，無意取消各黨派」，這其實是在向共產黨方面說明邀請周恩來合作的基本政治條件。周恩來則在中共代表團與長江局形成意見後反覆致電中央書記處，申明接受蔣、陳邀請的必要性，並經政治局會議同意，才最後確認了出任政治部副部長。

再從這個背景去看周恩來兩封信所關涉到的郭沫若與三廳組建之事：

郭沫若受陳誠之邀 1 月 9 日來到武漢，為是否接受邀請出任政治部三廳廳長之事與陳誠接觸，同時，亦與周恩來和中共代表團密切聯繫。但這時的周恩來還不可能就是否考慮出任政治部副部長，給郭沫若一個明確的說法（如《抗戰回憶錄》所寫的），因為他和中共代表團、長江局都還沒有就此形成一個意見。這應該是郭沫若來漢後盤亙一個月，直到 2 月初，仍無從下決心應允陳誠之邀的主要原因。1 月 21 日，中共代表團、長江局和周恩來對於接受蔣、陳之邀，由他出任政治部副部長一事提出了明確意見，並電告中央書記處，但在得到延安方面首肯之前，這仍是一件不確定的事情。所以，在 2 月初，郭沫若為躲避職事去往長沙時，周恩來並不阻止，唯囑其不要走遠，顯見是出自這一層考慮。〔註75〕

到了 2 月 17 日周恩來給郭沫若寫信時，他和中共代表團與長江局應該已經就出任國民政府軍事委員會政治部副部長一事（包括召開政治局會議問題討論當前新問題的提議）得到了延安方面肯定的答覆，並且此時也已經從蔣介石那裏得到「不限制各方對主義的信仰，無意取消各黨派」的許諾。所以信中表示「我已在原則上決定幹」，同時希望郭沫若「也能採此立場」。「原則上決定幹」，還是留有迴旋餘地的，那就是還要視與陳誠商談的結果如何。

2 月 24 日，周恩來再致信郭沫若時，與陳誠的商談顯然已經有了滿意的結果，組建三廳等諸事也已「運用好」，故周恩來寫道：「我根據他談話的情況，認為你可以幹。」進而詳細指示了下一步需要做的各項事情。郭沫若接此信後即返回武漢。

〔註75〕 還有一封記錄在《郭沫若年譜》（龔繼民、方仁念）及一些文章中的周恩來於 1 月 31 日給郭沫若寫的信（或作便條），指其是為說服郭沫若參組三廳而寫，應係誤讀。信中說：「沫若同志 你不是滑頭，你太感情了一點。」當另有它事相關。

郭沫若彼時的政治身份

將周恩來與陳誠的幾封信放在一起，我們看到的是這樣一個史實：

在組建政治部第三廳時，國共兩黨都屬意於由郭沫若擔任廳長。但兩方又都有各自的考慮，所以此事從提出到塵埃落定延宕了三個月之久。陳誠要用郭沫若的主張在一開始就很明確，從他進言蔣介石的信來看，蔣介石在給郭一個虛位還是賦予實權的問題上有所保留和考慮，後來應該是接受了陳誠的意見。中共方面對於參與政治部改組態度的確認，延後了一段時間，又是經歷了那樣一個決策過程，所以對組建三廳和屬意郭沫若任廳長，在開始時是基於周恩來一個預設的考慮，直到最後階段才確認下來。

從這一史實，我們是不是還應該提出一個問題：郭沫若在三廳組建過程中是一個什麼樣的政治身份？這一點實際上一直是被模糊在其生平敘述的文字中。

郭沫若自從有了大革命時期的一段政治經歷（其間先後加入國民黨、共產黨）之後，在其參與社會活動時就必然會涉及一個政治身份問題，不論是否被意識到。

從國民黨方面說，抗戰歸國的郭沫若是被開除了黨籍的前國民黨員（當然那時屬於國民黨中的左派），他從日本秘密歸國是國民黨方面安排的，國民黨中央執委會在其歸國後撤銷了對於他的通緝，〔註76〕但沒有恢復其黨籍。

從共產黨方面說，郭沫若流亡日本是經周恩來同意的，但在流亡期間他與中共在組織關係上沒有直接的聯繫。1937年7月歸國後直至此時，郭沫若應該還沒有恢復中共黨員的組織關係，否則，周恩來信中就不必以「我們希望你也能採此立場」的話，來提出要求了。〔註77〕至於國民黨方面對於郭沫若的中共黨員背景是否掌握，或瞭解到什麼程度，沒有直接的文獻資料可以說明，儘管朱其華在公開出版的《一九二七年底回憶》一書〔註78〕中披露了郭沫若南昌起義後加入中共之事，1930年代初，上海的小報上也有所謂郭沫若被中共開除黨籍的報導。

〔註76〕見 1937 年 7 月 31 日上海《立報》。

〔註77〕現有間接史料可以表明郭沫若恢復了中共黨員組織關係的時間下限，是在 1938 年 5 月中旬之前，那麼其時間上限，至少應該在三廳組建之後，也就是在 1938 年 3、4 月之後。

〔註78〕朱其華北伐時期在政治部供職，後成為托派分子。《一九二七年底回憶》一書，1933 年 5 月由上海新新出版社出版。

這樣的情況說明，此時的郭沫若實際上應該是沒有黨派身份的一介文化人。那麼，在此期間他對於國共兩黨採取什麼態度，與他以怎樣一種姿態參與三廳的組建密切相關。反過來看，在組建三廳的過程中，也清晰地反映出郭沫若與國共兩黨的關係。

從回國之初到三廳成立之前的一段時間，郭沫若做了大量抗戰工作，但都是以民間人士的身份。他曾往前線勞軍，主要也是由於與張發奎等將領在北伐時期形成的私人關係。出任《救亡日報》社長，是唯一一個具有黨派背景，且多少有一點官方因素的社會角色。但從《救亡日報》是國共雙方各有一人任主編這樣的安排可以看出，郭沫若任社長更多的只是因為辦這樣一份報紙需要一個有他這樣聲望的人來擔起社長之職。

郭沫若從日本回國，自然是懷抱著要投身抗戰有一番作為的宏願，《歸國雜吟》中那些慨當以慷的詩句即是明證。郭沫若回國是國民黨當局策劃安排的，當時傳遞消息的郁達夫還用了「南京欲藉重」的說辭，郭沫若歸國後蔣介石亦曾當面表示要給他安排一個職位。可以推測，在回國之初，郭沫若對於國民黨當局是有所期待的，儘管在面見蔣介石時，他婉拒了蔣要給予職務的提議，在那種場合的謙辭未必能說明什麼。但實際情況卻是，直到陳誠信邀郭沫若前往武漢，也就是組建三廳之前，國民黨方面顯然是冷落了他。這從郭沫若離滬之後最初的打算是遠去南洋做抗日募捐工作，也可以看出端倪來。或許蔣介石終是對他存有戒心，陳誠給蔣的信亦可印證這一點。

陳誠邀郭沫若去漢口並未明言商量什麼事情，郭沫若能改變已有的安排北上，說明他心裏最後的那點期待還在。但得到的僅是請其出任政治部一介廳長，且沒有實際權力，郭沫若肯定會大失所望。他在回憶錄裏後來說起並不計較職位的高低，但當時恐怕不可能全不在意這一點，因為那種人事關係關聯到北伐時期，自然就有一個比對（他那時任總政治部副部長），而且這一比對更關鍵的含義還不是職級的高低，它表明了一種是否信任的政治姿態。所以，這時的情形頗有點諷刺意味：當陳誠為三廳的人事對郭沫若懷有期待的時候，國民黨方面的所作所為，實際上已經把郭沫若推開了。

郭沫若受邀組建政治部第三廳，本是陳誠，當然也就是國民黨方面與郭沫若之間的關係，國民黨方面既然不能給郭沫若以充分的信任，他當然也就不會再對此有什麼期待。與此相反，周恩來對郭沫若的倚重是與充分的信任聯繫在一起的，儘管他出任政治部副部長一事很晚才最終確定，但以周、郭

的組合來參與國民黨掌控的政治部和三廳組建這一考慮，他在一開始就對郭沫若有明確的表達並堅持這一點。

有一個不爲人知的歷史細節，可以看到周恩來的這種信任：這年春節那天（1 月 31 日），周恩來「應人招飲，從酒陣中突圍而歸」，特囑郭沫若題寫了「單刀赴會」四字，「以爲紀念」。這顯然是他與國民黨方面人員於酒席上的一次政治酬酢。郭沫若題罷四字，並記下原由後寫道：「此事不妨有一，不好有二。」表達了關切之意。周恩來看後另寫了幾行字，道：「秋白犧牲了／芝華老去不知秋／沫若今猶在／十年海外作楚囚／一朝慧劍斬情魔／脫樊歸來喜殺我老周／我們的肩膀上又添了一隻手。」〔註 79〕

圖 5-1、5-2：爲周恩來題「單刀赴會」

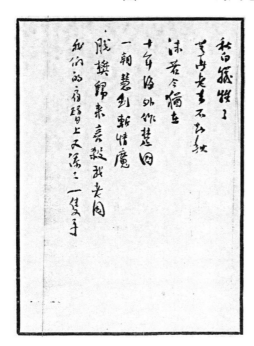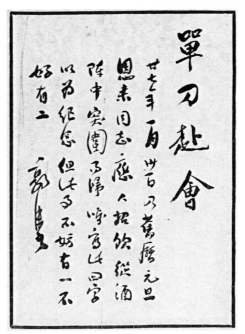

在組建三廳事上，周恩來代表的當然不是他個人，而是中共方面的意見，這對於郭沫若做出抉擇顯然是很重要的。從周恩來致郭沫若的兩信中我們實際上可以看到郭沫若從猶疑到做出抉擇的過程，他決定與周恩來和中共取同一立場參加三廳的工作。應該也正是經歷了這樣一個過程中，郭沫若的中共

〔註 79〕據原件手迹。「秋白」，瞿秋白；「芝華」當指瞿秋白夫人楊之華。

黨員的組織關係恢復了。

政治部成立及第一次部務會報（會議）日期

郭沫若在《抗戰回憶錄》裏還有一件重要事情是錯記了的，即，他將 2 月 6 日應陳誠邀約參加的那次宴請記為政治部第一次部務會議。〔註 80〕儘管他沒有明確說這一時間即為政治部成立的日期，但迄今為止的許多文獻資料，實際上以此作為政治部成立的時間。〔註 81〕

6 日是個星期日，應該是不可能開什麼正式會議的，根據《軍委會政治部部務會報》記載，政治部第一次部務會報（會議）是 2 月 19 日下午召開的，會議參加者有陳誠、黃琪翔、張厲生、賀衷寒等人，周恩來、郭沫若都沒有參加。陳誠為會議主席，並報告政治部組建後的各項事宜，其中特別講到，「在第三廳尚未組織成立以前，所有宣傳事宜，暫由秘書處代為辦理。」〔註 82〕所以，郭沫若所記 6 日的那次宴請（如果確實有），大概是陳誠為商量組建政治部具體事宜而約請一些人吃飯，所請之人，當然要是其擬議中將任職政治部的人員。

陳誠之所以有此舉，應該與 2 月 1 日蔣介石給他的一紙手諭有關。蔣的手諭指令：「范漢杰仍留任軍校教務處長為宜。政治部第一廳長應速決定人選。政治部應限期成立……」（顯然陳誠擬以范漢杰為第一廳長人選）〔註 83〕蔣已經下了限期令，陳誠自然要加緊辦事。那麼，這次宴請或可稱之為一個碰頭會，商討成立政治部的一些未決事宜。不過，政治部的人事組成，除三廳和周恩來的副部長之職，其他人員應已按照蔣介石的意見確定了，所以郭沫若在宴席上見到擬任第一廳廳長的是賀衷寒。

〔註80〕 陽翰笙在《第三廳——國統區抗日民族統一戰線的一個戰鬥堡壘》（一）（載《新文學史料》，1980 年第 4 期）中，關於此事寫道：「一月三十一日，郭老突然接到一個通知，政治部要召開一次部務會議，請他參加。」「第二天我們去赴會。我記得這是二月一日。」1 月 31 日、2 月 1 日是農曆春節（戊寅）的初一、初二兩天，不會開什麼正式會議，應該也屬錯記，包括相關聯的一些情節的回憶。

〔註81〕 如《周恩來年譜》、《中華民國大事記》（韓信夫、姜克夫主編，中央文史出版社出版）等。

〔註82〕 《軍委會政治部部務會報》，中國第二歷史檔案館藏，全宗號 772，案卷號 318。

〔註83〕 《陳誠先生書信集——與蔣中正先生往來函電》（上），臺灣國史館，2007 年 12 月。

政治部成立的確切日期是在何時呢？檔案記載，至今不曾見到，但有關陳誠的文獻資料有這樣的記錄：1938 年 1 月 11 日，「奉派爲軍事委員會政治部部長……因於二十六年底委員長即命先生籌組政治部，至是因有是命」。1938 年 2 月 11 日，「政治部正式辦公。先生自定辦公時間：每周一、三、五上午在政治部辦公……」〔註 84〕陳誠在 1 月即已被任命爲政治部長，但政治部機構組建還在進行中，不能算成立，所以蔣介石在 2 月 1 日的手諭中會有「政治部應限期成立」的話。那麼，2 月 11 日「政治部正式辦公」，應該就算是它正式成立的日期。

根據《軍委會政治部部務會報》記載，郭沫若以三廳廳長身份首次參加部務會議，是在 3 月 28 日上午。周恩來也是首次以副部長身份出席會議。那是在政治部會議室召開的「第十四次部務會報」。根據會報記錄，參加會議的有：黃琪翔、周恩來、趙志垚、賀衷寒、康澤、郭沫若、柳克述、彭國棟、莊明遠、黃和春、羅楚材、徐會之、孫伯騫、梁幹喬、杜心如、何聯奎，副部長黃琪翔代陳誠主持會議。會議先後由秘書處長柳克述、總務廳廳長趙志垚、第一廳廳長賀衷寒、第二廳廳長康澤、第三廳廳長郭沫若報告各部門工作。

圖 6-1、6-2：政治部第十四次部務會報

〔註84〕據《陳誠回憶錄——抗日戰爭》，東方出版社，2009 年 10 月。

　　郭沫若報告的工作事項是：「(1)第三廳正在加緊籌備，決定四月一日開始辦公，以後公文送遞，請飭送曇華林第三廳。(2)關於第三廳主管業務，現正草擬整個方案及計劃。(3)前《日日新聞》日文印刷機件，擬請仍行劃歸第三廳管理，以利對敵宣傳。據云前日租界三寶堂尚存有日文印刷機件數部，可否由部派員前往接收，一併交第三廳應用。」部務會最後議決六項事宜，兩項涉及三廳工作：「關於日文印刷機件管轄問題，交總務廳第三廳會同商辦，簽呈部長核奪。」「關於接收三寶堂日文印刷機件問題，俟調查清楚，再行解決。」〔註85〕

　　那麼郭沫若是何時進入到三廳組建的具體工作中呢？

　　根據周恩來的意見，郭沫若在3月1日返回武漢，周恩來於2月27日至3月1日參加中央政治局會議之後從延安返回武漢，當略晚於郭沫若抵漢時間，也就是說，郭沫若正式應允陳誠出任三廳廳長，並開始著手組建工作，應該是在3月上旬。在政治部於3月19日召開的「第十一次部務會報」上有這樣一些決議：「本部部務會報改為每周二次，時間定在每星期一本部紀念周後，及每星期四下午四時，並應通知第三廳按時出席紀念周及部務會報。」「本部主辦各種業務之指導刊物，交第三廳擬具編審計劃呈候核定。」〔註86〕可見此時三廳已經接手原「暫由秘書處代為辦理」的各項宣傳事宜，進入常規工作秩序中，只是還沒有正式在政治部亮相。

　　3月31日下午召開的政治部「第十五次部務會報」郭沫若沒有出席，由陽翰笙代為在會上報告了三廳「奉令籌辦武漢各界第二期抗戰擴大宣傳周，業已籌備就緒」的情況。〔註87〕

　　4月1日國民政府軍事委員會政治部第三廳在曇華林舉行了正式成立儀式，部長陳誠、副部長周恩來出席成立儀式。〔註88〕

　　這樣梳理過同郭沫若與三廳成立經過相關的方方面面的文獻史料之後，我們對於這一段史事應該說可以有一個比較清晰和準確的歷史描述。

〔註85〕《軍委會政治部部務會報》，中國第二歷史檔案館藏，全宗號 772，案卷號 318。
〔註86〕《軍委會政治部部務會報》，中國第二歷史檔案館藏，全宗號 772，案卷號 318。
〔註87〕《軍委會政治部部務會報》，中國第二歷史檔案館藏，全宗號 772，案卷號 318。
〔註88〕這一日期，《抗戰回憶錄》的記載與郭沫若在「第十四次部務會報」的報告相同。

三廳人事、機構若干史事

政治部的機構設置為：秘書處；第一廳，轄第一處、第二處；第二廳，轄第三處、第四處；第三廳，轄第五處、第六處、第七處；總務廳，以單獨序列設三個處。處以下設科、股兩級機構。政治部聘請了七位指導委員：王世杰、朱家驊、周鯁生、陳銘樞、黃炎培、甘乃光、譚平山〔註 89〕。另設有設計委員會，聘請了七十餘位社會知名人士任設計委員。〔註 90〕

第三廳的人事安排為：廳長郭沫若，副廳長范揚，第五處處長胡愈之，第六處處長田漢，第七處處長范壽康。三廳的人員構成主要來自文化界人士，許多人都是當時的知名人士，或各專業領域的佼佼者，包括國民黨方面開始極力要安排其黨務人員擔任的副廳長一職，最終是選擇了中山大學教授范揚〔註 91〕。

政治部屬於軍政系統，進入三廳的文化人也都被授予了軍銜。據政治部檔案「本部副處長以上人員職務姓名階級對照表」記載：第三廳廳長郭沫若軍階為中將，副廳長范揚軍階為少將，三位處長胡愈之、田漢、范壽康，軍階均為少將。按照政治部軍階編制，廳長的軍階為中將或少將，視其人原有軍階而定。所以同為廳長，第一廳廳長賀衷寒、第二廳廳長杜心如的軍階都是中將，前者原任政訓處中將處長，後者原任訓練總監部國民軍事教育處中將處長，而總務廳廳長趙志垚的軍階為少將，因其原任軍政部軍需署設計委員會少將委員。但在此表中，郭沫若的軍階登記為「中（少）將」，並在「原任階級」一欄注：「報銓廳函擬敘級中將」。這是怎麼回事呢？

郭沫若軍階的情況顯然比較特殊，他在北伐時期即有軍職，階級至中將，但 1927 年因反蔣而遭國民黨黨政軍各個方面開除並通緝。1937 年回國後，國民黨中央執委會和國民政府撤銷了對他的通緝令，但並未恢復他的黨籍、軍籍，此時，他只是一介文人，如以此身份出任三廳廳長職，開始時的軍階應只能為少將（以後陞遷是另一回事），這對於郭沫若是不公平的，也與陳誠邀請他出任三廳廳長時曾許諾以「指導委員」身份的考慮不合（指

〔註 89〕《抗戰回憶錄》中提到的人選有所不同。

〔註 90〕據政治部「本部副處長以上人員職務姓名階級對照表」，中國第二歷史檔案館藏，全宗號 772，案卷號 2094。

〔註 91〕據政治部「本部副處長以上人員職務姓名階級對照表」，中國第二歷史檔案館藏，全宗號 772，案卷號 2094；范揚任副廳長，在三廳組建時就確定了，《抗戰回憶錄》所記有誤。

導委員的職級相當副部長，副部長的軍階爲中將)。於是，政治部向國民政府軍事委員會銓敘廳報請爲郭沫若敘中將階級。報請公文由政治部總務廳以「治人字」函發出，軍事委員會銓敘廳核准所請後，於 1938 年 4 月 27 日，以「銓二字第 5492 號」公函回覆政治部。該公函寫道：「案准　貴部總務廳治人字未列號函開『爲第三廳廳長郭沫若敘中將階級請予以更正賜覆』等由，經簽奉，批『准予備案』。等因，除遵辦外，相應函覆查照爲荷。」政治部總務廳收到該公函後，於 5 月 2 日以「治人字第 2703 號」箋函通知三廳。〔註 92〕

圖 7：銓敘廳為郭沫若敘中將函

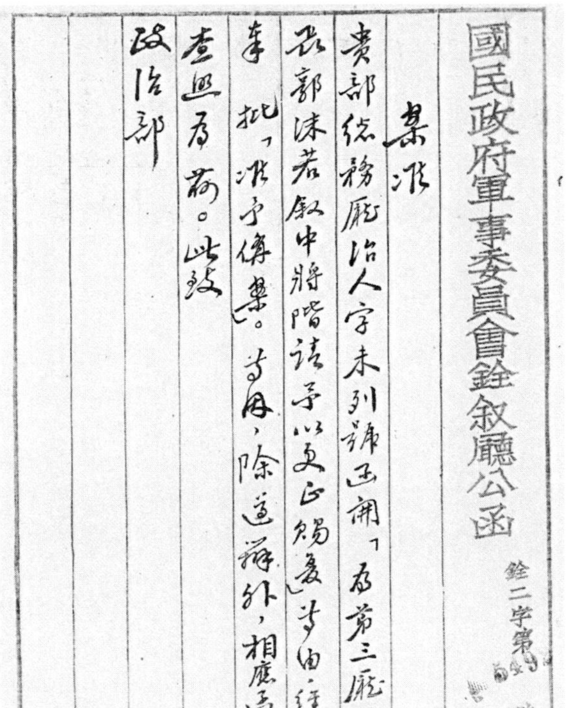

國民政府軍事委員會銓敘廳公函
銓二字第　號
案准
貴部總務廳治人字未列號函開「為第三廳廳長郭沫若敘中將階請予以更正賜覆」等由，經簽奉批「准予備案」。等因，除遵辦外，相應函復
查照為荷。此致
政治部

從政治部組建之初陳誠給蔣介石的信中可以看到，他是想在政治部有所作爲的，所以政治部組建還不到一年，就進行了一次機構整頓。顯然，陳誠對於很快就出現的機構臃腫、人浮於事的情況很不滿意。他在（1938 年）11

〔註 92〕兩公函均據原檔案，中國第二歷史檔案館藏，全宗號 772，案卷號 2092。

月 24 日函呈蔣介石，報告政治部整頓與充實計劃等三件事，信函中還附上一份「政治部整頓並充實計劃」，其中第一項是組織整頓，對於政治部本部的組織機構，擬「減少處股兩級，每廳以設四科爲原則。原有各處長或升任副廳長，或調設計委員，或派赴行營及戰區政治部服務。」〔註 93〕蔣介石同意了陳誠的整頓計劃。

　　進入 1939 年後，政治部廢處、股，廳下只設科。三廳改轄四科：第一科，科長杜國庠；第二科，科長洪深；第三科，科長馮乃超；第四科，科長何公敢；另有廳長辦公室，陽翰笙爲主任秘書。機構改組後三廳的機構和職務設置及人員安排當然是精簡了，（可參見附錄「國民政府軍事委員會政治部第三廳各科室官佐名冊」）所以一時間，「候派」（等候分派）人員達二十餘人。這一年 10 月底，在參加第二次南嶽軍事會議期間，陳誠主持召開了政治部江南方面政工會議，會上又提出調整政治部總部和各級機構的問題。12 月 3 日，陳誠在政治部暨直屬各單位人員聯合紀念周儀式上講話，宣布了調整計劃。〔註 94〕調整後的政治部將設辦公廳、第一廳、第二廳、第三廳、第四廳。辦公廳下轄總務處、交通處及機要、文書、人事、編審、調查等組。四個廳分管「人事」、「訓練」、「宣傳」、「經理」事宜〔註 95〕。轉過年，政治部按這個計劃進行了調整，第三廳仍由郭沫若任廳長。

　　1939 年，抗日戰爭在軍事上進入了相持階段，在政治上，抗日民族統一戰線內部的黨派關係發生了很大變化。1 月，國民黨五屆五中全會確立了「溶共、防共、限共、反共」的政策，並成立了「防共委員會」。6 月，國民政府頒布《限制異黨活動辦法》。7 月，中共中央發表《爲紀念抗戰兩週年對時局宣言》，提出「堅持抗戰，反對投降；堅持團結，反對分裂；堅持進步，反對倒退」的三項政治口號。國共之間的矛盾已經呈針鋒相對之勢。

〔註 93〕《陳誠先生書信集——與蔣中正先生往來函電》（上），臺灣國史館，2007 年
　　　　 12 月。
〔註 94〕據《陳誠回憶錄——抗日戰爭》，東方出版社，2009 年 10 月。
〔註 95〕據陳誠 1939 年 12 月 7 日致賀衷寒信：「（一）本部調整，已奉委座批准。設
　　　　 一辦公廳，下轄總務處、交通處及機要、文書、人事、編審、調查等組。（原
　　　　 秘書處取消）除辦公廳外，並設四廳：第一廳專掌人事，第二廳專掌訓練，
　　　　 第三廳專掌宣傳，第四廳專掌經理。如此，則各廳較有中心，並可溝通。（二）
　　　　 辦公廳主任，請吾兄擔任，已一事權；至各廳長，除朱代杰調第四廳廳長外，
　　　　 其餘均照舊，並以莊明遠任總務處長，張宗良調辦公廳副主任。」（《陳誠回
　　　　 憶錄——抗日戰爭》，東方出版社，2009 年 10 月）

圖 8：三廳各科室名冊首頁

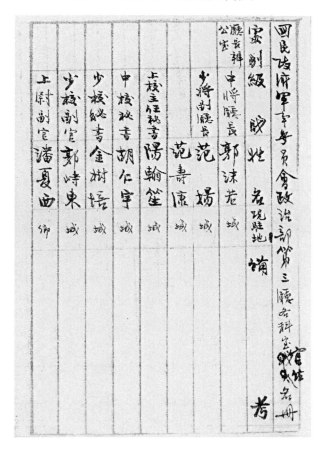

在政治部，三廳的工作明顯受到這種政治形勢的影響。郭沫若於 11 月末所作的一首詩真實地反映了當時的情形。詩中寫道：「廳務閒閒等蕭寺，偶提筆墨畫竹字。非關工作不需人，受限只因黨派異。殊途同歸愧沱岷，權將默默易闇闇。」〔註 96〕以國共合作爲政治背景組建起來的三廳，勢必要發生大的變化。

1940 年 3 月 26 日，蔣介石函電陳誠一份手諭，專講「政治部事」。他根據調查，指出政治部七點缺失，提出五項改進辦法。七點缺失中有兩點是：「各黨派利用政部機構及名義發展各自之組織」；「因容納各黨派，故一切機密不能保守」。五項改進辦法中即有兩項針對於此：「對各黨派只可羅致收容其個

〔註 96〕《六用寺字韻》，蔡震《郭沫若用寺字韻詩作考》，《郭沫若學刊》，2011 年第 3 期。

人，絕不許有政治組織關係之人員參加政治部」；「除由中指定人員外，無論上、下級幹部人員必須入黨，絕不許另有組織作用」。〔註97〕

蔣介石所謂對於「政治部事」的調查，應該是得自他治下的情治人員的報告。賀衷寒在3月15日給蔣的一份關於政治部內部人事、工作情況的報告和建議（賀衷寒此時任政治部秘書長，但這份報告係直接呈蔣，沒有經過部長陳誠），主要報告了政治部內，尤其是在三廳、四廳中，具有中共，以及第三黨身份人員的情況，提到的人員有郭沫若、陽翰笙、朱代杰、莊明遠、丘學訓等人。賀在報告中還向蔣介石提出人員調整（包括三廳、四廳廳長）的建議。關於第三廳，他報告說：「第三廳廳長郭沫若，現雖已加入本黨，惟對黨態度極為冷淡，且其所保用之幹部，如陽翰笙……等，均繫共黨分子」，調整後擬請從谷正鼎、何浩若、鄧文儀「三員中擇一調任或調兼。」〔註98〕（郭沫若卸任後接任廳長的是何浩若）

4月29日，蔣介石又函告陳誠，他準備約見政治部所屬各機關少校以上人員（文武一律）及指導委員，讓陳誠逐日分批安排，「限一星期內見完」。〔註99〕顯然，他要親自給政治部人員講「政治部事」。

蔣介石藉黨派關係，改組政治部（三廳當然首當其衝）人員組成的意圖，表達的非常明確。於是不久之後，在政治部就發生了限令三廳人員必須加入國民黨，否則即被視為離廳之事〔註100〕，政治部再一次改組。

實際上，在國共合作抗日之初，蔣介石就意圖將各黨派一統於國民黨之內，只不過以此為政治前提，根本不可能建立一個各黨派合作的抗日民族統一戰線，所以當時他沒有堅持這一點。但在抗戰的政治、軍事形勢都發生了很大變化的此時，他認為至少在軍政系統內必須是國民黨的一統天下。〔註101〕

〔註97〕《陳誠先生書信集——與蔣中正先生往來函電》（下），臺灣國史館，2007年12月。
〔註98〕據《呈蔣中正政治部內部人事情況及工作報告與建議》（賀衷寒），臺灣國史館藏檔案。
〔註99〕《陳誠先生書信集——與蔣中正先生往來函電》（下），臺灣國史館，2007年12月。
〔註100〕陽翰笙《戰鬥在霧重慶》（載《新文學史料》，1984年第1期），丁正獻《曇華永念》（載《東海》月刊，1979年8月第8期），都記述到此事。
〔註101〕在政治部的這一次改組中，第四廳廳長朱代杰等第三黨人（第四廳主要由第三黨人主持）也被調離政治部。

圖9：郭沫若擬寫的函件

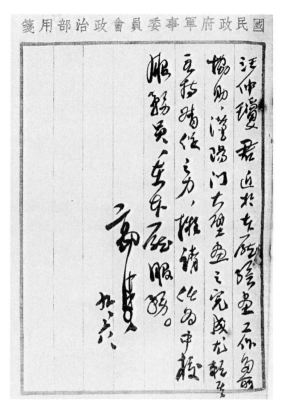

卸任三廳，張治中提出組建文化工作委員會

1940年9月，郭沫若從三廳職上卸任。這時，張治中已經接任政治部部長（陳誠調任第六戰區司令長官，而於8月卸去政治部長任）。關於此事，郭沫若只在《五十年簡譜》中簡單地記述為：「九月政治部改組，卸去第三廳廳長職，改組文化工作委員會。」〔註102〕這一記述的文字一直被解讀（包括陽翰笙等人的回憶文章）為：郭沫若提出辭職從三廳卸任，即等於要離開政治部，而國民黨方面為留住人（包括三廳的人），組織了文化工作委員會。事實上郭沫若的去職，是政治部改組的一部分，免去他的廳長之職，改命何浩若接任三廳廳長，是與對郭沫若的另一任命相關的，即，任命其為政治部指導委員。同時，周恩來也不再擔任政治部副部長，改任指導委員。

〔註102〕《五十年簡譜》作於1941年9月，發表於《中蘇文化》半月刊，1941年11月第9卷第2、3期合刊。

對比政治部組建之初，周恩來和郭沫若在政治部改組的問題上，採取了緩和、退讓的態度，但退而不出。這反映了此時南方局和周恩來的政治策略。針對抗日民族統一戰線所面臨的政治、軍事問題，這年夏季，國共之間一直在重慶進行談判。8月，周恩來赴延安參加中央政治局會議，他在發言中指出，當前總的趨勢是東方存在中日妥協的可能，所以我們黨的政策應是防止國民黨投降，爭取好轉。但國內局勢不會立即向好壞兩個方向轉化，是一個拖的局面。他提出，與國民黨談判可在小問題上做點讓步，而在大問題上求得有利的解決。毛澤東同意他的意見。周恩來返回重慶，就面對政治部改組的事情，當然會選擇退而不出的策略。

郭沫若從三廳去職，包括主任秘書、幾位科長在內的許多三廳人員隨之都遞交了辭職申請。這些人多是郭沫若組建三廳時邀請來的，當然會與他共進退（如陽翰笙和其他一些人回憶文章中寫到的），但更主要的原因還在於，他們不會選擇加入國民黨，所以也就不可能繼續留在政治部改組後的三廳。（即周恩來所稱：「不便在黨化三廳方針下繼續供職。」——見下文）國民黨方面顯然也考慮到了這個現實問題，於是，有了組建文化工作委員會之議。

組建文化工作委員會之議，是由張治中提出來的，周恩來給郭沫若的一封信記述了這一經過。信是在 9 月 8 日寫的（由此信亦可知郭沫若從三廳卸任是在 9 月初）。信中寫道：

> 項間張文白部長約談三廳事。我告以文化界朋友不甘受黨化之約束，故當郭先生就三廳長任時，即向辭修聲明，得其諒解，始邀大家出而幫助。今何浩若就任三廳，無疑志在黨化，與郭先生同進退之人，當然要發生聯帶關係，請求解職。文白當解釋全部更換，係委座意見，王係陳薦，梁為公推，袁、徐雖黃埔，但新識，何則最後決定，亦非自薦，只滕杰任辦公廳主任，乃文白舊識。文白又詢兄見委座經過，我當據實以對。彼言翰笙等辭職已准，但仍須藉重，必不許以賦閒。最後徵我意見，我以在文藝和對敵方面仍能有所貢獻，只不便在黨化三廳方針下繼續供職，但決非不助新部長。文白乃言可組文化工作委員會仍請郭先生主其事，直屬部長，專管文藝對敵工作。我答以此容可商量，最好請文白親與郭先生一商。彼言明晨下鄉作紀念周，將順道訪兄一談此事。我意文白談及此事，當

為奉命而來，兄不妨與之作具體解決。蓋既名文委，其範圍必須確定，文藝（劇場劇團仍宜在內）與對敵工作倒是兩件可做之事，然必須有一定之權（雖小無妨）一定之款（雖少無妨）方不致答應後又生枝節也。除此，在野編譯所仍宜繼續計劃，因文委即使可行，定容納不了全部人員，而文化界留渝一部分朋友亦宜延入編譯部門。究如何請兄酌之！〔註103〕

周恩來信中講到了政治部幾位部、廳幹部任命的由來，也說明了郭沫若卸任一事，確實只是政治部人事改組的一部分（並非專門針對三廳）。

張治中向周恩來提出了組建文化工作委員會的具體設想：包括工作內容、隸屬關係、主政人選，說明他和國民黨方面已經有了成熟的考慮（顯然已經得蔣介石同意）。他向周恩來提出，實際上還是在國共合作的框架內商談此議。周恩來很清楚「文白談及此事，當為奉命而來」，並認為這是可行的方案，於是，建議張治中與郭沫若面商，同時即信告郭沫若，並詳細指示了一些具體事宜。

9月9日，張治中應該是去了賴家橋並拜訪了郭沫若，談妥了組織文化工作委員會的事情。所以，9月10日，郭沫若即在賴家橋草擬成「文化工作委員會大綱」，包括「機構」、「工作範圍」、「經費」、「人選」幾項內容。其中人「人選」一項特別列出「黨籍不限（此據張部長口頭指示）」一條。〔註104〕

9月17日，政治部長張治中，以手令形式「聘郭沫若先生為本部文化工作委員會主任委員」。18口〔註105〕簽發政治部命令（治機任字第十九號），聘任杜國庠等十人為文化工作委員會委員，聘田漢等十人兼任文化工作委員會委員。

在此期間，郭沫若還辭去了在三廳的另一個兼職：電影放映總隊長之職。他於9月13日函呈政治部長張治中，謂：「本部直屬電影放映總隊正總隊長一職本由沫若兼任，茲以本部改組，沫若原兼職務理應聯帶解除，敬請命令公佈。至總隊業務，向由副總隊長鄭用之同志負責，所有移交手續應否責成該副總隊長代為處理之處並乞鈞裁。」張治中函覆郭沫若，道：「大函敬悉，

〔註103〕《周恩來書信選集》，中央文獻出版社，1988年1月。
〔註104〕參見原件手迹，載《郭沫若學刊》，2011年第2期。
〔註105〕此命令原件所署日期之月份已經模糊，應為「九」之殘字。《郭沫若學刊》，2011年第2期，《文化工作委員會史料特輯》中將其識為「七」字（未刊出原複印件圖片），但該命令肯定是不可能簽發於7月的。

電影放映總隊長職務應准解除，並派何廳長接充。函交接事宜，已分令何廳長及鄭副總隊長分別辦理矣。」隨後，從 9 月 21 日至 10 月 2 日，政治部以「治用巴字」第 19200、第 19201、第 19203 幾號公文分別發出派令，辦理任免交接事宜。〔註 106〕至此，郭沫若與三廳的關係才真正了結了。

圖 10：郭沫若致張治中函

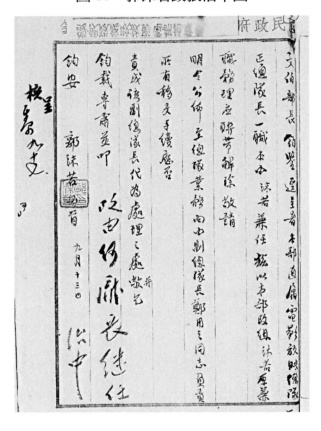

10 月 8 日，政治部將「本部擬設文化工作委員會並派郭沫若兼任主任委員檢呈組織規程等件」以「治用巴字一九七六四號」公文呈報國民政府軍事委員會，蔣介石以委員長名義批示：「呈件均悉。准予備案。」〔註 107〕

11 月 1 日，文化工作委員會正式成立。〔註 108〕此後，郭沫若與重慶進步文化界的朋友們藉文工會，繼續從事抗戰文化工作。

〔註 106〕兩信及幾件公文均據檔案資料，中國第二歷史檔案館藏。
〔註 107〕據原件。
〔註 108〕據《五十年簡譜》。

附錄 1：國民政府軍事委員會政治部第三廳各科室官佐名冊
（撤裁處、股兩級機構後）

處　別	級　職	姓　名	現駐地	備　　　　考
廳長辦公室	中將廳長	郭沫若	城	
	少將副廳長	范　揚	城	
		范壽康	城	
	上校主任秘書	陽翰笙	城	
	中校秘書	胡仁宇	城	
	少校秘書	金樹培	城	
	少校副官	郭峙東	城	
	上尉副官	潘夏西	鄉	
	準尉司書	楊成仁	城	
		王燕謀	鄉	
	少校服務員	吳從征	西安	原派戰文處該處撤銷現在西安待命
		郭元剛		原在戰文處現告失踪
		覃必陶	桂林	原派戰文處該處撤銷現擬派慰勞會
		季　信	城	同上
候派	上校秘書	孫師毅	桂林	
	上校服務員	尹伯休	城	寒衣會
	中校服務員	羅髫漁	城	寒衣會及編審組
	少尉司書	李錫普	西安	
	上尉速記員	李拓之	鄉	
	上尉書記	駱湘樓	鄉	
	上尉打字員	先錫嘉	城	
	少尉收發員	武寶詳	城	
	中尉司書	張維藩	城	
	少尉司書	劉伯儂	鄉	
		楊貽訓	城	慰勞會
		楊鴻禮	鄉	

		皮振球	城	
		李立人	城	
	上校服務員	張孝炎	城	辦理會計
	中校服務員	傅抱石	城	
	少校服務員	樂嘉煊	公差	
	中尉服務員	劉緒衷	鄉	辦理會計
	少尉司書	張中吉	鄉	辦理會計
	少尉服務員	張學亮	公差	
	準尉司書	馬輔中	城	
第一科	上校科長	杜國庠	鄉	
	上校主任科員	何孝純	鄉	
		蔡家桂	城	
	中校主任科員	潘念之	鄉	
	中校科員	陳乃昌	鄉	
		劉明凡	鄉	
	少校科員	梅電夔	鄉	
		石嘯沖	鄉	
		尚　鉞	城	
	上尉科員	翁澤永	鄉	
	中尉科員	高之仲	鄉	
	上校服務員	何成湘	鄉	
	中校服務員	姚潛修		原派戰文處現該處撤銷擬派科服務
	中校服務員	徐　步	公差	
	少校服務員	勾菑生	城	
	少校服務員	覃子豪	鄉	原派戰文處現該處撤銷故回渝暫派科服務
	上尉服務員	錢遠鐸	鄉	
	少尉司書	鄭道隆	鄉	
第二科	上校科長	洪　深	鄉	
	中校主任科員	萬籟天	鄉	
		翟　翊	城	

		石淩鶴	城	已呈部請委　補任光缺
		鄭沙梅	鄉	已呈部請委　補呂奎文缺
	中校科員	程步高	公差	
		辛漢文	鄉	
		吳恒勤	鄉	
	少校科員	龔孟賢	鄉	原係少校服務員已呈部請委上職
		田　洪	公差	
		張　平	鄉	
		徐　韜	鄉	
	上尉科員	席與群	城	
		梁奕山	鄉	
	中尉科員	李蕩平	城	
	少校服務員	龔嘯嵐	公差	
		李可染	鄉	
		周　多	鄉	
		張文光	公差	
		李廣才	鄉	
	上尉服務員	盧鴻基	鄉	
		華以松	鄉	
		丁正獻	鄉	
		黃普蘇	鄉	
	中尉服務員	張時敏	鄉	
第三科	上校科長	馮乃超	鄉	
	上校主任科員	沈啓予	城	
		燕琦瑄	鄉	
		劉啓光	鄉	
	中校主任科員	葉籟士	城	
	中校科員	朱　喆	公差	
		胡　雪	鄉	
		于瑞熹	鄉	

		蔡　儀	鄉	
		張兆林	鄉	
	少校科員	傅俊儀	城	
	少校服務員	霍應人	城	
	上尉服務員	喬瑞徵	鄉	
	少尉司書	賈崑峰	鄉	
第四科	少將科長	何公敢	城	
	上校主任科員	簡泰梁	城	慰勞會
	中校主任科員	張肩重	城	
		管長墉	城	
	中校科員	郭培謙	城	
		王本燡	城	
	少校科員	王晉笙	城	
		邢逸梅	城	
		何岑齡	鄉	
		楊文魯	城	
	上尉科員	葛韞山	公差	
	中尉科員	郭澤華	城	
		李野萍	鄉	
	少校服務員	王正國	城	慰勞會
		程澤民	城	慰勞會
		夏維賢	城	
		汪仲×	公差	原派戰文處現該處撤銷故回渝調派科服務
	上尉服務員	王啓祥	公差	
	上尉服務員	唐錫光	公差	原派戰文處現該處撤銷擬調回科服務
		李也愚	城	
		姜渭川	城	慰勞會
	中尉服務員	吳康德	城	
		邱正衡	公差	
		蔣雲臺	城	

	徐志剛	城	慰勞會
少尉司書	尤　勇	城	
	朱禮邦	公差	

附錄2：本部副處長以上人員職務姓名階級對照表

職　務　姓　名	編制階級	原　任　階　級	備考
副部長黃（琪翔）	中　將		
副部長周（恩來）	中　將		
秘書長張（厲生）	中　將		
秘書處處長　張宗良	同少將		
秘書處副處長　白如※	同少(上校)將		
第一廳廳長　賀衷寒	中(少)將	前政訓處中將處長	
第一廳副廳長　楊麟	少　將	委員長行營經理委員會少將委員	
第一廳第一處處長　魯宗敬	少　將	原任武漢行營政訓分處代處長	
第一廳第二處處長　高傳珠	少　將		
第二廳廳長　杜心如	中(少)將	前訓練總監部國民軍事教育處中將處長	
第二廳副廳長　梁幹喬	少　將	本會前調查統計局少將設計委員	
第二廳第三處處長　彭國棟	少　將		
第二廳第四處處長　邱敦武	少　將	任原該處第一科上校科長	
第三廳廳長　郭沫若	中(少)將	報銓廳函擬敘級中將	
第三廳副廳長　范揚	少　將	中山大學教授	
第三廳第五處處長　胡愈之	少　將		
第三廳第六處處長　田漢	少　將		
第三廳第七處處長　范壽康	少　將		
總務廳廳長　趙志垚	少(中)將	軍政部軍需署設計委員會少將委員	
總務廳副廳長　莊明遠	少　將	晉陝綏寧四省邊區剿匪總指揮部第三一軍少將(軍)長	
總務廳第一處處長　莊明遠兼	少　將	同上	
總務廳第二處處長　黃和春	少　將	第八集團軍總部副官處少將處長	
總務廳第三處處長　羅楚材	少　將	武漢警備部經理處上校處長	

從一份月報看三廳與蔣介石

　　郭沫若主持的第三廳，在軍事委員會政治部組建過程中是成立最晚的，一個主要原因就在於三廳的人事組成與國共合作的政治關係、與以共產黨人身份出任政治部副部長的周恩來相互關聯，其間「討價還價」的磋商自然拖延了時間。所以可以想見，三廳組建後，蔣介石對於任廳長的郭沫若在政治上的信任度是要打折扣的。但是蔣介石對於三廳，特別是三廳負責的抗戰宣傳工作，還是非常倚重的。這應該是從北伐時期國民革命軍政治工作沿襲下來的傳統。從一份三廳工作月報上，我們可以對此有一個直觀的瞭解。

　　這是一份 1939 年 4 月，由郭沫若以廳長身份具名填報的「第三廳交辦事月報表」。

　　月報表是用來上報三廳每月承辦的上級交辦事項，以及辦理的經過、時間等情況的。從這一份月報表上可以看到，三廳在 1939 年的 4 月份共承接上級交辦事宜 15 項，其中由蔣介石（以軍事委員會委員長身份）直接、間接以手諭、電報交辦的事情有 8 項，而由部長、副部長、秘書長等人交辦的事情一共只有 7 項。

　　再從 15 項交辦的事情看，由部長、副部長、秘書長等人交辦的 7 項工作中，除「詳報本部抗敵演劇隊各隊工作情形」、「爲抗敵演劇隊管及經費辦法」（原件文字如此，當爲擬定管理及經費辦法之意）兩項工作，是需要專門做安排，專項進行的工作之外，其餘不過是一些日常事務。蔣介石交辦的事情則不同。

　　8 項工作中，除了一項涉及關照馮玉祥提出的人員安排之事，其它 7 項都是事關大局的宣傳工作：1 項是撰寫對日宣傳的專題新聞稿，並在報上發表；1 項是爲蔣介石提出一個關於組織「日本人民反戰同盟軍」的意見；2 項是以蔣介石的名義「通令各戰區司令長官及政治部宣揚各國對我反攻之好評」，並送去材料；3 項是專門研究敵占區文化宣傳工作、對敵宣傳工作以及實施方案，其中還包括了廳長郭沫若應召面見蔣介石報告工作，以及查究政工人員工作不良與不力者等事。這 7 幾項工作都是需要專門安排，由專人去做的，而其中至少有兩項，由作爲廳長的郭沫若親力去做。

　　郭沫若爲報紙撰寫新聞稿，在其主政三廳期間是常要做的事情，應召面見蔣介石談工作，也有過多次。這樣的史實恰好在這一份工作月報上都有

記載。

　　蔣介石一向就是個把大權緊抓在手中的人，所以政治部雖有他親信的陳誠作部長，他還是經常越過陳誠，直接把工作交到下面去，然後又要以他的名義去通令各戰區司令長官及政治部。如果僅看這份工作月報，讓人很難不聯想到三廳是不是還有直屬蔣介石或他的侍從室這樣一層隸屬關係之類的問題（當然是沒有的）。這正反映出蔣介石政治上獨攬大權的特點。但撇過這一點不說，他對於抗戰宣傳（尤其是對日宣傳）工作，對於三廳工作的重視，倒可從中一窺實況。這也是郭沫若與蔣介石關係中重要的一段。

附錄：第三廳交辦事月報表（1939 年 4 月）

類別	事　　由	辦 理 經 過	起訖日期	備　　考
1	奉委座諭：為宣傳挑起三菱之之反感及倭民之怨恨。	由郭廳長撰成新聞稿送交大公報發表。	四月四日四月四日	
2	奉委座代電：為敵在佔領區內加緊文化等宣傳請謀對策。	已會第一第二廳簽擬辦法於五月三日呈核，並已提出宣傳會議編入宣傳要點。	四月一日	
3	奉委座代電：據馮委煥章函稱趙望雲、高龍生、張文光、黃秋農等為主辦插畫人才希錄用	已簽擬辦法呈秘書長，尚未批下。	四月三日四月十三日	
4	奉委座手令：特別研究對敵宣傳工作，並查究南昌等地政工不良與不力者。	(1) 加緊編輯對敵宣傳品。(2) 令各級政治部與各部隊取得密切聯繫。	四月四日四月十三日	
5	奉委座代電：為切實研究對敵宣傳實施方案，並囑郭廳長沫若來見。	(1) 簽呈對敵宣傳方案五條。(2) 郭廳長沫若於十七日下午五時謁見，十九日呈部報告經過	四月十二日四月廿一日	郭廳長謁見時，面陳本部對敵宣傳品樣本並蒙對汪案加以指示。
6	奉委座代電：議覆組織日本人民反戰同盟軍意見。	答覆意見三項。	四月廿六日五月八日	與第二廳合辦
7	轉奉委座手諭：用委座名義通令各戰區司令長官及政治部宣揚各國對我反攻之好評。	通令各行營轄主任各戰區司令長官暨政治部主任遵照。	四月廿八日五月三日	
8	轉奉委座手諭：續送各國對我反攻好評材料。	與上案並辦。	四月三十日五月三日	
9	秘書處通報部座手令：因公離部，本部職務由張副部長代理。	通報知照。	四月十日同日	

10	秘書處通報副部長張諭：簽呈上應留空隙以便批字通報查照。	通報遵照。	四月十日 同日	
11	奉部長手令：編製日曆，日記，聯語，統限六月底完成。	(1) 聯語已完成十之五六。 (2) 日曆日記在進行中。	四月四日	
12	奉部長諭：詳報本部抗敵演劇隊各隊工作情形。	已飭令各隊呈送工作報告以便轉呈。	四月七日	
13	奉部長代電：爲抗敵演劇隊管及經費辦法。	已遵照辦理。	四月廿二日	
14	奉秘書長交下部長諭：前方開會各項□尚未接到，應派專車送往。	當撿送各種宣傳品及宣傳□要等件交總務廳彙運。	四月廿三日 四月廿五日	
15	奉秘書長諭：嘉獎陣日畫報社劉元《我和敵的比較》畫冊。	傳令嘉獎。	四月廿一日 四月廿二日	

填報人：第三廳廳長　郭沫若（按原件格式錄製，原件藏南京第二歷史檔案館）

縉雲詩文緣

　　重慶在抗戰期間是大後方，也成了一個文人薈萃的都市。重慶的北碚是許多學校、文化部門聚集之地，北碚的縉雲山、縉雲寺，便成了文化人時常尋訪、出遊的去處。

　　1939 年 9 月初，在樂山沙灣老宅爲父親守喪兩個月的郭沫若返回重慶。幾天後，盧子英邀往北碚遊覽，並請他在嘉陵江三峽實驗區署作了當前戰爭形勢的報告。在盧子英陪同下，郭沫若遊覽了北溫泉、縉雲山、縉雲寺，這是他初次到北碚、縉雲山。爲記這次遊縉雲山、縉雲寺，郭沫若以《七用寺字韻》爲題，作有一首七言詩，寫道：

> 麓有溫泉山有寺，縉雲氏猶遺姓字。相傳舊有相思竹，寺號相思猶足異。峻崇不敵峨與岷，石像古遠香色闇。四天王像餘半身，背負龍子馴乎馴。羅漢摩崖不計載，僅存十五尊猶在。中無伏虎與降龍，餘一渾如泥入海。秋初往訪謝公卿，批蘿戴網見之驚。山崩石墜像顚倒，刻者永遠佚其名。〔註 109〕

縉雲山雖然「不敵峨岷」崇峻，但縉雲寺的悠久歷史和傳說，縉雲寺遺存的

〔註 109〕詩文據手迹，見《郭沫若書法集》，四川辭書出版社，1999 年 11 月。

石刻造像、摩崖羅漢，令郭沫若不禁生出思古之幽情，大爲感慨，留下深刻的印象。

在縉雲寺，郭沫若還應邀到漢藏教理院，作了題爲《燃起佛教革命烽火》的講演。〔註110〕漢藏教理院是由太虛法師創辦並主持的，郭沫若與太虛法師此前是否相識，沒見到相關史料記載，但他們之間是有文字緣的。那就是太虛曾就郭沫若關於佛教思想的觀點，專門撰寫過一篇文章《評郭沫若論文化》。

郭沫若在作於 1920 年代的《中國文化之傳統精神》和《論中德文化書》兩文中曾經論述到佛教思想。他在比較我國傳統思想文化與外來傳入的佛教思想文化的關係時認爲：「我國的文化在肯定現世以圖自我的展開，而佛教思想則在否定現世以求自我的消滅。」儒家思想「是動的，是進取的精神」。道家思想的「無爲」、「恬靜」，也並非不進取，是任由「人類的創造本能自能自由發揮而含和廣大」的「活靜」。「活靜與死靜不同：活靜是群力合作的平衡狀態，而死靜則是佛家的枯槁寂滅」。〔註111〕

太虛認爲，郭沫若是受梁漱溟「死靜」說的影響，曲解了佛教思想。他在文章中寫道：「自梁漱溟說佛法爲『反身消滅』之後，不少的人皆受了他的暗示，動不動都看成佛法是以消滅人生世界爲究竟的。郭沫若的中國文化之傳統精神與論中德文化書，對中國的儒、道文化，原有許多說得很好的地方；但因不徹了大乘佛法的緣故，其論佛法亦受了梁漱溟的影響，說佛法爲死靜、爲否定現世以求自我的消滅；故根本與孔、老的進取活動，及肯定現世以求自我的展開者不同。其實，孔、老能破除迷信的神，而理想化曰道、曰易。佛尤能徹底破除神的迷執，而謂之阿賴耶。孔、老善言生生，而佛則從緣生明即無生，從無生而明即緣生，故曰生無生，無生生，同明生生，不過孔老爲素樸的，佛爲批評的。死於其批評的無生句下，非善知佛者也。」〔註112〕

太虛法師在佛教界是一位與時俱進的人物，他一直堅持佛教革命的主張。郭沫若當年未必讀到太虛評論他的見解的文章，那時他正在北伐軍旅中，但他對於太虛主張佛教革命這一點，想必是瞭解的，所以，他會把「佛教革

〔註110〕講演詞發表於《海潮音》月刊，1939 年第 20 卷第 12 期；《覺音》（1939 年）第 12 期。
〔註111〕《論中德文化書》，1923 年 6 月《創造周報》第 5 號。
〔註112〕《評郭沫若論文化》，《海潮音》月刊，1927 年第 8 卷第 11、12 期合刊。

命」作為在漢藏教理院講演的主題。郭沫若在講演中首先稱:「對於佛教素來都是抱著一種研究的態度、尊敬的態度。」然後以他所見到的事實,批評當前的佛教「墮落了!腐敗了!和尚們都是些有名無實,大多數做了酒肉朋友!他們不但是對於佛教的真理不懂得,就連經文的句讀,能夠弄得清楚的,實在是很少很少!」他認為,「佛教當然是有整頓改革之必要」。「這種不景氣的現象,須要加以大大的改革,把佛教的真理發揚光大,才可適應現代需要佛教的社會人心」。針對社會現實中佛教界那些「墮落了!腐敗了」的現象,郭沫若以儒家思想和西方哲學思想做比較分析,主張「在人的生活上,不可偏執『道心』,也不可太偏執『人心』,要使人心和道心調和即『中』,方可達到平衡的發展,也就是中庸之道」。

轉過年來(1940)6月的一天,郭沫若與田漢、應雲衛、左明等人一起往北碚遊覽,陪同他們的是正住在北碚的《彈花文藝叢書》主編趙清閣。他們先訪問了育才學校,校長陶行知親自接待他們參觀,然後一行人又登縉雲山,遊縉雲寺。郭沫若返回城裏後作五絕一首,並題寫條幅贈送趙清閣。詩云:「豪氣千盅酒,錦心一彈花。縉雲存古寺,曾於共甘茶。」〔註113〕

郭沫若在重慶期間,一度與當時的法國駐渝領事、對中國文學深有研究的楊克維及夫人「過從很密」。也是在這一年的 7 月 31 日,郭沫若偕楊克維夫婦、鄭用之,以及魏鶴齡夫婦再遊縉雲寺。寺中正在展示太虛法師率佛教參觀訪問團出訪緬甸、尼泊爾、印度、錫蘭等國所攜回之法物及紀念品。在觀看這些展品後,郭沫若從留言冊上發現了田漢此前來參觀時所作的一首詩:「太虛浮海自南洋,帶得如來著武裝。今世更無清淨地,九天飛錫護真光!」吟詠一番,郭沫若即步田漢詩韻,作和詩一首。

郭沫若的和詩云:「無邊法海本汪洋,貝葉群經燦爛裝。警報忽傳成底事?頓教白日暗無光!」詩成作跋語,謂:「二十九年七月三十一日,偕法國總領事楊克維夫婦,用之及鶴齡夫婦來遊,見此冊前有壽昌題詩記,遇警報,正擬用其原韻和之,鑼聲忽傳,繼而有飛機聲,又有轟炸聲甚近,蓋炸北碚也,日光忽為暗淡。」〔註114〕

郭沫若在縉雲山再次留下詩文是 1942 年 7 月。那是他前往縉雲寺拜訪太

〔註113〕趙清閣《行雲散記》,《作家在重慶》,重慶出版社,1983 年 8 月。
〔註114〕田漢詩載《覺音》,1940 年第 17 期。郭沫若和詩並跋亦載《覺音》,1940 年第 17 期,另據手迹補正跋語識文的疏誤。

虛法師所作，詩題爲《奉和太虛法師》。詩云：

　　　　內充眞體似寒泉，淡淡情懷話舊緣；長憶縉雲山下路，堂堂羅漢石

　　　　驚天。〔註115〕

兩人在那裏「淡淡情懷話舊緣」，應該是憶及了 20 年代的那段關於佛教思想各自主張的文字緣吧。

　　這些有關郭沫若行迹的記載，多未記入現有的郭沫若年譜中，而幾篇詩文，均不曾收入郭沫若的作品集，甚至有不爲人知者，當然也就沒有記錄在他的著譯繫年中。而所有這些史料，對於郭沫若生平史迹的敘述都是很重要的，特別是他與佛教思想及與太虛法師相關的幾項資料。

─────────────

〔註115〕《奉和太虛法師》，載《海潮音》月刊，1942 年第 23 卷第 8、9 期合刊。

著 述 篇

《女神之再生》，從散文到詩劇

《女神》的第一輯是詩劇，足見編訂《女神》時郭沫若是偏愛詩劇的，這正是他的詩風趨向「歌德式」的階段。《女神之再生》作爲《女神》的開篇（序詩除外）之作，初稿曾是一篇散文，後來才改成詩劇形式。《女神之再生》發表於《民鐸》月刊，1921 年 2 月第 2 卷第 5 期，篇末，郭沫若署創作時間爲「1921 年 1 月 30 日脫稿」，同時另寫有一篇《書後》，其中有這樣一段文字：「此劇已成於正月初旬，初爲散文；繼蒙鄭伯奇、成仿吾、郁達夫三君賜以種種助言，余竟大加改創，始成爲詩劇之形。」

《女神之再生》在收入《女神》時不署創作時間，《書後》亦未收。但在 1928 年編訂出版的《沫若詩集》中，郭沫若對《女神之再生》做了文字的修改，並署明：「1920，12，20 初稿」，「1928，1，30 改削」。新中國成立後，他在 1957 年編訂的《沫若文集》中仍不署該篇的創作時間，《書後》亦不收；《郭沫若全集》從此例，在注釋中也沒有關於該篇創作及時間的說明。於是，關於《女神之再生》的成篇尤其是創作時間，竟成疑問。

事實上，《女神之再生》的創作時間有三個概念：一爲初稿完成的時間，二爲定稿脫稿的時間，三爲改削完稿的時間，且這三個時間均由作者本人所注，但對於初稿完成的時間，作者又有兩個不同的說法。所以迄今爲止，對於《女神之再生》的創作時間有不同的標注，卻又沒有完整準確的記述。上海圖書館編訂的《郭沫若著譯繫年》將該篇的創作繫於「1921 年 1 月 30 日脫稿」，「又於 1928 年 1 月 30 日改削」。龔繼民、方仁念作《郭沫若年譜》亦記該篇作於 1921 年 1 月 30 日。王繼權、童煒鋼作《郭沫若年譜》則將該篇創作繫於 1920 年 12 月 20 日，當是以《沫若詩集》的記載爲準。《沫若文集》不注該篇創作時間，不能不說是一個遺憾，《郭沫若全集》亦對此未做出考訂說明，則是一種疏誤。如此看來，有必要對於《女神之再生》完整的創作時間做一個認定。

首先需要考訂的是《女神之再生》初稿完成的時間。

按常理說，「此劇已成於正月初旬，初爲散文」這一出自該篇發表時《書後》的時間注釋，應該比七年之後的 1928 年作者改削時所署的「1920，12，20 初稿」更爲可靠，但前者是個大致的時間概念，後者卻是一個精確的時間標注，所以我們也不能僅僅依據文字落筆時間的先後來判定正誤。

關於《女神之再生》初稿的寫成，除《書後》之外，差不多是同一時間，郭沫若在一封書信中也提及此事。那是他在 1921 年 1 月 18 日致田壽昌的信，信中寫道：「我在年假中也做了兩個短短的戲曲。一個是《湘累》，是把屈原姊弟優孟化了的，不久在《學藝》雜誌上當得披露。一個是《女神之再生》，現在還在伯奇那兒，將來擬寄往李石岑君在《民鐸》上披露。」〔註1〕從信中的文字看，這裏提到的《女神之再生》即爲該篇初稿，寫在《湘累》之後。日本大學的假期分爲暑假、年假、春假三個假期，年假基本上安排在每年 12 月月末一周至次年 1 月的第一周之間。《湘累》署有準確的創作時間，爲 1920 年 12 月 27 日，正是創作於年假中，《女神之再生》既成於其後，當然就不可能作於 12 月 20 日，況且那時還未放年假。而 1921 年「正月初旬」（按日本公曆紀年的稱謂，正月即 1 月），既在年假中，亦與《湘累》的創作時間正好前後銜接，當是《女神之再生》初稿作成的時間。

可以爲 1921 年「正月初旬」這一時間做佐證的資料，還有鄭伯奇日記。在鄭伯奇 1921 年 1 月 7 日的日記上，記載著他在當天接到郭沫若寄來「信片及《女神之再生》稿」。之後他在 1 月 23 日的日記中，又記下將《女神之再生》稿轉寄成仿吾之事。〔註2〕鄭伯奇當時在京都三高就讀，福岡與京都之間的通信約需兩天時間，那麼，對於「正月初旬」這一時間，我們實際上還可以說得更準確一點說，即，1921 年 1 月初旬的前半旬，就是《女神之再生》初稿完成的時間。《沫若詩集》中「1920，12，20 初稿」的標注沒有任何可予佐證的資料，應係誤記。另外，《沫若詩集》在編纂時，作者將一些原來未署創作時間的詩篇加注了創作時間，其中發生有誤記情況的非此一例。

其次，我們還需要對《女神之再生》從初稿到成稿的過程做一梳理。

郭沫若在《創作十年》中說到，「這篇詩劇的初稿我寄給鄭伯奇看過，又由伯奇轉寄給了達夫。達夫用德文做過一首詩給我，我把來寄到《民鐸》雜誌去一同發表過。」根據鄭伯奇日記的記載可知，郭沫若在此有一個疏誤，即，鄭伯奇是將《女神之再生》寄給了成仿吾，而同在東京的郁達夫應該是從成仿吾手中得到《女神之再生》的初稿。

〔註1〕載上海《南國月刊》，1930 年 3 月 20 日第 2 卷第 1 期。另外還有一封致李石岑的信中也寫到同樣內容的話，但該信函未署撰寫時間，目前對於該信撰寫時間的斷定是依據《女神之再生》創作的時間，故不能以之爲據。

〔註2〕鄭伯奇日記現藏郭沫若紀念館。以下凡從該日記中引用資料，不另做注釋。

從鄭伯奇 1 月 23 日將《女神之再生》初稿寄成仿吾，成仿吾讀後轉郁達夫，郁達夫讀過稿子並爲之做了一首德文詩，再寄還郭沫若，到郭沫若根據幾位朋友的意見，將初稿「大加改創」，使其「成爲詩劇之形」，應該就是《女神之再生》自初稿到成稿的過程。按「1 月 30 日脫稿」的時間計算，這一過程發生在八天之內。若單以郵件展轉京都、東京、福岡三地之間所需時間計，三四天足矣，故郭沫若 1 月 30 日將改做的詩劇脫稿，應該是沒有問題的。

儘管我們已經無法看到《女神之再生》的初稿，但理清並確認該篇作品從初稿到成稿經歷了這樣一個過程，無疑是必要的。因爲這一改作過程，並非一般意義上的一篇作品從初稿到定稿在文字內容上的修改，它是文體形式的改作。初稿《女神之再生》是散文，成稿《女神之再生》是詩劇。

所以，對於《女神之再生》創作發表的情況，我們應該做一個完整的記述：初稿作於 1921 年 1 月初旬的前半旬，係散文；成稿完成於 1921 年 1 月 30 日，爲詩劇，發表於《民鐸》月刊，1921 年 2 月第 2 卷第 5 期，收上海泰東書局，1921 年 8 月初版《女神》；1928 年 1 月 30 日經改削，編入創造社出版部，1928 年 6 月出版的《沫若詩集》。

《芽生の嫩葉》，全貌與背景

一

1922 年末，郭沫若應日本大阪《朝日新聞》之約，以日文撰寫了一篇論述中國傳統文化思想的文章，題目作《芽生の嫩葉》，連載於 1923 年 1 月 1 日、2 日大阪《朝日新聞》。成仿吾將文章的主要內容翻譯成中文，以《中國文化之傳統精神》爲題，刊載於 1923 年 5 月 20 日第 2 號《創造周報》。成仿吾在「後識」中寫道：

> 不論是在一般人或在專門的學者，不論是中國人或是外國人，沒有像我們文化的精神與思想被他們誤解得這樣屬害的。外國人可不必說，即我們的新舊的學者，大抵都把他誤解得已不成話。舊的先入之見太深，新的亦鮮能捉到真義，而一般假新學家方且強不知以爲知，高談東西文化及其哲學。在這樣混沌的學界，能擺脫無謂的信條，本科學的精神，據批評的態度而獨創一線的光明，照徹一個常

　　　　　新的境地的，以我所知，只有沫若數年以來的研究。……我覺得今
　　　　　後思想界的活動，當從吞吐西方學說進而應用於我們古來的思想，
　　　　　求爲更確的觀察與更新的解釋。

成仿吾希望學界朋友能就中國傳統文化精神進行探討，這也是他將《芽生の
嫩葉》譯爲中文的一個目的。

　　1925 年，郭沫若將《中國文化之傳統精神》一文編入《文藝論集》，12
月，由上海光華書局初版印行。1930 年 6 月，在編訂第五版《文藝論集》時，
郭沫若將該篇刪去，並且在該版《文藝論集》的「跋尾」中寫道：「有些議論
太乖謬的，在本版中我刪去了五篇。此外沒有甚麼可說的，只是希望讀者努
力『鞭尸』。」此後，在《沫若文集》、《郭沫若全集》中再未收入該篇。顯然，
該文中的一些見解，應該就是郭沫若認爲「議論太乖謬」者。

　　事實上，在增刪改訂較大的《文藝論集》第四版（1929 年 5 月訂正，7
月出版，從篇目到内容都有許多增刪）中仍然收有《中國文化之傳統精神》
一文。何以僅隔一年時間，郭沫若卻又將該文從《文藝論集》中抽出？我以
爲應該與他此時正在從事的關於中國古代社會的學術研究有關。

　　1929 年 11 月，郭沫若完成了《中國古代社會研究》。在開始撰寫這部著
作前郭沫若意識到，「清算中國的社會，這是前人所未做到的工夫」，「也不是
外人的能力所容易辦到」。「世界文化史的關於中國方面的記載，正還是一片
白紙。恩格斯的《家庭、私有制和國家的起源》上沒有一句說到中國社會的
範圍」。他稱《中國古代社會研究》一書的「性質可以說就是恩格斯的《家庭、
私有制和國家的起源》的續篇」，「研究的方法便是以他爲向導」。〔註 3〕郭沫
若嘗試運用唯物主義辯證法研究中國古代社會，所以與他在五四時期對於中
國傳統思想文化的理解，當然就有了很大不同。

　　不過無論如何，《中國文化之傳統精神》一文所表達的思想，是郭沫若在
五四時期思考中國古代思想文化史的一篇重要著述，也是瞭解是時郭沫若精
神心態的一篇重要文章。

　　成仿吾的譯文是一篇很好的譯文，把《芽生の嫩葉》的主要内容基本上
翻譯過來了，郭沫若是認可這篇譯文的，所以，無論在國内發表，還是收入
《文藝論集》都採用了成仿吾的譯文以及所用的題目，他自己沒有再行翻
譯。不過，從研究郭沫若的角度來說，該篇論文的全貌一直未能以中文示

───────────────
〔註 3〕《中國古代社會研究・自序》。

人，總是一個遺憾，畢竟成仿吾的譯文略去了其中的一些重要內容。好在成仿吾略去未譯部分的文字，基本上是自成完整的節與段落，故以下按照在大阪《朝日新聞》發表的日文本，將成仿吾譯文所略去部分內容的中文譯本錄出。〔註 4〕這樣，我們就可以閱讀到一個全本的《芽生の嫩葉》，或作《中國文化之傳統精神》。

在切入正文前，我們還應該讀一下大阪《朝日新聞》為發表該文所加的一段編者按語。按語寫道：

> 郭沫若先生作為現代中國頗有作為的青年藝術家、劇作家、以及詩人聞名遐邇，同時對於一般文學和哲學都有著深厚的造詣，他著有《三葉集》等多部作品。郭沫若先生雖然志力於醫學，但是作為藝術家，他同樣是一位擁有著遠大前途的俊傑。郭沫若先生應該處於日本森鷗外先生的地位，本文是郭先生的日文作品。

這段按語提供了一些非常有意思的信息。長時間以來，有一個疑問始終讓人不得其解，即，大阪《朝日新聞》這樣一家大報，何以會特別約請一個中國留學生，而且是攻讀醫學的在校學生撰寫一篇論述中國傳統文化思想的文章？這一段編者按語可以說解答了疑問。該報社顯然是把郭沫若視為當時中國文壇上一位年輕有為的文學家、藝術家，而做為約稿對象的。可以說，該報對於中國現代文壇的現狀有著相當的瞭解。

按語中還把郭沫若與日本作家森鷗外做了一個比較聯繫。森鷗外是日本近代文壇上浪漫主義文學的代表人物，以他在日本近代文壇（日本近代文學開始於明治維新時期，至 20 世紀 30 年代進入現代文學時期）的地位來說明郭沫若在中國現代文壇的地位，在當時可算是超前的，但應該說是一個很恰當，也頗有見地的評價。

《朝日新聞》編者按語中的這一說法，後來在關注中國現代文學的日本作家、學者中似乎很有影響。著名作家谷崎潤一郎在 1926 年初次結識郭沫若之前就已經知道：「郭沫若君不僅是福岡大學的醫學畢業生，而且在醫學之外一直從事文學創作，所以被稱為『中國的森鷗外』。」〔註 5〕著名漢學家、研究中國古典文學的京都大學教授吉川幸次郎 1934 年就與郭沫若在京都相識，

〔註 4〕 本文所用日文文本係取自日本颶風會根據大阪《朝日新聞》整理的文本，載《颶風》，1978 年 7 月第 11 號，由章弘翻譯。
〔註 5〕 谷崎潤一郎：《上海交遊記》，日本《女性》，1926 年 5 月第 9 卷第 5 期。

圖 11：大阪《朝日新聞》刊登《芽生　二葉》

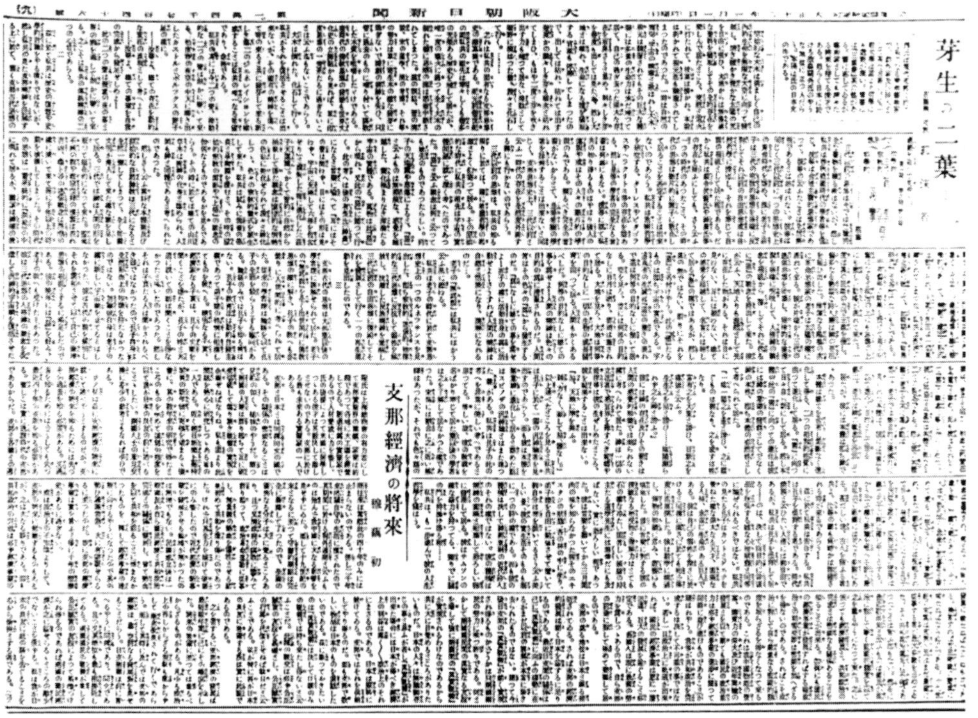

大阪朝日新聞

芽生の二葉

支那經濟の將來

他在郭沫若去世後撰寫的一篇文章中特別向日本讀者介紹了郭沫若「和森鷗外相似」之處〔註 6〕。

二

《芽生の嫩葉》可譯爲《兩片子葉》〔註 7〕。日文本分爲五節，《中國文化之傳統精神》未分節而以空行標示。其略去未譯的有第一節全文、第二節的前兩段文字、第四節的後兩段文字、第五節作爲全篇結尾的詩歌。

下面順序錄出《中國文化之傳統精神》略去未譯部分的內容，括號內的文字爲與上下文銜接處的文句。

〔註 6〕吉川幸次郎：《革命に生き拔いた文人》，1978 年 6 月 14 日日本《每日新聞》夕刊。

〔註 7〕目前已有將該篇名譯爲《兩片嫩葉》者，但在成仿吾的譯文中，其結句用了「兩片子葉」的譯法，「子葉」的確比「嫩葉」更切合文義，且本文在這裏所錄僅爲成仿吾譯文略去的部分，是爲了能與成仿吾譯文結合起來一窺該篇全貌，故以《兩片子葉》作爲篇題當更爲恰切。

（一）

原始的大樹勇敢地將自己的生命朝著天空無限地生長，自由地沐浴著清澈溫暖豐沛的陽光，從大地中汲取著無盡的養分。正當大樹盡情地享受著這一切的時候，突然被雷火擊中，樹葉被焚毀，樹幹被截斷，就連樹根都被拔起！一時間，被譽爲大自然的寵兒、宇宙精華的大樹，即使被連根拔起，在他偉岸的身軀裏依然存活著充沛的生命力，努力恢復著自己已經失去的偉大存在。儘管弱小的幼芽多次從樹上吐露，然而大樹已經脫離大地，能夠汲取生命養分的功能已經停滯。幼芽萌生隨即枯萎，枯萎後再次發芽，周而往復。越來越弱小的幼芽逐漸乾枯，終於連吐露萌芽的氣力也沒有了，只剩下殘骸橫臥在曠野中，一點一點變成化石。

這就是我們中華思想史的縮寫。從公元前幾世紀開始，我們的祖先一直擁有著輝煌燦爛的歷史，惟有一次遭遇秦火，就像所有的大樹轟然倒塌一樣，思潮的源流全部中斷了。漢的訓詁，晉的清談，宋的道學，清的考據，這些努力都不過是純粹地在寄生樹木上的發芽，失去了獨創精神，只顧一味地咀嚼粘在歷史上的腐敗木質。唐朝時代佛教思想的發達，如果從世界文化史的角度來看，不過就是印度思想的一個旁支，這是不言自明的事實。

大樹倒塌，變成化石。我們雖然不能使其復活，但是，我們卻可以傳誦他那獨特的精神，在春天來臨的時刻使其發芽，形成嶄新的第二代。這是我們唯一的希望，這是我們的當務之急。

我們的耳畔響亮地回蕩著兩種聲音，兩種富於節奏的聲音，彷彿春天的夜空裏閃耀著宙斯之子星和波呂丟刻斯星那雙子星座一樣。

──汝等喲，把一切的存在看作動的實在之表現吧！
──汝等喲，把一切的事業由自我的完成出發吧！

這兩種聲音穿過層層幕布和雲霾響亮地回蕩著，這才是我們傳統精神的兩個心音。

（二）

其實我們沒有在這裏復習歷史和討論史學的打算，但是，爲了理解

我們所看到的中國精神，讓我們用一點時間去探詢中國古代思想史的進程吧。

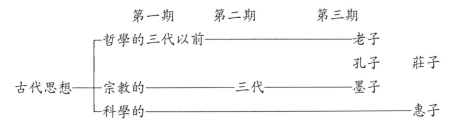

（關於三代以前的思想，我們現在固然得不到完全可靠的參考書，然而我們信認春秋戰國時代的學者，而他們又確是一些合理主義的思想家，……）

（四）

（……「勇者不懼」，他自己成了永恒的眞理之光，自己之淨化與自己之充實，他可不努力而自然能爲他放射永恒的光，往無窮永劫輝耀著去。）

如此這般，我們觀察孔子的人生哲學，從他的系統全圖中可以看出，最完善地傳播著他的教誨的是《大學》和《中庸》這兩部盛典。讓我們把觀察到的部分供作參考。

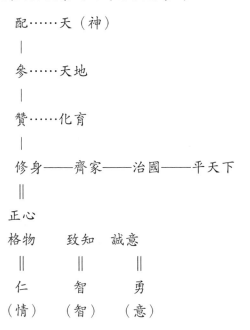

（五）

對歷史的探討到上述的地方爲止。請允許我再重複一遍，（我們不論在老子，或在孔子，或在他們以前的原始的思想，都能聽到兩種心音：

——把一切的存在看作動的實在之表現！
——把一切的事業由自我的完成出發！

我們的這種傳統精神——在萬有皆神的想念之下，完成自己之淨化與自己之充實以至於無限，偉大而慈愛如神，努力四海同胞與世界國家之實現的我們這種二而一的中國固有的傳統精神，是要爲我們將來的第二的時代之兩片子葉的嫩苗而伸長起來。）讓詩句來作尾聲吧——

春天來了！
在深深的冬眠之後
蘇醒了的種子
從大地的懷抱中伸出了脖頸。
新的世界新的光芒
種子一邊打著招呼一邊生長開去。
蒼空在頭上微笑著
大地富於彈性地沉默著
爲種子祈禱祝福：
自由地生長吧！無限地生長吧！
淚水就是甘露！
去展現美麗的自己吧！
高昂地奏起生命的凱歌吧
把這裏變成小鳥歡唱的樂園！
自由地生長，無限地生長，
直到永遠的春天來臨。

　　郭沫若在《兩片子葉》中對於中國傳統文化的精神內涵表達了他的理解和闡釋，並且對於其發展演進的歷史脈絡進行了梳理、分析。概括而言，他認爲，「把一切的存在看作動的實在之表現」，「把一切的事業由自我的完成出

發」，這就是中國傳統文化精神的核心思想，老、莊都代表並發展了這一文化思想，孔子則是集大成者。但自先秦以後，這一傳統文化精神被誤解、被歪曲而幾近湮滅。郭沫若撰寫這篇文章的目的，就是呼喚在現實人生中復活並闡揚光大這種傳統文化精神。與《兩片子葉》相呼應的還有他在 1924 年所撰寫的《偉大的精神生活者王陽明》一文。在這篇文章中，他把王陽明作為孔子以後儒家思想真諦的唯一繼承者而大加禮贊。

郭沫若在這一時期對待傳統文化思想和孔子的態度，與五四新文化陣營徹底反傳統的主流文化姿態可謂大相徑庭。何以如此，研究者們以前並未深究，卻簡單地以為，這可以說明郭沫若是時對於新文化與傳統文化的關係有比他人更為清醒的認識。其實從這篇以日文撰寫的《兩片子葉》中，我們倒是可以清晰地看出，郭沫若的主張受到日本近代明治維新以來啟蒙主義思想對待儒家文化傳統態度的很大影響。這應該不是巧合，即不只是恰好用日文撰寫了這樣一篇文章而已。

儒家思想文化對於日本古代文化思想的發展發生過很大影響，所以在日本從古代封建專制制度向近代社會轉型的明治維新時期，如何對待儒家思想文化傳統，也是日本啟蒙主義思想運動需要思考和面對的一個現實性問題。譬如，在開始與西方文明接觸的時候，佐久間象山就提出了「東洋道德，西洋藝術」的概念〔註 8〕。橫井小楠則以西方近代民主精神去解釋儒家的「天下為公」、「民為邦本」的思想，提出以「返回三代」——「三代之道」，即「堯、舜、孔子之道」，作為改造日本社會的思想理論綱領。被視為啟蒙思想家的福澤諭吉對儒學是持批判態度的，但他並不全盤否定儒家思想，而是首先充分肯定了儒學在日本古代文明史上的巨大功績。他說：「把我國人民從野蠻世界中拯救出來，而引導到今天這樣的文明境界，這不能不歸功於佛教和儒學」。「周公孔子之教所宣揚的忠孝仁義之道不僅絲毫沒有可以非難之處，毋寧說它作為社會人道的標準理當受到敬重」。然後，福澤諭吉從時勢變遷、文明進化的意義上指出，當今社會的組織結構已經完全不同於周公孔孟時代的社會，所以儒學在「今日已經不起作用了」。他認為孔子是儒家的最後一個聖人。「漢儒的系統是從堯舜傳到禹、湯、文、武、周公以至於孔子，孔子以後，聖人就斷了種，不論在中國，或在日本，再沒有出現過

〔註 8〕 「藝術」指科學技術。見《日本思想大系 55》，岩波書店，1971 年版，第 413 頁。

聖人」〔註9〕。

比較郭沫若在《兩片子葉》中的主張，我們可以看到，他與橫井小楠、福澤諭吉對待儒家傳統文化思想的基本態度和基本認識如出一轍，所不同的只是，他在現代意義上對於傳統文化精神所做的具體闡釋。這才應該是郭沫若在「打倒孔家店」的時潮中發出與眾不同的聲音的主要原因。而從這裏切入，應該又是一個能深入下去思考郭沫若與日本文化關係的很好的視點。

關於《題〈一個流浪人的新年〉》

成仿吾的小說《一個流浪人的新年》在寫成初稿後，曾寄給郭沫若、郁達夫、鄭伯奇等幾個朋友傳看，他們都留下一些評論的文字。成仿吾於 1921 年 4 月 21 日將小說改定，發表於《創造》季刊第 1 卷第 1 期。篇末附有郁達夫、鄭伯奇、郭沫若、陳君哲四人的評論文字。郭沫若寫的是一首詩，無題，首句爲「仿吾流浪的人」，文末注「郭沫若二月六日」字樣。

成都圖書館編纂的《郭沫若著譯及研究資料》中列有一首題爲《仿吾流浪的人》詩作的篇目，創作時間繫於 1920 年 2 月 6 日。上海圖書館所編《郭沫若著譯繫年》亦將此條資料列於 1920 年項下，但另外又根據《創造》季刊上發表的成仿吾小說的篇末所附評論文字，以《題〈一個流浪人的新年〉》作篇題，將郭沫若的詩收入《繫年》，創作時間繫於 1922 年 2 月 6 日。龔繼民、方仁念編《郭沫若年譜》取《繫年》中《題〈一個流浪人的新年〉》爲詩題，但將創作時間繫於 1920 年 2 月 6 日。王繼泉、童煒鋼編《郭沫若年譜》則另以《〈一個流浪人的新年〉跋語》爲題，亦將其撰寫時間繫於 1922 年 2 月 6 日。

上述幾項資料的記載，引出了兩個問題：其一，《仿吾流浪的人》與《題〈一個流浪人的新年〉》究竟是同一篇作品還是兩篇作品？其二，郭沫若的詩究竟創作於何時？

《郭沫若著譯及研究資料》將《仿吾流浪的人》列爲郭沫若的一首詩作（只有篇目），出自上海月華書局，1931 年出版的《新文學批判》一書。該書我一直未能找到，但根據郭沫若著作的版本情況以及他的作品被收錄於其它

〔註9〕 《文明論概略》，商務印書館，1992 年版，第 14 頁、第 149 頁。

書中的情況來分析，所謂《仿吾流浪的人》決不會是他一首初次發表的新作，應該是該書的編纂者從他已經發表過的作品中所選錄的一篇。這種情況在當時多有出現，而且作者本人多不知曉。從篇題看，應該就是取自郭沫若爲成仿吾小說所寫那首詩的第一句。《仿吾流浪的人》與《題〈一個流浪人的新年〉》實爲同一首詩。

既是同一首詩，何來兩個不同的創作時間呢？其實稍加注意即可發現，兩個不同的時間，只有年份的不同，月、日的時間均是相同的。再看一下郭沫若題詩與成仿吾小說，及其他幾人評論文字在《創造》季刊發表的情況，我們不難發現之所以會出現兩個不同時間的原由了。

《一個流浪人的新年》在發表時，成仿吾注明係 1921 年 4 月 21 日改作。《創造》季刊出版於 1922 年 5 月，作品後所附的幾段評論，以先後次序排列爲郁達夫、鄭伯奇、郭沫若、陳君哲四人作。郁達夫文末未注時間，鄭伯奇文末注有「伯奇讀後誌感 1920，2，4 日之夜」，郭沫若題詩後署了「郭沫若二月六日」，陳君哲文末亦只署 2 月 13 日的時間。

顯然，將郭沫若題詩繫於 1920 年的說法是基於這樣的推斷：成仿吾的小說改作於 1921 年 4 月，鄭伯奇的讀後誌感寫於 1920 年 2 月 4 日，必是寫在成仿吾改作前，郭沫若題詩排在鄭伯奇感言之後，又恰是同一月份的兩日之後，陳君哲的評論文字則寫在同一月的一周後，那麼包括郭沫若題詩在內的這幾段文字，至少後三段文字，儘管未署年份，均應寫於 1920 年（即，從於鄭伯奇所注的年份）。成仿吾看了這些評論，方有改作一事。

而將郭沫若題詩繫於 1922 年的說法，同樣會是基於對《創造》季刊發表情況的推斷，只是不依據鄭伯奇所注時間。這一說法應該是將郭沫若題詩認定於他看到成仿吾小說改定稿後，並在編訂第 1 期《創造》季刊之時。成仿吾小說改定於 1921 年 4 月，《創造》季刊出版於 1922 年 5 月，則郭沫若題詩的 2 月，只能繫於 1922 年。

應該說做這樣兩種不同的推斷，都是有一定道理的，但是，兩種判斷都忽略了一個關鍵的細節：鄭伯奇所注 1920 年的時間有誤，可能他自己誤記，也可能爲手民之誤。

鄭伯奇所寫那段評論文字的第一句話，是說到成仿吾讀他的詩所發的一句評論。鄭伯奇先後寫過幾篇回憶創造社的文章，應該是人們所熟悉，也是常被研究創造社文學活動時所引用的資料。鄭伯奇很明確地寫到他與成仿

吾相識，是在認識郭沫若之後，經過郭沫若介紹才與成有了聯繫。而他與郭沫若相識則是經過田漢介紹，時間是在 1920 年 3 月末田漢專程去福岡見郭沫若之時。這就意味著 1920 年 2 月 4 日的時候，鄭伯奇還沒有與郭沫若相識，更沒有與成仿吾相識，也就不可能在這一天之前與成仿吾有過相互交換作品閱評的關係。所以，可以肯定，鄭伯奇為那段文字所注的撰寫時間有誤。〔註10〕

其實，鄭伯奇在回憶文章中也寫到了幾個朋友為成仿吾小說寫讀後感的事情，只是沒寫明是在何時。他這樣寫道：

> 由於沫若的介紹，自己認識了成仿吾兄，沫若的來信對於成仿吾的人格學問非常推重。並寄來了仿吾的小說《流浪人的新年》，叫我讀了以後，寫一點感想，好在卷尾已經有了沫若，達夫和另外幾個人的評語，我便大著膽子也寫上了幾句。〔註11〕

那麼此事究竟發生在哪一年呢？在鄭伯奇 1921 年 1 月 31 日的日記中有這樣一個記載：「夜在張鳳舉君處把成仿吾君作的小說《放浪人的新年》給鳳舉和□□看。」（該日記原件即作「放浪人的新年」，「和」與「看」字之間留下約兩字的空白，這裏以□代之）之後，他在 2 月 4 日的日記中又記錄有「發信：郭沫若，並寄仿吾稿」的文字。

日記中記到「成仿吾君作的小說《放浪人的新年》」，無疑就是《一個流浪人的新年》，或者有可能成仿吾在改定前就用的這一篇名。從 2 月 4 日日記的內容來看，鄭伯奇在二十年之後所寫的回憶文章中記錯了一個重要的細節，即，成仿吾的小說不是由郭沫若寄給他，而是相反，由他在 2 月 4 日寄郭沫若。那麼他寫的讀後誌感，也應在郭沫若題詩之前，這與《創造》季刊上刊登文字的順序、時間正好吻合。在鄭伯奇的日記中還可以查到 1 月 29 日接到成仿吾來信的記錄，所以，事情的過程應該是這樣：

成仿吾於 1 月末（27 或 28 日）將小說（應該一併還有郁達夫的評論文字，成、郁二人是時均在東京）寄給在京都的鄭伯奇，鄭伯奇讀後於 2 月 4

〔註10〕關於鄭伯奇最初與郭沫若、成仿吾相識的情況，包括具體的時間，鄭伯奇回憶文章中所記尚有需要斟酌之處，我另有考訂，詳見「交往篇」。但並不影響這裏的分析，此處僅為說明兩個時間的誤斷因何而來，且應該是可以被注意到的。

〔註11〕鄭伯奇：《二十年代的一面──郭沫若先生與前期創造社》，重慶《文壇》半月刊，1942 年 3 月第 1 期起連載。

日寫好一段評論文字，即寄往福岡郭沫若處，郭沫若讀到成作即刻題詩，時在 2 月 6 日。2 月 13 日，陳君哲往訪郭沫若，在其寓所讀到成仿吾的小說，亦寫下一段感言〔註 12〕。在此之後，郭沫若將稿件並幾人的評論文字寄還成仿吾。成仿吾則在聽取了幾位朋友的評論意見後，於 4 月將小說最後改定。

　　郭沫若這首《題〈一個流浪人的新年〉》的詩——我們不妨就以此為其篇題——作於 1921 年 2 月 6 日。

「紀事的雜詩」與《十里松原四首》

　　「回首中原歎路窮，寄身天地太朦朧！入世無才出未可，暗中誰見我眊紅？」這首詩在描述郭沫若留學時期，更準確地說是在 1918 年前後的精神心態時，常被人們引用作為資料。該詩為《十里松原四首》之一。

　　《十里松原四首》源出何處？從沒有人提出這一疑問，因為這似乎是一個無需查考的問題。1959 年，由郭沫若自己編訂的《潮汐集》（作家出版社，1959 年 11 月出版）中收錄了該篇。這四首舊體詩初見於《創造十年》文中，原來是沒有題目的，收入《潮汐集》，作者為之加了該篇題。《郭沫若全集》也以此收錄。《創造十年》中這四首詩的個別文字與收入《潮汐集》中的文本略有不同，而《創造十年》在收入《沫若文集》、《郭沫若全集》時，該篇詩句的順序和文字與初版本亦有不同，這裏不做敘述，因為它們只涉及單純文字的校勘，內容沒有變化。讓我提出該篇源出何處這一問題的，是郭沫若在另外一篇作品中所寫的一組詩：「紀事的雜詩」。同時，這一問題將關係到《十里松原四首》創作時間的判定。

　　郭沫若早期創作的詩歌，有一些不是單獨發表或直接收入詩集，而是散見於他的一些文章和作品中。這一點在對於他的詩歌作品的收集、整理，以及研究中，並沒有被充分地注意到，但其中包含了許多值得關注，或者需要進一步去做考訂工作的歷史信息。這些歷史信息又是關於郭沫若生平和創作活動原初的史料。這組「紀事的雜詩」就需要為之做一些這方面的

〔註 12〕陳君哲為成仿吾小說所寫評論文字中說到「今天在沫若的樓上，讀了他這篇小說」這樣的話。

考辨。

「紀事的雜詩」共有六首，見之於郭沫若 1924 年 2 月 22 日創作的自傳體小說《聖者》。小說發表於上海《創造周報》，1924 年 3 月 2 日第 42 號。爲敘述方便計，我以《紀事雜詩》（六首）名之。這六首詩文如下：

> 博多灣上負兒行，
> 耳畔風聲並海聲。
> 落落深松如鬼物，
> 失巢稚鳥咽悲鳴。
>
> 昂頭我向群星笑，
> 群星應笑我無能。
> 去國八年前此夕，
> 猶自悽惶海外身。
>
> 海外栖遲又一年，
> 蒼茫往事已如烟。
> 壺中未滿神山藥，
> 贏得妻兒作掛牽。
>
> 回首中原歎路窮，
> 寄身天地太朦朧！
> 入世無才出未可，
> 暗中誰見我眶紅？
>
> 欲上崆峒訪廣成，
> 欲上長城弔始皇。
> 寸心騁逐時空外，
> 人生到底爲誰忙？
>
> 一篇秋水一杯茶，
> 到處隨緣是我家。
> 朔風欲打玻璃破，
> 吹得爐燃亦可嘉。

也爲便於以下的比較分析，這裏將《十里松原四首》的文字也抄錄如下（根據《創造十年》最初發表時的文字）：

十里松原負稚行，
耳畔松聲並海聲。
昂頭我見天星笑，
天星笑我步難成。

除夕都門去國年，
五年來事等輕烟。
壺中未有神山藥，
贏得妻兒作掛牽。

回首中原歎路窮，
寄身天地太朦朧。
入世無才出未可，
暗中誰見我眶紅？

一篇秋水一杯茶，
到處隨緣是我家。
朔風欲打玻璃破，
吹得爐燃亦可嘉。

　　對比兩組詩文，其間具有的聯繫是顯而易見的。因爲《聖者》創作發表在前（《創造十年》作於 1932 年，上海現代書局，1932 年 9 月初版發行），我們暫且以《紀事雜詩》（六首）作爲原本，則《十里松原四首》，應是由《紀事雜詩》（六首）整理而成。後一組詩的前兩首從前一組詩的前三首詩句刪削整理而來；第三、第四兩首詩，分別爲前一組詩中的第四、第六兩首詩。（《創造十年》在收入《沫若文集》時，這兩首詩各有一組詩句的順序有所不同，即，第三首作：「寄身天地太朦朧，回首中原歎路窮。」第四首作：「到處隨緣是我家，一篇秋水一杯茶。」）《創造十年》中未記入《紀事雜詩》的第五首。

　　從內容上說，這兩組詩所抒發的詩人的思想情感自然是相同的，即，它們表達了留學日本時期，郭沫若自覺空懷一腔報國之志，卻入世無門，心有不甘，但又無可奈何的苦悶、矛盾的心境。但仔細吟味比較兩組詩，《紀事雜詩》把這種心境表達的更完整、更充分。前四首抒發的是空懷報國之志，入世無門的心緒，第五首則以「欲上崆峒訪廣成」，「欲上長城弔始皇」兩句，表達了心有不甘的情緒。前句用《莊子‧在宥》篇中黃帝爲治理天下，

上崆峒山訪廣成子（老子別號）問道的典故，後句憑弔的秦始皇，則是成就了古代中國統一大業者。但在無情的現實面前，詩人的這種不甘，只能寄託在「時空外」。這實際上是莊子「獨與天地精神往來」的那一種心境了，所以接下去的第六首，在無可奈何之中，「一篇秋水一杯茶」，「到處隨緣是我家」。「秋水」乃《莊子》篇名。《十里松原四首》中缺少了《紀事雜詩》裏的第五首，其第四首的起句便略顯突兀，與前幾首之間在情緒表達的連接上，也有一個停頓。這應該也可以說明《紀事雜詩》（六首）的創作在前，而《十里松原四首》的刪削整理在後。可是有一個至關重要的因素與此判斷衝突。

在《創造十年》中，郭沫若記述寫下《十里松原四首》的情形，是在敘述到 1918 年歲末時寫到的：「在當年的除夕我們才搬到了附近臨海的一家小房子裏去。搬家是在夜裏，因為地方近，行李又不多，便同老婆兩人手提背負地搬運了一兩次，也就搬空了。那時我的感傷索性大動了一下，做過好幾首絕詩」。郭沫若在這裏所謂的「除夕」，是按日本紀年的說法，即公歷年末的最後一天。所以，在以《十里松原四首》為題，將這幾首詩收入《潮汐集》時，他在篇末署明創作的時間地點為「1918 年在日本福岡」。若如此，則《十里松原四首》先於《紀事雜詩》的寫作，這兩組詩的關係也就顛倒過來了。

然而，兩組詩在文字中還有一處非常重要的不同，即，《紀事雜詩》第二首中「去國八年前此夕，猶自淒惶海外身」句與第二首中「海外栖遲又一年，蒼茫往事已如烟」句，在《十里松原四首》第二首中刪削改作為「除夕都門去國年，五年來事等輕烟」。「八年」與「五年」的一字之差，應該關係到這幾首詩創作時間的判定。

以郭沫若 1913 年 12 月底啟程經朝鮮半島赴日本留學計，至 1918 年底，恰為《十里松原四首》中所寫「除夕都門去國年，五年來事等輕烟」。但若以《紀事雜詩》中「去國八年前此夕」句計，則該組詩應寫於 1921 年末，起碼是 1921 年間。

我們再來看《聖者》中是怎樣寫到《紀事雜詩》的創作。「他（愛牟）想起三年前還在日本的時候，有一次也是年殘多盡，他們因為沒房租，被房主人逼了出來，另外遷到一家海上的漁家去。那時第二的孩子還一歲未滿，他們乘著夜陰搬家，孩子是背在他的背上的，他那時候做過幾首紀事的雜詩。」

《聖者》的篇末，作者注有「1924、2、22」的撰寫時間。以此上推三年，恰是 1921 年，但不是年末，而是年初，因文中寫到「年殘多盡」，且「那時第二的孩子還一歲未滿」。「年殘多盡」自是舊曆歲末之意（公曆的年殘之際正當隆冬時節），在公曆紀年的一二月間，冬將盡，春未到（農曆辛酉年的春節在 1921 年 2 月 8 日）。郭沫若的二子博，生於 1920 年 3 月，至 1921 年一二月時尚未滿一歲。

這樣推斷，又出現一個新的問題：郭沫若一家在 1921 年搬過一次家，卻非「年殘多盡」之時，而是在 4 月。《聖者》中寫到的搬家經歷，則基本上反映的是 1918 年歲末那一次搬家的情景。如何解釋呢？我想《聖者》畢竟是小說，雖爲自傳體，其中的具體情節當然不是作者的行止錄，而是其人生經歷的提煉與概括。這是一種文學構思的考慮，包括對於文學性傳記《創造十年》中的一些記事情節，我們也應該這樣來看。當然，這也就意味著我們不能僅僅憑藉其情節過程的描述，來做出史料性的判斷。

兩組詩文的內容，給我們提供有另外一個考訂其創作時間的依據，即，我們在這些文字中所讀到的作者創作時的思想情感狀態。郭沫若在日本留學的這兩個時間段中，哪一時間段會處於詩中所抒寫的那種心境呢？

1918 年末，是郭沫若進入九州帝國大學第一個學期的期末。在岡山第六高等學校經過三年「一心讀書，身無別故」的刻苦學習，1918 年夏季，郭沫若終如願進入九州帝國大學醫學部。這才眞正走上他來日本後選擇確認的「立志學醫，無復他顧」，「思習一技，長一藝，以期自糊口腹，並藉報效國家」的人生之路。此時的郭沫若，顯然正處在一種躊躇滿志的精神狀態裏。也是在這期間，他把與安娜結合的事情告知了父母，並且得到了父母親的原宥，他的心情自然也就更加舒暢。

但到了 1921 年初創作《聖者》時，郭沫若對人生道路的考慮已經發生了很大變化，他決定要棄醫從文。從當年 1 月起，他特意申請休學三個月，終日在家讀書、創作，徜徉於文學的世界裏。期間曾聯繫在京都的鄭伯奇，意欲轉學去京都，改習文科，但未果。有朋友反對，安娜也反對他放棄醫學的想法，所以他還得耐著性子去完成學業拿下那個醫學士的文憑。與此同時，與朋友們籌劃中的組織創造社，出版文學刊物的事情又不見進展，遲遲未能落實。應該說此時的郭沫若正處在焦躁、煩悶、矛盾的精神狀態中。這種精神狀態，恰好吻合於兩組詩中所抒寫的那般心境。1918 年底時的郭沫若則不

當如此，可以爲之佐證的，還有他在是年底寫的另外幾首詩。

1918 年除夕那次搬過家後，郭沫若在轉過年的 1 月 2 日寫有一封家書，其中抄錄了他在除夕日或次日所寫的五首詩，我們姑稱之爲《新年雜詠》。詩中表現了過年時的喜慶氣氛和他與鄰居、同學共度新年的歡快情景。我們且錄下幾首看看：「鄰家春餅正聲喧，到處盈門掛草繀。童稚街頭喜相告，明朝轉眼是新年。」「戲與子和相笑約，明朝雪裏要行軍。勸君早起休貪睡，先發制人古所云。」「身居海外偷尋樂，心實依然念故鄉。想到家中雞與肉，口水流來萬丈長。」如果按照《創造十年》所記作爲《十里松原四首》的創作時間，那麼它們與《新年雜詠》的幾首詩則寫於同一天，至多也只相隔一日。比較兩組詩文，它們表達的心境是如此不同，甚至可以說是大相徑庭。很難設想一個人在同一天內會創作出這樣兩組詩。它們應該作於不同的時間，而郭沫若那封家書的撰寫時間則是毋庸質疑的。

此外，還有一個問題亦有必要予以說明：《聖者》乃一篇小說，其中的詩作能否視其爲作者一篇獨立出來的詩歌作品，而不是爲小說中的角色所作呢？《聖者》是郭沫若自傳體小說中的一篇，其主人公愛牟，小說中寫到的人、事，以及事情發生的時間、地點、經過等等，與郭沫若其他自傳體小說的內容一樣，都是作者對於自己眞實的人生經歷的描述。這一點應該是已經被公認的，儘管有些具體的細節、情節未必十分準確。事實上，郭沫若自己就曾把自傳體小說中的詩抽出來，單獨成篇收入詩集，如：《採栗謠》（見於《行路難》），《失巢的瓦雀》（見於《漂流三部曲·歧路》）。

綜合以上的考證，我以爲可以得出這樣的結論：《十里松原四首》是從《紀事雜詩》（六首）整理改作而來；《紀事雜詩》（六首）創作於 1921 年一二月間；《創造十年》（當然也就包括後來的《潮汐集》、《郭沫若全集·文學編》）中關於《十里松原四首》創作時間的記述與注釋當係誤記。

留學佚詩的整理與思考

一

1914 年 1 月，郭沫若抵達日本，開始了他的留學生涯。1923 年 3 月，郭沫若在九州帝國大學醫學部完成學業畢業並獲得醫學士學位，1924 年 11 月，

他偕一家人回國，結束了在日本十年的留學生涯。

在留學日本的十年間，郭沫若一邊學習醫學，一邊卻開始了文學創作活動，首先是詩歌創作。引發了他詩歌創作欲望的直接動因，是與安娜的相識相戀。在此之前，郭沫若有一些零星詩作（散見於書信和後來所寫的自傳中），是以古典詩歌形式作成的，從為安娜寫詩開始，他運用了自由體的詩歌形式進行創作。1919 年、1920 年前後，郭沫若的詩歌創作達到一個高潮期，他不再僅僅為愛情而創作，為表現自我而創作，他用自由體新詩的形式，為「個人的鬱積、民族的鬱積，找到了噴火口和噴發的方式」。

1921 年 8 月，郭沫若的第一個詩集《女神》出版，緊接著又有《星空》結集出版。《女神》成為中國新詩歷史的一個重要起點，郭沫若也成為中國新詩壇最具創造性與影響力的詩人。

《女神》甫一出版，就成為被評論與研究的對象，迄今九十年。《女神》研究，從開始時僅僅是就這部詩集而論，逐漸發展成為關於郭沫若五四時期詩歌創作的研究。事實上，《女神》原本就非一般意義上的一本詩集，它是由作者從自己在「五四」前後一段時間內所創作的全部新詩作品選編而成。郭沫若的這一段詩歌創作，經歷了三個不同階段變化的，《女神》也分作三輯，它們之間在思想情感的表達與創作風格上有著明顯的不同。然而，當人們把對《女神》的研究，延伸為對於郭沫若五四時期詩歌創作（或者前期新詩創作）的研究時，在很多情況下，都走入一個誤區：將《女神》（包括《星空》等結集的詩作）等同於郭沫若前期的新詩作品。

《女神》、《星空》等詩集是郭沫若自己選編的詩歌作品選本，並非研究意義上的選本。在《女神》、《星空》等詩集之外，還有大量郭沫若同一時期的詩歌作品散佚在報刊上未彙輯成集，它們包含了許多《女神》、《星空》等的文本中所未能傳達出來的歷史信息，譬如：散文詩、宗教題材的詩、口語體的詩、寫實手法的詩等等。所以，僅以《女神》、《星空》而論郭沫若五四時期的詩歌創作，或者把它們單純地視為一部獨立創作的詩集（這兩種情況在郭沫若研究中是相當普遍的狀況），而沒有把那些佚詩納入學術思考的視野中，當然就顯露出很大不足。這固然是一個歷史的遺憾，但也應該說更是一種學術上的疏漏。

實事求是地說，現在要將郭沫若《女神》時期散佚在報刊或文章著述中的詩歌作品收集整理起來，是一件非常困難的事情。所以迄今為止，只有上

海圖書館編纂的《郭沫若著譯繫年》、成都市圖書館編纂的《郭沫若著譯繫年索引》（收《郭沫若著譯及研究資料》）記錄了這些散佚詩作的篇目，但二者均有許多缺失。鄧牛頓曾將散佚在《時事新報·學燈》上的郭沫若的新詩作品輯錄刊發出來（《郭沫若〈女神〉集外佚文》，《南開大學學報》，1978 年第 2 期），但其本身即有遺漏，且郭沫若發表在《時事新報》上的詩作亦只是其當時創作的一部分作品。

　　為彌補這一歷史缺憾，我將郭沫若在留學日本時期創作的詩歌作品，除結集出版之外的佚詩，經鈎沉、整理、校勘，彙集起來，共得 77 篇 95 首。這些詩作與《女神》、《星空》、《前茅》一起，可成為郭沫若留學時期詩歌創作的「全本」〔註13〕。其篇目分作三輯抄錄如下：

　　第一輯

　　　　牧羊曲

　　　　風

　　　　箱崎弔古

　　　　抱和兒浴博多灣中

　　　　兩對兒女

　　　　某禮拜日

　　　　夢

　　　　一個破了的玻璃茶杯

　　　　黎明

　　　　晚飯過後

　　　　為和兒兩周歲作

　　　　壁上的時鐘

　　　　嗚咽

　　　　解剖室中

　　　　芬陀利華（白蓮花）

　　　　讀《少年中國》感懷

　　　　淚之祈禱

　　　　宇宙革命底狂歌

〔註13〕這些佚詩已經與初版本《女神》的文本一併收入《〈女神〉及佚詩》，由人民文學出版社，2008 年 6 月出版。

雷雨

香午

葬雞

狼群中一隻白羊

我的散文詩

淚湖

孤寂的兒

我的狂歌

題《一個流浪人的新年》

謝了的薔薇花兒

昨夜夢見泰戈爾

馴鴿與金魚

大木語

兩片子葉〔註14〕

我們的花園

月光曲

創世工程之第七日

垂釣者

木杵

弄潮兒

爲《創造日》停刊作

寂寥

第二輯

鏡浦

落葉語

衝冠有怒

月下

蔗紅詞

弔朱舜水墓

一位木謠

〔註14〕原作爲日文。

　　第一輯所列入篇目，爲在報刊上發表之後，未曾輯入郭沫若編訂出版的任何一部詩歌專集的散佚自由體新詩，包括散文詩、詩劇、兒歌等不同詩歌體裁。第二輯所列入篇目，爲舊體詩作。第三輯所列入篇目，爲見之於郭沫若文章、作品、書信中的詩篇，以及在報刊發表後曾輯入其詩歌作品合集的詩篇。

二

　　關於這些佚詩的整理，有幾個值得思考的問題需要特別說明：

　　其一，「留學時期」這個時間段的確定。

　　收集整理這些佚詩的時候，我原本使用了「《女神》時期」的概念，因爲這是郭沫若研究中一個關於歷史階段的時間概念，並非嚴格依據詩集《女神》創作起訖的時間所做出的界定，所以也可稱五四時期，是一個模糊性的時間概念。它實際上成爲郭沫若新詩創作研究一直在沿用的時間段的劃分。

　　然而，考察郭沫若詩歌創作活動的軌迹可以發現，這樣一個時間段的劃分，並不符合郭沫若詩歌創作的實際情況，它基本上只是依據了新文學史敍述的那一個大的歷史脈絡。郭沫若的情況有所不同。他開始寫自由體詩歌的時候（不是指發表），「胡適們在《新青年》上已經在提倡白話詩並在發表他們的嘗試，但我因爲處在日本的鄉下，雖然聽得他們的風聲卻不曾拜讀過他們的大作。」〔註15〕他的寫作實踐與國內新文學「嘗試」新詩創作的歷史場景並無關聯，而是與他個人的日本生涯密切相關。同時，他是時的舊體詩寫作與自由體詩創作也並不能截然分開。所以，我以「留學時期」，作爲對於郭沫若早期詩歌創作活動一個時段的劃分。輯錄、整理的這些佚詩最早的創作於 1914 年，最晚的一篇寫於 1924 年。

　　郭沫若的留學生涯長達十年，可以說始於學醫，終於爲文。正是經歷有這樣一段人生體驗，才有了他最初寫詩的衝動，有了他從開始的只是爲愛情而作、爲表現自我而作，到爲「個人的鬱積、民族的鬱積」找到一個噴火口和噴火的方式，進而棄醫從文，踏上文學之路的過程。他在這一時期的詩作，從內容、審美追求到藝術風格，儘管也經歷了「泰戈爾式的」、「惠特曼式的」、「歌德式的」三個階段的變化，但它們都與他的留學經歷和他在日本所置身其間的社會思想文化環境密不可分。以詩集《女神》的出版爲標誌，這成爲

〔註15〕《我的作詩的經過》，《質文》月刊，1936 年 11 月第 2 卷第 2 期。

郭沫若文學生涯的爆發期，也是他新詩創作最輝煌的時期。1924 年從日本回國前後，郭沫若的思想開始了一個轉換期的變化。回國不久，他即投身於社會革命運動，從而走進人生旅程一個新的階段，他的詩歌和文學創作活動也進入了一個新的時期。所以，無論從人生之路還是從創作，尤其是詩歌創作之路的角度而言，「留學時期」都是郭沫若生平活動中一個具有特別意義和特定歷史內容的時間段。

其二，郭沫若留學時期佚詩的輯錄、整理，應該涵括其作於這一時期的全部舊體詩。

從《女神》開始，郭沫若結集出版的詩歌作品均爲自由體新詩，而從對《女神》的研究開始，論及郭沫若的詩歌創作也都以其新詩作爲研究對象。這當然是由中國新文學運動發生、發展（也包括中國現代詩歌發生、發展）的歷史態勢所決定的，也是中國新（現代）文學史的敘事原則所決定了的。因此，舊體詩詞一直未被納入文學史敘述的視野和作家作品研究的範疇。這不能不說是文學史的一個缺失，也是一直以來郭沫若研究的一個缺失。郭沫若的文學活動，他的詩歌創作，當然應該包括其運用古典詩歌形式的創作。

撇開形式的新舊不論，郭沫若留學時期所創作的舊體詩，從題材、內容到表達的思想情感，都與他同時期的新詩創作密切相關，有些更直接成爲其新詩創作的題材，或者徑直被改作爲新詩，譬如《新月與白雲》（最初發表時分爲《新月》、《白雲》兩題）中的《新月》一詩，即由舊體詩《新月》改作而成；舊體詩《殘月黃金梳》（《別離》）曾改譯爲自由體一併收入《女神》。郭沫若的一些舊體詩作也從審美的意義上，表現出過渡於新舊之間的一種聯繫。

事實上，郭沫若自己並未將這些舊體詩塵封起來，雖然他在很長時間內也是主張新文學排斥舊體詩詞的。早在 1933 年，他爲回顧自己最初的文學創作所撰寫的《自然底追懷》一文中，就特別追記了創作於留學時期的 11 首舊體詩。1959 年在編訂《潮汐集》時，他又選錄了這一時期創作的 10 首舊體詩。在第二輯輯錄的郭沫若留學時期舊體佚詩，涵括了已收入《潮汐集》之外的所有篇目。

其三，郭沫若留學時期的文章、作品中包含有一些詩作，它們應該被收集整理出來。

郭沫若以詩歌創作踏入文壇，他在本質上也是一位詩人，所以在他發表

的小說、散文、書信、戲劇作品，甚至文藝論著等文本內，有不少詩歌（其中詩體的形式是多樣的）散佚其中，構成相關內容的一個組成部分。這些詩歌除少數與情節、人物密不可分外，大多又可以獨立成篇，理應被視爲郭沫若詩歌創作的一個組成部分。這一點，是郭沫若研究一直所忽略了的一個問題。

其實，郭沫若自己並沒有忽略這些詩作，他從中遴選過不少篇目作爲獨立的詩歌作品，編入詩歌專集中。譬如：收入《女神》中的《春蠶》，出自他1920年7月26日致陳建雷的信；收入《沫若詩集》中的《夕陽時分》、《失巢的瓦雀》，分別出自他1921年10月6日致郁達夫的信、小說《歧路》；收入《潮汐集》中的《新月》、《贈達夫》、《採栗謠》，分別出自論文《兒童文學之管見》、散文《達夫的來訪》、小說《行路難》等等。

所以，這裏彙集整理了郭沫若留學時期所創作發表的文章作品中所有可以獨立成篇的詩作，包括他在編輯《創造》季刊時撰寫的幾則《曼衍言》。〔註16〕

從數量上看，郭沫若留學時期的這些佚詩與其收入幾個詩歌專集的同期詩作數量大致相等，這本身已經十分值得關注了，但更值得思考的意義還不在於數量。這些佚詩，與已經入集的詩作，構成一個整體——郭沫若留學時期詩歌創作的整體。這會讓我們閱讀到郭沫若留學時期詩歌寫作的全過程，會對這些詩歌作品有一個整體上的感受和領悟，會引發出在這些詩作之外的思考：

《女神》究竟緣何而來（儘管被研究了幾十年，這個問題並未理清）？

一個中國青年在日本九州地區留學，寫出了一部成爲中國新詩史重要開始的新詩集，這意味著什麼？

郭沫若所生活於其中的日本社會與日本文化，對於他的詩歌創作發生了怎樣的影響？

在郭沫若的詩歌寫作中，他有意無意地進行著多樣的嘗試，它們爲中國現代詩歌的發展提供了什麼樣的選擇？

……

諸如此類的問題，大概是單獨閱讀《女神》，閱讀《星空》等經過編選而成的詩歌專集，所難以觸發的思考。

〔註16〕關於這些文中的詩作，哪些可視爲獨立成篇者，或許會見仁見智。

從《著了火的枯原》說異題同作

在郭沫若的詩歌作品中有這樣一種情況：同一詩作被冠以不同的篇題。之所以如此的原因各不相同，但在目前所見的郭沫若著譯繫年、年譜中卻多未注意或發現這一情況，而致文獻史料出現錯記、誤記。

《著了火的枯原》與《瓶》

1926 年 12 月出版的《洪水週年增刊》上刊載有郭沫若的一篇詩作《著了火的枯原》，文末署「三月二十日作」。上海圖書館編《郭沫若著譯繫年》、龔繼民、方仁念作《郭沫若年譜》均以其為 1926 年 3 月 20 日創作的一篇詩作記入繫年和譜文中。《著了火的枯原》包括以序號排列的兩首詩，讀詩文即可知實為組詩《瓶》中的詩句。核對一下，他們分別是《瓶》中序列第三十首、第三十一首的兩首詩，文本只有三兩字有所不同。故文末所署的寫作時間，實際上應係 1925 年 3 月 20 日。

《著了火的枯原》與《瓶》，單看篇題，把兩者聯繫起來，實在有點匪夷所思。為什麼會出現這樣的失誤呢？恐係未見原文之故。在《洪水週年增刊》所刊這首詩作的文末其實有一短注，寫著：「轉錄創造月刊」。如若翻閱過《洪水週年增刊》上刊載的該詩，必定不會把《著了火的枯原》認作首發詩作，那麼接下去查對一下《創造月刊》，即使之前記不得《瓶》中的詩句，也就應該能搞清楚是怎麼回事了。

郭沫若又為什麼會拿兩首舊作合成一詩發表呢？我想大概並非出自他的意思，而是《洪水》編者不得已為之的自作主張。

1926 年時，創造社活動的中心已在廣州，一群「小夥計」的加盟，使得後期創造社的活動仍很活躍，同時辦著《創造月刊》、《洪水》、《A11》等幾個刊物。郭沫若 3 月即到廣州，受聘於廣東大學做文科學長，他此時的精力實際上已不在創造社的活動。在創作方面也主要是關注倡導革命文學，或社會政治問題的討論，幾乎沒有寫詩。7 月，郭沫若直接投身於國民革命軍北伐的軍事行動，隨總司令部政治部離開廣州北上武漢。

《洪水週年增刊》是一期紀念性的專刊，如編者所說，是「自己紀念自己」。儘管郭沫若的主要精力已不在創造社的活動，但他仍然是創造社的中心人物，紀念《洪水》出版的專刊，當然應該有他的文章作品。不過郭沫若此

時人遠在千里之外的軍旅中，紀念專刊又不需要那些討論社會問題、政治問題的論文，怎麼辦，只好以舊作編排一下充數吧！估計周全平們（周與洪爲法、葉靈鳳三人爲《洪水》編輯）就是這樣一個想法，要不然爲什麼要注上一句「轉錄創造月刊」呢？

《婦協歌》與《女性歌》

　　在《郭沫若年譜》（龔濟民、方仁念編）1937 年 1 月 25 日項下，記有「爲留東婦女協會作《婦協歌》」與「作詩《女性歌》」，以及兩詩作分別發表情況的兩條譜文。而在上海圖書館《郭沫若著譯繫年》中只記載有作《婦協歌》（詩）及其發表情況的內容。

　　事實是，《婦協歌》與《女性歌》兩者爲同一篇詩作。

　　《婦協歌》是郭沫若特爲留東（意指留學日本）婦女協會所作，發表於 2 月 2 日上海《立報・言林》。在同月內，該詩作又以《女性歌》爲題，刊載於 25 日漢口《大光報》。詩有四節，寫道：

　　　　女性是文化的淵源
　　　　文化史中有過母系時代
　　　　在那時世界是大公無私
　　　　在那時人們是相親相愛
　　　　　起來　　起來
　　　　　　我們追念著
　　　　　　　過去的慈懷

　　　　私有猶如一朵烏雲
　　　　遮蔽了愷悌的月輪光影
　　　　世界上只見到百鬼夜行
　　　　　起來　　起來
　　　　　　我們毀滅著
　　　　　　　現在的母胎

　　　　光明在和黑暗猛鬥
　　　　人間世快會要重見天開
　　　　爭取著人類解放的使命
　　　　我們至少有一半的擔載

起來　起來

我們孕育著

未來的嬰孩。

詩未曾收入郭沫若的任何詩文集中，可稱爲集外佚詩。詩的篇題，以創作初衷說，當然應作《婦協歌》；而以內容論，則稱《女性歌》更貼切。

其實《婦協歌》與《女性歌》的問題並不複雜，《郭沫若年譜》及另外亦有人〔註17〕也曾注意到在同一天內郭沫若寫了這樣兩篇作品的情況，但顯然均未曾同時考察兩作發表的文本，而只依主觀推定做出判斷，於是，一個並不難理清的事情，留存爲問題，或者更糟糕的是還並未把這視爲一個問題。

挽「四八烈士」的歌與詩

1946 年 4 月 8 日，王若飛、博古、葉挺等人在從重慶飛往延安的途中因飛機失事不幸遇難，後稱爲「四八烈士」。郭沫若於 4 月 13 日、15 日先後寫了兩首詩，哀悼遇難者。作於 4 月 13 日的那首，題爲《輓歌——獻給若飛、希夷、博古、鄧發及其他烈士》，發表於 4 月 15 日重慶《新華日報》。兩天後，17 日的重慶《新華日報》上又刊登了由郭沫若做詞、夏白譜曲的一首輓歌《英雄們向暴風雨飛去——輓歌》。《郭沫若著譯繫年》將這首輓歌作爲郭沫若哀悼「四八烈士」的另一篇作品，以發表時間記入繫年，也有人以該篇歌詞爲郭沫若的一篇佚文，專門撰文介紹。〔註18〕實際上歌曲《英雄們向暴風雨飛去——輓歌》的詞就是詩《輓歌——獻給若飛、希夷、博古、鄧發及其他烈士》。該詩後以《挽四八烈士歌——獻給若飛、希夷、博古、鄧發及其他諸位烈士》爲篇名，先後收入《蜩螗集》、《沫若文集》第 2 卷、《郭沫若全集·文學編》第 2 卷。

這又是一例只見篇題，不讀文本，而至出現誤斷錯記的情況。

〔註17〕衛公：《關於郭沫若佚作四篇及其他》（載《郭沫若研究》第 3 輯，文化藝術出版社，1987 年 6 月）一文將《女性歌》作爲郭沫若的一篇佚作進行考訂分析。文中提到見過上海圖書館《郭沫若著譯繫年》中所記《婦協歌》的發表情況，但以「筆者未見《婦協歌》，不知與《女性歌》有何關係」一句撇過，不但未能將事情搞清楚，而且其關於《女性歌》創作原由的分析，也成了望文（題）生義的主觀臆斷。

〔註18〕見《郭老新詩譜成的歌曲》，《郭沫若學刊》，1993 年第 1 期。

《晚眺》與《暮鼓東皋寺》

《郭沫若著譯繫年》中記載有《暮鼓東皋寺》（五絕）一詩，並寫明「1935年春作於日本」。該條目所記內容來源於《東海》月刊，1979年第8期上丁正獻的一篇文章。事實上，該詩即是郭沫若在《自然底追懷》中所記的《晚眺》一詩，「暮鼓東皋寺」係該詩的首句，這是郭沫若1916年在岡山六高留學時所作。丁文完全搞錯了，且給該詩另命了篇題。

與這個失誤有點類似的另一種情況，發生在整理郭沫若一些散佚於文章、書信、題畫、題字中的詩作時。這些散佚的詩作有些是沒有篇題的，整理者或引用者會根據自己的考慮為之命題，於是，同一首詩，由不同的人整理刊出或引用後，就會出現不同的篇題。

譬如，郭沫若在1937年從日本歸國後不久，為金德娟的一幅山水畫寫過一首題畫詩，以其題畫時，沒有篇題。1959年，他將該詩以《題山水畫小幀》為篇題編入《潮汐集·汐集》。《郭沫若著譯繫年》當然是在1937年度內記錄了這首題畫詩的創作，不過在同一年早些時候，「繫年」中還記載有郭沫若為黃定慧寫的兩首題畫詩：《題黃定慧所作〈山居圖〉二首》，一首五律，一首七絕。這是「繫年」編者為兩詩所冠篇題，詩原載於《戰時大學》周刊第1卷第1號，題作《近作兩首　題黃定慧所作〈山居圖〉》，也是編者所加的篇題。事實上，為黃定慧題畫兩首詩中的五律一首，即是《題山水畫小幀》。

郭沫若1939年9月用寺字韻作的一首七言詩更熱鬧一些。1940年初，郭沫若自己書錄了一組寺字韻詩作，其中手訂這一首詩的篇題為《四用寺字韻》，這一點一直未曾人被知曉。幾乎就在同時，郭沫若將這首詩發表於《新蜀報》，題作《六用寺字韻題嘉定蘇子樓》，這一信息也很少被注意到，所以《郭沫若著譯繫年》沒有相應的記載。但郭沫若這首詩卻又因為數次書錄題寫（余所見曾為張肩重、商承祚、于立群、常任俠等人題寫）而為人所知，並披露於文字中，只是篇題各有不同。於是，該詩在若干文獻資料記載中，就有了《題蘇子樓》、《詠東坡樓》、《重遊大佛寺》幾個不同的篇題，而且《郭沫若著譯繫年》還出現了將《題蘇子樓》與《重遊大佛寺》作為兩首詩作為之繫年的失誤。〔註19〕一首詩出現有五個不同篇題，可謂奇觀了。郭沫若早

〔註19〕見蔡震：《郭沫若用寺字韻詩作考》，《郭沫若學刊》，2011年第3期。

年家書、《郭沫若致文求堂書簡》中書錄的一些舊體詩亦有這種情況，不過沒有這樣熱鬧。

文本與詩題

郭沫若舊體詩作有多個，或者說被冠以不同篇題，還有一個原因，與文本的整理、解讀有關。

與自由體詩和文章的寫作修改（發表，收入專集，或因思想變化）不同，郭沫若的舊體詩作，常常會在不同時間題寫給他人，或是差不多在前後腳的時間內題寫給不同的人時，文字會有所改動或不同（有些應該是有意修改的，有些可能只是題寫時興之所至的易動），有兩個以上的文本。於是，在收集整理文本時，關於篇題（原詩無題）就出現了兩種情況：

其一，只依據一個文本，就為之確定一個篇題。一首為傅抱石畫題詩便是一例。

> 銀河倒瀉自天來，入木秋聲氣未摧。獨對蒼山看不厭，淵深默默走
> 驚雷。

這是傅抱石 1935 年在東京舉行首次個人畫展展出的一幅作品，郭沫若在畫上有一首題詩。詩並無題，但在收入《郭沫若題畫詩存》一書時，被冠以《題傅抱石畫「蒼山淵深」贈吳履遜》的篇題。因為詩中有「獨對蒼山看不厭，淵深默默走驚雷」句，所以給傅抱石畫起名作「蒼山淵深」，詩也因是為題。

然而，對於該詩，郭沫若之後是作了文字修改的（改了兩字一句）。一年後，他在日本中國文學研究會歡迎郁達夫訪日的聚餐會上，給增田涉題寫該詩，是用了修改後的文本。修改的文本恰是改了「蒼山」句，作「獨對寒山轉蒼翠，淵深默默走驚雷」。《郭沫若題畫詩存》應該是未見此文本，但顯然在命題時，未曾考慮到該詩的文本問題。這樣一來，詩題當然也是應該再斟酌的。

其二，沒有理清詩作（文本）寫於何時，或為誰而作。一首所謂郭沫若《贈陳銘德、鄧季惺夫婦》的詩，是為一例。

> 呢喃剪新譜，青翠滴清音；對此欣欣意，如窺造化心。

這首詩的披露，是在一篇記述陳銘德、鄧季惺與《新民報》的文章中（陳、鄧二人 1936 年去日本採購印刷機械，結識了郭沫若，郭給二人題寫此詩），

有收集整理者即據以命題。〔註20〕而在另外一篇也是寫陳銘德、鄧季惺與《新民報》的文章中,這首詩卻被冠以另一個詩題《燕子》。關於詩的題寫緣由與上同,詩題的確定則與對詩文的解讀有關:是將「呢喃剪新譜」,聯繫到陳、鄧二人改革《新民報》之事。〔註21〕

這兩個篇題,都認定此詩是 1936 年郭沫若寫給陳銘德、鄧季惺的。

但是在我見到的史料中,郭沫若有一條幅書寫此詩,是寫給石田幹之助(東洋文庫主任)的,時間應該是在 30 年代中期之前(肯定早於 1936 年)。這是此詩唯一能見到的手迹文本。由此可知,詩並非爲陳銘德、鄧季惺而作,而聯繫石田幹之助與郭沫若的關係,對詩的文本又可以有另外的解讀,譬如,「呢喃剪新譜」亦可喻指郭沫若轉到學術研究的事。當然,若沒有更明晰的史料,也不能肯定該詩就是爲石田幹之助而作,故詩的篇題應作《無題》好。

以上列舉了一些關於郭沫若詩作整理中異題同篇問題的實例,所要表達的意思有三點:

其一,在關於郭沫若創作活動最基本的文獻史料中存在這樣的問題,並且並非個案,而這樣的問題至今尚未被郭沫若研究注意並提出。

其二,造成這一問題的原因雖有不同,但並非難以釐清之事,只是我們沒有注意或花費時間精力去解決問題。它反映出的仍然是郭沫若研究在文獻史料整理工作方面的缺失不足,以及觀念上的輕忽。郭沫若文獻史料的發掘整理,在很多方面要從細微末節處著手。

其三,對這樣的問題應該逐一著手予以解決,對現有的「亂象」應該爲之規範(學術意義的)。修訂著譯繫年,(重新)編訂舊體詩詞繫年。

《沫若詩集》版本之惑

《沫若詩集》由上海創造社出版部,1928 年 6 月初版發行,是郭沫若詩歌創作的一個重要作品集。其重要性有二:其一,這部詩集基本上可稱之爲已經(訖 1928 年)出版的郭沫若詩歌作品集的一個彙輯本;其二,郭沫若對

〔註20〕見鄭連根:《陳銘德鄧季惺和〈新民報〉》,《炎黃春秋》,2005 年第 4 期。
〔註21〕見王建平:《新民報送走一個甲子年——張林嵐縱談「燕子三部曲」》,《新聞記者》,1989 年第 Z1 期。

於《女神》中許多篇詩作的文本（包括創作時間）做了較大的、重要的修改，及至建國後出版的《女神》，收錄進《沫若文集》第 1 卷，以及《郭沫若全集‧文學編》第 1 卷的《女神》，均基本出自這一文本。

在上海圖書館《郭沫若著譯書目》的記載中，《沫若詩集》先後由上海創造社出版部、上海現代書局出版發行至第 7 版，其版本情況如下（缺失第 6 版記錄）：

初版，上海創造社出版部，1928 年 6 月 10 日

再版，上海創造社出版部，1929 年 3 月 1 日

第 3 版，上海現代書局，1929 年 12 月 10 日

第 4 版，上海現代書局，1930 年 8 月 10 日

另一第 4 版，名《沫若詩全集》，上海現代書局，1930 年 8 月 10 日

第 5 版，上海現代書局，1932 年 4 月 10 日

（第 6 版，上海現代書局，1932 年 8 月 10 日）

第 7 版，上海現代書局，1932 年 11 月 20 日

儘管有這樣多版次，但按照所收篇目，《沫若詩集》實有三個版本。即：初版至第 3 版為第一個版本，收錄《女神》、《星空》兩集中詩歌作品的絕大部分篇目及一些散佚詩作（詳細篇目略）；第 4 版及迤後各版為第二個版本，增收《瓶》42 首（第 5 版《沫若詩集》目次缺《瓶》，應係漏排）；還有一書名作《沫若詩全集》的現代書局第 4 版為第三個版本，在增收《瓶》之外又增收《前茅》、《恢復》兩集的詩作，這是收錄篇目最全的版本。

《沫若詩集》從第 3 版起由現代書局出版，第 4 版大概因增加了篇目，重新設計了封面、封底，是一種圖案非常簡單、黑白兩色的設計。此後的幾個現代版次，均沿用了這一美術設計圖案。

《郭沫若著譯書目》中有《沫若詩集》上述版本的記錄，應該說看起來是很完全的了，但余於考察、梳理郭沫若著作版本情況時，仍得見一些《郭沫若著譯書目》記載之外的《沫若詩集》版本情況，作為資料，應可補其遺闕及疏漏，亦可從中看到郭沫若著作在 1930 年代前後出版的某些情況。

《沫若詩集》由創造社出版部初版、再版後，第三版轉至現代書局出版，想必是因為創造社於 1929 年 2 月被當局查封之故，因為第三版的出版已在 1929 年的 12 月。郭沫若此後的不少著作都經由現代書局出版。但余見到一本署為上海創造社出版部出版的第 3 版《沫若詩集》，所收篇目、出版時間

圖 12-1、12-2：創造社出版部第三版《沫若詩集》
現代書局第五版《沫若詩集》

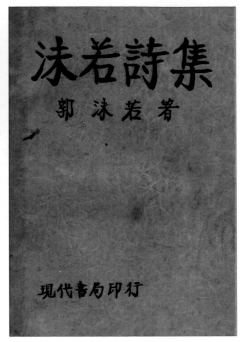

（1929 年 12 月 10 日）、內外裝幀、內文版式、頁碼等，與現代書局版完全相同。疑為盜版吧，書本身似無破綻，又未見其他什麼有關的文字記錄，況且，做一本盜版書，為什麼要冒一個被當局查封的出版社之名而擔政治風險呢？又或者做書者正是要劍走偏鋒，借被當局查禁的出版社名義行盜版之事，以為可無從被查起。總之，這一版《沫若詩集》何以印行於世，還只能暫且存疑。

余還見到一本《沫若詩集》，為殘本，只有正文第 9 頁至第 228 頁，書脊的文字倒是完整的：「沫若詩集　上海創造社藏版」。其雖為殘本，但從殘存部分可以斷定非上述創造社出版部幾個版次《沫若詩集》中的某一版（包括那個第 3 版），因其版型不同於上述三個版次。在三個版次的《沫若詩集》中，每一首詩都是另頁起排版，每一組詩（譬如「愛情之什」、「徬徨」等）的名稱，均單獨排版為一頁，而殘本《沫若詩集》則全部採取連排的形式。前述三個版次的《沫若詩集》的正文，計有 301 頁（實際上他們用的是同一紙型），而殘本按其連排的形式，正文約有 248 頁。

　　那麼，這一殘本《沫若詩集》有可能是一盜版本，但除了與創造社出版部其他三個版次版型不同外，尚無另外確鑿的證據可以證明這一點。不過，世上還存有一個也署爲創造社出版部出版的《沫若詩集》第 3 版，則已被確認爲盜版本書。

　　這一版本的書，在日本三鷹市亞非圖書館的「沫若文庫」藏有一本。「沫若文庫」所藏圖書，是當年郭沫若流亡日本期間從事學術研究所自用的書籍，後留在日本。在這一本版權頁標明由上海創造社出版部，1929 年 12 月 10 日出版的第 3 版《沫若詩集》書頁的封底，寫有一行毛筆字：「北平查獲之翻版書」。從字迹看，應爲郭沫若親筆書寫。該書封面、內封頁上「上海創造社出版部」分兩行排字，與正版不同（正版排爲一行），內封頁的底圖花紋也與正版不同。該書的版式仿照正版《沫若詩集》，但從目錄到內文的排版方式，比較那一殘本《沫若詩集》還要緊湊，正文計有 220 頁。

　　郭沫若在 1931 年 8 月 24 日有一封給容庚的信，信中曾向容庚打聽：「前門外楊梅竹斜街中華印刷局係何人所經營，兄知否？」因爲他在當天於東京市內文求堂田中慶太郎處，看到了該印刷局盜印其舊著多種的「贓物」。郭沫若忿忿於「國人如此不重道義，殊足令人浩歎也」。〔註22〕在那些「贓物」中有盜用郭沫若名，作爲夏目漱石《草枕》中譯本譯者並寫有譯序的書（實爲崔萬秋所譯），但不知這一本《沫若詩集》是否也屬「贓物」之一？

　　能見到的還有一種《沫若詩集》，是署由上海新文藝書店出版，其版型似與前記日本「沫若文庫」所藏那種盜版本相同，正文計有 220 頁。那麼這一種《沫若詩集》應該也屬盜版本。余所見之該《沫若詩集》，係其所謂的第 5 版，版權頁上記載：1929 年 3 月 10 日初版，1933 年 6 月 10 日出版，印數 8001～10000。當然前面 4 個版次的書沒有見到，所以不能確定該種《沫若詩集》是否印行了 5 個版次。

　　《沫若詩集》的版本情況委實是太複雜了，已見的這些版本留有不解之惑，是不是還會有其他未見的版本存在，也是一個不確定的事情。那麼，這裏所記，做個立此存照。

　　《沫若詩集》出版時，郭沫若已經在日本過流亡生涯了。《沫若詩集》是何時編訂，如何編訂的？郭沫若沒有留下文字說明。但他在南昌起義失敗後展轉回到上海之後，曾經「想改編《女神》和《星空》，作一自我清算」

〔註22〕《郭沫若書簡——致容庚》，廣東人民出版社，1981 年 5 月。

〔註23〕。但是未能完成，他就去了日本。所以，《女神》、《星空》終於都沒能有一個「改編」的文本出版。不過，郭沫若「改編」《女神》的想法，應該還是付諸實行了，這就是收在《沫若詩集》中《女神》部分的詩，它們很多是做了文字、內容的修訂，甚至連原創作的時間也做了修訂（其中有些至如今反而成了存疑問題）。這些文本上的修訂，顯然是郭沫若在無產階級革命文學觀念意識下所做的「改編」，他們對於瞭解郭沫若新詩創作和文學觀念的變化，以及思想變化，無疑是很重要的文獻資料。至於郭沫若原計劃對於《女神》、《星空》「改編」到何種程度，是不得而知的了。

　　與此同時，一個很值得注意的情況是，泰東圖書局初版本《女神》的本子，一直不斷再版，直至 1935 年 4 月出到第 12 版。而將《女神》文本作了重要修改的《沫若詩集》，出版後，也在同一時間內不斷再版，1932 年 11 月，出到第 7 版。這無論對於《女神》創作文本的研究，還是對於《女神》被時代接受史的研究，都是很能發人思考的。

《中國古代社會研究》的寫作與版本

　　郭沫若於 1929 年 11 月初完成了《中國古代社會研究》的撰寫工作，1930年初，該書由上海聯合書店出版印行。在短短幾個月內，聯合書店便出了三個版次，每一版次的內容都有一些增改變化。聯合書店版之後，陸續又有現代書局版、群益出版社版、人民出版社版、科學出版社版等諸多版本，也還有被疑為是盜版本的新新書店版、中亞書局版等。這些版本中有一些是按照聯合書店三版排版，另一些則在文本（作者「後案」的增刪）、目次、序跋等內容上有所修訂、刪改，應作為修訂版。

　　《中國古代社會研究》是郭沫若學術研究生涯的重要開始，對於郭沫若史學研究的研究，一般都是從這一部著作開始。但《中國古代社會研究》是郭沫若學術著作中版本變化繁複的一本書，至今對於該書的版本尚有許多未曾理清，甚至沒有被注意到的問題。上海圖書館所編《郭沫若著譯分類書目》、《郭沫若著譯繫年》，對《中國古代社會研究》的版本情況做了一些梳理，其中亦有疏漏錯記或未辨明之處。下面將所存在的問題逐一予以

〔註23〕郭沫若：《離滬之前》，上海《現代》月刊，1933 年 12 月第 4 卷第 2 期。

考訂：

1.《中國古代社會研究》完稿於何時？

從版本記錄的信息來說，所謂《中國古代社會研究》完稿時間，實際上是指該書第四篇《周金中的社會史觀》的完稿時間。其後陸續收入書中的追論、補遺諸篇則各有其脫稿時間。

《中國古代社會研究》的完稿時間，原本不應該成爲問題，在該書的初版本中，著者於正論篇末署明「（完了）1929 年 11 月 10 日夜，一個人坐在斗室之中，心裏紀念著一件事情」。此後，聯合二版、三版，現代版、群益版（直至該出版社，1950 年 6 月的第 2 版）等均署爲這一日期。但到了 1954 年 9 月，人民出版社出版的《中國古代社會研究》中，完稿時間改作「11 月 7 日夜」，同時，著者爲「心裏紀念著一件事情」做了一個補注。從此以後，各個版本的《中國古代社會研究》，包括其收入《沫若文集》、《郭沫若全集》時，都沿用了這一日期。於是，該書的完稿時間成了問題，儘管讀者一般根本沒有注意到這一問題。上海圖書館所編《郭沫若著譯繫年》特爲此注曰：「寫作時間聯合版誤署 11 月 10 日。」

以「聯合版誤署」解此疑問，恐過於牽強。且不說新中國成立以前的各版均署此日期，即就聯合版而言，先後有三個版次，著者在第二版、第三版出版前都對於初版本做了校訂，改正了其中的錯誤，包括排字的誤植。到群益版出版前，著者又是全部「自己校對了一遍」。經歷了這樣多次校訂出版過程，應該不存在聯合書店初版本誤署寫作日期，卻一直延續下來的可能性。那麼緣何出現了這一問題呢？

我以爲問題應該出在人民出版社 1954 年出版該書時，郭沫若爲「心裏紀念著一件事情」那句話所寫的補注上。這個補注說：「十一月七日乃蘇聯十月社會主義革命紀念日，『心裏紀念著一件事情』便指這一件事情。當時在日本亡命，文成後擬在國內發表，不便明言，故作此隱語。」這即是說，在做出這一條補注時，郭沫若自己將原署的完稿時間改作 11 月 7 日，但與此同時，他並沒有說明此版所署的這個完稿時間，是改動了此前《周金中的社會史觀》一篇文末一直署用的日期。如此一來，今人多未注意到完稿日期的改動，而發現了日期改動者，則很容易判斷爲以前的日期係誤署，但卻又無從爲此判斷獲得確證。

實際上，郭沫若的補注只是追記了一個關於寫作的歷史細節，並非爲改

訂完稿時間而作。我們可以據此設想當年出現的情境：1929 年 11 月上旬的一天，郭沫若寫完了《周金中的社會史觀》一篇。至此，《中國古代社會研究》一書最後完稿。這是他運用馬克思主義唯物史觀和辯證法研究中國古代史的初次嘗試，是他雄心勃勃欲爲恩格斯的《家庭、私有制和國家的起源》撰寫續篇的嘗試。這樣性質的一部書稿完成之時，恰逢在十月革命紀念日左近的日子，於是他在心裏想著，把這部書稿作爲對人類歷史上那場偉大革命的一個紀念吧！那麼完稿的這一天一定恰好是在 11 月 7 日嗎？未必如此。郭沫若原來所署的 11 月 10 日，距 7 日剛剛過去幾天，這讓他在完稿時會很自然就聯想到那個紀念日，並順手記了下來，這畢竟不是爲十月革命節舉行一個紀念儀式。

不過，郭沫若在補注中既指明心裏紀念的事情是爲了「十一月七日」這一革命紀念日，那麼他同時將完稿日期索性改作 7 日，也是爲把事情說得更清楚吧。這也可以理解爲對原署完稿日期做出改動，實際上是將就了補注說明的事情。

無論如何，將原署的 11 月 10 日改作 11 月 7 日，是郭沫若有意爲之，這一改訂並非因爲原署日期係誤署，那麼該如何確定該書的完稿時間呢？我以爲，新中國成立後既然著者有意改訂了這一日期，且沿用下來，不妨確認這個既成事實，但若該書（包括《沫若文集》、《郭沫若全集·歷史編》）另出新版，應以加注說明爲好。與此同時，在編撰諸如郭沫若著作年表、郭沫若年譜之類的史料性著述時，還應該以史實爲準，〔註24〕即以 1929 年 11 月 10 日爲《周金中的社會史觀》，亦即《中國古代社會研究》完稿的日期。

2.《中國古代社會研究》初版本出版於何時？

在《中國古代社會研究》聯合書店初版、二版、三版的版權頁上均印有該書付印、出版的時間，但三個版次對於初版本出版日期的記錄卻都不相同。它們分別這樣記錄了這一出版信息：

初版：

1929、11、20 付印

1930、1、20 初版

1～2000

〔註24〕在郭沫若前期的詩歌作品中，亦有著者後來修改（且無原由）原創作時間的情況。

二版：

1929、11、20 付印

1930、31、20 初版

1930、3、20 二版

2001～4000

三版：

1929、11、20 付印

1930、3、20 初版

1930、4、20 二版

1930、5、20 三版

4001～6000

從這三紙版權頁上所記錄的內容，我們可以看到：首行付印日期的記錄都是相同的，末行印數的記錄是彼此銜接的，但初版的日期是混亂的。其中第二版上「1930、31、20」一項中的「31」（月）應係誤植。那麼究竟是「3」（月）還是「1」（月）呢？從第三版的記錄來看，是將「31」（月）訂正爲「3」（月）。這樣一來，前兩版關於出版日期的記錄也就隨之全部在三版版權頁上做了修正，但出版者並未就此予以說明。儘管如此，《郭沫若著譯分類書目》（上海圖書館編）根據第三版的記錄斷定：「聯合初版、再版之月份都印錯了，在三版時給以更正。」而目前所有涉及《中國古代社會研究》初版日期的文字（包括郭沫若年譜），實際上均以聯合書店第三版的記錄爲準。

從邏輯上講，聯合書店第三版所記錄的出版日期不同於前兩個版次，應該視爲是對前者的訂正。此外，也還有另外一個原因可以支持這一點，即，初版本標明的出版日期與內文中一些文字撰寫日期的記載有相左之處。

初版本《中國古代社會研究》在正論（包括「餘論」）文字部分之後另收有《追論及補遺》部分三則文字：《殷虛之發掘》、《由矢彝考釋論到其他》、《附庸土田之另一解》，著者自署寫於 1930 年 2 月 1 日。其後，還有一則著者寫於同年 2 月 4 日的《再追記》。依常理而論，這幾則文字當然不可能收入 1 月 20 日即已出版的該書中，那麼只能是版權頁的初版日期錯印了。《郭沫若著譯分類書目》大概也注意到了這一情況。

然而，郭沫若的另外一則文字卻使這看似板上釘釘的事情又變得不確定了，這一點一直沒有被人們注意到。

在《中國古代社會研究》準備出第二版時，郭沫若寫了一篇《再版書後》，但郵寄沒有趕上聯合二版的出版，後來是作爲《三版書後》收入聯合三版中。這篇「書後」有一段引言這樣寫著：

> 此書初版出後，費了兩天的工夫，作了一次最後的校訂。初版中由排字工友誤植處頗不少，由我自己的疏略鬧錯了的地方也很多。我對於購讀初版的友人應該告罪。

> 在這次再版書中所不同的地方，是(1)初版中的錯誤我都改正了，(2)在卷首我加了一個較爲詳盡的目錄，(3)有新得的材料和意見，足以補本書之缺，訂本書之誤者，我附加了六項在這後邊。

郭沫若在這篇「書後」署明「1930 年 2 月 7 日作」。如果這一時間無誤，它實際上表明最晚在 2 月 7 日之前，《中國古代社會研究》已經印出初版本了，否則著者如何能於其出版後校訂該版本的錯誤，並寫出這一篇「書後」呢？那麼，聯合初版本即使不是出版於 1 月 20 日，也斷無可能出版於 3 月 20 日。

把上述兩方面相互衝突的時間信息集合在一起，我們不得不說《中國古代社會研究》初版本出版的日期，不能簡單地僅依據聯合三版版權頁的那幾項記錄就做出判斷。三個版次中若干項日期，包括郭沫若若干文字撰寫日期的記錄，肯定有錯記（錯排）之處，但究竟錯在哪裏，這還是一團需要理出頭緒的亂麻。

我們先拋開《中國古代社會研究》聯合三版的幾項出版日期記錄，對該書三個版本的情況逐漸一做個分析。

《中國古代社會研究》是 1929 年 11 月 20 日付印的，而書的正論部分著者自署完成於 1929 年 11 月 10 日，這應該說明著者在最初是把包括「自序」、「解題」、「導言」、正論四篇及「餘論」幾部分內容的書稿，作爲一部完成的書稿交付出版社的。出版社亦據此編排付印，並計劃於 1930 年 1 月 20 日出版。兩個月的出版周期當然是可行的。事實上，印在一本書版權頁上的出版日期，一般來講都是一個大約而非精確的時間概念，它標明的是該書發排後預定出版的日期，因爲這個日期在開印的環節就需要確定排版。但該書完成了所有印裝工序後的日期，卻未必與此吻合，所以實際上的出書時間與印在版權頁的出版時間有出入是很正常的。例如：上海北雁出版社初版發行的郭沫若的《北伐》一書，版權頁署 1937 年 6 月出版，但郭沫若 7 月初的一則日

記中尚寫有「校畢《北伐》」這樣的話，可見該書實際的出版時間最早也在 7 月了。

图 13：初版本《中國古代社會研究》

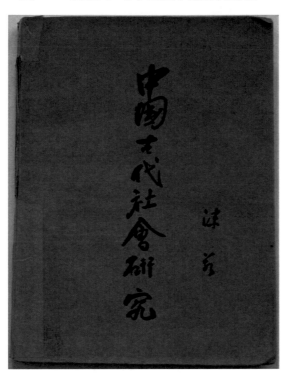

　　就《中國古代社會研究》而言，在其付印後，顯然出現了著者要增補內容的情況，也即是說，該書的《追論及補遺》、《再追記》部分是在該書已經付印後才補入的。三篇《追論及補遺》雖然完稿於 1930 年 2 月 1 日，但著者撰寫這部分文字當在 1 月間，或者還可能更早一點。從郭沫若 1930 年 2 月 1 日致容庚的書信內容上，可以看到，他與容庚討論的問題，就是《由矢彝考釋論到其他》一篇所述內容的精縮〔註 25〕，那麼這一篇補論在 1 月應該是已經完成的。《殷虛之發掘》一篇則應該更早一點。郭沫若當然希望這些補論要收入書中，所以，我們可以推斷，他在撰寫補論的同時即告知出版社此事，而出版社也同意將補論的內容收入書中。實際上這基本不會影響到正在進行的排印工作，因爲該書的「目次」、「自序」等部分都是單獨做頁碼排序的，

〔註 25〕《郭沫若書簡──致容庚》，廣東人民出版社，1981 年 5 月。

但這肯定會延遲出版的時間。

《追論及補遺》在書中是單獨作爲一部分內容另行編排頁碼的，這既有可能是特意的編排考慮，也有可能因其補入時正論部分尚在排版印製過程中，故另做排序，以縮短工期。《再追記》則顯然是在裝訂前的最後時刻才又排印出來的，所以出版者甚至來不及將其納入全書的版式中（《追論及補遺》的末頁爲一空白頁，如果《再追記》在《追論及補遺》排版過程中即已收到，正可排在末頁），也沒有標出頁碼，只在一張白頁上印了該部分短短幾行文字。目次的第二頁應該是補做了，或者也有可能是在最後做出的。目次頁列有《追記》一項，但沒有《再追記》一項，屬誤植還是著者原本有一則《追記》後撤掉，只能存疑。版權頁在內封頁的背頁，這大概是出版者未將其改做的原因，況且出版日期本就不是一個精確的時間概念。

從《中國古代社會研究》初版本編排的情況看，因爲其印裝出版並非一個一氣呵成的過程，其間經歷了增補內容的環節，故造成了其實際出版日期在日後記載的混亂。那麼，它究竟是在什麼時間出版的呢？

從《再追記》的排印情況看，這個日期當在郭沫若 2 月 4 日將其寫好並寄到上海之後，即，不可能在 2 月中旬之前，但也應不會延遲得太久——至 2 月下旬以後，甚至延遲到 3 月。若不然，《再追記》的排印就不必那麼匆忙。而進入 3 月以後，聯合書店已經在安排該書的再版了（下面會述及）。郭沫若在 2 月 6 日致容庚的書信中亦說到，「僕之別著《中國古代社會研究》一書不日即將出版」。﹝註26﹞因此，1930 年 2 月中下旬應該是《中國古代社會研究》初版本實際上的出版時間，若考慮到聯合三個版次均以某月 20 日爲其做出版日期記錄的方式，則以 2 月 20 日作初版日期也是可以的。

聯合二版與初版本的不同之處，主要是將原有的「目次」做成了一個「較爲詳盡的目錄」，如《再版書後》中所言。即在每一篇篇題下細分有「序說」、章、節、「餘論」或「結論」等二級、三級標題。其中有些是正文內原有的標題，只是沒有列在初版本目次上，另有一些是著者根據論述的內容新劃分出的章節，但只在目次上列出標題，正文中仍維持原狀未做相應調整。另外，聯合二版將初版本中的《再追記》一篇刪去。

聯合二版版權頁上以 3 月 20 日作爲出版日期的記錄，應該是正確的。聯合三版將其改爲 4 月 20 日有誤。

﹝註26﹞《郭沫若書簡——致容庚》，廣東人民出版社，1981 年 5 月。

郭沫若為本版寫的「書後」在改作《三版書後》收入聯合三版時，特別加寫有一則「案語」，謂：「這本是《再版書後》，因寄回國時沒有趕及，只好改成《三版書後》了。」「案語」寫於「四月十日」。這說明聯合書店此時正在操作《中國古代社會研究》第三版的出版事宜，那麼該書的再版本不可能晚至 4 月 20 日才出版，至少在 4 月 10 日之前（而且應是若干時日前）已經出版，故應以二版版權頁的出版日期記錄為準。

聯合三版將著者原作為《再版書後》所寫的 6 篇補遺文章，並完成於 5 月 17 日的《「舊玉億有百萬」》一篇合計 7 篇，以《三版書後》收入書中。《「舊玉億有百萬」》一篇顯然是在出版前的最後時刻才趕上排印裝訂，目次頁來不及將其篇題列入，內文也來不及將其納入版式，而是以一紙無頁碼白頁排印補於書後。於是後人有未親見聯合三版者，誤以為《「舊玉億有百萬」》是遲至 1947 年 4 月出版的群益版才收入書中。

《中國古代社會研究》出版至聯合書店第三版，方成為內容完整的版本，此後群益版等只有著者在文中個別「案語」的增刪改動。群益版曾將篇目順序改按文中所述內容時代的先後排序，但在 1954 年的人民出版社版中，著者又將篇目次第「改還了原樣」，以便讀者可以瞭解其撰寫該書時「研究路徑的進展」。

從以上的分析可以斷定，《中國古代社會研究》聯合三版版權頁關於初版、再版日期的記錄（或如《郭沫若著譯分類書目》所稱更正），實際上是錯誤的。該書三個版次出版的時間分別為：1930 年 2 月 20 日（或作 2 月中下旬）初版，1930 年 3 月 20 日再版，1930 年 5 月 20 日三版。

3. 追論補遺部分寫作時間考

梳理過《中國古代社會研究》聯合三個版次的出版情況，我們還需要返回來對於郭沫若撰寫《再版書後》的時間做一個認定。在前文，我們依據著者自署「1930 年 2 月 7 日作」這一日期，指出了聯合三版版權頁關於出版時間記錄可能存在的失誤之處，實際情況也確實如此。但在理清了三個版次的出版日期之後，我們可以看到，2 月 7 日這個日期也應該屬於誤記。

一個可能是，2 月 7 日係 3 月 7 日的錯記，這可以依初版本與再版本的出版時間推斷。而 3 月 7 日最後寫完的文字郵寄回上海，才會發生郭沫若之後所說趕不及再版本（當月 20 日）出書的情況。

但我以為應該是另一個可能性造成誤記，即，整個《再版書後》的文字

實際上是兩部分文字組成。2 月 7 日應該是《夏禹的問題》等 6 篇補遺文章最後脫稿的時間，著者決定把它們作為「書後」增補入書中，已經過了一段時日。為此，著者寫了《再版書後》篇首那段說明性的引言（前面所引），但《再版書後》最後一篇《夏禹的問題》文末原署的日期沒有改動，而引言部分沒有另署撰寫時間，於是出現了我們所看到的，《再版書後》與初版本、再版本出版日期之間相互矛盾的情形。

這裏還需要順便說一下，很多人將《再版書後》篇首的那段引言誤作《再版書後》本身了，《郭沫若集外序跋集》（上海圖書館資料室、四川大學郭沫若研究室合編，四川人民出版社，1983 年 2 月出版）即為一例，書中《〈中國古代社會研究〉三版書後》題下只錄入了《再版書後》那一段引言。《再版書後》應包括引言及《夏禹的問題》等 6 篇補遺文章，而《三版書後》則還要再加上《「舊玉億有百萬」》一篇。

由這一情形的發生，我發現在《中國古代社會研究》三個版次陸續收錄的追論補遺部分，後人關於其撰寫日期的確認，如在《郭沫若著譯繫年》、《郭沫若年譜》等中，都存在一個混亂不清的問題。

這個問題的出現，其實是由於一個理解上的失誤所至。初版《中國古代社會研究》的《追論及補遺》部分三則文字，按照順序依次為：《殷虛之發掘》、《由矢彝考釋論到其他》、《附庸土田之另一解》，著者在最後一篇篇末自署寫於 1930 年 2 月 1 日。顯然，這個日期是著者為《追論及補遺》最後完稿所署的時間，而並非單獨為三則文字中最後一篇《附庸土田之另一解》標示的撰寫時間。《郭沫若著譯繫年》、《郭沫若年譜》將其理解為後者，結果是錯上加錯，還要為另外兩則文字的撰寫時間考訂出一個具體的日期：《郭沫若年譜》將《殷虛之發掘》、《由矢彝考釋論到其他》的撰寫時間確定（毫無依據）在 2 月上旬，《郭沫若著譯繫年》以該兩則文字無撰寫時間，而以聯合初版本出版的時間為之繫年，當然是按照那個錯誤更正了的 3 月 20 日。

《三版書後》的情況也是如此。《三版書後》共有 7 篇補遺文章，其中原作為《再版書後》的《矢令簋考釋》等 6 篇文章，著者於第 6 篇《夏禹的問題》文末署：「1930 年二月七日補誌」。這個日期當然應該是全部 6 篇補遺文章最終完稿的時間。《「舊玉億有百萬」》一篇另署有撰寫日期。而《郭沫若著譯繫年》、《郭沫若年譜》將《夏禹的問題》、《「舊玉億有百萬」》兩篇之外的另外 5 篇補遺文章，均繫於聯合三版的出版日期，顯然也是將《夏禹的問題》

文末所署日期誤以爲僅僅是該篇的撰寫時間。

《中國古代社會研究》完稿出版已經八十餘年了，以上所述種種關於郭沫若寫作情況、完稿時間，該書出版過程等等歷史記憶的失實、失誤之處，從未被考訂修正過，或許因爲他們並不影響到對該書內容的研究。但作爲郭沫若學術活動最基本的歷史信息，他們應該有一個完整、準確的記錄，故有必要予以釐正。

附錄：

《中國古代社會研究・再追記》一則文字，僅見於聯合版初版本中，附錄於此以爲資料：

> 今天友人寄來顧頡剛編著的「古史辨第一冊」，偶翻到 77 頁錢玄同「答顧頡先生書」中有論易的幾句話。如「原始的易卦是生殖器崇拜時代底東西；乾坤二卦即是兩性底生殖器底記號」。又如「卦辭爻辭，這正和現在底『籤詩』一般」，於鄙見不謀而合。然錢説已先我而發者五年，合誌此以示不敢掠美。

尋得下落的《五月歌》

上海魯迅博物館收藏有一件署名郭沫若，作於 1930 年 4 月的《五月歌》的手稿，但一直未能確認其爲郭沫若手迹，所以也不能肯定是郭沫若所作。王錫榮在《關於署名郭沫若的〈五月歌〉手稿》一文（《郭沫若學刊》，1993 年第 2 期）中披露了該手稿的情況及內容。該手稿之所以一直不能確證是否爲郭沫若手迹的根本原因是，看過手稿的人，均認爲絕非郭沫若手迹。但是王文認爲，從該詩的風格、語言上看，應該系郭沫若所作，故王文主要從這一方面進行分析，並以手稿原收藏者謝旦如先生的經歷作爲旁證（意指謝旦如將其收藏，應係認定爲郭沫若所作），推斷「此詩當是郭沫若佚詩」。

因爲該手稿係魯迅博物館藏品，故一直並未以之示人，王先生的文章也未附照片，所以王文刊出後十餘年，存疑的那些問題，未能得到「進一步研究證實」。《五月歌》究竟是不是郭沫若所作，仍應說是懸案。

兩年前，我在查看郭沫若紀念館館藏的一函書信的內容時，立刻想到了上海魯迅博物館的這件手稿藏品。這是郭沫若於 1932 年 1 月 19 日致森堡的

一封信，信中寫有這樣的內容：「讀你的詩我是第一次。確實是感著了一抹閃光，特別是《遺囑》的一首，那的確是無淚之淚，繞指柔的百鍊鋼。那是寫的實事，還是出於想像嗎？如是實事，把那事情記出來，我想那效果或者還要在詩之上。《爆音》有同感。」信末寫道：「現在頭腦仍不清晰，三叉神經痛增劇，不能多寫，幾年來久沒有作詩，前年曾作了一首《五月歌》寄回國去，不知道下落如何。」

森堡是詩人任鈞的筆名。任鈞當時正在日本早稻田大學留學，他把自己創作的詩寄給郭沫若品評，並詢問郭沫若的新詩創作情況，故郭沫若有此回信。信末一段所言「前年」創作了《五月歌》正應該是在 1930 年，而當時寄回國內，時隔近兩年，既未見發表，又不知下落。由此一段話幾乎可以肯定，郭沫若在 1930 年創作了詩《五月歌》，而且寄回國內，那麼上海魯迅博物館的那件藏品，應該就是郭沫若寄回國內的手稿。當然，最後的確認還需要看過該手稿。

在聯繫了王錫榮先生之後，蒙他允諾，我們在上海魯迅博物館看到了手稿原件。這是兩件內容相同，以鋼筆書寫的手稿。展開文稿，一見之下，即可認定為郭沫若手迹。顯然，曾看過該手稿的人不熟悉，或是並未見過郭沫若在 30 年代書寫的鋼筆字。郭沫若的鋼筆字或鉛筆字，與他的毛筆字風格是大不相同的，若以其毛筆字的字體、風格去推想他的鋼筆字是個什麼樣子，即會進入誤區。

兩件手稿各三頁，其中一件所用稿紙標有「0S 原稿用紙」字樣，是豎行20 字格、兩幅各 10 行為一頁的日本式稿紙。手稿卻是將該稿紙豎用橫書。這一件手稿已經做過編輯處理，以文字和符號標示了錄排的字體、字號、版式。另一件手稿也是豎用橫書在日本式稿紙上，這是郭沫若流亡日本期間常用的稿紙。該手稿有多處塗改的文字及詩行，但塗改過的文字與做過編輯處理的那份手稿，只有一字及三兩處標點之差。《五月歌》共有三節，內容如下（按照經過編輯處理的那件手稿）：

I

舉起來，舉起我們的旗，

唱起來，唱起我們的歌，

太陽帶來了悲壯的消息：

同志們！這是革命的五月！

哦，我們是世界的創造者，
創造了一副堅牢的鐵鎖，
鎖在了我們自己的項上，
把自己的汗血流成紅河。
我們在鐵鎖之下晝夜呻吟，
讓在我們的頭上歡舞著惡魔。
那三千年來的錯誤了的歷史，
是進化的必然，也是我們的過錯！
高舉起來呀，把我們的鐵槌，
快把這項上的枷鎖打破！

II

舉起來，舉起我們的旗！
唱起來，唱起我們的歌！
太陽帶來了悲壯的消息：
同志們！這是革命的五月！
哦，我們是世界的創造者，
創造了有產者的安樂窩。
摩天的宮殿，如砥的街衢，
破浪的艨艟，追風的摩托，
還有那夜光杯中的葡萄酒，
那是呀我們的血，我們的骸骨！
那三千年來的錯誤了的歷史，
是進化的必然，也是我們的過錯！
高舉起來呀，把我們的鐵槌，
快把這項上的枷鎖打破！

III

舉起來，舉起我們的旗！
唱起來，唱起我們的歌！
太陽帶來了悲壯的消息：
同志們，這是革命的五月！
哦，我們是世界的創造者，

我們要創造出新的一個！

舊的迷夢從今朝醒來，

不再喊什麼「八小時工作」，

我們要的是生產的統治權，

普羅列塔利亞特的狄克推多！

那三千年來的錯誤了的歷史，

是進化的必然，也是我們的過錯！

高舉起來呀，把我們的鐵槌，

快把這項上的枷鎖打破！

《五月歌》手稿係郭沫若手迹是可以肯定的，但迄今為止，人們沒有見到發表出來的《五月歌》，所以它仍然留下一些疑問：郭沫若當時將該詩稿寄給了哪家報刊？該詩是否發表了？如未曾發表，那麼已經做過編輯處理的該詩稿，最後何以被擱置起來？不過，與此相同的情況，還有另外一篇未能發表出來的文章的遭際，但那份經過編輯處理的手稿又寄回到在日本的郭沫若手中（該篇題作《消滅呀口號戰！》，後來未曾刊出）。還有一點是，何以兩份手稿都寄回國內了呢？這些問題恐怕得有新的史料發現才能夠釋疑了。

《五月歌》幾乎就是郭沫若在流亡日本之後截止到 1936 年前的八年間唯一的新詩作品。1936 年後，他才陸續又有一些自由體詩歌的創作問世。〔註27〕其實就是這首《五月歌》，應該也是與他一部小說的創作有關。

在 1928 年 2 月離滬赴日前夕，郭沫若曾有一個小說創作的計劃，其中一篇的題目叫作《新的五月歌》。計劃中共有七篇作品，後來卻惟有這一篇寫有成稿，〔註28〕作於 1930 年。作品的篇題幾經改動，直到 1936 年 10 月才以《克拉凡左的騎士》為題，在東京《質文》月刊上連載發表。小說原稿有十餘萬字，因《質文》很快停刊，實際只刊出前四節，餘稿則佚失。已發表的部分後又改題為《騎士》，收入《地下的笑聲》。該小說最初之所以叫做「五月歌」，顯然因其描寫的是北伐時期的 1927 年 5 月間，在武漢發生的事情。作品一開始特別寫到武漢三鎮民眾舉行聯合大會，慶祝五一勞動節的場景。所以在《五十年簡譜》中該篇題又作《武漢之五月》。而冠以「新」字，則係區別於郭沫

〔註27〕關於郭沫若在 1936 年前後重又在文學創作和著述方面活躍起來的情況，拙著《文化越境的行旅——郭沫若在日本二十年》（文化藝術出版社，2005 年 3 月）中有專節論述。

〔註28〕見郭沫若：《離滬之前》，上海《現代》月刊，1934 年 1 月第 4 卷第 3 期。

若前已翻譯過的歌德的一首詩作《五月歌》。

也就是說，郭沫若的這首詩《五月歌》應該是隨著小說創作而伴生的。那麼除此之外，可以說在八年時間內，郭沫若幾乎完全停止了新詩創作。但事實上，郭沫若在赴日前夕分明剛剛又經歷了一次新詩創作的爆發期，如他所說的：「……詩的感興，倒連續地涌出了。不，不是涌出，而像從外邊侵襲來的那樣。我睡在床上，把一冊抄本放在枕下，一有詩興，立即拿著一枝鉛筆來紀錄，公然也就錄成了一個集子。那便是曾經出版而且遭過禁止的《恢復》了。像那樣受著詩興的連續不斷的侵襲，我平生只有過三次。一次是五四前後收在《女神》裏面的那些作品的產生，一次是寫《瓶》的時候，再一次便是這《恢復》的寫出了。但這寫《恢復》時比前兩次是更加清醒的。」〔註 29〕而僅僅一個月後，隨著郭沫若東渡日本，其創作新詩的激情便立即消歇下來，而且一停就是八年，個中原因其實是很值得去研究的。

命途多舛的《騎士》

郭沫若的小說作品中有一部長篇《騎士》，在寫成後發表出版的過程中可謂命途多舛。如今所能見到的，只是這部長篇小說的一部分，其餘部分已經遺失。

《騎士》創作時的篇名應該叫作《武漢之五月》。郭沫若在 1933 年 8 月 26 日所作《沫若自選集‧序》後附錄了一篇《民國三年以來我自己的年表》，其中「民國十九年」（1930 年）事項下記：「草長篇小說《武漢之五月》（未發表）。」後來所作的《五十年簡譜》中 1930 年事項下是這樣記錄的：「草長篇小說《武漢之五月》（後改名為《騎士》曾於《質文》雜誌發表一部分）。」從創做到發表，都是在郭沫若流亡日本期間的事，據他說小說是完成了的。1930 年寫成的作品，在《質文》發表卻已經是 1936 年了。個中原因，郭沫若自己說：「初寫成時曾應滬上某書店之請求，幾乎成了鉛字。但店老闆方面要大加改削，因此我便把它收回來，鎖在了冷紙櫃裏。」〔註 30〕

書店方面要求刪改作品內容，當然是他無法接受的，但從書店的立場上

〔註 29〕《跨著東海》，《沫若文集》第 8 卷。
〔註 30〕《克拉凡左的騎士‧小引》，《綢繆》月刊，1937 年 6 月第 3 卷第 9 期。

也是可以理解的。《騎士》中的主要人物儘管是虛構的，但故事情節的進展，就是以大革命時期寧漢分裂期間郭沫若在北伐軍旅中的那一段生活經歷爲原型，包括他寫《請看今日之蔣介石》這樣的事情都寫在裏面（儘管沒有出現蔣的名字，但那事情一看即知）。這樣內容的作品在當時顯然是無法出版的。事實上，郭沫若的許多作品在當時已經被國民黨當局所查禁，像《我的幼年》、《反正時代》等作品，出版方不得不刪去一些內容，改換書名才得以繼續出版。

《質文》是在日本東京留學的中國學生創辦的一個文學期刊，《武漢之五月》得以在《質文》發表的原由，郭沫若在小說刊出時所寫的「小引」中特意寫到了。「小引」中謂：「這篇小說已經是六七年前寫的了。初寫出時很有發表的意思，但停頓既久覺得也就淡漠了。近經朋友傳觀了一下，勸我拿來發表，我便聽從了朋友們的意思。作家寫東西，不可就就於求發表，然而也不可久不發表。久不發表——自然這裏面是包含有客觀情勢的不許可和沒有發表的地盤——是會使一個作家『石女化』的。國內有好些朋友見我近年來少發表關於文學方面的著作，以爲我是成爲了『隱者』，這個揣測的產出大約是由於對於我的關心太深吧。我所以答應了朋友們發表這篇東西的微意，也就想藉此使朋友們安安心，以後只要情勢許可並常有發表的地盤，我敢說一時倒還『隱』不下去的。」

小說發表時的篇名爲《克拉凡左的騎士》。大約是因爲小說中的一個女主人公金佩秋的風姿，在男主人公馬杰民的眼裏就如意大利畫家卡拉瓦喬（郭沫若譯作克拉凡左）的一幅畫作《騎士》中的女相士，作者故以此命名吧。《克拉凡左的騎士》在《質文》，1936 年 10 月、11 月第 2 卷第 1 期、第 2 期連載兩期後，即因雜誌停刊而中輟。所發表的部分是作品的前五節，不足全篇的四分之一。

轉過年來的春季，《克拉凡左的騎士》又得到一個發表的機會，在上海主編《綢繆》月刊的朱羲農幾次寫信向郭沫若索要《克拉凡左的騎士》的書稿，希望在《綢繆》連載發表，包括《質文》上刊載過的部分也要重新發表。朱羲農是郭沫若當年初到日本留學時在東京日語學校的同學，之後很多年沒有聯繫了，有感於他幾番索要的厚意，郭沫若將書稿給了《綢繆》雜誌社，並又爲發表一事寫了一個「小引」，道：「這次是第三次了。」「沒有什麼話可說的了，我只是希望這一次不要再發生什麼障礙，能夠發表到底。」

1937 年 6 月 1 日，《綢繆》月刊第 3 卷第 9 期開始刊載《克拉凡左的騎士》。然而，事與願違，這一次的連載仍舊未果而終。不久，抗戰全面爆發，郭沫若從日本秘密歸國投身於抗戰文化戰線中。在整個抗戰期間，他再沒有提起過這部小說。抗戰勝利後的次年，郭沫若從重慶返回上海，想起向朋友詢問原稿下落，卻已不知所踪。

1947 年 8 月，郭沫若在編輯小說集《地下的笑聲》時，只能把已經在《質文》雜誌連載過的部分收入集中，並改篇名為《騎士》。為此，他撰有一段「後記」，寫道：「這篇小說是 1930 年所寫，全稿在十萬字以上。1937 年，曾加以整理，分期發表於《質文》雜誌。……此處所收即《質文》所登載者。未幾抗戰發生，余由日本潛逃回國，余稿亦隨身帶回。上海成為孤島後，余往大後方，稿託滬上友人某君保管。忽忽八年，去歲來滬時問及此稿，友人否認其事。大率年歲久遠，已失記憶，而稿亦已喪失。我已無心補寫，特記其顛末如此。」他在這裏把《騎士》整理發表於《質文》的時間記錯了，同時還留下一個小小的疑問：1937 年從日本回到上海後，他是把《克拉凡左的騎士》原書稿從《綢繆》雜誌社索回了，交由另一位友人保管，還是就託付給朱羲農保管了呢？《地下的笑聲》由上海海燕書店 1947 年 10 月版。

《騎士》的際遇真是一波三折，但這還不是它受難史的全部，與之相關的還有另外一件事情。如果把《騎士》出版發表的經過稱作神龍見首不見尾，那麼郭沫若的一部名為《同志愛》的小說，則自始至終不見踪影。

郭沫若第一次提到《同志愛》這部作品，是在 1932 年 7 月 23 日致葉靈鳳的信中。之前，葉靈鳳為現代書局意欲出版《創造十年》等郭沫若的著譯作品與他聯繫，郭沫若在覆信中先寫了三樁關於他幾部作品出版條件的約定，最後告知葉靈鳳道：「我現在手裏有一部長篇小說《同志愛》，寫的是武漢時代的一件事情，是前年寫好的。有十萬字上下。你們肯出一千五百元現金購買，我可以賣給你們。」8 月 29 日，他在致葉靈鳳的信中又寫道：「《同志愛》已寄到內山處，此書乃余生平最得意之作，自信書出後可以掀動國內外。內容並不十分紅，你可以先去看看。那書現代如要，稿費要一千五百元，現金交易。因該書另有兩處要，你們如要，請從速。」9 月 25 日，郭沫若信告葉靈鳳說：「《同志愛》良友款尚未付清，又對於內容有改削之意，賣約寄來，我尚未簽字。現代定要時可速備千五百元現款攜往內山，將該稿索回。

凡經我同意之處可稍加改削。到內山時即以此明片爲憑可也。此書出，決可引起內外注意。」「《同志愛》一書，要者有光華，樂華，文藝諸家，竟歸良友，亦出我意外。由你手去索回，我是高興的。」〔註31〕

從這幾封信中可以讀出關於《同志愛》這部小說的幾個信息：是已經完成的「一部長篇小說」；「寫的是武漢時代的一件事情」；「前年寫好的」；「有十萬字上下」的篇幅。對照一下《武漢之五月》或曰《騎士》，《同志愛》應該就是該作的另一篇名，但是何以郭沫若在《武漢之五月》（《騎士》）發表過程的幾次周折中卻從未提到過《同志愛》這一篇名呢？它有沒有可能是郭沫若曾計劃過要撰寫的另一部小說呢？

郭沫若在 1928 年 2 月 15 日日記的篇末曾擬寫下幾個小說題目：「(1)酒家女、(2)黨紅會、(3)三月初二、(4)未完成的戀愛、(5)新的五月歌、(6)安琳、(7)病了的百合花」〔註32〕。如果單從篇題上看，《同志愛》似乎很像是其中第四個題目「未完成的戀愛」。不過，郭沫若在將 1928 年這一段時間的日記整理爲《離滬之前》發表時，就此做了一條注文，說：「這七項是那時打算寫的七篇小說，除第五項有成稿之外，其餘的都沒有寫出。」這是 1933 年 9 月的事情。第五項的成稿自然就是指《武漢之五月》，那麼，《同志愛》也就不可能是第四項「未完成的戀愛」或其他哪一篇題目的成稿，而只能是《武漢之五月》的別名了。

儘管如此，從《同志愛》和《武漢之五月》這兩個爲同一作品冠以的不同篇名，我們似乎可以讀出郭沫若當時創作的一個中心思路，即他在 1928 年 2 月 11 日的日記中所寫到的：「我新得著一個主題：革命與家庭。」他還特意點出一個題材：「鹽酸僚山中的生活是絕好的劇景，安琳喲，我是永遠不能忘記你的。」〔註33〕如果條件允許，郭沫若或許會把計劃中的幾部小說陸續再寫出來一二來，但事實上，我們所能讀到的《武漢之五月》的部分內容，也就是《騎士》，顯然已經包含了其中若干個題目所可能攫取的生活題材，也可以看出郭沫若在這段時期的創作用心。

至於郭沫若爲什麼在與葉靈鳳通信之外再未使用，甚至再未提過《同志愛》的篇名，恐怕與該書稿出版未果相關。良友、光華、樂華、文藝、現代，

〔註31〕 這幾封致葉靈鳳的信均收錄於孔另境編《現代作家書簡》，上海生活書店，1936 年 5 月初版。
〔註32〕 《離滬之前》，《沫若文集》第 8 卷，人民文學出版社，1958 年 9 月。
〔註33〕 《離滬之前》，《沫若文集》第 8 卷，人民文學出版社，1958 年 9 月。

諸家書局都有出版之意，卻最終未能出版，其原因（應該關乎內容的刪削、稿酬多寡的洽商，而幾家書局卻多是有合作關係的，不好爲一件事情反目）又不足爲外人道，這該成了他的心中之痛吧！

總之，《騎士》的遺闕令人扼腕，它是當年郭沫若自詡爲「生平最得意之作」，「自信書出後可以掀動國內外」之作。郭沫若這樣講，或許不無炫耀之意，但這部小說的確是他在「方向轉換」之後的重要作品，是用了與他五四前後創作的那些「身邊小說」大不相同的手法與風格──「用第三人稱來客觀地描寫加以批判」〔註34〕──創作的小說作品。惜無以窺全豹。不過我也在想，或許有一天會在什麼地方能發現一些《騎士》缺失的部分呢，就像郭沫若那首從未被世人見過的《五月歌》，被發現之前，實際上一直在一家博物館的文物庫房裏靜靜地躺了幾十年一樣。

流亡期間若干舊體佚詩考

郭沫若在流亡日本的十年間，主要從事歷史學和金文甲骨之學的研究，文學創作除自傳的寫作外問世之作不算多，新詩（自由體詩）作品更少，但他創作了不少舊體詩（古典格律詩）。這些舊體詩不是爲發表而作，故均呈散佚之態，或錄在書信中，或題寫在畫卷上，或書贈友人等等。它們迄今多未曾被整理、彙輯（只有五六首後由詩人自己編入《潮汐集》中），所以其創作的情況，諸如，時間、緣由、文本、內容等，多有需要予以考釋、勘訂者。

「賴君新有余且網」

1933 年 2 月 7 日，郭沫若有一封信寄田中震二（文求堂主人田中慶太郎次子），在信封內另附頁三紙，其中兩頁書有同一首七絕，一用隸書，一爲篆體。詩無題，亦無落款，看似隨意書就。詩寫道：

清江使者出安陽，

七十二鑽禮成章。

賴君新有余且網，

〔註34〕《離滬之前》，《沫若文集》第 8 卷，人民文學出版社，1958 年 9 月。

令人長憶靜觀堂。〔註35〕

詩中雖有「賴君新有餘且網」句，但從該信內容以及所附詩文原件手迹（圖片）的情況來看，「賴君」所喻與田中震二並無關係，詩由何人所作，爲誰而作，亦無從斷定，於是，詩的內容也就難以確切解讀。當然，根據詩文附寄於郭沫若給田中震二的信函內，可以揣測詩由郭沫若所作的可能性較大，但《郭沫若致文求堂書簡》中確實又有郭沫若在信函中書錄他人詩作，而被書簡整理者誤以爲由其所作的情況。〔註36〕

近日檢識收集的資料，見一郭沫若手書條幅的照片，得解書簡之疑。該條幅上郭沫若手書了上錄絕句，文字完全相同，並有落款。落款寫道：「彥堂先生以素縑摹錄殷虛陶文惠贈賦此以報　郭沫若書於江戶川畔」。惟落款未署時間。

彥堂，即董作賓。也就是說，這首七絕是郭沫若所作，爲董作賓而作，感謝他爲自己的研究提供資料。再來看詩的內容。這首詩有些難解，因前三句都用了典，「清江使」、「七十二鑽」、「余且網」。不過此三典均出《莊子》。

《莊子·雜篇·外物》中記宋元君事：宋元君半夜夢見有披頭散髮之人在門旁窺視，自稱爲清江使，出使河伯居所，被漁夫余且所捉。元君醒來，派人占卜，知是一隻神龜。於是問左右有無叫余且的漁夫，並傳余且來見。次日，余且來朝。宋元君詢問，知其網捕到一隻周長五尺的白龜，遂命其獻出白龜。後宋元君命人殺掉白龜，以龜板做占卜用，占卜數十次（七十二鑽），所做推斷無一失誤。後即以「清江使」喻龜，「七十二鑽」言以龜版占卜事。

郭沫若在詩中用《莊子》的這幾個典故，述王國維（觀堂）及董作賓研究甲骨文事，稱頌王國維於甲骨文研究的成就，同時贊譽了董作賓。「清江使者出安陽」，指安陽殷虛出土甲骨文。自 1899 年殷虛出土的甲骨發現刻辭後始有甲骨之學。王國維是甲骨文研究的開拓者，「禮成章」當指王國維研究古文字的著作《殷禮徵文》，以此喻其甲骨研究之成果。「余且網」則喻指董作賓事。1928 年，中央研究院歷史語言研究所成立後，著手對殷虛進行科學發掘。董作賓被派往安陽調查甲骨文出土情況，向研究院提交了《殷虛甲骨調

〔註35〕《郭沫若致文求堂書簡》第 73 函，文物出版社，1979 年 12 月。
〔註36〕就在以篆體書寫該詩的那頁信箋上，同時還書錄有李白《宣州謝朓樓餞別校書叔雲》中的幾句詩：「抽刀斷水水更流，舉杯銷愁愁更愁。人生在世不稱意，明朝散髮弄扁舟。」當然，未著李白之名及詩的篇名。

查報告發掘計劃書》。是年秋，由其主持在小屯殷墟進行試發掘，得甲骨 854 片，董作賓即摹錄發表《新獲卜辭寫本》。「賴君新有餘且網」句即喻董作賓主持殷墟試發掘事。發掘出土大量甲骨，好比余且網捕到大白龜。郭沫若非常推崇王國維的甲骨文研究，故詩的結句寫「令人長憶靜觀堂」。他又以董作賓爲王靜安之後最有影響的甲骨文研究者，所以，這首絕句雖然主要是贊頌王國維，但也表達了對於董作賓的稱譽。

這首詩與田中震二沒有關係，爲什麼會存放在郭沫若給田中震二的信中？或許只是當時無意之中被放入該信封套內？但與此相關的一個問題卻需要查考：這首詩作於何時？

與田中震二書信的時間，是一個切入點。從邏輯上說，書寫在郭沫若 1933 年 2 月 7 日致田中震二信函封套中另兩紙信箋上的這首詩，寫作的時間應該在 2 月 7 日之前，且不會相隔太長時間。但因爲此詩與田中震二無關，又寫在另頁信箋上，故不能排除後來被無意放入這一信封內的可能性，也就存在了其書寫時間在 2 月 7 日後的可能。不過，結合郭沫若手書條幅落款的文字及相關史料，應該可以排除這一可能性，並找到一個時間下限。

郭沫若謂作此詩，是爲答謝故，但比之答謝董作賓「摹錄殷墟陶文惠贈」，1932 年歲末有件事情應該更值得他賦詩答謝，即，得董作賓與李濟幫助，郭沫若得到了殷墟第二次發掘出土的大龜四版的拓片。此時，他正在編撰《卜辭通纂》。得此拓片，郭沫若興奮不已，馬上信告田中慶太郎：「三千年前大龜四片已從北平寄到。請來一遊，將奉以龜之佳肴也。」欣喜之情溢於言表。〔註37〕這封信於 1932 年 12 月 31 日寄出。郭沫若後來又將李濟、董作賓「以新拓之大龜四版及《新獲卜辭》之拓墨惠假，並蒙特別允許其選錄」之事專門記入《卜辭通纂・述例》中。以郭沫若對此事看重的程度，他若是在 1932 年末迤後賦詩答謝董作賓，當以此事爲由，而非因「摹錄殷墟陶文」之事。也就是說，可以排除該首絕句作於 1932 年歲末之後的可能性。

就目前所知史料，郭沫若與董作賓相識交往，應是在他編撰《卜辭通纂》期間。郭沫若決定並開始著手編撰《卜辭通纂》，在 1932 年 8 月中旬（原擬題作《卜辭選釋》，見 1932 年 8 月 17 日郭沫若致田中慶太郎信）。這樣看來，他爲董作賓所賦七絕，當在是年仲秋之後至歲末之間的那一段時間。

與董作賓的交往，是郭沫若流亡日本期間重要的學術交往之一。他書贈

〔註37〕《郭沫若致文求堂書簡》第 57 函，文物出版社，1979 年 12 月。

董作賓的這首絕句，應該是瞭解他們之間最初交往的重要史料。

這裏順便還要提及另一首郭沫若作於此時，且與此詩內容有些關聯的五言絕句。那是《卜辭通纂》出版後的 1933 年（癸酉）初夏，郭沫若遵田中慶太郎囑，爲答謝承印《卜辭通纂》的印刷所老闆尾藤光之介而作。

圖 14：五絕書爲尾藤光之介

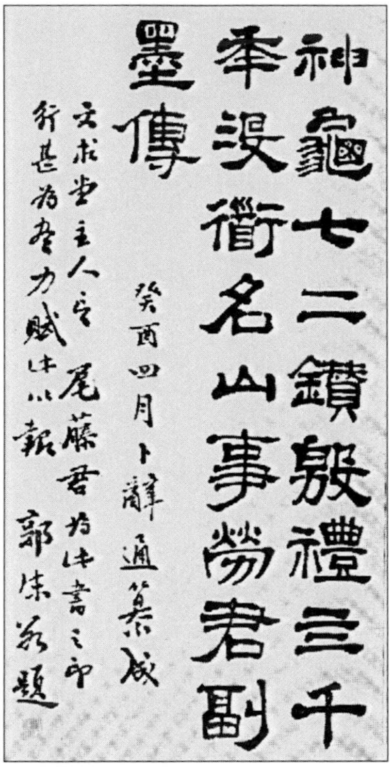

有日本學人發現了由尾藤光之介後人保存的這幅題詩，也注意到東京的「沫若文庫」存有另一幅詩句相同的題作，並著文考訂。但其識讀的文字有誤，且因不解詩中用典，對於詩意的釋讀亦有誤。爲使文獻資料準確故，在此抄錄兩幅題作的文字：

該首絕句寫道：「神龜七二鑽，殷禮四千年。沒衛名山事，勞君副墨傳。」

由尾藤光之介後人保存的那一副題詩落款爲：「癸酉初夏卜辭通纂印成題贈尾藤君清玩　郭沫若書於江戶川畔之鴻臺」。

保存於「沫若文庫」的那一條幅的落款寫道：「癸酉四月卜辭通纂成文求堂主人言尾藤君爲此書之印行甚爲盡力賦此以報　郭沫若題」。

「請君一搖曳，涼意滿階墀」

在日本東京都三鷹市的亞洲文化圖書館「沫若文庫」中，保存有一本名為《塞外詩集》的藏書，其空白頁上，留下郭沫若創作的五首題扇詩手迹。五首詩之外無任何序跋之類的其它相關文字，也無署名，但以字迹辨別肯定為郭沫若所寫，從內容看也應為他所作，而非抄錄他人之作。詩分別寫在三個空白頁上，前兩頁各寫下兩首、三首，無題，顯係初稿。第三頁手迹刪改了各別文字，調整了順序，冠以《題扇五首》的詩題，應是定稿。

這五首詩不曾刊出，郭沫若亦從未以之示人（為他人題詩、題字），實際上他已經遺忘了這幾首詩。《塞外詩集》是郭沫若流亡日本期間藏書中的一冊，在 1937 年郭沫若回國後一直存放於他在日本的家中，後轉入「沫若文庫」，於是，這組詩作於何時，為什麼會寫在一本小書的空白頁上，都成了懸疑之問。

《題扇五首》曾被部分披露在菊地三郎所著的《萬馬齊喑的亞洲學》（新人物往來社，1981 年出版）一書中。菊地三郎是亞洲文化圖書館所在的亞洲語言學院負責人，曾任日中文化研究所所長，與郭沫若有過往來。他在書中的「郭沫若先生流亡十年拾零」一章寫到從郭沫若的藏書中發現了這組題扇詩，但他只引錄了其中後兩首詩（手稿未標序號），估計是因為未能全部識讀郭沫若的手迹。菊地三郎未考訂詩的寫作時間，詩文的識讀與解釋也有誤。這組詩的全文如下：

> 君情如火熱，妾有冰雪肌。
> 請君一搖曳，涼意滿階墀。
>
> 行樂須及時，春花無長好。
> 努力扇陽和，莫恐秋風早。
>
> 君喜白雪姬，妾愛黑人種。
> 黑人居炎方，常得蒙恩寵。
>
> 長夏安見長，終始無百日。
> 嗟爾寒暑計，墮落何太疾。
>
> 熱意無幾時，須臾即抛棄。
> 等待秋風來，飛到南洋去。〔註38〕

───────────────

〔註38〕據手迹抄錄。

　　菊地三郎在文章中特別注意到第五首的「等待秋風來，飛到南洋去」一句，把它與郭沫若 1937 年歸國後曾一度有過去南洋為抗戰募捐的想法聯繫起來。這顯然過於牽強，顛倒了時序關係（為抗戰募捐的想法是不可能在抗戰尚未開始，而且是郭沫若尚在日本時就形成的）。有人據此說以為這組詩寫於 1936 年夏的可能性最大（因為 1937 年夏郭沫若已歸國），當然也就很難令人信服。

　　事實上，能夠提供《題扇五首》究竟寫於何時以及寫作緣起的線索，是在《塞外詩集》一書。

　　「沫若文庫」中這本《塞外詩集》是由大連詩書俱樂部編輯發行的一種詩文叢書的第二輯，「昭和八年六月一日發行」，也就是 1933 年 6 月之後面世。這劃定了郭沫若在書頁上題詩應是在 1933 年 6 月至 1937 年 7 月（他化名離開東京歸國是在 7 月 25 日）之間的某一個夏天。詩中「長夏安見長，終始無百日」句表明該詩是創作於夏季應該毫無疑問。大連詩書俱樂部是設在中國東北大連市的一個在華日本人的詩社，《塞外詩集》也是在大連印行的。書中輯錄了五名日本人的 44 首（篇）詩文，詩文的內容主要是描寫、表現在華日本人的生活和他們的所思所感。從詩文內容看，這些人應該是隨著日本當局企圖開發掠奪東北資源的侵華政策而來到中國工作的。書印行了 200 冊，其中前 3 冊為版本書，第 4 冊至第 50 冊為贈書，第 51 冊至第 150 冊分別為五位作者的樣書，第 151 冊至第 199 冊為賣品，第 200 冊送大連圖書館（以上這些均於書上標明）。顯然，這是一本詩書社同人自費合集出版的書，基本上未考慮發行之事。郭沫若是如何得到這本書的呢？無非是自己購買和他人所贈兩種可能，但他自己買來的可能性幾乎沒有。一則因為一本在中國大連出版的業餘文學社團同人著作，且只有區區不足 50 本上市出售，在日本東京書店裏見到的可能性大概是零；二則從書的內容看，決非郭沫若有興趣一讀的書，自然見到也不會購買。那就只能是他人所贈，儘管沒有資料可以表明郭沫若認識該書的任何一位作者以及大連詩書俱樂部。應該是間接得到的贈書吧。

　　可以做這樣的推斷：1933 年夏，郭沫若偶然得到一本《塞外詩集》的贈書，隨意翻閱，並無興趣一讀，順手放在書案上；恰好有詩意興起，便信筆將文句寫在書的空白頁上；之後，書被束之高閣，詩也就遺忘了。因為一本與作者既無關係，其內容又非有興趣細讀的書，頂多是在初收到時翻閱一下，

以後不會再撿拾起它，甚至不會再想到它。

　　不過，這似乎也還不能排除另外兩種可能性：郭沫若是在 1933 年以後才得到這本書，或者是他在 1933 年以後的某一年夏天才從書架上看到自己曾隨手插放在那裏尚未翻閱過的這本書。那麼，這五首詩的創作時間，也就存在另外的可能。這樣，我們只有從《題扇五首》的內容去尋找進一步的時間線索。菊地三郎在這點上倒是於無意之間撞到了一個線索，「等待秋風來，飛到南洋去」一句的確是與郭沫若曾經的行迹有關，而且是詩文中唯一可能提供《題扇五首》創作時間的有關詩句，只是它的意思不該與郭沫若歸國之後欲做的事情聯繫起來，而是相反。

　　殷塵（金祖同）的《郭沫若歸國秘記》（言行社，1945 年 9 月出版）一書中記載了在日本期間，郭沫若曾經對他說起過的一件事：「幾年前」，一個南洋華僑主動表示願意資助郭沫若遊歷歐洲，詢問他的意見，郭沫若覆信表示同意，但此事終未成。設若此事議成，他應該是先去南洋會見該華僑，然後開始下一步安排。我以為，「等待秋風來，飛到南洋去」應該指的就是這件事，那是覆信之後的期待。郭沫若是在 1937 年對金祖同講的這件事，他用了「幾年前」，而不是去年、前年或兩三年前這樣的說法，在時間概念上起碼是指三年之前，也就是 1934 年之前。結合前面的推斷，應該可以認定《題扇五首》是寫於 1933 年夏。

　　現在回到這幾首詩文本身。從內容上來看，它們應該是郭沫若在進行研究著述的間隙，一時興起信筆寫下的隨意之作，表露出他在夏日暑熱中的一些情緒感受。儘管其中並無深意，甚至帶有點遊戲之作的性質，詞句中還是傳遞出一些信息——關於郭沫若情緒世界狀態的信息。仔細品味，似是在焦躁中透著幾分無可奈何。所謂「行樂須及時，春花無長好」的感慨，倒未必關涉聲色犬馬，而是表達一種不得不安於現狀的心境。郭沫若被蔣介石、國民黨當局通緝流亡日本，改變了原有的生活軌迹和生存方式，他沉潛在關於中國古代社會和金文甲骨研究的學術生涯中。在一般人們的印象中，那是一段刻板的、平靜的、甘於寂寞的生活狀態。但是，從這幾首不管是被郭沫若有意或無意遺忘的詩中，我們分明可以感覺到一種躁動不安的情緒。讀著它們時，如果不知道是出自郭沫若筆下，人們無論如何是不會把作詩的人與正沉潛在書齋中的那位學者聯繫在一起。背井離鄉、生活窘迫，時時處在被監視之下，前途難料，郭沫若的心中還是相當苦澀的。那是一段遭遇心靈磨難

的歲月。

《題扇五首》雖隱匿著一絲苦澀的心緒，詩文的意象組合倒是頗有奇趣的。郭沫若把扇子擬人化，然後以自己對扇子訴說的抒情方式，寫出在暑熱難耐之際內心的情緒感受，可謂構思奇俏。詩中的想像、比喻、聯想來得巧妙，文字帶點打油、詼諧的口吻，不乏幽默的味道，不失為一組風趣有致的題扇之作。

「淵深默默走驚雷」

上世紀 30 年代，傅抱石在日本留學時結識了郭沫若，且過從甚密。郭沫若曾為他的不少畫作寫有題畫詩。如今為世人所見者，有一幅畫卷上題寫的七絕：

> 銀河倒瀉自天來，
> 入木秋聲氣未摧。
> 獨對蒼山看不厭，
> 淵深默默走驚雷。

落款為：「題贈履遜同志清玩　蜀南郭沫若」，但沒有題寫的時間。履遜是吳履遜，也是在 30 年代與郭沫若相識於日本，之後多有往來。抗戰爆發後，郭沫若所撰寫的《一‧二八炮手》一文，即是寫的正在抗日前線作戰的吳履遜。

傅抱石這幅畫為臺灣收藏家蔡辰男收藏。該畫作以「蒼山淵深」為名，已編入《郭沫若題畫詩存》〔註 39〕。郭沫若何時做成此詩，又是何時以之題畫？王廷芳先生有《獨對蒼山看不厭》一文（發表於《紀念郭沫若誕生一百週年專刊》）專門述及。王文以為，該詩應題寫於 1937 年底至 1938 年初，也就是郭沫若從日本歸國後與吳履遜頻繁交往的那段時間。

我認為有另一可能性：該詩題寫於 1935 年，且題畫的時間應該就是此詩作成的時間。

傅抱石的畫作於「乙亥正月」，乙亥年是 1935 年。是年初，傅抱石正在忙於籌備他欲在東京舉辦的首次個人畫展。為此他在 4 月 9 日還專門舉行了一個招待會，郭沫若也參加了。招待會後，傅抱石於 4 月 16 日致郭沫若的信中特別表示了感謝之意：「九日晚間備蒙訓導，曷勝感激。」信中有一段話：

〔註39〕郭平英主編：《郭沫若題畫詩存》，山西教育出版社，1997 年 11 月出版。

「吳履遜先生前晚同一江西人徐旅人（高師學生）駕敝居，適往學校，未遇。今日午後擬去問候並假畫二幅。」〔註40〕王文根據這段話認為，吳履遜手中有傅抱石的畫，郭沫若是知道的，傅抱石甚至可能就是通過郭從吳手中借到畫的，而「蒼山淵深」即其中之一幅。但王文以為，從題詩落款稱吳為同志的情況看，郭沫若以詩題畫必不是當時所為。

當時吳履遜手中有傅抱石的畫作應該是沒問題的，但「蒼山淵深」卻未必在其手中。我以為原因有二：其一，此畫作於 1935 年初，正值傅抱石緊張籌備畫展之際，應是為畫展所用，必不會贈予他人，至少在畫展結束前不會考慮送人。何況若傅抱石果真將此畫贈與吳履遜，他又何需通過郭沫若再從吳手中借回呢。其二，此畫如特為吳履遜所作或是畫成後贈吳，應有給吳的題款，但卻沒有。所以這幅畫作有可能是在畫展期間由吳履遜所購，才到了他手中。吳履遜手中原來即有傅抱石的兩幅畫，想來是傅贈與他的可能性較大（以傅乃初出茅廬而言），那麼，在傅抱石這樣重要的一次個人畫展中買下一幅他的畫作，至少是一個捧場吧。傅抱石在舉辦畫展之後不久以家事所累倉促回國，因準備仍要返回日本繼續學業，故所有物品包括畫作均留在其導師金原省吾處。以吳履遜與郭沫若的關係，郭沫若與傅抱石及這次畫展的關係（為傅的多幅畫作題詩題辭），吳得到畫後即請郭沫若題詩是有可能的，也是很自然的。至於說落款中稱吳為同志，我倒不以為在當時會對郭、吳二人彼此有什麼「不利」。吳履遜是因「福建事變」反蔣而被迫出國的，郭沫若在 1928 年即因反蔣被通緝流亡日本，以兩人相似的政治遭遇，郭沫若的題詩落款稱吳為同志在那時倒似有惺惺相惜之意。

雖然如此，還不能排除吳履遜回國後得到這幅畫作的可能性，傅抱石那時也已經在國內了。因此，郭沫若題詩的內容應該是考訂其寫作年代的一個重要依據。從「蒼山淵深」的畫面看，此詩的前三句寫的是畫意，「獨對蒼山」引出「淵深默默走驚雷」句，則是詩人觀畫時的主觀感受。那是在沉靜、寂寞中的一種期待、渴望、堅信，應該屬於郭沫若流亡日本期間蟄伏在書齋裏研究中國古代社會、研究古文字時心境的一個寫照。1937 年底至 1938 年初，正是全國的抗戰處在開始時期激揚、熱烈的形勢下，已經回國且置身於這一歷史情勢之中的郭沫若，似乎不應再寫下「淵深默默走驚雷」這樣的詩句，「驚雷」已經炸響。

〔註40〕《郭沫若致文求堂書簡》第 184 號，文物出版社，1997 年 12 月。

此外，還有一個判別時間的依據可爲佐證，即，題詩、落款署名的書寫風格和特徵，表明其應作於 1935 年左近，而不會晚至 1937 年至 1938 年間。比較一下郭沫若 1935 年春自畫蘭花並題贈小原榮次郎的那首題畫詩，與 1937 年底他在吳履遜所畫「無根蘭」上的題詩（兩畫均收入《郭沫若題畫詩存》），其書法之差異是很明顯的。

1936 年 11 月下旬，郁達夫訪問日本期間，日本中國文學研究會爲歡迎郁達夫曾舉行了一次聚餐會。在宴席上，郭沫若爲增田涉題寫過這首詩，但文字有所不同，也即是說，這首詩有第二種文本。其文如下：

> 銀河倒瀉自天來，
> 入木秋聲葉半摧。
> 獨對寒山轉蒼翠，
> 淵深默默走驚雷。

前一文本的「入木秋聲氣未摧」在此作「入木秋聲葉半摧」，「獨對蒼山看不厭」作「獨對寒山轉蒼翠」。〔註 41〕比較這一文字變化，雖然只有二字一句的易動，但後者較前者的詩意更爲貼切，自然是會當「寒山轉蒼翠」時，方可有「淵深默默走驚雷」之勢。而且「寒山轉蒼翠」乃是用了王維《輞川閒居贈裴秀才迪》詩中的成句：「寒山轉蒼翠，秋水日潺湲」。這與「淵深默默走驚雷」典出《莊子‧在宥》篇中的「淵默而雷聲」句，可謂相映成輝。〔註 42〕由此看來，郭沫若爲增田涉所題寫的詩文，應該是在爲傅抱石畫題詩之後又經推敲所做的改動，那麼，他在此之後——至少在 1936 年 11 月後，如再題寫此詩，當用改定的文字。

如果以上的分析成立，郭沫若題詩應是在傅抱石東京畫展之後不久。而詩句既然寫的是畫意，則郭沫若以其題畫的時間，當然即爲該詩創作的時間。傅抱石的畫展是在 1935 年 5 月上中旬間，吳履遜則是在當年回國。

以這首題畫詩的內容而言，應該說在郭沫若流亡期間的文學創作中，是

〔註 41〕此文本見增田涉《郭沫若——亡命前後》，日本《中國》月刊，1969 年 4 月第 65 號。《郭沫若題畫詩存》以「蒼山淵深」爲傅抱石畫作名，顯然因郭沫若題詩中有「獨對蒼山看不厭，淵深默默走驚雷」句，那麼郭沫若的詩亦可名「題『蒼山淵深』」。但若依郭沫若題詩改過的文本，則畫名、詩題亦需另外斟酌了，當然，詩題就作「無題」亦好。

〔註 42〕實際上「獨對蒼山看不厭」，似乎也是化用李白《獨坐敬亭山》的詩意：「相看兩不厭，只有敬亭山」而成句，但顯然不若王維的「寒山轉蒼翠」更切畫意，並自然引出結句。

很重要的一篇作品。因為從詩句中，我們可以眞切而清晰地感受到在郭沫若那表面上看似平靜無波的書齋生活中，其內心世界裏其實是在涌動著一股什麼樣的激情，感受到其學者風采背後的那種不甘寂寞的精神心態。

「人間今見赤城歸」

2009 年春，在北京的一次拍賣會上，拍出一件郭沫若書法作品，是他在流亡日本期間的 1935 年春，書贈朋友的一幅詩作。拍家和買家大概只是著眼於其作爲書家的書法價值，但其眞正的價值應該是作爲文獻史料的價值，因爲書法價值還可以有替代者，而其文獻史料價值則是惟一的。當然，這需要考釋其內容。

在這件書法鏡芯上，先錄有王國維的兩首絕句，並一段評說的文字，是這樣寫的：

> 王靜安有嘲杜鵑二絕云：
>
> 去國千年萬事非，蜀山回首夢依稀。自家慣作他鄉客，尤自朝朝勸客歸。
>
> 干卿何事苦依依，塵世由來愛別離。歲歲天涯啼血盡，不知催得幾人歸。
>
> 廼其壯年所作，饒有意趣。然爲杜鵑者，亦宜有以自解，爰步其原韻，替杜鵑解嘲。

王國維這兩首絕句作於光緒二十九年（1903）春，他受聘於通州師範學堂期間。兩首詩在王國維的著述中並不引人注意，看來郭沫若自研究甲骨文起讀《殷虛書契考釋》，讀《觀堂集林》，對於王國維眞是熟稔於胸了。王國維在通州師範學堂任教習，講授倫理、國文，其時，還不到三十歲。然而他結婚已七年，婚後卻離多聚少，通州距故鄉不過二百餘里，卻不能時時歸去。客居他鄉的王國維大概是因聽到杜鵑啼叫，引起許多感觸，於是寫下這兩首絕句，題爲嘲杜鵑，以其內容看，其實亦有自嘲之意。郭沫若覺得王國維詩「饒有意趣」，但爲詩中對於杜鵑的嘲諷感到不平，認爲杜鵑應該「有以自解」，遂以杜鵑——蜀王杜宇所化杜鵑——的口吻，步王國維詩原韻，作「替杜鵑解嘲」二首。

其一：

> 故園今是昨朝非，

於虎之咢政漸稀。

若問緣何猶作客，

只因欲勸率濱歸。

其二：

非關多事苦依依，

有史以來皆亂離。

虧得年年啼血遍，

人間今見赤城歸。

題詩後有一段跋，寫道：

乙亥春，與子駿及其夫人同客江戶。一日，子駿招飲。其夫人手製川菜飽我口腹，更侑以醪糟大麴、臘肉香腸，幾疑身在錦江邊也。子駿夫人索書，歸寓即草此以報。詩怪字怪筆禿紙劣墨尤壞，可稱五絕。

沫若題

這則跋語記述了郭沫若題作的來龍去脈。

圖15：為杜鵑解嘲七絕二首

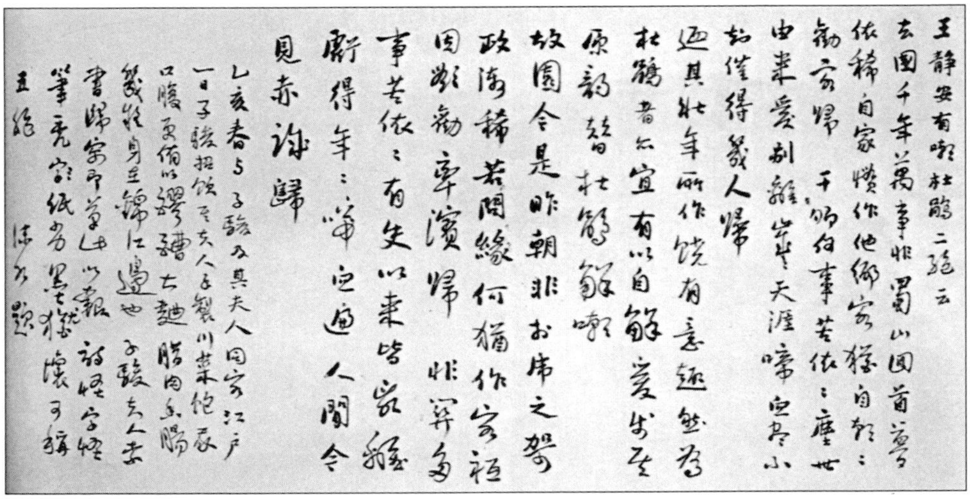

「乙亥」年是 1935 年，「江戶」乃東京舊稱，「錦江」即流經成都的那條江。1935 年春日的一天，郭沫若蒙朋友子駿招飲。子駿夫婦亦客寓東京。子駿夫人親手烹製川菜待客，席上還有「醪糟大麴、臘肉香腸」（必是來自四川

的），這讓郭沫若生出身在錦江邊（家鄉）的感覺。因子駿夫人索書，郭沫若回家後寫了這兩首詩，以爲答謝。所謂「五絕」者，既有實寫的意思，也有幾分自我調侃，平添幾許雅趣吧。

那麼「子駿」，何許人？遍查郭沫若流亡日本期間的史料，他在 1937 年間曾有一次提及有名熊子駿者到市川寓中拜訪，〔註 43〕雖僅爲一句，但以跋語所記之事發生的時間地點來看，「子駿」即是此熊子駿。

熊子駿，名世祺，四川省成都市人，生於 1894 年。1919 年畢業於四川省政法專門學校，畢業後在川內從事新聞工作，後在四川督軍熊克武麾下參與軍務。1926 年春，熊子駿與吳玉章一同在重慶協助籌建中國國民黨四川省黨部，熊子駿任省黨部執行委員、秘書長兼工人部部長。同年夏，經劉伯承、楊闇公介紹加入中國共產黨。後因從事群眾運動遭逮捕關押，脫險後失去中共組織關係。1934 年，熊子駿得川軍第二十九軍軍長孫震資助，赴日留學，考入早稻田大學，專攻經濟思想史。

上述跋語中所說「子駿及其夫人同客江戶」，應該就是在熊子駿留學早稻田的這段時間了。熊子駿與郭沫若在此前是否相識，尚未見史料記載，儘管他在大革命期間的 1925 年至 1926 年間曾先後逗留於滬粵兩地（郭沫若同一時間也在兩地），而郭沫若在 1927 年 4 月，曾與陳啓修、劉湘、劉文輝、楊森、楊闇公等，被武漢國民政府任命爲四川臨時省政務委員會委員、常務委員，並著「剋日組織臨時省政府」。〔註 44〕不過從郭沫若跋語所記內容看，他們之間在此時的交往，應該算是密切的。這當然是郭沫若流亡期間一段人際交往關係的重要史料和線索。

我們回過頭來再看郭沫若的這兩首絕句。兩詩迄今從未刊出，亦不曾見披露。從詩的內容看，應該是在這一天赴「子駿招飲」的過程中，主客都談及了歸國的話題。熊子駿與郭沫若乃大同鄉，女主人宴客所做的又是川菜，這都是鄉情。於是，席間說起歸國的事是很自然的，而且顯然談得比較深，所以會激起郭沫若濃烈的詩情和鄉情，所以他會聯想到與蜀地相關的「望帝春心託杜鵑」，會想到杜鵑「其鳴爲『不如歸去』」，還會想起王國維嘲杜鵑的詩，然後把自己的感觸寫成詩。

〔註43〕郭沫若紀念館藏資料。
〔註44〕《中華民國十六年四月五日國民政府令》，載 1927 年 4 月 6 日《漢口民國日報》。

詩中表達的兩層意思，值得注意：

其一，郭沫若對於國內的形勢有了不同以前的看法，即第一首起始的兩句所云：「故園今是昨朝非，於虎之智政漸稀」。郭沫若是在大革命失敗後白色恐怖籠罩的嚴峻形勢下，以遭國民黨當局通緝之身不得不選擇流亡日本的，國內的政治形勢當然與他休戚相關。從這兩句詩看，他覺得國內狀況今是昨非，發生了很大變化，而且是好的變化。苛政漸稀，政治環境日益寬鬆。這種政治形勢，當然就會與郭沫若是不是想要回國的主觀意願，與能否回國的客觀因素聯繫在一起。

所以，其二，郭沫若在起始兩句詩後表達的另一層意思，就是希望可以歸國，而且這是兩首絕句的中心意思。王國維詩嘲杜鵑「自家慣作他鄉客，尤自朝朝勸客歸」，詰問天涯啼血的杜鵑道：「干卿何事」。郭沫若詩則為杜鵑辯，謂，正是因為有杜鵑「年年啼血遍」，自古以來於離亂之世才能得見「赤城歸」。「赤城」即青城，古謂蜀山之望也。郭沫若藉為杜鵑辯，表達歸國之意。這不是泛泛的思鄉之情的表達，而是與對國內政治形勢的判斷聯繫在一起的歸國之想。當然這也說明，郭沫若在考慮歸國問題的時候，先是要考慮到國內的政治環境。郭沫若這一歸國意願的明確表達，在其流亡日本期間的詩文中是初次出現。

問君「緣何猶作客」，這樣的情景，估計在那些年間，郭沫若是多次遇到的。所以在他有了明確的歸國之想後，也還要面對這個問題。「只因欲勸率濱歸」，欲勸何人，雖未明言，亦可想到，大概還是家累之故吧。

我曾把郭沫若流亡十年間的心路歷程劃分為三個階段。在第三階段，他開始不甘寂寞，不甘於久困書齋安貧樂道，又在漸漸找回過去曾經的叱咤風雲的人生體驗。這一階段的開始，在 1935 年前後。〔註45〕郭沫若這兩首詩所表達的歸國之想，亦是一個印證。因為他真要找回叱咤風雲的感覺，必然先要回到國內去。

「羨君風格獨嶕嶢」

20 世紀 30 年代，在東京日本橋有一家名「京華堂」的店鋪。「京華堂」以售賣中國文房四寶及雜貨起家，後以販賣中國蘭草而發達。「京華堂」主人

〔註45〕見拙作《文化越境的行旅——郭沫若在日本二十年》，文化藝術出版社，2005年 3 月。

小原榮次郎與內山完造是朋友，因之亦與魯迅、郭沫若相識。流亡日本初期，郭沫若在國內所得的稿酬、版稅，都是經內山完造彙至小原榮次郎處再轉到手中，所以他們之間多有來往。

在 30 年代時，小原榮次郎已因販賣蘭草而知名，在上野公園附近還購置了一處蘭圃，專門培植蘭草。他主持翻譯中國蘭花典籍，出版蘭花雜誌，舉辦蘭花展⋯⋯後來被郭沫若戲稱爲「日本的蘭花博士」。魯迅曾爲小原榮次郎題寫過一首詠蘭花的詩《送 O.E. 君攜蘭歸國》，一直掛在「京華堂」店鋪裏。魯迅這首詩收在《集外集》中。郭沫若亦爲小原榮次郎作過詠蘭花的詩，且有兩首，卻鮮爲人知。

1935 年春，郭沫若應小原榮次郎之請，自畫了兩幀花卉相贈。在畫爲一枝蘭草的那幅畫面上題有一首五言絕句：

> 不用九畹滋，
>
> 無須百畝樹。
>
> 有此一莖香，
>
> 詩心自清素。

詩中前兩句典出《離騷》：「余既滋蘭之九畹兮，又樹蕙之百畝。」「蘭」、「蕙」乃香草，「滋」、「樹」均爲栽種之意，指培育賢人。「九畹」與「百畝」同（一畹爲十二畝），爲約數，實言其多。郭沫若爲寫畫意反其意，謂有一莖清香足矣。這幅畫已收入《郭沫若題畫詩存》，詩文亦經識讀刊出，而另外一首郭沫若詠蘭的詩，沒有經過整理的文字刊出，且其中的詩句有兩個不同文本。

1937 年初夏，小原榮次郎欲作一部《蘭華譜》。爲此，他致信郭沫若索要題字，郭沫若即作七絕一首：

> 世間服艾戶盈腰，
>
> 誰爲金漳譜寂寥。
>
> 九畹既滋百畝樹，
>
> 羨君風格獨嶕嶤。

小原榮次郎給郭沫若寫信是在 6 月 10 日，郭沫若所作七絕附錄於他 6 月 11 日給「文求堂」主人田中慶太郎的信中。信中寫道：「昨日小原榮次郎君來信，言將作《蘭華譜》，索題。賦得一絕，錄出以供一粲」。〔註 46〕該詩的這一文本迄今只見於此信函中。但是在小原榮次郎所得郭沫若書贈的草軸上，

〔註46〕《郭沫若致文求堂書簡》第 229 號，文物出版社，1997 年 12 月。

該詩首句文字不同,其文作「菉葹盈室艾盈腰」。那麼,兩個文本哪一在先,哪一在後呢?

圖 16:為小原榮次郎作《蘭華譜》賦七絕

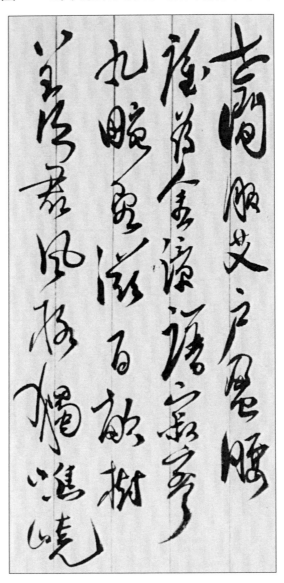

「世間服艾戶盈腰」與「菉葹盈室艾盈腰」,其實都化用自屈原的《離騷》。《離騷》中有句:「戶服艾以盈要兮,謂幽蘭其不可佩。」(「要」,即「腰」)又有:「薋菉葹以盈室兮,判獨離而不服。」「薋」是積草很多,「戶」

指群小，「艾」、「菉葹」，爲惡草名。《離騷》中以與香草、美人相對的各種惡草、小人喻讒佞邪惡。所以，郭沫若的這兩句詩文的意思是一樣的，但從文字上看，「菉葹盈室艾盈腰」句應是推敲後改定的。「金漳」，即《金漳蘭譜》，爲宋代趙時庚所撰，講述蘭草之容質，養殖等事。「九畹既滋百畝樹」當是喻以小原榮次郎闢蘭圃以培植蘭草之事。郭沫若這首詩既詠（頌）蘭，也稱讚了小原榮次郎作《蘭華譜》一事。

郭沫若以新詩創作名世，對其舊體詩作一直少有研究。他流亡期間的舊體詩作又多爲未刊之作，所以向未爲研究者所注意，甚至根本不爲所知。然而，這些詩作對於瞭解郭沫若在流亡日本期間的生活、創作、精神心態、人際交往等等，是很重要的原初史料。而且，它們實際上是郭沫若在 40 年代大量創作舊體詩詞的開始，因此對於瞭解他整個詩歌創作活動的軌跡，也是很重要的文字史料。

《歷史小品》，盜版？正版？

1936 年 5 月，剛剛創刊不久的上海《東方文藝》在第 2 期上刊登了一則出版預告：新鐘書局將出版一套《新鐘創作叢刊》，其中一種是郭沫若的《歷史小品集》，且標明書價「四角半」。《東方文藝》即是由新鐘書局創辦的。

《新鐘創作叢刊》的確出版了若干種圖書，像張天翼、穆木天、王獨清、唐弢等人的作品，但所謂郭沫若的《歷史小品集》卻是子虛烏有。所以在《東方文藝》刊出《新鐘創作叢刊》的預告後，郭沫若即在 6 月 2 日寫的一篇散文《癩》（發表於上海《光明》半月刊，6 月 25 日第 1 卷第 2 號）中揭露、譏諷了新鐘書局作僞的行徑。他在文章中針對那則出版預告寫道：「我最初看見時委實吃了不小的一驚。我不知道幾時寫了那樣多『歷史小品』竟能成『四角半』的『集』。」「『歷史小品』究竟是什麼？是指的我近年來所寫的《孔夫子吃飯》、《孟夫子出妻》之流嗎？但發表了的共總只有三篇，『品』則有之，那裏會『集』得起來呢？」

其實，那時郭沫若已經發表的歷史小說倒也不止三篇，這還不算他在 20 年代創作發表的《鵷鶵》、《函谷關》、《馬克斯進文廟》。估計新鐘書局是看到郭沫若從 1935 年下半年起陸續創作發表了《孔夫子吃飯》等幾篇歷史小說，預計著他還會不斷有新作發表（事實上倒也的確如此），打算相機行事，利用

郭沫若的文名編上這麼一本書──實際上也就是盜版書，賺上一筆錢。孰料遠在日本的郭沫若很快見到了這則預告，且不買賬，還在文章中把烏有之事抖摟出來，書局的如意算盤自然流產。

新鐘書局的口碑並不好，從這套《新鐘創作叢書》已經出版的一些作品及其作者的遭際就可以看出來。唐弢在《晦庵書話》中曾寫道：「記得新鐘書局出過一套《新鐘創作叢刊》其中有天翼的《洋涇浜奇俠》，有我的《海天集》，印刷既壞，錯字更多，幾乎每頁就有四五個，書一發行，老闆就避而不見，結果是捲逃而去，一分錢稿費不付。」〔註47〕另一位在《新鐘創作叢書》中也被編入一部作品集的周楞伽（華嚴）有相同的經歷。他將自己的《田園集》交新鐘書局出版，但書局既不簽出版合同，出書後亦遲遲不付稿酬。周楞伽屢屢催問，責任編輯乾脆推脫說自己辭職了，結果直到新鐘書局倒閉，周楞伽也沒有拿到一分錢〔註48〕。這家書局可以歸結到那種無良出版社一類了。還需要一提的是，此時任新鐘書局經理的盧春生，後來離開新鐘書局，自辦了一個潮鋒出版社。正是這個潮鋒出版社在1937年1月，將郭沫若尚在《宇宙風》上連載的《北伐途次》盜版編印出版了《北伐途次──第一集》一書，被郭沫若怒斥為「幽靈出版社」。〔註49〕

然而事情似乎並未就此完結。這一年9月，一本由創造書社出版，署名郭沫若的《歷史小品》出現在坊間。一個月後，郭沫若自己編訂的《豕蹄》，作為「不二文學叢書」之一種，由上海不二書店於10月10日初版發行。儘管《豕蹄》是一本歷史小說與自傳散文的合集，此後卻一直被視為是郭沫若的第一本，也是唯一的一本歷史小說集。在一份1941年由柳倩幫助整理的郭沫若著編譯書目（藏郭沫若紀念館）中，沒有列入《歷史小品》這個作品集。郭沫若於1941年9月編訂的《五十年簡譜》中只記載了「草《豕蹄》中歷史小說及自傳數章」，同樣沒有提到《歷史小品》一書。而且這之後，他也沒有在其他文章中以任何方式說到過創造書社和《歷史小品》。那麼這是否也是一本盜版書呢？我們不妨先來看一看《歷史小品》是個什麼樣的集子。

《歷史小品》一書內收有八篇歷史小說，即：《老聃入關》、《莊周去宋》、《孔夫子吃飯》、《孟夫子出妻》、《秦始皇將死》、《楚霸王自殺》、《司馬遷發

〔註47〕唐弢：《晦庵書話·〈從空虛到充實〉》，三聯書店，1980年9月。
〔註48〕周華嚴：《我的生活與文壇經歷》，上海魯迅紀念館，《上海魯迅研究》第14輯。
〔註49〕見《北伐途次·後記》，上海北雁出版社，1937年6月初版《北伐》。

憤》、《賈長沙痛哭》。其中《老聃入關》、《莊周去宋》兩篇分別是創作發表於1923年的《函谷關》與《鵷鶵》，只將原篇名改過。

《函谷關》、《鵷鶵》這兩篇小說在收入1926年1月上海商務印書館出版的《塔》和1930年10月上海光華書局出版的《沫若小說戲曲集》時，都用的是最初發表的篇名，直到編入1947年10月由上海海燕書店出版的小說集《地下的笑聲》中才分別改篇名為《柱下史入關》、《漆園吏遊梁》。建國後收入《沫若文集》、《郭沫若全集》便一直沿用此篇名。那麼，在《歷史小品》集中是誰改訂了兩篇小說的篇名呢？若此書系創造書社自行編訂，可能是由編輯所為。但後來收入《地下的笑聲》中，偏偏也只有這兩篇作品是將最初發表時的篇名修改了的，這的確耐人尋味。如果不是作者自己所為，那真稱得上是巧合了。

有一個問題也特別需要在此提及一下：郭沫若在此時並不喜歡「小品文」的概念，儘管他在1920年代曾創作有《小品六章》。這應該與此時的文壇背景有關。

從1932年起，林語堂等人相繼創辦《論語》、《人間世》、《宇宙風》等刊物，提倡散文創作表現「幽默」和「性靈」，主張小品文「以自我為中心，以閒適為格調」，在文壇引起關於小品文的爭論。以雜文創作作為「匕首」、「投槍」的魯迅，批評這樣的小品文是「麻醉品」，而這樣的「幽默」，不過是「將屠戶的凶殘，使大家化為一笑，收場大吉」。茅盾等人也批評「幽默」小品文的有害傾向，提倡「創造新的小品文」。1935年9月，左聯東京分盟創辦了《雜文》月刊，郭沫若在創刊號上發表了《阿活樂脫兒》一文，以北美熱帶一種叫作「阿活樂脫兒」的兩栖類動物生理演變的特徵，喻示雜文是一種經過演變而被賦予新生命的文體，藉此反駁文壇上一些人譏誚雜文這一文體既非散文也非小品，以為這是藝術的沒落的看法。1936年初，郭沫若為張天虛的一部小說作序，他在序文中寫道：

> 天虛這部《鐵輪》，對於目前在上海市場上泛濫著和野雞的賣笑相彷彿的所謂「幽默小品」，是一個燒夷彈式的抗議。
>
> 近代的好些青年人，真真是有點豈有此理！幾乎什麼人都要來「幽默」一下，什麼人都要來「小品」一下，把青年人的氣概，青年人的雄心，青年人的正義，青年人的努力，通同萎縮了，大家都斜眉弔眼地來倚「少」賣俏！我真是有點懷疑，你們的精神是真正健全

的嗎？

　　不要再假裝「幽默」了，不要再苟安於偷懶怕難的「小擺設」了，

　　你們把你們的被禁壓了的欲望向積極方面發展吧。〔註50〕

設想此時的郭沫若如果編自己的作品集，大概是不會以「小品」來命名的。

　　關於出版這本《歷史小品》的創造書社，沒有見到任何資料，也就無從知道它與郭沫若之間是否有過什麼關係。

　　那麼就現有的資料而言，我們不能認定《歷史小品》為郭沫若自己編訂的作品集，是不是就該稱其為盜版書呢？我以為不能簡單地一概而論，就郭沫若作品出版的歷史狀態而言，這不是一個非此即彼的問題。

　　自 1929 年創造社被查封，出版部被迫關閉之後，直至 1942 年郭沫若自己籌資參與成立了群益出版社，這十餘年間，他的著作全部是經由商業出版的方式出版。其中就有許多書是由出版社經手編輯出版的。它們如果在成書前，或是在成書後，以某種方式（包括支付了稿酬）得到作者的認可，是不是就可以稱為正版書呢？這其實是一個郭沫若著作版本考察中，從沒有被討論過的問題。

　　譬如：人們很熟悉的《文藝論集》，儘管郭沫若曾對該文集做過幾次修訂，但初版本的《文藝論集》其實是由沈松泉代為收集編訂的。沈松泉原是泰東圖書局的夥計，後來與張靜廬離開泰東，自己辦起光華書局。開辦之初，沈松泉便去找郭沫若約稿（郭沫若從日本回國之初到泰東時，與沈、張可謂同事）。郭沫若即將《聶嫈》交光華書局出版，同時請沈松泉代為搜集在報刊上發表過的文章，以結集出版，這就是《文藝論集》的成書。〔註51〕在初版本的「序」中，郭沫若是寫到此事的，後來的修訂本刪去沈松泉的名字，倒使人誤以為《文藝論集》由郭沫若自己編訂。不過，郭沫若在《五十年簡譜》「民一四年」項下，只記有「草詩集《瓶》」，「草《聶嫈》。《三個叛逆的女性》出版」等事，而未提及《文藝論集》的編輯出版（1925 年 12 月出版）。《文藝論集》或者還可以說在編訂時郭沫若就參與了意見，《沫若書信集》則完全是由

〔註50〕《論幽默——序天虛〈鐵輪〉》，1936 年 2 月 4 日上海《時事新報・言林》。
〔註51〕沈松泉在《關於光華書局的回憶》中寫道：「我又到學藝大學去找郭先生要稿子，那時他在該校任教，郭先生很爽快地答應把他的劇作《聶嫈》交光華出版。」「1925 年光華還出版了一本郭沫若先生的《文藝論集》。……這也是我去學藝大學找郭先生時，他臨時決定的，並且要我幫他搜集他在各報刊上發表過的文章。」（載《古舊書訊》，1981 年第 5、6 期、1982 年第 1 期）

泰東書局自行編纂的。郭沫若對編訂的書稿並不滿意，但還是爲之撰寫了序言，認可了書稿的出版。因爲有這篇序言，我們可以得知《沫若書信集》成書的經過和結果。

那麼，會不會有類似這兩書編訂成書的經過（包括事前事後經作者默許）而出版的、署名郭沫若的作品集，由於沒有相關的文字和史料留存下來，所以不爲我們所知呢？我以爲應該是有的。

實際上，在可以肯定其爲正版書之外，署名郭沫若而經他自己指認其爲盜版的書只有兩三種，而像上海仙島書店出版的《黑貓與塔》、上海國光書局出版的《黑貓與羔羊》、上海愛麗書店出版的《今津紀遊》等，則屬於很容易可以判定其爲盜版的出版物。〔註52〕除此之外，有相當數量署名郭沫若的書，或是託名郭沫若的文選、選集、作品集等，像《歷史小品》一樣，我們無從知道它們是經由什麼樣的方式和過程出版的。這種情況在郭沫若流亡日本期間尤爲突出。

順便需要提到還有一本稱作《歷史小品集》的作品集，先於上述兩書，1936 年 7 月由上海長江書店出版。這是輯選了魯迅、郭沫若、茅盾、曹聚仁、巴金等 11 位作家的 21 篇歷史小說或散文小品的一個作品合集，其中編選了郭沫若的《中國勇士》（即《齊勇士比武》）、《孔夫子吃飯》、《孟夫子出妻》、《秦始皇將死》四篇歷史小說。《中國勇士》一篇（發表於《文學叢報》，1936 年 4 月 1 日創刊號，題作《中國的勇士》）是《豕蹄》與《歷史小品》均未收入的作品。這本書到 1937 年 4 月已經印行第三版，後又由文化勵進社以《歷史小品文》爲書名繼續出版。

關於創造書社的《歷史小品》一書說到這裏，該書究竟算是正版還是盜版，我們還難以得出一個肯定的結論，這的確是一個遺憾，但不妨將該書作爲郭沫若著作出版的歷史信息，就以如此內容記錄在案。從另一方面看，《歷史小品》一書作爲一種版本，它的版本價值倒是值得注意的。這可以與《豕蹄》做個比較。

〔註52〕譬如《黑貓與塔》，該書出版於 1930 年 9 月，那時《黑貓》尚未出單行本（單行本 1931 年 12 月由上海現代書局初版印行）。該書所附前言與《塔》的前言相同，只將「收在小小的塔裏」一句，改作「收在小小的黑貓與塔裏」，完全是不通的一句話。「塔」是有寓意的，「黑貓」則與之風馬牛不相及。《塔》中收入的作品與《黑貓》的內容不同，創作時間分屬兩個時期，作者斷不會把他們放在一起而論。

　　《豕蹄》中收入歷史小說六篇：《孔夫子吃飯》、《孟夫子出妻》、《秦始皇將死》、《楚霸王自殺》、《司馬遷發憤》、《賈長沙痛哭》，「自敘傳」五篇：《初出夔門》、《幻滅的北征》、《北京城頭的月》、《世間最難得者》、《樂園外的蘋果》，另有「獻詩」一首及「序」、「後記」。「序」即是《從典型說起》一文。這應該算一個綜合性作品合集。而《歷史小品》則完全是一本歷史小說的作品合集，所收郭沫若歷史小說的篇目也多於《豕蹄》，且先於《豕蹄》出版。應該說這是一個不錯的選本。它才可稱作是郭沫若第一本，也是唯一一本歷史小說作品集。

　　或許正是這個原因，日本的平岡武夫選擇了《歷史小品》，而不是《豕蹄》，將郭沫若的歷史小說以作品集形式翻譯為日文本（以前只有單篇的日譯文本），書名亦作《歷史小品》，由岩波書店 1950 年出版發行。〔註53〕當然，平岡武夫肯定沒有考慮到《歷史小品》一書的版本問題。創造書社的《歷史小品》未見續印本，日文譯本的《歷史小品》則至少到 1980 年代，還在再版印行。

在日本期間日文著述考

　　在日本駐留的前後二十年間，郭沫若創作、撰寫了大量文學作品和金文甲骨文研究、中國古代社會研究的著作。這是他一生文學創作與學術研究最主要的組成部分。這些以日本社會為活動空間而進行的創作、研究、著述，其不可避免地表現出日本文化帶給它們的某些影響，我曾有專文論述。但在郭沫若這些學術文化活動中，還有一種比較特殊的情況：他有一些以日文著述，首先以日文發表的文章，也有些演講稿或是從中文本特為在日本報刊發表而譯成日文本的文章（不包括他人選譯的文章）。於此，有專門做一梳理考察的必要，原因有二：

　　其一，在現已出版的有關郭沫若著譯資料的記錄中，譬如：其著譯繫年、幾種年譜等，關於這方面情況雖有記載，但於其來龍去脈（寫作、發表、日文本與中文本之關係等），多語焉不詳，亦多有錯記、漏記者。這些情

〔註53〕韓國也翻譯了《歷史小品》，（根據朴宰雨文章介紹）Kim-Seungil 譯，凡友社，1994 年 7 月出版。次年（1995 年 1 月），又有申辰鎬翻譯的《豕足》，社會評論出版。

況是關於郭沫若文學、學術活動最基本的文獻史料，應該有一個準確、完整的記述。

其二，在郭沫若的日文著述活動（姑且以此稱謂這些相似的學術文化活動）中，除文本之外，還包含有他與日本社會、日本文化之間關係的一些值得發掘、關注的歷史信息。譬如：從大處看，可有涉及中日之間思想文化交流的內容，可以瞭解郭沫若在日本期間文學活動、學術活動的某一方面；在細微處，有與之相關的郭沫若在社會關係、人際交往方面的情況；還有在這些著述活動之中隱藏的寫作動因、乃至關乎某種生存狀態的信息等等。

根據現有資料可以查找到的郭沫若以日文著述或以日文發表的文章作品有下列一些篇目，這裏依撰寫或發表時間的先後，逐一進行梳理考察：

1.《芽生 二葉》

作於 1922 年底，發表於 1923 年 1 月 1 日、2 日兩天的大阪《朝日新聞》。

篇題的中文譯名應作《兩片子葉》。1923 年，成仿吾將文章的主要內容譯成中文，以《中國文化之傳統精神》為題，刊載於 1923 年 5 月 20 日《創造周報》第 2 號。郭沫若後來就將該譯本收入 1925 年 12 月由光華書局初版發行的《文藝論集》中，一直沿襲下來，現在收錄於《郭沫若全集·歷史編》第 3 卷。迄今為止，該文無全篇完整的中文譯本。

《芽生の二葉》或者說《中國文化之傳統精神》，是郭沫若在五四時期撰寫的一篇非常重要的文章。首先，它是瞭解五四時期郭沫若文化思想的一篇重要文獻史料。郭沫若雖為五四文壇新進的詩人，但在新文化陣營的主流話語呈現為反傳統文化的情勢下，他卻對傳統文化表現出的極大熱情，對復興傳統文化精神寄予熱切期待。在這篇文章中，郭沫若以他的方式闡釋了對於傳統思想文化的理解，對於個性解放思想的張揚。

其次，《芽生の二葉》的撰寫也代表著郭沫若學術活動的開始。這篇文章，以及略後一點所作但未完成的《中國思想史上之澎湃城》，實際上就是郭沫若後來的中國古代社會研究中對於思想文化史研究的開始。我們從中可以看到一條郭沫若對於中國古代社會進行學術思考的脈絡。

《芽生の二葉》是應大阪《朝日新聞》所約而作。作為日本的一家大報，地處關西的大阪《朝日新聞》，何以會向遠在九州地區就讀，且是攻讀醫學的一位中國留學生，約寫一篇論述中國傳統文化的長文？《中國文化之傳統精神》缺失了一些什麼內容？這些已在前文《〈芽生の二葉〉，全貌與背景》中

專門述及。

2.《Our New Movement in Literature》

1923 年 5 月應大阪《每日新聞》約以英文作，5 月 18 日自譯爲中文，題《我們的文學新運動》，發表於 1923 年 5 月 27 日《創造周報》第 3 號。日文本題作《我等新文學運動》，載極東新信社《北京周報》，1923 年 6 月 24 日第 70 號。

這一篇文章的寫作在郭沫若的創作活動中是個比較特殊的情況，且差不多在同時即有了三個文本。在發表的中文本後，作者有一個「附白」，寫道：

> 日本的大阪每日新聞在本月二十五日要出一次英文的《支那介紹專號》，該報駐滬記者村田氏起前來訪，要我做一篇關於我國新文學的趨向的文章。我得仿吾的幫助做了一篇「Our New Movement in Literature」的短論寄去。我現在把他自譯成中文，把初稿中意有未盡處稍補正以發表於此，我想凡爲我們社內的同志必能贊成我們這種主張，便是社外的友人我們也望能多來參加我們的運動。

郭沫若在這篇短論中實際上提出了革命文學運動的問題。中國的現代文學進程雖然比日本近代文學（相當於中國現代文學）進程的開始，要晚一大步，但從文學革命到革命文學，進而前進到無產階級革命文學運動階段，中國的無產階級文學運動與日本的無產階級文學運動，差不多就已接近同步了。大阪的報紙會有興趣關注中國革命文學運動，正是這樣一個歷史背景的反映。

3.《狂歌》

作於 1932 年秋，未刊出，抄錄於致田中慶太郎信函。〔註 54〕

秋空澄碧曉風吹，

果木雕零落葉飄。

這是一首和歌，係步田中慶太郎夫人嶺子所賦和歌《嵐之歌》韻而作。郭沫若稱爲「生平首次」，也是迄今所見其唯一一首和歌作品。

4.《自然　追怀》

作於 1933 年 11 月 30 日，發表於改造社《文藝》，1934 年 2 月第 2 卷第 2 期。

〔註 54〕《郭沫若致文求堂書簡》第 35 號，文物出版社，1997 年 12 月。

　　《自然への追怀》的中文本題爲《自然底追怀》，發表於 1934 年 3 月 4 日上海《時事新報・學燈》，署名郭沫若。之後，又有過兩個中文本刊出。一由濟民翻譯，以《自然之追懷》爲題，刊載於上海《現代》月刊，1934 年 4 月第 4 卷第 6 期；一爲刊載於漢口《西北風》半月刊，1936 年 10 月第 10 期的《我在日本生活》，署名郭沫若。

　　刊發《我在日本生活》的那一期《西北風》是「日本特輯」，所刊 22 篇文章均寫與日本相關之人與事。郭沫若應該是得該刊約稿，因而將《自然への追怀》另冠一契合「特輯」之意的篇題發表。在文末，他附言道：

> 本文是受日本文藝雜誌編輯之託，我幾乎已把留學十年間對於自然的感慕完全寫出來了。不消說自然也是有階級性和時代性的，而且不僅貴族的自然和平民的自然有所區別，就是封建時代的自然，和資本主義的自然乃至現在所謂非常期的自然，皆各具備有它的特徵的。

> 人間是自然的一部分，所以把它看做人事的自然也不是無理的。同時人事以外的自然，在某一範圍內，也要受到人事自然的影響。古代的占星家已經唱出人天交涉的學說了。這也不能把它一概都貶爲迷信論。近代優秀的占星家也說：人類……這種愛好是和太陽的黑點有關係的。再之，人爲的……也已把自然現象——豐年變爲災害了。如果把這些理由詳論起來，不消說限定的紙幅是不夠的，也恐不是編輯先生之所望吧！總之，一談起自然，不覺就受了古風的影響，因此我也就寫了這篇畸形的古風的文章了。但我是說追懷，切不要把它解釋做追慕，希望讀者諸君明白這一點。

　　郭沫若在流亡日本期間有大量自傳的寫作，《自然への追怀》是其中比較特別的一篇，即，沒有貫穿於他自傳寫作的歷史序列中，而是圍繞關於自然的追憶，專門記述了他留學期間詩歌寫作一個方面的經歷。但是這篇回憶散文，無疑是關於其早期詩歌創作活動的一篇重要文獻資料，文中所錄 11 首詩，除 1 首外，均繫郭沫若未入集的佚作。

　　這幾個不同文本，在文字上略有差異，特別是文中所錄若干首詩的詩句，在文字上有出入。對照比較幾個文本，我以爲應以初次發表在《文藝》上的日文本爲準（該文本中的詩文部分全部爲中文，而另外的文本明顯有手民誤植之處）。同時，還需要特別述及的一個情況是，在郭沫若紀念館藏有一份郭

沫若手稿，抄錄了《自然への追怀》中的 11 首詩。該手稿寫於郭沫若流亡日本期間，但究竟是在寫作《自然への追怀》之前還是之後，無從判斷。如若寫在文章撰寫之前，應該只是錄出爲撰文所用，但如果寫在文章做成之後，則一些詩文詞句的不同，似可視爲斟酌後的修改。所以，在下面將《自然への追怀》中所錄詩文與抄錄稿文字有所不同的几首詩記錄如下：

鏡浦

（一）

鏡浦平如鏡，
波舟蕩月明。
遙將一壺酒，
載到島頭傾。

（二）

飛來何處峰，
海上布艨艟。
地形同渤海，
心事繫遼東。

（三）

白日照天地，
秋聲入早潮。
披襟臨海立，
相對富峰高。

文中該詩無題，篇題據抄錄稿所加，其中第三首「白日」句，抄錄稿作「旭日」。

弔朱舜水墓

一碣立孤冢，
楓林照眼新。
千秋遺恨在，
七日空哭秦。

文中該詩無題，篇題據抄錄稿所加，「楓林」句，抄錄稿作「楔林」。

晚眺

暮鼓東皋寺，

　　　　鳴箏何處家。

　　　　天涯看落日，

　　　　鄉思寄橫霞。

首句抄錄稿作「暮鼓深山寺」。

　　　　遊太宰府

　　　　艷說菅公不世才，

　　　　梅花詞調費安排。

　　　　溪山盡足供吟嘯，

　　　　猶有清涼秋思催。

文中該詩無題，篇題據抄錄稿所加，「溪山」句抄錄稿作「梅花滿目供吟嘯」。

　　中文本《自然底追懷》發表後沒有收入郭沫若的任何一個（部）作品集，1963 年始有人注意到這篇文章。郭沫若去世後，這篇文章作爲佚文被學人收集考訂，但關於其幾個不同文本的情況，至今還存在有誤見，需要予以釐正。

　　1963 年 11 月出版的《中國現代文藝資料叢刊》第三輯上刊載有海英的一篇文章《郭沫若留學日本初期的詩》，文中以《我在日本的生活》爲題輯錄了這篇文章，並寫道：「這兒，我先抄出最近發現的一篇極珍貴的文章，是 1936 年郭沫若同志用日文寫的，關於早年詩作的回憶。」後來即有人將《我在日本的生活》作爲《自然への追怀》的另一中文本（見易明善《關於郭沫若生平活動的几點考訂》，《文學評論叢刊》第 11 輯，1982 年 2 月）。迄今仍有郭沫若研究在用的一些資料中使用了《我在日本的生活》的文本，或是將其視爲《自然への追怀》的另一個文本。這是錯誤的。《中國現代文藝資料叢刊》刊出的，實際上就是刊載於《西北風》半月刊上的文本（兩文標題有一字之差）。當然，這個錯誤的出現，主要並不在於讀到海英文章的學者，譬如《關於郭沫若生平活動的幾點考訂》一文作者的誤解，而是原刊《郭沫若留學日本初期的詩》一文作者海英十分不嚴肅、不誠實的學術態度所致。

　　海英在《郭沫若留學日本初期的詩》一文中雖然抄錄了這篇文章，但他自始至終都不提這篇文章刊載於哪一刊物以及刊期，這顯然是非常不嚴肅的，也可以說是耍了一個手腕，而讓讀者誤以爲這是他從日本原刊刊物上發現並翻譯成中文本（易明善在《關於郭沫若生平活動的幾點考訂》一文中就是這樣認定的）。可以肯定，海英並沒有看到《自然への追怀》在日本發

表的文本，因爲他根本不知道《自然への追怀》發表於日本改造社的刊物《文藝》，1934 年 2 月第 2 卷第 2 期，當然也不知道這篇文章寫於 1933 年 11 月。（刊登在《現代》月刊上濟民翻譯的《自然之追懷》的文本，他也肯定沒有看到，因爲該譯文篇末注明有日文本發表的刊物、刊期）他在自己的文中斷言這篇文章「是 1936 年郭沫若同志用日文寫的」，「刊載於一九三六年東京出版的日本《文藝》雜誌」，其實只不過是根據刊載《我在日本生活》的《西北風》出版於 1936 年 11 月，以及郭沫若在附言中說「本文是受日本文藝雜誌編輯之託」而寫這兩點，揣測（錯誤的）了該文寫作及在日本發表的情況。既然如此，海英當然也就不可能從日文本翻譯《自然への追怀》，他只能是抄錄了刊載於《西北風》的《我在日本生活》，但把篇題加了一個「的」字。

5.《現代支那政治論》

係一篇時政文章，發表於改造社《改造》月刊，1933 年 10 月第 15 卷第 10 期。

6.《天　思想——先秦思想　天道觀》

1935 年 1 月 6 日作訖。由日本岩波書店作爲「岩波講座・東洋思潮（東洋思想諸問題）」第八回配本，同年 2 月出版。〔註 55〕

文章分四部分：一、天の思想の起源，二、天の思想の利用，三、天の思想の轉換，四、天の思想の舊著。

文章考證、論述了先秦時代關於「天的觀念」的起源，發展演進和它的歸宿。認爲：殷代「是已經有至上神的觀念的，起初稱爲『帝』，後來稱爲『上帝』，大約在殷周之際的時候又稱爲『天』」。「殷人的至上神是有意志的一種人格神」，「同時又是殷民族的宗祖神」。這是「殷人的獨自的發明」。周因襲了殷文化，「關於天的思想周人也是因襲了殷人的」。但是「周人根本在懷疑天，只是把天來利用著當成了一種工具」。周人提出了一個「德」字來，「要把人的力量來濟天道之窮」，這是關於天的思想的一大進步。春秋時代是政治上的爭亂時代，也是思想上的矛盾時代。春秋末年，「新的統一是逐漸地出現了，在中國的思想史上展開了燦爛的篇頁」。老子取消了人格神的天道觀，「建

立了一個超絕時空的形而上學的本體」──「道」。孔子融和了老子和殷周傳統思想，把天作爲自然、自然界的法理，在天道思想上又是一個進步。墨子復活了殷、周的傳統思想，是一種歷史的反動。「中國的思想史上自從有老子、孔子、墨子這三位大師出現，在戰國年間演出了一個學術的黃金時代，同時也是學派鬥爭得最劇烈的時代」。天道思想至此，「差不多是再沒有進展的可能了」。到了《荀子》之後的《易傳》，「一切先秦的天道思想在這兒也就告了一個歸宿」。

中文本題爲《先秦天道觀之進展》，刪去每節標題，署名郭鼎堂，由上海商務印書館，1936 年 5 月初版發行；收入重慶文治出版社，1945 年 3 月初版《青銅時代》；後收入《沫若文集》第 16 卷；現收《郭沫若全集·歷史編》第 1 卷。

7.《『易』 构成時代》

1935 年 3 月 10 日作訖。發表於同年 4 月岩波書店《思想》雜誌第 155 期。中文本題爲《周易的構成時代》，由長沙商務印書館作爲「孔德研究所叢刊之二」，1940 年 3 月出版。該書同時有法文譯本對照，書末附有陳夢家所作《郭沫若〈周易的構成時代〉書後》。該書（文）收入上海群益出版社，1946 年版《青銅時代》時，改題爲《〈周易〉之製作時代》；後收入《沫若文集》第 16 卷；現收《郭沫若全集·歷史編》第 1 卷。

還是在 1935 年 1 月的時候，郭沫若就以《易》爲題，做過一次演講。那是在 1 月 26 日，他應日本中國文學研究會〔註56〕之邀，赴東京一橋學士會館，參加該研究會第三次例會。他是被特別邀請的演講人，做了關於《易》的演講。〔註57〕郭沫若講述了中國文字形成的時間，八卦的由來，象形文字的轉化與八卦之間的關係；推斷了《易》的經部的構成，同時分析了老子、孔子、

〔註56〕日本中國文學研究會成立於 1934 年，是由「幾個帝大（指東京帝國大學──筆注）出身的致力研究中國文學的青年所發起的」。研究會邀請過日本學者一戶、辛島驍、池田孝等演講，介紹中國作家和中國文壇的情況，「中國曾轟動一時的大眾語等問題，他們也拿來激烈的討論過」。研究會辦有《中國文學月報》，介紹當代中國文學爲主。（見《日本的中國文學研究會》，東京《雜文》月刊，1935 年 5 月 15 日第 1 期）

〔註57〕中國文學研究會的例會原僅限於與研究中國文學有關的人參加，這次例會因爲通過《朝日新聞》發了預告消息，與會者有一百四十餘人，結果臨時改換了更大的會場。郭沫若的演講生動有趣，會場裏反應熱烈。（據呂元明：《郭沫若在日本》，1983 年 2 月，《四川大學學報叢刊》第 17 輯）

墨子、荀子，特別是荀子的思想與《易》的關係。〔註58〕《『易』の構成時代》一文應該就是在這次演講內容的基礎上撰寫而成的。

文章考證了「在儒家經典中是被認為最古，且最神聖的」《周易》的構成時代及其作者。否定了《周易》由伏羲、周文王、孔子「三位一體」所作的「定說」。文章分十二部分：

一，序說，「要討論的問題」。

二，八卦是既成文字的誘導物，而「其構成時期亦不得在春秋以前」。

三，《周易》非文王所作。

四，孔子與《易》並無關係，「在孔子當時《易》的經部還沒有構成」。

五，《易》之構成時代，由晉太康二年汲冢出土品「可以得到一個暗示」：「魏襄王的二十年時，《易傳》的『十翼』是完全沒有的，《易經》是被構成了，但不僅一種」，「表明那種東西還在試作時代」。「汲冢所出的《周易》及《易繇陰陽卦》，都是孔子以後，即戰國初年的東西。」

六，《易》之作者當是馯臂子弓。《易》學的傳統有兩種，一種出於《史記・仲尼子弟列傳》，一種出於《漢書・儒林傳》，「由時代與生地看來，這項思想上演進的過程，對於子弓之偽作《易》者的認定是最為適應的。子弓大約和子思同時，比墨子稍後。」

七，《易傳》之構成時代，「我相信《說卦傳》以下三篇應該是秦以前的作品。但是《彖》、《象》、《繫辭》、《文言》，卻不能出於秦前。大抵《彖》、《繫辭》、《文言》三種是荀子的門徒在秦的統治期間寫出來的東西。《象》是在《彖》之後，由別一派的人所寫出來的。」

八，《彖傳》與荀子之比較，「可以知道，《說卦傳》裏面所有的各種假設是先秦時代的東西。荀子根據了那些假設以解釋《易》理，《彖傳》又是把荀子的說法敷衍誇大了的。」

九，《繫辭傳》的思想系統，「把道家的術語輸入了的卻是始於荀子，故爾寫出了這些《繫辭傳》的人們必然是荀子的後學。」

十，《文言傳》與《彖傳》之一致，「特別當注意的是兩者所共通的『時乘六龍以御天』的一句」，「表示著了《彖傳》和《文言傳》一部分的作者的時代。而『乘龍以御天』是南方系統的著想，卻又表示了作者的國別。」

十一，《易傳》多出自荀門，「《易傳》中有大部分是秦時代的荀子的門徒

〔註58〕據該次演講日文稿（存郭沫若紀念館館）。

們楚國的人所著的。著書的時期當得在秦始皇三十四年以後。」

十二，餘論，作《易傳》的人是無法決定的。但那些作者和子弓不同的地方是存心來利用卜筮以掩蔽自己的思想的色彩」，「我們研究《易傳》，應該拋撇了那卜筮的部分，而專挹取它的思想的精華」。

8.《考史餘談》

1935 年 4 月 1 日，刊載於日本《同仁》月刊，第 9 卷第 4 號。文章反駁了王伯平對於《中國古代社會研究》的批評，並論述了秦一統中國之前，殷周各民族的發展及文化關係。該文既沒有中文本發表過，在所有郭沫若著譯篇目中亦無記載。文章寫道：〔註59〕

> 先前，同人雜誌上譯載的一篇王伯平的文章刊登在《讀書雜志》還是其他什麼刊物上的時候，我大致瀏覽了一下，還沒有達到對我的研究進行批判的地步。他只是在我的書中任意捏造了對象在進行論述。完全是一心求利不顧其他的做法。他說「在易經時代農業已經發展到了使用犁、鍬的階段」，並舉出「見輿曳其牛犁」這句話來反駁我的觀點。這都是一些非常嚴重的錯誤。犁本應該寫成「挈」，它是指牛一隻角高、另一隻角低（即歪著頭）拼命拉車的情形。但是王伯平認為應該寫成犁，使用的是鍬，所以他認為是農業。王伯平根本就是由陳銘樞主持的 AB 團經營的神州國光社的一名夥計，不僅是他，那些在社會問題討論集中發表的文章，都是毫無價值的。當然，這並不是說我的《中國古代社會研究》就沒有任何需要修訂的地方。
>
> 在秦朝以前，各民族的發展階段都是不一樣的。關於他們的發展過程和文化，雖然現在還不能說是非常確定的，但大致我是這樣認為的：
>
> 首先是殷時代。殷這個名稱是周人叫的，殷人把自己稱作商，自始自終並非都叫做殷，山西的沁陽附近就是殷國的人們當年集居的地方。這裏曾經叫做「衣」。正是「衣」這個地名才產生了後來的殷的叫法。殷國征伐原住民族夏而將勢力範圍擴大到了黃河流域，原住民族的夏國民眾就向北部、東部或南部逃散。據說逃散到山東的形

〔註59〕譯文由蒲仕江先生翻譯。

成了後來的杞國、南邊的越國也是夏的後裔。由此我想逃散到北邊的是不是形成了後來的蒙古呢？殷代的文化非常發達，成爲了後來進一步發展的基礎。人們都認爲殷代的最後一個皇帝——紂王非常殘暴，但是我覺得他實際上是一位野心家、是一位非常有才能的偉大的天子。他沿著黃河流域不斷地向東南部擴大勢力範圍。但是，這期間，周偷襲了他的背後。在商紂王之前的帝乙時期就對東南部進行過大規模的討伐，就是從這個時期開始，周在殷的背後休養生息，得到了快速發展和壯大的機會，並最終在商紂王時期將殷朝滅亡。於是殷的民眾就逃散到了現在的江蘇、安徽長江以北，聚集在大致以淮水爲中心的地方。這就是楚國，另外後來的徐、宋也都是殷朝的後裔。

周由於是一個野蠻民族，所以他採用了殷的文化，並根據自己的需要進行調控，在此基礎之上創造出了周朝的文化，而在南方殷的文化得到了自由的發展。隨著周朝的衰亡，這兩種文化之間開始相互交流，到戰國末期的時候，這兩種文化已經實現了高度統一。但是還沒有實現國家的統一，完成國家統一的正是楚國。楚國是當時的大國，從最近安徽的考古發掘中，我們可以瞭解到楚國的文化已經達到相當的高度，帝王的奢華毫不亞於圖坦卡蒙（有的書上翻譯的是圖特卡蒙）。但是楚國和新興的野蠻民族秦國進行戰爭並最終失敗，由秦國實現了國家的統一。總的來說，在古代中國，一個新的國家必然會從西北地方興起，這不僅是因爲一個新的國家擁有新的能量，另外一個原因，我們看看地圖就能知道，西北地方地勢高，東南地方地勢低，從地勢高的地方向下進攻是很容易的，但是從地勢低的地方向上進攻卻是很難的。只有在現在，蔣介石之所以能從南方興起，這都應該歸功於近代武器吧。

《同仁》月刊是同仁會的會刊。這是一個以在中國及亞洲諸國普及醫學、藥學，改善公共衛生狀況爲目的而成立的醫學同人會。

9.《武昌城下》

日文本發表於改造社《改造》，1935 年 5 月第 17 卷第 5 期。

回憶散文《武昌城下》，原應上海光華書局邀約所作，完成於 1933 年 7

月 12 日，有六七萬字。但因光華書局拖欠版稅之故，郭沫若未將文稿交其刊行。後又曾接洽上海良友圖書公司出版，但良友欲更改書中一些內容，郭沫若亦未允。

據郭沫若自己講：1935 年，「日本的改造社請我把那精粹處提出來，用日本文縮寫成一萬五六千字的短篇，我也照辦了，在該社出版的《改造》雜誌五月號上所發表的《武昌城下》便是那縮寫出來的東西。近來，並宣稱是經過我的同意和刪定的。譯者究竟是誰，譯文究竟怎樣，我都不知道，究竟經過了怎樣的『刪定』，那可是出於我的想像之外了。」〔註60〕

這是郭沫若在看到發表出來的日文本《武昌城下》後寫下的文字，他似乎對這一文本不甚滿意。不過該文刊出後，《朝日新聞》、《東京日日新聞》等報刊上倒很快發表有評論文章。

《武昌城下》的中文本 1936 年始由《人間世》半月刊發表，該刊於第 1 期（3 月 16 日）、第 2 期（4 月 1 日）連載兩期。未刊部分續載於《西北風》半月刊，第 1 期至第 6 期（1936 年 5 月 1 日至 7 月 16 日）。

或許是因為不滿意縮寫的《武昌城下》，郭沫若後來「索性把這母體的《武昌城下》取了出來，改題為《北伐途次》」在《宇宙風》半月刊發表。從 1936 年 7 月 1 日第 20 期開始，一直連載至 1937 年 2 月畢。「這和縮寫的日文《武昌城下》略有不同，因為後者是稍稍經過了一道創作過程的」。〔註61〕

10.《丙子字就》

作於 1935 年 11 月 27 口，發表於東京《書道》月刊，1936 年 1 月第 5 卷 1 月號。

《書道》月刊由日本泰東書道院出版部出版發行，創刊於昭和七年（1932）二月。郭沫若在流亡日本期間來往頗多的中村不折是該刊編輯部的「協議員」。昭和十一年（1936）以干支紀年是丙子年，編輯部因以邀約郭沫若做了這篇文章。郭沫若在文中解「丙」字的原義是「魚之尾」，「子」字的原義是「人間的赤子」。有意思的是，該期《書道》的封面設計，在刊名兩側對稱繪有兩魚形刻紋。

殷塵（金祖同）後將該文譯為中文，題作《釋丙子》，刊載於上海《說文月刊》，1940 年第 1 卷第 10～11 期合刊。但譯文頗多疏漏。譯者自己亦謂：「前

〔註60〕《北伐途次·序白》，上海《宇宙風》半月刊，1936 年 7 月 1 日第 20 期。
〔註61〕《北伐途次·序白》，上海《宇宙風》半月刊，1936 年 7 月 1 日第 20 期。

年在日本時試譯，不但文字風趣全失，間亦有失原文本意者。」在《說文月刊》刊出時，因無原文對照，故「無從重校一過」。

圖 17-1、17-2：《書道》雜誌刊登《丙子字解》

11.《万寶常——彼 生涯 藝術》

發表於《日本評論》，1936 年 1 月第 11 卷第 1 期。該篇是郭沫若完成於1935 年 7 月 13 日的《隋代大音樂家——萬寶常》一文的日文譯本，係郭沫若應日本評論社所約而譯作。〔註 62〕《隋代大音樂家——萬寶常》一文中文本發表於上海《文學》月刊，1935 年 9 月 1 日第 5 卷第 3 期，收入上海北新書局，1937 年 8 月初版《沫若近著》，後收入《沫若文集》第 12 卷，現收《郭沫若全集·歷史編》第 4 卷。

這篇文章是郭沫若唯一一篇論及中國古代音樂史的文字。作為中國古代音樂史上一位人物的萬寶常，在郭沫若眾多歷史人物研究的對象中，也可謂獨一無二了。雖然郭沫若是從「對於萬寶常的物質生活之數奇懷著無上的同情，對於他的精神生產之湮滅尤其感著無上的義憤」，去撰寫此文的；但該篇

〔註 62〕其手稿現存郭沫若紀念館。

文章大量引述了古代典籍中有關隋代音律、音調、音樂史方面的專門性資料，從音樂史角度，從萬寶常代表著當時由「新來的胡樂與舊有的古樂或準古樂結合」所產生的新的音樂流派——「合成派」的意義上，考察、論述了萬寶常在中國音樂史上的地位。文章的寫作應該與郭沫若翻譯日本林謙三著《隋唐燕樂調研究》一書有關。

郭沫若在爲《隋唐燕樂調研究》所寫的「序」中說：「我便從原稿的形式中替他迻譯了過來。我自己所得的益處是很不少的。我自己對於音樂本是外行，關於本國的音樂的故實以前也少有過問，自結交林氏後算稍微聞了一些緒餘。」

1935 年，郭沫若譯就了《隋唐燕樂調研究》。在初稿譯出後，他與林謙三又用了八九個月的時間進行推敲，增改，使之精益求精。林謙三願意他這部研究有關中國音樂史的著述能先以漢語發表，郭沫若也希望能藉此書使中國的學界在中外文化交流史的視野上去研究中國音樂史。這無疑都是很有見地的眼光。郭沫若於是開始聯繫書稿在國內的出版，後來交上海孔德研究所，由中法文化出版委員會編輯，上海商務印書館，1936 年 11 月初版發行。與此同時，郭沫若自己又將《隋代大音樂家——萬寶常》一文用日語譯出並在日本發表。這在中國現代學術史和翻譯史上算得上是一段佳話了。

12. 演講詞《中日文化之交涉》

1935 年 10 月 5 日，郭沫若應東京中華基督教青年會總幹事馬伯援之邀，在位於神田保町的青年會禮堂作了一次題爲《中日文化之交涉》〔註 63〕的演講。該演講詞由陳斐琴、馬皓分別記錄，相繼發表於 10 月 16 日上海《立報·言林》、10 月 28 日《國聞周報》第 12 卷第 42 期（這一記錄稿經作者校閱過）、11 月 1 日東京《東流》月刊第 2 卷第 1 期。12 月，該文以日文刊載於東洋協會的《東洋》月刊第 38 卷第 12 期，題目作《中日文化の交流》。

該篇演講詞雖使用中文，發表亦爲中文本，但均係他人記錄稿。刊載於《東洋》的日文本，則由作者本人整理後並譯出。文章分爲三部分：（一）中國文化の史的發展，（二）日本文化の史的發展，（三）資本主義文化を受へげれでから後、中國は何故に失敗したか。第三部分又以標題形式列出四個小問題。這些都是中文本所沒有的。

〔註 63〕 「交涉」在這裏應爲日文，其義爲「關係」。

該篇演講詞的中文本，最初收入上海北新書局，1937 年 8 月初版《沫若近著》，改題為《中日文化的交流》；後來收入《沫若文集》第 11 卷；現收《郭沫若全集·文學編》第 18 卷。

13.《雷雨》日文譯本《序》

作於 1936 年 1 月 23 日，收東京サイレン社（中文作「汽笛社」亦有「鮫人」之意），1936 年 2 月初版日文譯本《雷雨》。中文本以《關於〈雷雨〉》為題，發表於東京《東流》月刊，1936 年 4 月第 2 卷第 4 期；後收入《沫若文集》第 11 卷，改題為《關於曹禺的〈雷雨〉》，刪去結尾兩段文字；現收《郭沫若全集·文學編》第 16 卷。

郭沫若為曹禺劇作《雷雨》所作的序言以中文撰寫，但因是為《雷雨》日譯本所作，故最初發表的文本為日文本。《雷雨》日文譯本由影山三郎、邢振鐸翻譯，郭沫若所作序言由邢振鐸譯為日文。該譯本共有三篇序文：第一篇序文由日本左翼劇作家秋田雨雀所作，第二篇即為郭沫若所作序文，第三篇是《原作者序》。

1934 年 7 月，《文學季刊》第 1 卷第 3 期發表了曹禺的處女劇作《雷雨》，隨後即有人想把這部劇作搬上舞臺，但未能實現。1935 年 4 月 27 日，「中華同學新劇公演會」（「初演記錄」作「中華話劇同好會」）的「一群流浪在東京的愛好戲劇的青年」，在東京神田區的一橋講堂將《雷雨》首次搬上舞臺，由吳天、劉汝禮、杜宣導演，賈秉文飾周樸園，陳倩君飾周繁漪，邢振鐸飾周萍，連演三天。〔註64〕同年秋，《雷雨》在國內上演。

郭沫若在《序》中寫道：「《雷雨》的確是一篇難得的優秀的力作。作者於全劇的構造、劇情的進行、賓白的運用、電影手法之向舞臺藝術的輸入，的確是費了莫大的苦心，而都很自然緊湊，沒有現出十分苦心的痕迹。作者於精神病理學、精神分析術等，似乎也有相當的造詣。以我們學過醫學的人看來，就使用心地要去吹毛求疵，也找不出什麼破綻。在這些地方，作者在中國作家中應該是傑出的一個。他的這篇作品相當地受到同時人的歡迎，是可以令人首肯的。」序文認為，《雷雨》所表現的悲劇，是希臘式的命運悲劇，「它的悲劇情調不免有點古風」，這與它在表現形式和表現手法上「之新味」是有矛盾的。這正是「目前的悲劇的社會，尤其中國的社會之矛盾一般之一

〔註64〕據《〈雷雨〉在東京公演》，東京《雜文》月刊，1935 年 5 月 15 日第 1 期；《中國留日左翼學生文化運動記要》，《文史資料選輯》第 109 輯。

局部的反映」。同時，序文也批評了《雷雨》的作者對於「人生已可成為黑暗的運命之主人」這一點缺乏認識，「因此他的全劇幾乎都蒙罩著一片濃厚的舊式道德的氛圍氣，而缺乏積極性」。

在文末，郭沫若針對日本讀者特別寫道：《雷雨》與「梅蘭芳式的舊劇」有雲泥之別，是中國新劇界難得的「優秀作品」，所以有值得介紹的價值。

14.《日本文學　課題　　吾　母國》

應日本改造社《文藝》月刊邀約而作。作於 1936 年 5 月 1 日，發表於《文藝》月刊，1936 年 6 月第 4 卷第 6 期。中文本題名《我的母國·作為日本文學課題》，由菲戈翻譯，並經郭沫若添校（補上發表時被刪去之處），刊載於《文學叢報》月刊，1936 年 7 月第 4 期。又以《我的母國》為題刊載於《西北風》半月刊，1936 年 7 月第 6 期、8 月第 7 期。

文中說：「日本同我國從任何方面說起來都是有非常深切關係的兩個國家，……我國對於日本文學的贈與——不，日本作家描寫過她的作品，在日本文學上已經不是少數。沒有遠溯來暴露我貧乏的日本文學的智識的必要，在近代，稍遠一點的留下有鷗外先生和漱石先生的相當多量的歷史小說和紀行文。稍近一點的，芥川龍之介、谷崎潤一郎、佐藤春夫諸氏，都曾連續地渡過黃海把優美的寫生的文章，來膾炙過人口。在文陣的另一翼，對於我國的『第三現實』用親熱的眼光凝視著而聲援著的作家，如藤森成吉、前田河廣一郎、村山知義諸氏，都還健在。」

文章認為：「到了近年，日本的『生命線』用盡全速力在進展著的時候，而文藝的和親力的表現卻非常減少了，……如果容許我揣測的話，怕還是因為外的阻礙和內的躊躇組成了偶力而招致了這文藝的和親力的減退吧？」

「日本作家喜歡寫我國的歷史題材，或者取材於現代，而用想像裝上血肉。……但是，像僅只有在古代希臘的環境裏才能創造出來的希臘雕刻一樣，想在現代日本再現隨著古代中國從舞臺上退場了的中國歷史，無論是怎樣一種想像力豐富的作家，都是一件困難的事業吧。」

「對於歷史題材寄與以更多的趣味的這種趣向是從來被東方的歷史觀所累了的觀念的殘餘。把想像的黃金時代設置在遙遠的古代，而以為這個世界在一天天地趨向末日的這種反進化的舊史觀支配著東方人的頭腦，有二千年。」

「被帝國主義的大海嘯所席卷著的我的母國，差不多在一切的分野上都

呈現出總破產的狀態，這是事實。可是在那兒正有偉大的，任何地方都得不到儼然的現實活著，在那兒有著片手翳著人道正義的旗幟，而片手做咖啡強制販賣的吸血鬼的跳梁，有貼上禮義廉恥和新生活的商標而把民眾的血液做商品的 Sinauthropus（北京猿人）的橫行闊步，有許多襲擊都市和農村的大洪水大饑謹大屠殺的悲愴的戰慄，有從被戰車、坦克車，軋殺著的大地的心底迸發出來的鐵流的浩蕩，有多次新生機的胎動、陣痛、流產、早產……一切人間的悲劇在那兒生滅，一切的人物的典型在那兒出沒。實在是一副光怪陸離，驚人的未來派的畫面。」

「現實的中國對於有才能的作家，誠是一個偉大的課題。」

文章讚揚中國作家在極其惡劣的環境下「用著了決死的努力」，在創作中國的現代文學，呼籲：「來吧！日本的作家」，「帶著豐饒的才能同優良的技術向更廣大的世界飛躍」。「這不但是豐富日本文學的一條路，而且也是豐富世界文學的一條路」。

15.《魯迅　弔　》

作於 1936 年 10 月 22 日，係應東京帝國大學「帝國大學新聞社」之請所作，發表於東京《帝國大學新聞》，1936 年 10 月 26 日第 644 期。後由陳北鷗譯為中文，經郭沫若修改，以《墜落了一個巨星》為題，刊載於《現世界》半月刊，1936 年 11 月 16 日第 1 卷第 7 期，收入上海全球書店，1936 年 11 月初版《魯迅的蓋棺論定》。

圖 18：《帝大新聞》發表《弔魯迅》

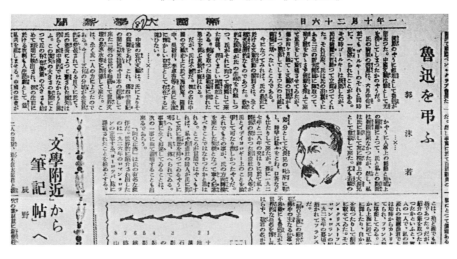

在魯迅逝世後的兩周內，郭沫若連續撰寫了三篇悼念文章：《民族的傑作》、《不滅的光輝》及這一篇。前兩篇後來均收入《沫若文集》，惟此篇成集外佚文，將主要內容抄錄如下：

流星似的，忽然地，魯迅逝去了。中國文藝慘然地像失了光的一樣。

魯迅病了的消息在六月中旬曾一度同高爾基病的消息同時傳來。那時高爾基死了，可是魯迅卻征服了病魔痊愈了。從那以後，魯迅在他羽翼下的兩三個新出的雜誌上，布起陣營，幾乎是不斷期的揮起他的健筆，使我們非常驚歎；然而僅僅隔四個月，文藝的巨星又墜落了一個，這真是難忍的痛惜。

在現在看來，魯迅最近的文筆活動的潑辣精神，完全是像太陽要下山時滿天的紅霞。致命的疾患不斷地內蝕著他的生命，而他對於病菌健鬥著的情況是可以令人流淚地活躍著的。真有拿著劍倒在戰場上的勇士的風貌。

但是，魯迅是不滅的。他的聲名在中國文藝史上無疑地是和施耐庵，羅貫中，吳敬梓，李卓吾等一樣地，作為永遠光輝的存在而存在。

中國的近代文藝，由魯迅而喊出呱聲，僅僅在半個世紀裏，突破了歐美諸國和日本所經過的二個世代，而到達了世界文壇的最高水準。這完全是由於魯迅一個人的力量。在現在——文化領域全世界的地被侵淩著的目前，由魯迅的逝去所招至的損失怕不會是純中國的。由這種損失的重大的對照，魯迅的存在價值的重大性才開始明顯地反映了出來。而他生前的坎坷，作為人生悲劇，更加使我們悲痛。中國社會對他的待遇，實在是過於殘酷；譬如就像我這樣的人吧，如果能夠預知到他的死之將要那樣很快的來臨，我是應該更多多呈送些精神的安慰的。

想起魯迅和我的關係，實在是不可思議的淡泊。儘管是生在同一國土，同一時代，並且長時間地從事於同性質，同傾向的工作，卻一次也沒有得到晤面的機會，甚至連一次通訊也沒有。若是用舊式的話來形容，魯迅和我始終是「天南地北」的分處著。

在一九二六年以前，我在上海做文藝活動的時候，魯迅在北京。一九二六年他受段祺瑞的壓迫，被逐出北京的時候，我在做著廣東大

學的文學院長，那時曾商同校長，聘請魯迅做教授，然而待魯迅下廣東時我已經參加北伐軍出發了。此後魯迅又從廣東回到上海，始終一直做著文筆活動，我以亡命者之身，寄居於日本。今年常常傳出魯迅要來日本的消息，心里正期待著這次總可以遇到了吧，然而也終竟成爲了畫餅了。

……

就這樣，由於人事上的齟齬，和地域上的隔離，魯迅和我雖然到底沒能會面，然而我對魯迅總是尊敬著的，是把他當成著精神上的長兄。作爲年青的弟弟的我，對於長兄的叱斥，偶爾發過些孩子脾氣，更曾辯過些嘴，倒也是事實。尤其是在一九二七年和二八年之間，同我關係很深的創造社同人們，在意識沃羅基上和魯迅激烈地論爭過來。然而那次的論爭似乎是成爲了魯迅轉換方向的契機，論理應該是可以紀念的吧。而一般的人往往以爲我和創造社同人對魯迅素有敵意，不僅在作這樣的想，而且在作這樣的宣傳。事實卻完全相反。

俗語說，無風不起浪。使得有這樣的謠言飛騰的，怕也終歸是由於我們的不德所致吧。我們對於魯迅的禮讓，怕一定還沒有充分。尤其是像我這樣的人，在創造社同人裏是最年長的，我的偶爾的鬧孩子脾氣和辯嘴，大約也是稍微過了一點吧。這種事，假如我早一些覺悟，或是魯迅能再長生一些時間，我是會負荊請罪的，如今呢，只有深深地自責而已。

魯迅的逝去，眞眞是像流星似的忽然而來。由他的這樣迅速的逝去，感到殘留著的寂寞，更深刻地感到給我們遺留下的責任的重大。關於魯迅的生涯，性格，思想，藝術的全面檢討；和他的生前功績的正確評價，不久一定有適當的人愼重地完成出來。但由於魯迅的有光輝的業績所帶來的中國文藝的效果和品位，應該怎樣去繼續，保持，發展，這對於我們後死者實在是一項過重的負擔。中國文藝，是不好讓它和魯迅一同逝去的。魯迅已經給我們留下了一個榜樣。拿著劍倒在戰場上吧！以這樣的態度努力工作下去，怕才是紀念魯迅的最好的道路。

16.《章太炎先生　金祖同　與　　甲骨文　論‧書　評⑰》

作於 1936 年 5 月 22 日，發表於日本《書苑》雜誌，1937 年 7 月第 1 卷第 5 號，文前有編輯簡要介紹郭沫若生平與學術著述的按語。這篇文章發表的情況比較特殊：在發表日文本的同時，以手迹影印刊出中文本，而中文本是沒有篇題的。本篇後作爲金祖同編撰《甲骨文辯證》一書（上海中國書店，1941 年 11 月影印出版）的序，才被稱之爲《甲骨文辯證‧序》；曾刊載於重慶《說文月刊》，1940 年第 2 卷第 6～7 期合刊；現收入《郭沫若全集‧考古編》第 10 卷，題作《序甲骨文辯證》。

《書苑》雜誌是有關書道（書法）與繪畫藝術的一本刊物，由藤原楚水主編，東京三省堂株式會社發行。郭沫若與《書苑》雜誌的關係，迄今尚不爲人所知，所以關於這一篇《甲骨文辯證‧序》發表的情況，迄今也沒有準確的記述。該刊的「顧問及客員」中我們可以看到中村不折、河井荃廬、石田幹之助以及錢瘦鐵這樣一些名字。前二人是當時的收藏家，收藏有許多中國金文、甲骨文、石鼓文的拓本資料，郭沫若在金文、甲骨的學術研究中與他們多有往來，得到過不少幫助。石田幹之助是東洋文庫的主任，郭沫若的古文字研究是從在東洋文庫查閱資料開始的，他與石田幹之助也是從那時開始了交往。錢瘦鐵在日本期間治金石、繪畫，有些名氣，與郭沫若有往來，後來又在郭沫若秘密歸國的過程中充任了一個重要角色。在這些人之間，應該有一個圈子，郭沫若應該也是進入到這個圈子裏了，這從他與中村不折、河井荃廬等人交往的其他資料中也可以看到。

17.《共存　　醫者　病菌──日本　豆　　　　》

這篇文章作於 1964 年 2 月 4 日，距離郭沫若在日本生活的時期，已經過去近三十年了，本不在本文梳理的範圍之內，但因其撰寫發表的情況很特殊，且這些信息尚未記錄在案，譬如：郭沫若的年譜、著譯繫年等均無記載，故將有關信息披露於此。

該文係郭沫若應日本讀賣新聞社之約所作，以日文發表於 1964 年 2 月 23 日《讀賣新聞》。但文章原是用中文撰寫，篇題作《立春前夜話撒豆》，不過當時沒有中文本發表，此後在國內也沒有正式發表。

該篇文章應該說是自 1937 年 7 月抗戰爆發，郭沫若歸國後，我們目前所見到的他在日本報刊發表文章極個別的一例。文章寫在 1960 年代，郭沫若的政治身份與前大不相同，他能以這樣的方式撰寫、發表該文，實在是一件很

讓人費解的事情。所以，在該文撰寫的緣由，以及成文後發表的情況背後，應該有我們所不知道，或者無從知道的背景資料。

　　這篇文章，在國內一直到上世紀 90 年代末尚無知曉，1998 年 6 月，我根據原作手稿的複印件，整理了這篇文章的中文本，以原篇題《立春前夜話撒豆》，刊載於《郭沫若研究》第 12 輯（文化藝術出版社出版）。這是一篇從日美關係、中美關係切入，闡述反對美國侵略政策、戰爭政策，推動世界和平運動的時政文章。文章之所以起了這樣一個篇名，是因為郭沫若借一個日本民間的習俗而引出所論之意。

圖 19：《立春前夜話撒豆》手稿

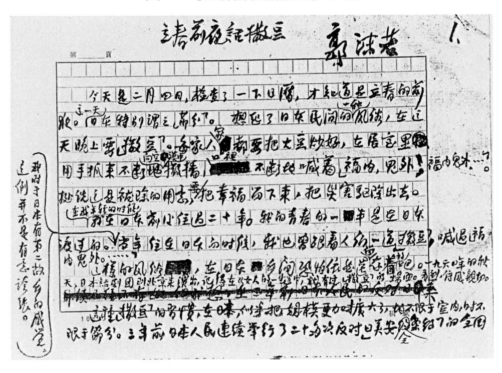

　　郭沫若撰文的 2 月 4 日，恰是這一年立春的前一天，在日本稱之為「節分」。郭沫若由「節分」想到了日本民間的一個習俗，即在「節分」這一天晚上要「撒豆」：「每家人都要把大豆炒好，在居室裏用手抓來不斷地向空漠中撒播，口裏不斷喊著『福內，鬼外，福內，鬼外……』」意在驅除災害，留住幸福。文中寫道：「在我年輕的時候，我在日本前後住過二十年。我的青春的一半是在日本度過的。我對於日本有第二故鄉的感覺，這倒並不是有意誇張。

當年住在日本的時候，我也曾跟著人們一道『撒豆』，喊過『福內鬼外』……」然後，文章從日本人民一直不斷地反對「日美安全條約」，就如同沿襲著「撒豆」的習俗一樣，談到保衛世界和平運動。這樣生動的時政文章，似乎也只能從郭沫若那樣豐富的人生經歷中寫出。

「誠哉女丈夫」——爲董竹君母女題詩

1937 年 6 月末的一天，郭沫若位於市川須和田的家中來了一位訪客——一個叫夏國瑗的年輕女子。夏國瑗攜帶有女作家白薇的介紹信，並帶給郭沫若兩冊戲劇藝術方面的雜誌。國內有人來訪，郭沫若總是很高興的，他像對朋友一樣接待了夏國瑗。交談之中，他得知夏國瑗是夏之時與董竹君的女兒。夏之時，郭沫若並不陌生，當年在四川保路運動中也是個風雲人物，辛亥革命爆發後，他率「中華革命軍蜀軍」挺進重慶，成立蜀軍政府，通電全國，宣布重慶獨立。那時郭沫若正在成都讀中學。董竹君的情況郭沫若不大知道，於是同夏國瑗談起了她的母親。

董竹君是夏之時的第二任夫人。她祖籍江蘇海門，出生在上海，家境貧寒，父親靠拉洋車養家糊口。董竹君曾被迫到青樓做了賣唱不賣身的「清倌人」，在那裏認識了夏之時而跳出火坑。在嫁給夏之時後，與夏一起到日本留學，在日本生下他們的第一個孩子。董竹君帶著孩子在東京御茶水的女子高等師範學校完成了學業。後來與夏之時離婚，獨自帶著二個女兒生活。她辦過織襪廠、黃包車出租公司，都不成功，但她並不放棄。1935 年 3 月，董竹君在上海辦起「錦江」川菜館，很快便在上海灘站住了腳。這就是後來的錦江飯店。聽了夏國瑗講述其母的這些經歷，郭沫若大爲讚歎。他在當天的日記中特別寫下兩句：「聞君談君母，誠哉女丈夫。」

不過，在須和田夏日的這一天，郭沫若當然沒有料到，他很快就見到了這位「女丈夫」。

夏國瑗來訪一周後，「盧溝橋事變」爆發，又半個月後，郭沫若「別婦拋雛」，於 7 月 27 日隻身秘密歸國回到上海。初到上海時，郭沫若住在滄州飯店，後來搬進一家捷克人開的公寓。朋友得知郭沫若歸國的消息，紛紛前來探訪。夏衍來看望郭沫若的那天還有兩位女士到訪，在《懶尋舊夢錄》中，夏衍回憶了當時的情形：「來探望他的還有兩位女士，一位是錦江飯店的店主

董竹君（她和沫若是同鄉，現任全國政協委員），大概是看到這家公寓的飯菜不好吧，所以常常給他送來名廚烹調的四川菜，這使沫若非常高興。他對我們說，他在上海這個十里洋場居然遇到了『漂母』。」〔註65〕

董竹君在郭沫若甫一回國便到訪，顯然是由於不久前女兒夏國瑗在日本專程去拜訪過郭沫若的緣故，因為此前他們並不相識。60 年後，董竹君在自撰的《我的一個世紀》中，也記述了這件事。她是這樣寫的：

> 郭沫若同志在 1937 年抗戰前夕，從日本回國。他住在上海高乃依路捷克人開的公寓。我怕有人暗害他，擔心他的飲食安全，每天三餐特派錦江忠厚的職員鄧明山負責專送了一個半月。郭老因此寫過一首詩贈我，以誌紀念，詩云：
>
> 患難一飯值千金，而今四海正陸沉。
> 今有英雄起巾幗，「娜拉」行踪素所欽。
>
> 惜這首詩的原稿（已裱好），在十年浩劫中，被搶走了。〔註66〕

郭沫若贈詩的事是在 8 月間。

這一年秋天，郭沫若又一次見到夏國瑗時，為她也作七絕一首，並書一掛軸相贈。詩云：

> 善將妙手譜清音，海外曾聽一曲琴。
> 今日悲秋甚寥落，哪堪兒女化商參。
>
> 詩後作跋語，寫道：「國瑗今夏曾東渡，訪余於須和田之寓廬，就四女淑子鋼琴

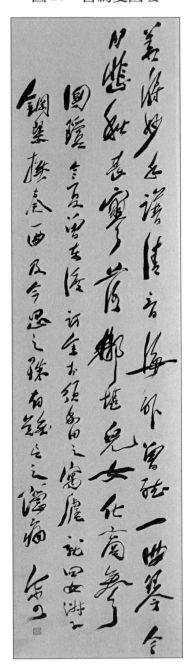

圖 20：書為夏國瑗

〔註65〕夏衍：《懶尋舊夢錄》，生活・讀書・新知三聯書店，1985 年。
〔註66〕董竹君：《我的一個世紀》，生活・讀書・新知三聯書店，1997 年 9 月。

撫奏一曲，及今思之，殊有難言之隱痛。」〔註67〕

淑子是安娜與郭沫若唯一的女兒郭淑瑀，在所有兒女中行四，那時正在學習彈奏鋼琴，家中的琴是為她購置的。郭沫若在詩中借憶及夏國瑗訪須和田寓所的溫馨往事，表達了對兒女濃烈的思念之情。「哪堪兒女化商參」，戰爭，也許會使自己與留在日本的兒女像天上的參商二星，此現彼沒，永遠相隔，不能相見。這是郭沫若內心深處難言的隱痛啊。

郭沫若給董竹君的贈詩，董竹君早就披露過。郭沫若為夏國瑗所作的詩，卻無人知曉。雖然那一幅掛軸幾年前曾現身於一個書畫拍賣會，但顯然無人知道詩的來龍去脈。是啊，詩文中所涉及到的人，恐都早已不在人世了。

抗戰勝利後，郭沫若從重慶回到上海。1946 年夏日的一天，他與董竹君同在一位四川軍人張子劍家用餐，又揮毫書贈董竹君一掛軸，上題《沁園春》詞一首，但不是為董竹君所作，而是前一年步毛澤東詞《沁園春·雪》原韻寫的兩首《沁園春》中的第一首：

> 國步艱難，寒暑相推，風雨所飄。念九夷入寇，神州鼎沸；八年抗戰，血浪滔天。遍野哀鴻，排空鳴鵙，海樣仇深日樣高。和平到，望肅清敵偽，除解苛嬈。
>
> 西方彼美多嬌，振千仞金衣裹細腰。把殘鋼廢鐵，前輸外寇，飛機大炮，後引中騷。一手遮天，神聖付託，欲把生民力盡雕。堪笑甚，學狙公芋賦，四暮三朝。

落款寫道：

> 右沁園春詞一闋，用毛潤之詠雪原韻
>
> 丙戌長夏書奉　竹君女士雅正　　樂山郭沫若〔註68〕

據董竹君說，50 年代以後，她把錦江飯店和所有家產都上繳國家了，但郭沫若題寫的這一幅掛軸她一直保存著，直到晚年都懸掛在家中的客廳裏。

《謁見蔣委員長》子虛烏有？

在《郭沫若著譯繫年》（上海圖書館編）的 1937 年內，記載有郭沫若一篇散文作品，題作《謁見蔣委員長》。其相關信息記錄為：

〔註67〕據原件手迹照片錄出。
〔註68〕董竹君：《我的一個世紀》，生活·讀書·新知三聯書店，1997 年 9 月。

　　　　載 1937 年 9 月下旬上海《申報》；

　　　　收入廣州戰時出版社版《抗戰將領訪問記》；

　　　　注：此篇係《在轟炸中來去》之第十節，收入《抗戰將領訪問記》
　　　　題名《蔣委員長會見記》。

按照這些文字所述，這應該是一篇無寫作時間，而依據發表時間繫年的文章
（按照《郭沫若著譯繫年》的編寫體例）。但是最關鍵的發表時間不詳，遂使
其實際上成為一條無出處、無根據的資料。

　　《郭沫若年譜》（龔濟民、方仁念）也作了相似的記載。其在 1937 年 9
月 24 日條目中，於郭沫若見蔣介石一事的記述後寫道：「接見後曾作《蔣委
員長會見記》，內容與《在轟炸中來去》第十節大致相同，收戰時出版社版《抗
戰將領訪問記》。」

　　事實上，在 1980 年代的時候，曾在郭沫若研究者之間有過打問尋看這篇
文章的事情，因為據說最初在《申報》發表出來的文字，與後來錄入《在轟
炸中來去》的文字有異（指關於對待蔣介石的態度）。之所以如此，一是因當
時查找資料不及如今方便，二是在那時的郭沫若研究中，凡涉及帶有負面涵
義的文獻資料會比較引人注意。但這樣的事情不曾見諸在文字中，也就一直
沒有人對於所謂的《謁見蔣委員長》一文說出個所以然。

　　《郭沫若著譯繫年》會記到「1937 年 9 月下旬」這個時間信息，是因為
郭沫若後來將《在轟炸中來去》的撰寫署為這個時間（這一點下文再說），而
郭沫若應召去南京見蔣介石是在 1937 年的 9 月 24 日。但是從這一天起的整
個 9 月下旬，直至 10 月 10 日（《在轟炸中來去》開始刊載），上海《申報》
上並未刊載過一篇題為《謁見蔣委員長》的文章，也即是說《郭沫若著譯繫
年》的這一條記載恐怕是子虛烏有了，又或者是對於《蔣委員長會見記》一
文的誤傳。

　　何以會是這樣的狀況並且至今未被釐清呢？應該主要是對於《在轟炸中
來去》一篇撰寫和發表的情況沒有搞清楚的原因。實際上，無論《郭沫若著
譯繫年》、《郭沫若年譜》的編寫者，還是《郭沫若全集·文學編》第 13 卷（《在
轟炸中來去》收入該卷）的編輯，都沒有對於原始文獻資料進行查考。

　　郭沫若在從日本回到上海後，直到應召去南京見了蔣介石的兩個月內，
陸續寫了幾篇散文記述他這兩個月的活動：往淞滬戰事的前線尋訪，拜會北
伐時期的老朋友等，《在轟炸中來去》是其中篇幅最長的一篇，共有 14 節，

詳細記述了他從上海到南京去見蔣介石又返回上海的經過，其中第十節是寫面見蔣介石，兩人談話的情形。《在轟炸中來去》寫成後，郭沫若並沒有署寫作時間，以後該文發表，出版單行本（上海抗戰出版部，1937年11月出版），收入《歸去來》集（上海北新書局，1946年5月出版）時，都沒有署寫作時間，直至1958年，郭沫若自己編訂《沫若文集》第8卷時，才在文末署作於「1937年9月下旬」。這個由整理舊作而寫下的日期應該大致不錯，因為自1937年10月10日起，《在轟炸中來去》開始在上海《申報》連載發表。連載按文中小節，每日一節（只23日停載一次），至10月24日連載完畢。

《申報》為連載發表《在轟炸中來去》，還特別提前作了宣傳介紹，於10月8日、9日兩天連續刊發了預告，可謂隆重推出。其中10月9日的預告採用了郭沫若手書的篇題、作者署名（後連載時一直使用這一手迹）。預告中寫道：「郭沫若先生在淞滬戰事爆發前夜返國，於上月十九日應蔣委員長電召往京，本篇即郭先生在敵機轟炸中往來京滬途中的紀行。作為歸國後第一長文，書中對敵機轟炸的暴行、抗戰期間的京市、首都軍政的當局、淞滬的前線蘇州，及其張（一麟）李（根源）二老，皆以極酣暢生動之筆，一一加以描寫。我國抗戰勝利的前途，從所敘的各方面，亦可獲得充分的保證。發表權現為本報獲得，即將開始在本報刊載，尚希關心抗戰及愛好郭先生作品者注意及之。」

《在轟炸中來去》最初連載發表於《申報》的史實，在《郭沫若著譯繫年》、《郭沫若年譜》、《郭沫若全集・文學編》均無記載，它們都以上海抗戰出版部，1937年11月出版的單行本，作為《在轟炸中來去》的初次發表（《郭沫若全集・文學編》第13卷為此專有題注說明）。這大概就是所謂《謁見蔣委員長》一文的由來：由於不知（其實是沒有查考）《在轟炸中來去》初次發表的情況，將在《申報》連載的記述見蔣介石經過的《在轟炸中來去》，傳成了《謁見蔣委員長》，之後，恰好又有《抗戰將領訪問記》一書將《在轟炸中來去》的第十節單獨抽出來，以《蔣委員長會見記》為題收入書中，以訛傳訛，《謁見蔣委員長》便又成了單獨的一篇文章。

那麼有無可能郭沫若當時將《在轟炸中來去》第十節單獨成文在其它報刊又發表過呢？從《申報》的預告可以看到不會有這樣的情況，因為《申報》得到的是「發表權」。所以《在轟炸中來去》連載於《申報》後再面世，就是

抗戰出版部出版的單行本。

　　至於在《申報》發表的文本與作者編訂《沫若文集》第 8 卷時用的文本之間，確實是有些不同，主要是在第十節作了文字的刪改。以下將該小節刪削到句子和段落部分的初刊文本節錄出來，可與收入《沫若文集》的文本有個比較，其中括弧內的文字為刪削部分。

　　　我也同樣地感覺蔣先生的精神比從前更好了，眼睛分外的有神，臉色異常紅潤而煥發著光彩，這神彩就是在北伐的當時都是沒有見過的。我見過些西安事變後的蔣先生的像，覺得很有憔悴的神情。【抗戰以來的局面不用說是異常繁劇的，念到蔣先生的健康，我自己是暗暗地懷著幾分的憂慮。但這憂慮，完全是杞憂。由我自己的眼睛已經證明了。】

　　　「目擊而道存」，儲蓄在腦裏所想說的話頓時也感覺著絲毫也沒有說的必要。因為蔣先生的眼神充分地表明著鋼鐵樣的抗戰決心，【蔣先生的健康也充分地保證著鋼鐵樣的抗戰持久性。】……【蔣先生是我們最高的領袖，他既有持久抗戰的決心，那他對於抗戰必如何能持久的物質條件。（例如孫總理三大政策所暗示），必已高瞻遠矚，成算在心。不然，他是不會有那樣的清明，那樣的寧靜的。】

　　在蔣說到郭不必出席會議，只消做文章，研究學問一段後：

　　　【這樣的懇切實在是使我感激。而且在這簡單的幾句話裏面還給予了我一個今後工作的途徑：學行兼顧。我看，在凡百方面這個途徑恐怕都是必要的。】

　　本節最後一段文字：

　　　【又是一次暖和的握手，依然是滿面的喜色，分外發著光彩的眼睛。】

　　此外還有個別詞字，以及有些將「蔣先生」改作「蔣」，將原稱呼人物的表字，改作姓名或官銜等文字易動。

　　兩相對比而言，初刊文本那樣的文字，在抗戰期間其實是很尋常的，那一時期的時勢使然，說不上是多麼恭維，甚至阿諛蔣介石（如有些人所謂）。而到了 1958 年，當編訂《沫若文集》時，作者刪改這些文字，也是勢在必然的。

　　釐清了《在轟炸中來去》寫作發表的情況，還得順帶說一下郭沫若兩篇與《申報》有關的文章：《全面抗戰的再認識》、《惰力與革命》。

　　《全面抗戰的再認識》發表於 1937 年 9 月 17 日《申報》，《惰力與革命》發表於同年 10 月 10 日《申報》。《惰力與革命》是郭沫若應約為《申報》撰寫的專論。《申報》在抗戰爆發之初的那一階段，特別延請了郭沫若、鄒韜奮、章乃器、胡愈之、鄭振鐸、金仲華、張志讓、陳望道、沈志遠等一批文化界著名人士為該報寫專論，所論涉及抗戰期間社會政治、軍事、經濟、文化等各個方面。郭沫若的兩篇文章即是在這種情況下撰寫的。所有這些情況，在《郭沫若著譯繫年》、《郭沫若年譜》、《郭沫若全集》等有關郭沫若創作活動的文獻資料中，都是未曾被記載下來的。

《銘刀》的創作與《烽火》脫期

　　在《潮汐集·汐集》（作家出版社初版發行，1959 年 11 月）中收有郭沫若抗戰期間創作的一首五絕《銘刀》，上海圖書館編《郭沫若著譯繫年》將其創作的時間繫於 1939 年 5 月，但沒有記載該詩發表的事項。這一創作時間的確認，顯然是依據郭沫若在該詩文末所署寫作時間而來。《銘刀》收入《郭沫若全集·文學編》第 2 卷，仍沿用了這個時間。在《郭沫若年譜》（龔繼民、方仁念編）中，《銘刀》則不是依創作時間，而是根據其發表時間——1938 年 7 月 1 日，記入譜文。發表的刊物為《烽火》，並且發表時的詩題不是《銘刀》，而為《偶成》。應該說，郭沫若自己將《銘刀》或稱《偶成》的寫作時間記錯了，起碼是將年份記錯了。那麼，該詩究竟創作於何時？郭沫若為什麼會將時間記錯？詩題又為何做了改動？

　　《偶成》發表於 1938 年 7 月 1 日在廣州出版的《烽火》第 17 期，是篇題為《詩兩章》的詩作之一首，另一首為《題〈石墨留真〉冊》。《烽火》是由文學社、譯文社、中流社、文季社聯合辦的旬刊，茅盾為發行人，巴金為編輯。每月逢 1 日、11 日、21 日出版。《烽火》在第 17 期以前，一直能按時出版，從第 17 期開始脫期。第 17 期應該在 1938 年 6 月 11 日出版，但遲至 7 月 1 日才出版。不過，編者在當期刊物上對脫期一事未做說明，刊物上兩處關於出版時間的記錄卻並不一致：封面上刊期下署「七月一日廣州初版」，版權頁則記為「二十七年六月十一日初版」。後者顯然在延期出版的情況下未做

（或疏於）改動。《烽火》第 18 期又脫期了，這一次編者刊出一則《敬告讀者》的啓事，謂：「廣州常遭敵機轟炸，印刷工作不時停頓，本刊未能按期出版，敬祈讀者原諒。」巴金後來寫過一篇文章《在轟炸中過日子》，專門講述了《烽火》旬刊由按時出版，到「變成了無定期刊」之間種種辦刊的辛苦和艱難。

不過，從《烽火》開始脫期的第 17 期應該出版的時間，即 6 月 11 日，我們是不是可以做這樣的推斷：郭沫若交《烽火》發表的《詩兩章》，應該正是創作於 5 月。他在將《偶成》編入《潮汐集》時所署寫作時間的月份是對的（他應該不會無端地有一個關於月份的記憶），只是年份記錯了。

詩題的改動，大概因爲編《潮汐集》的緣故。在《汐集》中還收有郭沫若一首也是於抗戰期間（1942 年 4 月 1 日）創作的《偶成》（七律），相近年代寫成的詩同收一詩集中，詩題上需要做個區分吧。

當然，也還有另一個可能：郭沫若後來曾單獨將《偶成》發表過，所以重擬了詩題。這種情況在他是有的，譬如：《歸國雜吟》之六（收入 1938 年 1 月出版的《戰聲集》作此題），於同年 7 月又發表於《民族詩壇》第 1 卷第 3 輯（武漢獨立出版社）時，詩題名《睡起》（這一發表的情況，迄今尚無記載，直到最近才被注意到）。如果《偶成》眞是如此，那也是有待發現的。

「大筆信如椽」——弔寒冰詩

1941 年 3 月 16 日的《國民公報》上發表了郭沫若的一首悼詩《敬弔寒冰先生》。《郭沫若著譯繫年》上記載有此詩的發表事項，但將詩題錯記作「敬弔寒水先生」。把該詩所悼念者的名字都搞錯了，估計《繫年》並不知該詩內容之所以然。

2008 年第 3 期《郭沫若學刊》以「郭沫若佚文四篇」爲名，又刊登了郭沫若的這一首舊體詩作爲一篇佚文。鈎沉史料，應說是件好事，但學刊對於所刊詩文除出處外，未著隻言片語的注釋，是爲一個遺憾。因爲該詩如無必要的注釋，今人根本不解其意。

這裏先將《敬弔寒冰先生》詩文抄錄如次：

戰時文摘傳

大筆信如椽

磊落余肝膽
鼓吹動地天

成仁何所怨
遺惠正無邊

黃桷春風至
桃花四燦然

余曾見有釋讀該詩者，其實只是讀而未釋：解詩題之「寒冰先生」就是寒冰先生，「文摘」即文章等等。可見釋讀者並不知道郭沫若詩所敬弔者何許人也。如果連這一點都不弄清楚，則對詩文所寫當然也就不知所云，那釋讀只能叫望文生義。

寒冰者，孫寒冰也。1903 年出生於江蘇省南匯縣，原名錫琪，復旦大學商科畢業後留學美國華盛頓大學。1927 年回國後在復旦大學任政治學教授。1936 年時，身為復旦教授的孫寒冰，決心創辦一個雜誌，選載國內外各種報刊文章，使讀者能夠從一本雜誌獲得大量的知識，縱覽世界大勢。他給這本雜誌取名《文摘》，擬辦成月刊，每期的篇幅定在 200 頁左右。因為當時日本帝國主義侵略中國的局勢已經日趨嚴峻，孫寒冰為《文摘》確定的編輯方針是：「暴露敵人陰謀，促進全國團結，為抗戰做準備」。

1937 年 1 月，由孫寒冰任主編的《文摘》創刊號出版，大受讀者歡迎。因供不應求，再版五次，總發行數達五、六萬冊。《文摘》是中國第一本文摘類雜誌，孫寒冰稱其為「雜誌的雜誌」。

抗戰爆發後，《文摘》改為《戰時文摘旬刊》，編輯方針亦改為「宣傳抗戰必勝，日本必敗」。上海淪陷後，復旦大學由上海遷往重慶北碚，孫寒冰因患傷寒滯留上海，《文摘》則轉移到武漢出版。病愈後，孫寒冰隻身到廣州，用漢口寄來的紙型發行《文摘》廣州版。武漢、廣州淪陷後，《文摘戰時旬刊》被迫停刊。孫寒冰輾轉到達重慶，仍在復旦大學任教，在十分困難的條件下成立了復旦大學文摘出版社，《文摘戰時旬刊》得以繼續出版。1940 年 5 月 27 日，日機轟炸重慶時，孫寒冰與復旦大學其他六名師生一起不幸罹難，被安葬於北碚東陽壩。

郭沫若悼詩中「戰時文摘傳，大筆信如椽」句，即是讚揚孫寒冰辦《文摘戰時旬刊》，宣傳抗戰事。「黃桷春風至」句中的「黃桷」是指重慶北碚的黃桷鎮，復旦大學遷渝後，先時校區設於此鎮（後在東陽壩建校區）。詩的下

半闋自是詠歎孫寒冰在重慶遇難事。

抗戰期間用寺字韻作佚詩考

一

　　1938 年 12 月 29 日，郭沫若從貴陽乘飛機抵達重慶。這是他走出夔門二十六年之後首次回到四川，從此開始了抗戰期間他在重慶近八年的生活。轉過年來 1939 年 2 月底，郭沫若告假兩周返回故鄉沙灣省親。〔註 69〕7 月，因「父病歿」，郭沫若回家奔喪，並在家爲父親守喪至 9 月初，方「返重慶」。〔註 70〕10 月 16 日，郭沫若又一次「回沙灣營葬父喪」。〔註 71〕至 12 月上旬經樂山返回重慶。〔註 72〕

　　幾次返鄉期間，及回到重慶以後，郭沫若寫下若干首舊體詩。其中有一首用寺字韻作的七言詩，郭沫若錄入寫於 1941 年 7 月所作的《龍戰與雞鳴》一文中（載香港《筆談》半月刊，1941 年 9 月 16 日第 2 期）。後以《登烏尤山》爲題，收入 1959 年 11 月作家出版社初版的《潮汐集·汐集》。郭沫若在編訂《潮汐集》時爲此詩作注，道：「當年重慶詩人盛行用寺字韻，迭相倡和，成爲風氣。余亦偶爲之，今僅存此一首。」並於詩末署寫作時間爲「1939 年 9 月」。那麼，這應是他第二次返鄉，又於 9 月初回到重慶之後所作。

　　《登烏尤山》一詩因錄入《龍戰與雞鳴》一文，又收入《潮汐集》，所以爲人們所知，但郭沫若爲其所寫的注文，卻沒有引起多少注意：沒有注意到「當年重慶詩人盛行用寺字韻，迭相倡和」這一歷史情節，沒有注意到郭沫若也曾「爲之」，雖今僅存一首，但仍應有可能找尋到另外的佚詩。所以，當另外一首也是郭沫若在當年返鄉之後所作的詠凌雲山「蘇子樓」的七言詩，被披露出來之後，鮮有人意識到這應該就是郭沫若所說當年以寺字韻所作詩中的另一首。而當七首郭沫若用寺字韻所作的七言詩，書於同一卷軸上，以手迹影印見之於世〔註 73〕已經十餘年之後，仍然無人注意到這一組因韻而作

〔註 69〕《先考膏如府君行述》。
〔註 70〕《五十年簡譜》，《郭沫若全集·文學編》第 14 卷。
〔註 71〕《五十年簡譜》，《郭沫若全集·文學編》第 14 卷。
〔註 72〕《家祭文》。
〔註 73〕見《郭沫若書法集》，四川辭書出版社，1999 年 11 月出版。

的詩。除此之外，余還見有一首從未被提及的寺字韻詩。

在這總計八首寺字韻詩中，有六首詩作，迄今尚未被記入郭沫若生平及創作的任何文獻中（包括年譜、著譯繫年、舊體詩詞繫年等），是為佚詩。

圖 21：郭沫若返鄉為父親八十六壽誕祝壽全家合影

抗戰期間，郭沫若寫作了大量舊體詩詞，〔註 74〕這成為他在抗戰期間文學寫作的一個重要方面，但卻是在很大程度上被忽視了的一個方面。在這些舊體詩詞作品中包含了有關郭沫若生活、工作、社會活動、思想情感、人際交往，以及時局變化、政治形勢、社會狀況等等諸多歷史文化信息。即使不論其文學價值的大小，他們對於郭沫若研究的文獻史料價值也是毋庸置疑的。

郭沫若用寺字韻所寫的八首詩都是感懷之作，其中七首作於 1939 年（下文將逐篇考訂），在數量上達到其全年所作舊體詩詞數量〔註 75〕（包括這七首）

〔註 74〕我在一篇考訂郭沫若流亡日本期間若干舊體佚詩的文章中論到，郭沫若在流亡日本期間少有新詩創作，而是主要寫作舊體詩歌。這實際上成為他在抗戰期間大量創作舊體詩詞的開始。

〔註 75〕幾種有關文獻（年譜、著譯繫年、舊體詩詞繫年）的記錄，均不完全，亦不准確，也不相同，約在十六、七至二十首（《石池》作一首計）之間，多有缺失。這裏據我所整理的數字計算，但因一些詩作尚未完成確切考訂，故只取

的四分之一還要多。這從統計學意義上標示其對於郭沫若1939年詩歌創作的分量，但這並不是最主要的。這些用寺字韻作的詩（包括七首之外的那一首，作於1940年1月初），能在某種程度上讓我們從另外的角度去瞭解1939年的時局與郭沫若。

我們先看一看郭沫若書於同一卷軸的七首寺字韻詩，這是題寫在給于立群的一幅書卷上。七首詩的文字並書卷落款抄錄如次：〔註76〕

初用寺字韻〔註77〕書懷：

秀弓寺射弓已寺，嘗從獵碣考奇字。先鋒後勁復中權，宋拓良與今石異。排除萬難歸峨岷，立言未減當年闇。東書不觀事奔奏，深知野性實難馴。海外漂流十二載，溝壑隨緣元尚在。恥食周粟入西山，誓不帝秦蹈東海。猶然俯首拜公卿，只為神州鋒鏑驚。豹死留皮供踐踏，誰顧區區身後名。

再用寺字韻：

綏山之麓福安寺，中有明碑安磐字。碑言古鎮號南林，舊隸峨眉縣亦異。叔平夫子來涪岷，相與辯之言闇闇。南疑楠省邑境革，合乎故訓殊雅馴。抗戰以來逾二載，剩有蜀山猶健在。四方豪俊會風雲，一時文藻壯山海。刻章戲署南林卿，見者為之心目驚。實則卿鄉原不二，思源只記故鄉名。

三用寺字韻：〔註78〕

雨餘獨上蚩（烏）尤寺，遍山盡見茉翁（趙熙）字。鳳苟如雞麟如羊，毛角尋常何足異？樹間隱隱現（見）來岷，水光山色香闇闇。李冰功德（業）逾海通，竟使濛水為之馴。爾來已聞（越）二千載，堆趺猶有鑿痕在。江流萬古泣鬼工，鞭笞（撻）黿鼉入滄海。漢代子雲與長卿，諒曾骨折並心驚。只今爾雅高臺古，無人能道舍人名。

四用寺字韻：

蘇子樓臨大佛寺，壁間猶列東坡字。洗硯池中草離離，墨魚仍自傳

約數。

〔註76〕據《郭沫若書法集》中識文，個別存疑之字，另注說明。七首詩中，除第三首、第四首外，均無另外的篇題。

〔註77〕書卷上原奪此字，郭沫若於該首詩文末注「題奪一韻字」，識文不另。

〔註78〕括號內文字，為收入《潮汐集》中《登烏尤山》的文本。

珍異。秀挺峨眉錦濯岷，近乎仁智神殊闓。勇哉南來大渡河，蛟鼉
（龍）出歿勢難馴。一別重過三十載，石佛崔嵬依然在。感此人工
並化工，蔚成蘇子才如海。不遇蔡章與惠卿，亮節何由令世驚；熏
蕕自古難同器，贏得千秋萬歲名。

五用寺字韻：

無邊浩劫及祠寺，機陣橫空作雁字。由來倭寇恣暴殘，非我族類其
心異。國都播遷入蜀岷，至今和戰交爭闓。憝者逋逃黠詭隨，欲驅
豪傑化柔馴。岳墳淪陷近三載，會之鐵像應仍在。素審敵仇似海深，
近知奸惡深於海。南都北闕僞公卿，婢膝奴顏寵若驚。何時聚斂九
州鐵，鑄像一一書其名。

六用寺字韻：

廳務閒閒等蕭寺，偶提筆墨畫竹字。非關工作不需人，受限只因黨
派異。殊途同歸愧沱岷，權將默默易闓闓。百鍊鋼成繞指柔，鴻鵠
狎之如婆馴。中原板〔註79〕蕩載復載，鬩墻兄弟今仍在。才聞敵破
五臺山，又報南侵入北海。應戰倉惶召六卿，邕寧一失眾心驚。竟
教民婦猶資敵，練民空自有其名。

七用寺字韻：

麓有溫泉山有寺，縉雲氏猶遺姓字。相傳舊有相思竹，寺號相思猶
足異。峻崇不敵峨與岷，石像古遠香色闓。四天王像餘半身，背負
龍子馴乎馴。羅漢摩崖不計載，僅存十五尊猶在。中無伏虎與降龍，
餘一渾如泥入海。秋初往訪謝公卿，批蘿戴網見之驚。山崩石墜像
顚倒，刻者永遠佚其名。

> 二十九年一二八紀念之前夕書此　立群其保之　沫若
> 三十五年前在重慶曾爲寺字韻十三首
> 此卷存其七首，餘六首如石沉大海矣
> 一九六五年二月十五日　沫若

　　從落款處文字可知，這一卷題詩書於 1940 年 1 月（當在下旬）。1965 年
2 月，郭沫若又看到此卷後，補誌了一段文字。其中「三十五年」應係「二十
五年」之誤。這段補誌文字表明，郭沫若在 1959 年編訂《潮汐集》時，沒有

〔註79〕據手迹，識文闕此字。「板」「蕩」，出自《詩經》，意指政局混亂、社會動蕩。

記起這一卷題詩，于立群應該也沒有記起該詩卷。所以，郭沫若只將曾錄入《龍戰與雞鳴》的登烏尤山一首詩收入《潮汐集》，並以爲當年用寺字韻所作「十三首」詩僅存此一首。一卷題詩完整地保存下郭沫若當年所作的七首「用寺字韻」詩，實在是一件幸事。

另外的一首詩是「書奉」馬衡的，爲：

十二用寺字韻：

從寸之聲是爲寺，於文當即古持字。秦刻用之以爲持，鼄鍾有例亦不異（鼄公牼鍾有分器是寺語）。石鼓於今已入岷，無咎〔註80〕先生言誾誾。花崗之石趺坐銳，質堅量重難調馴。一鼓費一卡車載，纊裹網維箱底在。初移寶雞後峨眉，暴寇無由攘過海。星之景兮雲之卿，視此奇迹不足驚。扶持神物走天下，宇宙恢恢乘大名。〔註81〕

圖22：十二用寺字韻書奉馬衡

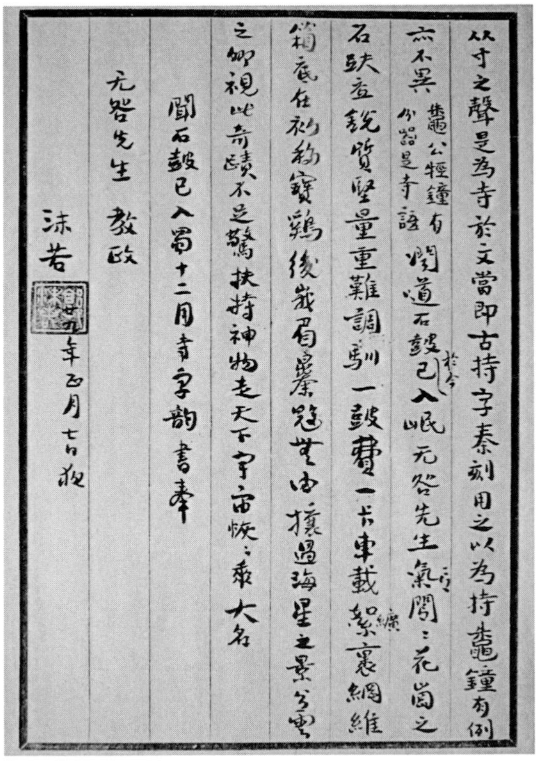

从寸之聲是為寺於文當即古持字秦刻用之以為持鼄鐘有例
亦不異（鼄公牼鐘有分器是寺語）聞道石鼓已入岷元咎先生氣誾誾花崗之
石趺立銳質堅量重難調馴一鼓費一卡車載絜（纊）裹網維
箱底在初移寶鷄後峨眉暴寇無由攘過海星之景兮雲
之卿視此奇蹟不足驚扶持神物走天下宇宙恢恢乘大名
聞石鼓已入蜀十二用寺字韻書奉
元咎先生 教政
沫若 廿九年五月七日夜

〔註80〕無咎，即馬衡。

〔註81〕詩文據手迹。

二

關於這八首詩撰寫的情況幾無資料說明，其中六首詩除手迹外，迄今無任何文字記載。有文字記載的兩首詩，亦有疏漏處。所以需要爲之做一番考證，首先要確定它們寫作的時間，以及文字的變動。

題寫於書卷的七首詩的寫作時間，在郭沫若落款文字中實際上標示出一個大致的範圍：自 1938 年 12 月 29 日他到達重慶，至 1940 年 1 月末（「一・二八事變」紀念日前）書此詩卷之間，也就是約略在 1939 年間。從詩文的內容，我們可以逐篇做一個比較確切的寫作時間的考訂。

第一首，《初用寺字韻書懷》起首四句：「秀弓寺射弓已寺，嘗從獵碣考奇字。先鋒後勁復中權，宋拓良與今石異」，應該可以讓我們考訂該詩的寫作時間。詩爲感懷而作，引起郭沫若感懷之物、事是什麼呢？就是這幾句詩文寫到的「石鼓文」。

「秀弓寺射」出自《石鼓文・田車》「宮車其寫，秀弓寺射」句。這是《石鼓文》中第七石的刻辭，郭沫若謂：「此石敍獵之方盛。」〔註82〕「獵碣」是「石鼓文」的另一稱謂。「嘗從獵碣考奇字」，所詠就是郭沫若自己之事：他在流亡日本期間的 1932 年，即從東京「文求堂」所見拓本開始對「石鼓文」進行研究，1933 年寫成《石鼓文研究》，並擬出版。但又覺得有兩個重要拓本「尚未得閱，故研究亦不能說完成」，〔註83〕遂將出版之議擱置，僅將該文收入《古代銘刻彙考四種》〔註84〕一書中。1936 年夏，郭沫若以機緣故，從日本收藏家河井荃廬那裏借閱到明代錫山安國所藏《石鼓文》的三種最善拓本，即第三句詩所寫到的：先鋒（本）、後勁（本）、中權（本），最後完成了《石鼓文研究》的書稿。安國所藏的三個拓本均爲北宋拓本，所以詩的下一句道：「宋拓良與今石異。」

《石鼓文研究》書稿完成後，郭沫若將其寄給上海孔德圖書館沈尹默，但遲遲未能出版，這大概成了他心裏一直惦記的一件事。但何以會在幾年後觸動了郭沫若寫詩的感懷呢？顯然是該書出版之事。

〔註82〕《石鼓文研究》，《郭沫若全集・考古編》第 9 卷，科學出版社，1982 年 9 月。

〔註83〕1933 年 4 月 6 日致田中慶太郎信，《郭沫若致文求堂書簡》第 84 號，文物出版社，1997 年 12 月。

〔註84〕《古代銘刻彙考四種》，1933 年 12 月由東京文求堂書店影印出版，《石鼓文研究》爲其中第三種。

　　《石鼓文研究》由長沙商務印書館，1939 年 7 月影印出版，爲「孔德研究所叢刊之一」，而出版之事的確定，應該在幾個月之前，所以，郭沫若在 1939 年 4 月 10 日撰寫了《石鼓文研究·序》。可以想見，正是這篇序的撰寫（其中回顧了研究石鼓文的經過），觸發了郭沫若的感懷之情，那麼，以《初用寺字韻書懷》寫於 4 月間，應大致不錯。

　　爲什麼不是更晚一些？這要與下一首詩的寫作時間聯繫起來看。郭沫若既以數字爲幾首詩排了序，則其寫成時間之先後當依此順序。（逐篇考訂之後，亦可證此）

　　背井離鄉二十餘年之後，首度回到四川，郭沫若的思鄉之情當更急切，於是，到達重慶剛剛兩個月，他便於 2 月底告假兩周返鄉省親。《再用寺字韻》一首的撰寫，應與此次返鄉有關。

　　「綏山之麓福安寺，中有明碑安磐字。碑言古鎮號南林，舊隸峨眉縣亦異。叔平夫子來涪岷，相與辨之言閹閹。」詩中寫到的福安寺，就是郭沫若故鄉沙灣綏山腳下的那座茶土寺。明代安磐作有《福安寺記》，刻石於寺中，開篇之句便是：「福安寺在三峨山之麓，舊名南陵鎮，後負崇崗，前臨沫水。」〔註 85〕郭沫若在近三十年後，能記起家鄉風物的這種細節處，或者說這些風物的細微之處能引發郭沫若的感懷，必定是在他重返故里，重睹家鄉風物之後才有可能。所以，《再用寺字韻》之作，應與郭沫若返鄉省親之行相關，但不是在返鄉期間，而是又回到重慶之後。「叔平夫子來涪岷，相與辯之言閹閹」句可證此。

　　「叔平」，馬叔平，即馬衡。身爲故宮博物院院長的馬衡，爲故宮文物西遷事於 1939 年春來到重慶。「叔平夫子來涪岷」應該說的即是馬衡此行。之後，馬衡到巴縣、樂山、峨眉等地考察、安排文物搬遷事宜，但他到樂山約在 5 月間，郭沫若那時是在重慶的，所以，詩中所記二人爲福安寺安磐碑記上文字之意「相與辯之」，應該是在馬衡初到重慶那段時間、郭沫若省親返回重慶之後。郭沫若在《石鼓文研究·序》中提到：沈尹默爲《石鼓文研究》出版亦作有序文，「託叔平先生轉致且傳語云書已印就」。可見馬衡到達重慶

〔註85〕見《福安寺記》，載《樂山歷代文集》，樂山市市中區編史修志辦公室出版，1990 年 12 月。安磐乃明嘉靖年間人，福安寺（茶土寺）中安磐碑記的刻石早已磨損、剝蝕，字迹難以辨認，於是才會有郭沫若與馬叔平「相與辨之言閹閹」。而郭沫若謂「碑言古鎮號南林」，異於《福安寺記》中「舊名南陵」，也當是出自碑文難辨之故，而以口傳之誤吧。

後去拜訪郭沫若當在 4 月初，那麼這首《再用寺字韻》亦應寫在 4 月間，只是序在《初用寺字韻書懷》之後。

1939 年 7 月初，郭沫若的父親病逝，他即告假，於 11 日「回家奔喪」，並在家爲父親守喪，至「9 月初返重慶」。〔註86〕《三用寺字韻》一首的寫作，顯然是緣於這一次的返鄉之行。故郭沫若在將該詩以《登烏尤山》爲題收《潮汐集》時，自注寫於 9 月。

編入《潮汐集》的《登烏尤山》，文字與《三用寺字韻》略有不同。其相異者，上文已用括號標出。「遍山盡見趙熙字」之「趙熙」原作「某翁」，顯係當年不便直道趙熙其名。其他幾處文字易動非關文意，惟首句何以原作「蚩尤寺」，不得其解。

《四用寺字韻》一首，詠淩雲山蘇子樓，從其內容看，也應是因 7 月這次返鄉而作。那麼寫作時間，當於《三用寺字韻》一詩略後一點，亦在 9 月間。

《四用寺字韻》一首曾見之於若干文獻資料記載，但非依據刊出本，篇題有作《題蘇子樓》者，有作《詠東坡樓》者，還有作《重遊大佛寺》者，均非郭沫若所署。《郭沫若著譯繫年》（上海圖書館編）將《題蘇子樓》和《重遊大佛寺》作爲兩首詩先後繫於 1939 年間，則顯然屬錯記了。這首詩的文本可見者，尚有郭沫若曾爲張肩重、〔註87〕尚承祚、于立群（此書卷之外）、常任俠等人書寫的草軸等，個別文字略有不同，然無關詩文之意的改動。〔註88〕

事實上這首詩在那些文獻資料記載之外，是曾經發表過的，但不知何故這一史實似乎完全被遺忘了。該詩以《六用寺字韻題嘉定蘇子樓》爲篇題，發表於 1940 年 1 月 28 日《新蜀報·蜀道》第 28 期。

既然以「六用寺字韻」的序列爲題發表，那應該說明，在該詩與《三用寺字韻》一首之間，原本還有兩首寺字韻的詩作，其寫作的時間應該也是在 9 月間，而詩的內容多半亦應與郭沫若的返鄉之行有關。

〔註86〕見《五十年簡譜》。

〔註87〕書贈張肩重一幅題字的文本（包括題記），是多被引用的，但該文本出自張肩重回憶文章中的抄錄本，未見附印手跡。

〔註88〕郭沫若以同一首詩作書贈不同的人，或在不同的時間書贈他人時，常有文字上的易動，原因不一，且這亦是郭沫若舊體詩作收集、整理的一個難點問題，需另文討論。

　　《五用寺字韻》起句「無邊浩劫及祠寺，機陣橫空作雁字」，應該是寫日本侵略軍轟炸重慶的情景。日軍從 1938 年末起，開始對重慶持續不斷地進行轟炸，其中 1939 年 5 月 3 日、4 日連續兩天轟炸市中心區，且大量使用燃燒彈，給重慶造成巨大的損失，羅漢寺、長安寺即毀於大火之中。郭沫若詩句記述的應該就是這次大轟炸。

　　事實上，他在 5 月 12 日曾寫過一首《慘目吟》，就是為書「五三、五四大轟炸」之所見，「以誌不忘」。〔註 89〕但此一首寺字韻詩當非作於同時，因詩中「南都北闕僞公卿，婢膝奴顏寵若驚」句，顯然說的是另一件事：汪精衛欲成立僞政府之事。汪精衛 1938 年出逃河內之後，在 1939 年間加緊了他賣國求榮的活動。9 月 19 日，他由滬赴寧，與北平僞臨時政府主席王克敏、僞維新政府主席梁鴻志會晤協商，達成在南京成立僞中央政府的協議，並確定了平、滬、寧三地人員組成比例。這正是郭沫若怒斥的「南都北闕僞公卿」。故這首《五用寺字韻》大致寫在 10 月間（這也考慮到其序列在第六首之前）。

　　《六用寺字韻》一首中記到「才聞敵破五臺山，又報南侵入北海。應戰倉惶召六卿，邕寧一失眾心驚。」這是先後發生在 1939 年間的戰事。前事略過，11 月間，4 日，日本侵略軍在北海登陸，15 日，從欽州灣登陸，隨即分兵三路北上進攻南寧，24 日，南寧淪陷。「邕寧一失眾心驚」，詩人當然也與「眾心」同，詩當寫於 11 月末。

　　「麓有溫泉山有寺，縉雲氏猶遺姓字。」《七用寺字韻》的寫作，應與郭沫若 1939 年內的一次北碚遊有關。詩中所詠當是北碚的溫泉、縉雲寺。縉雲寺坐落在北碚縉雲山中，始建於南朝，因山中有相思岩、相思竹、相思鳥之故，唐宣宗曾賜書「相思寺」的匾額，所以後人曾稱該寺作相思寺。縉雲寺所存古物中有出土的石刻天王半身殘像，據傳是梁或北周時所刻。這些都為郭沫若詩中寫到。

　　郭沫若遊北碚是在 9 月間，蒙盧子英邀請並陪同遊覽，其間，還受邀往嘉陵江三峽實驗區署作戰爭形勢的報告。現在已知的，與這次北碚遊相關的郭沫若詩作有兩首，均收入《潮汐集‧汐集》。一首《晨浴北碚溫泉》署作於「1939 年 9 月」，從文辭看，應作於出遊期間。一首《遊北碚》署作於「1939

〔註89〕見《慘目吟》題記。《慘目吟》後收入作家出版社，1959 年 11 月初版《潮汐集‧汐集》。

年 10 月」，爲答謝盧子英而作，故有「感君慷慨意」句。郭沫若知道北碚和那裏的溫泉是在當年出川之時，但得遊此地卻成「二十六年」後事。這自然給他留下許多感興：「半世勞塵想，今宵發浩歌。」（《遊北碚》）所以，他會又作一首詩記這次北碚遊。因序在第七，且用「秋初往訪謝公卿」這樣回記前事的口吻，《七用寺字韻》一首當大致寫在 12 月間（且不會轉過年去，不然，「秋初」之前還應有一時間限定詞）。

《十二用寺字韻》一首，是郭沫若「聞石鼓已入蜀」，於 1940 年 1 月 7 日「書奉無咎先生教正」的。這首詩的寫作時間與書卷上《四用寺字韻》一首曾發表的時間及其排序情況，是一個很有意思的情況。前者略先於郭沫若爲于立群題寫書卷的時間，後者以《六用寺字韻題嘉定蘇子樓》爲題抄錄給《新蜀報》刊出，與爲于立群題寫書卷，幾乎就在前後腳之間。那麼這是不是表明，郭沫若寫成書卷，並重做排序的七首寺字韻詩，實際上是他從此前一年所作「十三首」（至少是十二首）寺字韻詩中特別整理出來，以爲留存的吧。

三

對於題寫在書卷上的七首詩的寫作時間大體可以做出這樣一個考訂，〔註 90〕雖然我們無法使其更爲精細一些。但是我們可以看到，這七首詩與《十二用寺字韻》的寫作，基本上貫穿於 1939 年全年。郭沫若說以寺字韻作這些詩，是隨當時重慶詩人的盛行之風，但我們看他的這幾首詩，都是有感而發，絕非僅爲風雅之事的泛泛唱和之作。並且從中可以看到郭沫若在 1939 年間經歷的一些事情，以及他在精神心態上的一些變化。

《初用寺字韻書懷》可稱爲一首明志詩。郭沫若在 1937 年從日本秘密回到國內的前後寫過若干首詩，以表達他在民族危亡之際，毀家紓難、捨生取義的一腔報國之志。這些詩眞切地反映了他在面臨關乎人生大節的選擇時那種慷慨以慷的精神心態。但是回國以後，他所面對的就是一個非常具體的政治環境了。當時，全國上下結成了最廣泛的抗日民族統一戰線，但其中畢竟包含著不同黨派、不同政治勢力、不同社會階層的利益和訴求。此時的郭沫

〔註90〕每首詩的寫作時間，均大致可以繫於某月份之內，實際上還不能完全排除其前後跨月份的可能性，但一首詩寫作時間的含義，可以是一個寫作的過程（與「作記」這樣的概念畢竟不同），故做此處理。如有另外的史料發現，可以更精細地爲之繫年，當續作考訂。

若乃一介文人，但他實際又同時具有國共兩黨政治背景的因素，所以，以什麼樣的身份和方式投入抗戰之中，在開始時是讓他頗爲躊躇的。就任軍事委員會政治部第三廳廳長，郭沫若是經歷了一番思想鬥爭的，也因此而遭到一些非議，譬如，指他對蔣介石前倨而後恭。《初用寺字韻書懷》就是郭沫若借詩以明志：

「柬書不觀事奔奏，深知野性實難馴」。「恥食周粟入西山，誓不帝秦蹈東海」。伯夷、叔齊不食周粟而入首陽山、魯仲連寧蹈東海不帝秦，郭沫若以此喻其亡命海外的經歷。但歸國之後，他之所以「猶然俯首拜公卿」，只因爲神州陷入戰爭的烽火之中。「豹死留皮，人死留名。」〔註91〕郭沫若反其意道：「誰顧區區身後名。」

1939 年，抗日戰爭進入第三個年頭，戰爭進入相持階段，政治軍事形勢都發生了許多變化，與抗戰初期相比有了很大不同。這必然會反映並影響到郭沫若的精神心態，他所擔當的社會角色以及三廳的工作。

這裏可以先簡列出 1939 年的一系列大事記：

前一年 12 月末，身爲國民黨總裁的汪精衛出逃越南，公然叛國投敵。

轉過年來 1939 年 1 月，國民黨五屆五中全會確立了「溶共、防共、限共、反共」的政策，並成立了「防共委員會」。

4 月，汪精衛與日本首相平沼訂立《汪平協定》，縱容日軍在中國進一步的軍事佔領。

6 月，國民黨軍隊包圍並殺害新四軍平江通訊處全體人員，製造了「平江慘案」。6 月 30 日，國民政府頒布《限制異黨活動辦法》。

7 月 7 日，中共中央發表《爲紀念抗戰兩週年對時局宣言》，提出「堅持抗戰，反對投降；堅持團結，反對分裂；堅持進步，反對倒退」的三項政治口號。

9 月 1 日，德國進攻波蘭，英國、法國相繼對德國宣戰，第二次世界大戰爆發。9 月中下旬，汪精衛與僞臨時政府主席王克敏等在南京商定成立僞中央政府事宜。

〔註91〕 出自《新五代史·王彥章傳》。

12月，蔣介石命胡宗南進攻陝甘寧邊區，掀起第一次反共高潮。

在這一年中，日本侵略軍在各個戰場仍是進攻態勢，又有大片國土淪喪。從前一年12月起，日軍還正式開始對重慶進行戰略轟炸。1939年5月3日、4日，日軍連續轟炸市中心區，給重慶市造成了巨大的人員財產損失。從1939年春季起，已經西遷至成都（經由陸路）、重慶（經由水路）的故宮文物，開始陸續運往為其選定的存放之地——岷江上游的樂山、峨眉，至9月間「始移運完竣」。軍事委員會政治部在這一年開始調整總部和各級機構。

把郭沫若八首寺字韻詩的寫作置放在這樣的時代背景上，可以非常清晰地看到，上列1939年大事記中的大多數事件及與之相應的時局，都直接、間接地記錄或反映在郭沫若的詩文中。如果將這八首詩視為一組詩，它們實際上是記錄了一段歷史的一組詩。

初到重慶時郭沫若對於三廳的工作似乎還是心氣很高的，從《初用寺字韻感懷》明志的詩句中就可以看出來。重慶作為抗戰大後方的中樞之地，各方豪俊雲集，人才濟濟，呈一時之盛，郭沫若用了讚歎的詩句描述這番情景：「四方豪俊會風雲，一時文藻壯山海。」亦足見其當時樂觀、昂揚的情緒。但是，隨著政治時局的變化，郭沫若的心境也在逐漸改變。既有對抗戰已逾二載，「至今和戰交爭鬩」的不滿，也有對汪偽賣國行徑的憤怒，還有對於「鬩墻兄弟今仍在」的深深憂慮。

《六用寺字韻》表達的心緒有點複雜。「廳務閒閒等蕭寺，偶提筆墨畫竹字。非關工作不需人，受限只因黨派異。殊途同歸愧沱岷，權將默默易闇闇。百鍊鋼成繞指柔，鴻鵠狎之如婆馴。」原本同仇敵愾的抗日民族統一戰線，因國民黨排斥異己、「防共」、「反共」而致矛盾衝突，作為一廳之長的郭沫若居然是「廳務閒閒」。這種狀況讓他既無奈又憤慨，指斥國民黨這種做法阻塞言路，愧對世人（沱岷二江尚且殊途同歸）。

《六用寺字韻》一首寫在11月末，從春季慷慨激昂的感懷（《初用寺字韻感懷》），到初冬之際的無奈與憤慨，在不足一年時間裏，郭沫若心境的變化卻呈雲泥之別。他個人這種心境的變化，折射出這一年間政治時局的變化。面對這樣的局面，郭沫若是心有不甘的，百鍊鋼成雖可化作繞指柔弱，鴻鵠的高遠志向又豈可馴服！這似乎預示了他在下一年的政治去向（卸任三廳廳長之職）。

　　國事之外的家事，是郭沫若在整個 1939 年間很重要的活動和個人經歷，三次返鄉，並居家守父喪前後近四個月時間，所以七首寺字韻詩中會有三首的寫作與返鄉之事相關。〔註92〕弱冠之年遠去異國他鄉，「將屆知命」之際才得重返故鄉，濃濃的鄉情當然會是詩的主調，這種鄉情主要是通過對於家鄉山水風物的讚美和詠歎來表達的。

　　但是與此同時，在「烽火連三月」的戰爭年代，鄉情中也必然飽含著憂國憂民的情志：「抗戰以來逾二載，剩有蜀山猶健在」，「熏猶自古難同器，贏得千秋萬歲名」。鄉情與抗戰情懷相融相濟，是構成這幾首詩作的一個特點。

　　抗戰期間，文化界的一件大事是故宮文物的南遷、西遷。在國民政府決定臨時遷都重慶之後，已經南遷至南京的故宮文物開始從陸路、水路西遷入蜀。走水路的文物溯江而上先至漢口，復經宜昌運到重慶。走陸路的文物先由隴海線運至寶雞，再經汽車運往陝南南鄭縣，再轉運至成都。1939 年春，這些文物又分別經水陸兩路從成渝兩地起運，運往為其勘定的最後存放地。《十二用寺字韻》一詩寫到的就是從陸路移運文物之事。或許是文字音韻古意的巧合，也可能是有意為之，郭沫若因得知故宮文物石鼓已經移運入蜀的消息而寫的這首詩，正好呼應了《初用寺字韻》一首的因石鼓文而起興。他在詩中為故宮文物在蜀中得以安全存放，「暴寇無由攘過海」，而感到寬心；更對文物經蜀道移運過程中的艱難發出由衷的讚歎：「扶持神物走天下，宇宙恢恢乘大名。」

　　按郭沫若 1965 年的話說，當年他用寺字韻所作詩之「餘六首如石沉大海」，以他當年時有為人題詩、題字的情形而言，佚失的詩作，應該還有被發現的可能，《十二用寺字韻》一首即是如此。如是，我們於尚佚失的五首寺字韻詩或許仍能找尋到一二，那當可獲得更多的歷史文化信息。

　　在將抗戰後期所寫的一些詩作編成《蜩螗集》時，郭沫若謙稱那些詩，「作為詩並沒有什麼價值，權作為不完整的時代紀錄而已」。〔註93〕這裏所整理的幾首用寺字韻詩作，自然也可「作為不完整的時代紀錄」，但這是歷史敘述的文本所難以見到的紀錄。

〔註92〕郭沫若在三次返鄉期間還作過多首詩，但不在本文考察之內。
〔註93〕《蜩螗集‧序》。

「遺香猶自透塵埃」——紀念河上肇的佚詩文

「我最初來此的生活計劃，便是迻譯《社會組織與社會革命》一書，……我譯完此書所得的教益殊覺不鮮呢！我從前只是茫然地對於個人資本主義懷著憎恨，對於社會革命懷著信心，如今更得著理性的背光，而不是一味的感情作用了。這書的譯出在我一生中形成了一個轉換時期，把我從半眠狀態裏喚醒了的是它，把我從歧路的徬徨裏引出了的是它，把我從死的暗影裏救出了的是它，我對於作者是非常感謝，我對於馬克思列寧是非常感謝」。「我現在成了個徹底的馬克思主義的信徒了！馬克思主義在我們所處的這個時代是唯一的寶筏。」這是 1924 年 8 月，郭沫若在《孤鴻》（給成仿吾的信）上所寫的兩段文字〔註 94〕。河上肇與《社會組織與社會革命》一書，在郭沫若的人生道路上是一個重要的路標，翻譯河上肇的書，成為他人生經歷的一個重要節點。

其實郭沫若在九州帝國大學醫學部留學時，就已經接觸過馬克思的社會主義學說，〔註 95〕但他當時只是將馬克思的學說作為近代以來西方思想文化的一個思想派別去認識和瞭解的，那時更吸引他的是泛神論、生命哲學，是斯賓諾莎、柏格森、尼采……然而，在對於中國社會與現實有了比較切實的觀察瞭解之後，郭沫若從閱讀和翻譯河上肇的《社會組織與社會革命》過程中，認識到馬克思主義學說可以為中國的社會革命提供思想武器，所以他宣稱自己成為「馬克思主義的信徒」。

郭沫若通過翻譯河上肇的著作認識、接受馬克思主義學說，並不是照本宣科、機械複製，而是經歷了一個思考、學習的過程，所以他能看到河上肇著作的不足之處：「作者只強調社會變革在經濟一方面的物質條件，而把政治一方面的問題付諸等閒了。」他認為，河上肇經濟學理論中不贊成早期政治革命的見解，「不是馬克思的本旨」。郭沫若應該是把他的看法寫信轉達給河上肇了，所以，「後來原作者河上肇博士曾經寫過信給我，說他自己也不能滿意，在初版刊佈後便囑出版處停止了印行」。〔註 96〕

郭沫若雖與河上肇有過書信往來，但不曾謀面。郭沫若所譯中文本《社

〔註 94〕《孤鴻》，《創造》月刊，1926 年 4 月第 1 卷第 2 期。
〔註 95〕參見向阪逸郎：《郭沫若與福井準造的〈近世社會主義〉》，《郭沫若研究》第 7 輯，文化藝術出版社，1989 年 6 月。
〔註 96〕《創造十年續編》，上海北新書局，1938 年 1 月。

會組織與社會革命》，由上海商務印書館，1925 年 5 月出版，河上肇收到這一中文譯本是在一年多後。1926 年 11 月 10 日，河上肇在一封來信的信封上寫下一行文字：「今日得到《社會組織與社會革命》的中文譯本，我正抱病家居，友人櫛田民藏君訪我於病榻……」〔註 97〕而此時，郭沫若已經投筆從戎，參加國民革命軍北伐，置身於中國「社會革命」的實踐之中去了。

對於河上肇，郭沫若一直心懷崇敬之情，並且將其留在文字記憶中。除了給成仿吾的信和在《創造十年續編》中記述翻譯《社會組織與社會革命》經過的文字，郭沫若還多次撰寫詩文，表達對於河上肇的景仰和感懷之意，以為紀念，但這些詩文幾乎不為人知，因從未刊出，甚至不曾披露過。

大革命失敗後，郭沫若以被通緝之身，作為政治流亡者在日本警察憲兵監視下羈留千葉縣市川。1937 年，已是他流亡日本的第十個年頭。這一年春，郭沫若開始撰寫《創造十年續編》〔註 98〕。就在他寫罷翻譯《社會組織與社會革命》那段經歷之後不久，報紙上刊登了河上肇出獄的消息。

原本是京都帝國大學教授的河上肇，在 1932 年加入日本共產黨後不久，就遭逮捕入獄並被判刑 5 年。河上肇作為政治犯在獄中服刑，至 1937 年 6 月服刑期滿出獄。6 月 15 日，報上發表了河上肇在獄中所寫的「手札」，其中說道：自己是鬥爭場裏的一名殘廢兵士，年老力衰，實不能勝荊棘之路矣。今後將隱居，希望自己不要成為他人的障礙。住在市川市鄉間的郭沫若是從報紙上得知此事的，讀後，感慨不已，遂作七絕一首，云：

> 鬥爭場裏一殘兵，
> 不堪荊棘莽縱橫。
> 長水高山增景慕，
> 前人多曾仰先生。〔註 99〕

詩成一個月後，郭沫若隻身一人秘密歸國。大概因為這個原因，這首詩至今仍在塵封之中。不過，郭沫若在回到上海之初，作過一首七律《有感》，起句便是「十年退伍一殘兵，今日歸來入陣營」，〔註 100〕想必他還記著河上肇

〔註 97〕參見《河上肇全集》第 24 卷。
〔註 98〕《創造十年續編》，寫作時以此作篇名，在《大晚報》連載發表時改作《創造十年續篇》，北新書局初版印行時又作前題，收入《沫若文集》時則用後一篇題。
〔註 99〕據手迹抄錄。
〔註 100〕詩作於 8 月 7 日，發表於 1937 年 8 月 25 日上海《救亡日報》，後為《歸國雜

的「手札」，但是他毫不猶豫地選擇了「歸來入陣營」。

郭沫若在七絕詩中的感慨不無惋惜之意，顯見是針對河上肇「手札」所言。但事實上，河上肇在入獄服刑期間，一直堅守馬克思主義信仰，不屈不撓。政府當局曾以發表「轉向」聲明為條件，許其減刑或假釋。但遭到河上肇拒絕。他表示：「涵養熱愛真理的精神，對人類進步來說是基本的問題」，是「科學者至高無上的天職」。他斥責背叛本身就是一種極卑劣的行為。他說：「如果我因不合時流便改變自己的信仰，力求安全便符和於雷同無知的人們，那就有辱天之使命。」刑滿出獄後，河上肇雖聲稱將遠離社會而隱居，但他明確表示，這並不意味改變了自己的信仰。他說：「我的學問上的信念（對馬克思主義的真理性的確信），實際上毫無動搖。」1946 年 1 月 13 日，河上肇逝世，終年 68 歲。他走完了一個「求道者」艱難坎坷的人生路。

1950 年，商務印書館重新排版印行《社會組織與社會革命》一書，郭沫若寫了一篇「序」。他在「序」中說：「馬克思主義在日本的傳播，不能否認，河上肇博士是有功勞的。就是中國初期的馬克思主義者也有不少的人是經過他的媒介才和馬克思主義接近的。」「我自己就是一個活的人證。我自己的轉向馬克思主義和固定下來，這部書的譯出是起了很大的作用的。」郭沫若在這裏實際上說到了馬克思主義在中國傳播、介紹過程中的一個史實：河上肇和他的著作在當時對於中國進步知識分子發生了很大影響。據日本學者實藤惠秀考察，在 20 世紀 20 年代到 30 年代的中國，國外社會科學方面的書籍被譯為中文的有 374 種，其中河上肇的著作 18 種，居於首位。但這樣的史實，後來很長時間內是不被提起的。

1954 年 1 月 30 日，在河上肇逝世 8 週年之際，郭沫若在一斗方上題字：「東方的先覺者卓越的馬克思主義的鬥士河上肇先生永垂不朽！」〔註101〕次年，郭沫若率中國科學代表團訪問日本，他在京都期間，於既定的行程安排之外，特意登門拜訪了河上肇先生的夫人秀。在與秀夫人的交談中郭沫若說：「我今天所以能具有進步思想，是從翻譯河上先生的書開始的。現在，我不能見到先生，感到遺憾。」〔註102〕

1957 年 1 月 9 日，郭沫若以自由體形式創作了一首讚頌河上肇的詩：

吟》之四。

〔註101〕據手迹。

〔註102〕劉德有：《隨郭沫若戰後訪日》，遼寧人民出版社，1988 年 9 月。

凡是實事求是的科學家

凡是以人民爲本位的愛國主義者

對於馬克思主義

只要他肯接近

必能有深切的瞭解

河上肇先生就是這樣的人

他是由純粹的科學家

由純粹的愛國主義者

而進展爲馬克思主義者的

因而他能以革命家的風度

捍衛科學

捍衛人民利益

發揮出高度的獻身精神

不屈不撓、怡然理順而至於死

河上肇先生留下了優良的典範

他的後繼者是會愈來愈多的

我們相信

在不太長的未來

理想的社會一定會在日本出現。〔註103〕

　　1961年，是河上肇逝世的第十五週年，日本京都大學特別舉行了紀念會，出版了紀念刊。紀念刊上以日文翻譯刊登了郭沫若所寫的那首自由體詩，題作《河上祭》。〔註104〕郭沫若在這一年4月還創作了一首七絕（無題），以爲紀念。詩寫道：

丹砂粉碎丹仍在，

鐵鏈鍛成鐵愈錚。

流水高山心嚮往，

遙遙海外聽鐘鳴。〔註105〕

　　同年10月，在日本東京，成立了「東京河上會」。郭沫若致信表示祝賀，

〔註103〕該詩現存郭沫若紀念館。

〔註104〕見「京都大學河上祭第十五回資料」。

〔註105〕手迹藏郭沫若紀念館。

並衷心祈願「日本人民擺脫外來勢力的干涉，真正獲得獨立、自由、和平、民主的生活」。〔註106〕轉過年（1962）的 6 月 23 日，郭沫若又為「東京河上會」題詞：「紀念河上先生，應把先生的精神移諸實踐。願共同努力，消除戰爭根源的帝國主義。」〔註107〕

1964 年初，郭沫若從一日本友人處得知，《河上肇著作集》將要出版，〔註108〕遂於 1 月 23 日書寄該友人七律一首，以為祝賀。他在詩中贊譽了河上肇鯁骨堅貞的一生：

> 聞河上肇著作集將出版書寄日本友人
>
> 　　東風吹送玉笙來，
> 　　傳道寒梅二度開。
> 　　鯁骨久經凌雪虐，
> 　　遺香猶自透塵埃。
>
> 　　滿園桃李襪三徑，
> 　　遍地春雷動九垓。
> 　　縱有焚坑教蕩掃，
> 　　天難晦蝕地難埋。〔註109〕

這首詩在當時未曾被披露，郭沫若逝世之後，日本友人白石凡在《郭沫若先生と河上肇博士》一文（收日本雄渾社《郭沫若選集‧郭沫若詩集》）中寫到此詩，並附有除落款外詩文部分的手迹圖片，但白石凡在文中將「遺香猶自透塵埃」句的「塵埃」（塵埃）誤識為「塵怀」〔註110〕，同時，文中也未曾說明詩題寫的時間。

從 20 世紀 20 年代到 30 年代再到河上肇去世後的 50 年代、60 年代，郭沫若一次次在詩文中寫到河上肇，這讓人們從一個側面看到了河上肇當年對於郭沫若的影響是非常之深刻的，他留給郭沫若的記憶也是久遠的。

郭沫若一生撰寫紀念他人的詩文非常之多，但延續幾十年，多次為同一人撰寫紀念詩文者，魯迅之外，僅有河上肇。

〔註106〕《東京河上會會報》第 1 號。
〔註107〕見一海知義《河上肇と中國の詩人たち》，日本築摩書房，1979 年 8 月。
〔註108〕《河上肇著作集》全 12 卷，由築摩書房，1964 年 6 月開始出版發行。
〔註109〕錄自手迹圖片。
〔註110〕已有人以誤識讀的該句詩用作文章的篇題。

交 往 篇

與鄭伯奇的書信交往

在關於郭沫若留學時期史蹟的敘述中，他與鄭伯奇之間交往的情況只有一些比較粗略的記述。儘管鄭伯奇「是有意識地要成作家的，努力作劇本送來」，[註1] 在前期創造社的活動中他似乎並不是一個引人注目的人物。然而，在創造社成立前後一段時間，鄭伯奇與郭沫若交往的情況，可能遠比我們知道的要多，他是郭沫若的一個重要的朋友。

一

關於最初與郭沫若相識、交往的事情，鄭伯奇早在上個世紀 40 年代就寫過一個長篇回憶文章《二十年代的一面——郭沫若先生與前期創造社》。以後，他陸續又撰寫過幾篇回憶創造社的長文，可以說都由此而來。在鄭伯奇的回憶中，他與郭沫若相識於 1920 年春，是經由田漢（壽昌）的介紹。他們開始是以通信的方式交往。

在此之前，鄭伯奇是從郭沫若一首被譯載於日本報紙上的新詩知道了這個名字。後來不斷地讀到郭沫若在《時事新報》上發表的詩作，他為這些新詩所「傾倒」。與此同時，正與鄭伯奇同住在東京的曾慕韓（曾琦），常常向他提起昔日同窗郭開貞的聰明好學，使他對遠在岡山六高就讀的郭開貞生出仰慕之心，並為無法結交而遺憾。

1919 年 7 月少年中國學會成立以後，鄭伯奇加入了該學會，與田漢相識。1920 年 3 月中旬，田漢利用春假的時間從東京前往福岡，意欲去會郭沫若，他們在往來通信中已經成為知交，但還未見過面。田漢先到了京都（乘火車去福岡途徑京都），在那裏住了三天，會見了鄭伯奇等幾位朋友。這時，鄭伯奇才從田漢口裏得知，他所「傾倒」的那位詩人與他心儀的郭開貞是同一個人。鄭伯奇告訴田漢說自己很喜愛讀郭沫若的詩，並願意與其結識，田漢應允為他做介紹。

在鄭伯奇的記憶中，田漢離開京都去福岡的那天，他去車站送行，返回的路上，看到幾個小夥子打棒球的情景，由是，突然感到：

一種「力的感覺」襲擊了我的身體，動的韻律和詩的辭句，在我的腦海中，起了發酵作用。我趕快回到下宿處，急忙展開了「卷紙」，

〔註 1〕陶晶孫：《記創造社》，《牛骨集》，上海太平書局，1944 年出版。

將這些斷斷續續的言語錄了下來，在這些長短不齊的行子前面，我加上了「別後」兩個字，這是我冒瀆「繆司」的第一遭。我馬上把清寫出來的稿子，加了一通信，寄給在沫若家中作客的壽昌。我希望他也給沫若看看，並望他們肯加以修改。回信很快就來了。詩中的字句有幾個地方略經移動。沫若卻直接附信給我，鼓勵我發表。那首拙詩就在這種鼓勵之下，送到《少年中國》上去登出來了。這可算作自己最初的文藝寫作，而實際是這樣開端的。

從此，自己和沫若便通起信來了。兩人的結交意外地非常容易，而且，經了幾次通信之後，相互的瞭解便很迅速地加深了。自己寫點東西，總先求他指正，然後發表。他對於這未曾見面的新朋友，常常很懇切地予以批評和鼓勵。有時候，他也寄來一些尚未發表的新作品，使我得先睹爲快。〔註2〕

之所以詳細引錄了鄭伯奇回憶文章中的敘述，是因爲這些文字比較詳盡地記錄了他與郭沫若結識並開始交往的經過。同時，又因爲在他的回憶中有一處重要的細節似乎存在疏誤，而這關係到他們相識的時間的問題。

鄭伯奇在田漢離開京都赴福岡那天去車站送行，返回的途中所見，使他寫出了《別後》一詩，他將詩稿寄給在福岡郭沫若家中做客的田漢看，同時請他轉郭沫若看。鄭伯奇很快接到田漢回信，同時有郭沫若附信鼓勵他發表。鄭伯奇記錄的這一歷史細節，實際上也就是他與郭沫若結識的開始。田漢是3月19日到達福岡，24日離開福岡返回東京，即是說，郭沫若看到鄭伯奇寄來的《別離》詩稿並給他寫下第一封信，當在3月20日至24日之間的幾天內，那麼3月下旬應該記爲他們初次結識的時間。

看到詩稿《別離》，是郭沫若給鄭伯奇寫下第一封信的緣起，然後二人開始了通信往來。然而，卻正是在這一重要細節中存在疏誤。《別後》的確如鄭伯奇回憶所記，是他創作發表——至少是發表在《少年中國》上的第一首詩，但《別後》發表於1920年3月15日出版的《少年中國》第1卷第9期。這肯定地說明，鄭伯奇與郭沫若之間因《別後》的創作發表而開始通信交往的這一歷史情節，是不可能發生在1920年3月下旬田漢與郭沫若在福岡會面

〔註2〕鄭伯奇：《二十年代的一面——郭沫若先生與前期創造社》，重慶《文壇》半月刊，1942年3月第1期起連載，後收入《參差集》，西安大陸圖書雜誌出版公司，1946年6月出版。

期間。

鄭伯奇回憶與郭沫若相識的開始，一是經田漢介紹，一是與《別後》的創作發表相關，這涉及的一人一事應該不會有誤。郭沫若也說過認識鄭伯奇是由田漢介紹，而《別後》是鄭伯奇創作的第一首詩，得郭沫若鼓勵才拿去發表，這一細節他當不至記錯，那就意味著事情發生的時間可能被誤記，至少應該是在 1920 年 3 月中旬以前。會往前到什麼時間呢？

郭沫若結識田漢是經由宗白華介紹。田漢 1920 年 2 月 9 日寫了給郭沫若的第一封信，郭沫若於當月 15 日覆信。這一來一往的兩信可算是二人訂交。那麼郭沫若經田漢介紹與鄭伯奇相識的事情，也就只可能發生在 2 月中旬至 3 月上旬這不足一個月的時間之內。我們可以把這個時間確認在更小的範圍裏。

郭沫若在致田漢的第一封信中就爲他介紹了成仿吾，希望他們也成爲朋友。（從這裏實際上可以看到當時這些留日學生之間認識交往的流行方式。郭沫若、宗白華、田漢之間，田漢與鄭伯奇之間都是以這樣的方式彼此認識並交往的。）田漢在 2 月 18 日回覆郭沫若這一封信時，提到了鄭伯奇：「我春假預備到京都訪鄭伯奇兄，到福岡來訪你們哩。」接著，在 2 月 29 日給郭沫若的長信中寫到自己腹稿中的一個劇本時，又一次提到鄭伯奇，說道：「此劇的情節對鄭伯奇兄說過。」雖然田漢沒有寫到要爲郭沫若介紹鄭伯奇使他們相識這樣的話，但這卻是他在與郭沫若開始通信往來的一段時間內，唯一在信上提到過的朋友，且明顯的是志趣相投的朋友。那麼，我們有理由推斷，接下去會發生的事情：或是郭沫若主動問起鄭伯奇的情況，或是田漢向他介紹了鄭伯奇，進而郭、鄭二人得以藉通信結識。

當然，這一推斷還要有一個前提條件，即，在那段時間內還有我們尚不知道的郭沫若與田漢之間往還的書信。那麼是不是有呢？我以爲應該有。上述幾封郭沫若與田漢往來的書信都是收入《三葉集》的，從行文上看，時間彼此相銜接，期間應該不會有《三葉集》中未收錄的信函。但從田漢 2 月 29 日致郭沫若信、郭沫若 3 月 6 日覆信田漢後，到 3 月 19 日田漢抵達福岡之前的兩周內，再無二人的通信收入《三葉集》，事實上《三葉集》中所收他們二人之間往來的書信到此爲止。但這並不能說明這期間二人沒有信函往來。田漢在二月中旬即有了春假期間去會尚未謀面的郭沫若的打算，春假即放，田漢也確定了去福岡的具體行程，他與郭沫若當然就此要有書信往還。這個條

件也具備了，則分析推斷下來，鄭伯奇與郭沫若經田漢介紹以通信方式相識，應該開始於 1920 年 3 月上旬。他們二人相互謀面，則是在一年多以後的 1921 年 6 月初。

二

從鄭伯奇的回憶文章可以看到，他與郭沫若在相識不久後，即保持了經常性的書信往來，不過遺憾的是，這些往來書信卻沒有一封存留下來。能夠在某種程度上一補這一缺憾的是鄭伯奇留下有一本 1921 年的日記〔註 3〕。從中可以一窺他與郭沫若最初通信以及交往的情形，而這一年，恰好也是他們二人交往經歷中很重要的一年。

鄭伯奇這本日記寫於印製有「大正十年日記」封面和固定格式的日記簿上，是他 1921 年全年基本上完整的日記（有幾個月中有若干缺失日期的情況）。在每一天日記的文末，鄭伯奇都簡單地記下了當天收到何人來信與致信給誰的情況。做一個數字上的統計，我們可以得到這樣一個結果：

在 1921 年內，郭沫若總計致鄭伯奇信 33 封，鄭伯奇總計致郭沫若信 33 封。這一年之中，從 7 月至 9 月間約有兩個月時間他們是同在上海忙於編輯《創作》季刊創刊號的事情，鄭伯奇日記也還有一些缺失部分，那麼實際上也即是說，在 9 個多月的時間之內，兩人互通書信 66 封。即使不考慮日記中關於收發信件的情況有可能漏記，這也應該是一個能夠使兩人之間書信往來稱作頻繁的數字了。

我們再具體地看一下 6 月 1 日之前，即郭沫若去京都與鄭伯奇初次見面前的五個月中他們二人往來書信的數字：

1 月，郭沫若致鄭伯奇信 4 封，鄭伯奇致郭沫若信 5 封

2 月，郭沫若致鄭伯奇信 3 封，鄭伯奇致郭沫若信 5 封

3 月，郭沫若致鄭伯奇信 4 封，鄭伯奇致郭沫若信 2 封

4 月，郭沫若致鄭伯奇信 4 封，鄭伯奇致郭沫若信 1 封

5 月，郭沫若致鄭伯奇信 3 封，鄭伯奇致郭沫若信 4 封

以這幾個月的數字與年平均數相比，郭、鄭二人通信的頻繁程度要更高，幾乎達到一周一次書信往還，不亞於郭沫若、田漢、宗白華三人在《三葉集》那段時間書信來往的情形。考慮到這已經是進入 1921 年的情況，可以推測，

〔註 3〕該日記現藏郭沫若紀念館。

郭沫若與鄭伯奇在相互熟悉之後的 1920 年那段時間裏，其書信來往的疏密程度，至少也應該是這個樣子。

從這些統計數字去看郭沫若與鄭伯奇的書信交往，使我們能夠對這一交往獲得一個概括性的認識，但畢竟無法深入瞭解他們之間交往的內容及與之相關的更多的歷史信息。在鄭伯奇日記中並沒有書信內容的詳細文字記載，但有一些與郭沫若書信有關的隻言片語，可以讓我們對於他們二人交往的情形獲得一些具體的認知。

1921 年 1 月間，郭沫若的留學生活中發生了一件不大不小的事情：他意欲轉學京都的文科大學去學文學。說事情不大，是因為此議後來作罷。說事情不小，是因為它以一種非常具體明確的方式，表明了郭沫若棄醫從文的人生選擇。郭沫若決定棄醫從文是有一個發展過程的，但他認真考慮起轉學之事，無疑是在這一過程中達到一個臨界點。儘管此議最終被擱置，但人們可以看到郭沫若在 1921 年接下去的所有與文學相關的活動，無不表明他已經鐵定了決心去走文學之路。

過去我們根據《創造十年》和鄭伯奇的回憶文章，只大約知道郭沫若在 1921 年初的這段時間曾寫信給鄭伯奇，商量想轉學去京都的事情，由於成仿吾的勸阻而作罷。《郭沫若年譜》推斷是在 2 月間。在鄭伯奇日記中恰好可以找到郭沫若寄來這封信的記載。其 1 月 13 日的日記中寫有：「來信，郭沫若，商轉學事」，「覆信郭沫若，勸轉學」兩句話。鄭伯奇在 13 日收到這封信，那麼郭沫若寄信的時間當在 11 日。緊接著，在 17 日，鄭伯奇又寫信給郭沫若。郭沫若則在下旬亦有兩信致鄭伯奇，鄭伯奇收到這兩封信的時間分別是 21 日、26 日，並在 27 日有回信給郭沫若。

鄭伯奇支持郭沫若轉學文學這一點很重要。雖然他是怎樣「勸轉學」，以及 1 月份之內兩人的這幾封來往書信的具體內容我們無從知道，但是可以推斷，其中商量轉學之事必是信中應有之議。從前面的統計數字也可以看到，1 月份是兩人書信往來最頻繁的一個月。

另一件似乎與此並不相干的事情，能讓我們更完全地看到正在發生的事情。

這一年的 1 月，郭沫若以生病為由，向就讀的醫學部提出休學三個月的申請。申請得到批准，休學時間為從 1 月 25 日起的三個月內。〔註4〕

〔註 4〕九州帝國大學的檔案資料中保存有兩件相關的原始資料，一件為郭沫若休學申

在《創造十年》中郭沫若沒有提到休學之事，他這樣記述了那段時間的經歷：「我聽了仿吾的勸告，打消了轉學向京大的念頭，但我的煩悶並沒有因而打消。我在二三兩月間竟至狂到了連學堂都不願意進了。一天到晚踞在樓上只是讀文學和哲學一類的書。……愈和這些書接近，便愈見厭棄醫學，回國的心事又擡起了頭來。」這段文字很清楚地表明，在學校批准的休學期內，郭沫若確實是處於休學在家的狀態，並且並非因病之故。他於 3 月 31 日啟程回國。

郭沫若何以在這時提出休學申請呢？與他意欲轉學及同鄭伯奇通信等情況聯繫起來，我們應該可以對事情發展的過程和因果關係得出這樣的解讀：

郭沫若認真考慮起轉學文學的事情，至少在 1921 年 1 月初之前已經有了一段時間，並且應該就此與鄭伯奇在通信中討論過，所以他會在 1 月 10 日左右給鄭伯奇寫信，具體提出並商量轉學至京都之事。鄭伯奇立即回信表示贊同，可能還會有些具體的建議，故有「勸轉學」之語。鄭伯奇的意見顯然促使郭沫若決定把轉學之事付諸實施，於是，他一方面向醫學部遞交了休學申請，一方面做 2 月往京都一行的準備。（郭沫若在 1 月 18 日致田漢的信中說：「我在二月間擬往京都。」，《南國月刊》，1930 年 3 月第 2 卷第 1 期）在這往後的一個多月時間裏，他與鄭伯奇頻繁通信應該也是與商議轉學事有關。日本的大學一般在 2 月結束前一學年的學業，3 月放春假，4 月初新生入學，新學年開始。郭沫若在 1 月提出轉學，2 月準備去京都，顯然是想在新學年開始前就落實此事。由於成仿吾的勸阻，轉學之議最終作罷，擬訂的京都行自然也被取消。但學校批准的休學期仍在執行中，所以在得到泰東書局有意改組編輯部的消息後，郭沫若與成仿吾於 3 月底同去了上海。

自 1918 年邂逅張資平時便心存了辦一個純文藝刊物的夢想起，郭沫若已經交往了一些志同道合的朋友，但他在認真考慮轉學文學時，卻首先想到與鄭伯奇聯繫以付諸實施。這一方面可能是因為尚在三高讀預科的鄭伯奇就是準備以文學作為本科攻讀的專業，另一方面也足以說明二人的交往關係在此時是十分密切的，郭沫若的想法能夠得到鄭伯奇全力支持。在轉學的問題上如此，在組織文學社團辦刊物的事情上也是如此。

請的批准件，參見武繼平《郭沫若留日十年》，重慶出版社，2001 年 3 月；一件為郭沫若在九州帝國大學醫學部學籍簿的登記冊頁，上面「備考」欄內注明：「十年（大正十年，即 1921 年——筆注）1 月 25 日起休學三個月」，參見蔡震《「郭沫若與日本」在郭沫若研究中》，《新文學史料》，2007 年第 4 期。

在鄭伯奇 2 月 27 日的日記中記載了接到郭沫若一封來信的情況，信上談的是組織文藝社團之事。鄭伯奇寫道：「沫若來信，對於聯合同人組織文藝團體的事也不甚積極的樣子。我信此事必要，所以春假想下實地再宣傳一番。我想沫若、壽昌、鳳舉諸人總可以擔編輯的責任，其次供稿的人也不下十人。若每月一冊太忙，隔月或三月一冊，斷無不能行之理。並且可以藉此可以號召些同志。我想成與不成，春假得再去試一番。」

2 月底時，郭沫若的轉學之議已經作罷，組織文藝社團和辦刊物的事情也都還沒有眉目，這正是他在《創造十年》中說的「煩悶而動搖著的時候」。大概他在給鄭伯奇的信中寫到了這種情緒，所以鄭伯奇會感覺他「不甚積極的樣子」。鄭伯奇的態度則是積極支持，而且很有信心。他寫在日記中的那番話，應該也寫在回覆郭沫若的信中了。

5 月，郭沫若在上海終於爭得泰東書局願意出版叢書、出版刊物的許諾。他為聯繫朋友們具體進行此事而返回日本，6 月 1 日首先便去了京都，而一到京都則直接先去找到鄭伯奇。這是他們第一次見面，彼此都留下了深刻印象。郭沫若覺得鄭伯奇與信上給他的感覺大不一樣：「他信上寫的字跡異常纖細，就像姑娘們的筆迹一樣，那知一看見他才是一個矩形的面孔，身子比我還高，我覺得他可以稱為東方的興登堡。」〔註5〕鄭伯奇則感覺郭沫若「那廣額、巨顯、寬闊的胸圍、方整的身材都表示了健康的精神和堅強戰鬥的性格。尤其通過近視鏡放射出來的那一雙炯炯的目光」，顯示著「他不是一個感傷的詩人，而是一個勇敢的鬥士」。〔註6〕對郭沫若的這次來訪，鄭伯奇非常高興。從 6 月 1 日起往後連續幾天的日記中，他都在記事之外特意寫了「興奮」兩字。

郭沫若首先找到鄭伯奇，顯然因為他們之間已經有著密切的通信關係，而且鄭伯奇對於組織文學社團、創辦刊物非常積極。在京都逗留期間，鄭伯奇為郭沫若聯繫了幾位朋友，並在一起聚談，三天後，郭沫若又去了東京。就是在東京期間召開的一次同人聚會，成為創造社正式活動的開始。

到了夏季，當郭沫若隻身在上海忙於編輯「創造社叢書」和《創造》季刊的稿子時，鄭伯奇特意利用暑假時間返滬，幫助他工作，後來才有郁達夫接手。

〔註 5〕郭沫若《創造十年》。
〔註 6〕鄭伯奇《憶創造社》，《文藝月報》，1959 年 5 月第 5 號起連載。

三

郭沫若與鄭伯奇通信往來中時有相互寄送文稿（包括其他人的文稿），以聽取對方的評論意見。這應該是他們二人書信交往的一項重要內容，鄭伯奇在回憶文章中寫到了。在他的日記裏留下一些這方面情況的記載，印證了這一點。下面摘記幾例：

1921 年 1 月初，郭沫若寫成了《女神之再生》的初稿，他立即把稿子寄給鄭伯奇。鄭伯奇於 7 日接到郭沫若的信和稿件，8 日就給郭沫若寫了回信，信中還寫了自己「對於文學的見解及以後從事的計劃」，之後，在 23 日又將《女神之再生》初稿寄往成仿吾處。郭沫若在聽取了鄭伯奇、成仿吾、郁達夫幾人的意見後，將原寫成散文的《女神之再生》改作爲詩劇才發表。

1 月下旬，鄭伯奇收到成仿吾的小說《放浪人的新年》的稿子，他讀過後寫了一點感言，於 2 月 4 日一併寄給郭沫若。郭沫若讀後題詩一首。之後，成仿吾也是在看了幾個朋友的評論後對小說做了修改，然後連同幾位朋友寫下的文字一起發表出來。

3 月 23 日，鄭伯奇同時給郭沫若、成仿吾發出信函，其中附寄了他寫的詩稿。在那天的日記中他還記到郭沫若對於他詩作的評價：「我的詩，沫若稱爲沖淡。」

5 月 16 日，鄭伯奇給郭沫若連發二信，並有詩稿隨寄。次日，他又給郭沫若發出一信，並「原稿二件」。

像這樣的事情我們雖然大多難知其詳，但以前兩例的情況來類推，我們不難想像，這樣的書信交往，對於郭沫若與鄭伯奇（其實同樣也反映出成仿吾、郁達夫、田漢等人的情形），在踏上文學之路的過程中的意義。同時，它也使我們從一個側面看到，創造社作爲一個同仁文學社團，其成員之間文學創作活動的一個特點。這與文學研究會是很不相同的。

從鄭伯奇的個性看，他不是一個能張揚的人，無論是做事還是與人相處。他對自己的評價是，「獨創性太少」，「不善應酬」，「事事顧忌，一事都不能成」。這都是寫在他日記中的話，可能有點過甚其辭。但長期以來，在人們描述前期創造社的活動中，他不是一個被特別關注的對象，與此大概不無關係。

從郭沫若與鄭伯奇最初交往的這些儘管顯得零碎的資料中，我們是不是可以讀出一些被忽略、被遺忘了的歷史信息呢？看來七十餘年前，在編輯出

版那套《中國新文學大系》的時候，由鄭伯奇負責編選「小說三集」，並撰寫
那篇後來成爲論述創造社經典之論的《導言》，其實是很合適的選擇。

與胡適不盡是爭鋒

　　郭沫若與胡適的關係，在他的人際交往中是被曲解得比較厲害的一個方
面，似乎他們之間從一開始就勢呈水火，以後又因爲政治上的分野而終於勢
不兩立。究其原因，大概主要由於創造社初起之時，郭沫若和郁達夫等人與
胡適之間發生的那場筆墨官司，使得人們對於他們之間的關係首先就有了一
個互不相容的成見，1930 年代學術上二人的觀點多有相左，再加上後來確實
在政治上他們走上了不同的道路，所以，對立便成了描述兩人關係的關鍵詞。
然而，他們相識的開始並不全是文學史描述的那樣。

　　郭沫若與胡適初次見面，是在 1921 年。胡適是年夏應商務印書館編譯所
高夢旦之邀往上海。高夢旦想請胡適進商務，主持編輯所工作，所以請他先
來考察一番。這一年的 8 月 5 日，郭沫若的新詩集《女神》由泰東圖書局出
版發行。8 月 9 日，在上海一家餐館的飯局上，郭沫若初識胡適。兩人對這次
會面，都有文字記述。胡適在當日的日記中寫道：

> 周頌九、鄭心南約在一枝香吃飯，會見郭沫若君。沫若在日本九州
> 學醫，但他頗有文學的興趣。他的新詩頗有才氣，但思想不大清楚，
> 功力也不好。〔註7〕

即使還沒有看到詩集《女神》，胡適顯然讀了不少郭沫若發表在《時事新報》
上的新詩作品，1920 年前後正是郭沫若新詩創作的「爆發期」。胡適寫在日記
中的這段話，表達的應該是他初見郭沫若的印象和想法。

　　郭沫若在《創造十年》中所記有所不同，他寫道：

> 大約是帶著爲我餞行的意思罷，在九月初旬我快回福岡的前幾天，
> 夢旦先生下了一通請帖來，在四馬路上的一家番菜館子裏請吃晚
> 飯。那帖子上的第一名是胡適，第二名便是區區，還有幾位不認識
> 的人，商務編譯所的幾位同學是同座的，伯奇也是同座的。……這

〔註 7〕曹伯言整理《胡適日記全編》，安徽教育出版社，2001 年 10 月。以下所引胡
　　　　適日記文字，同此，不另注。

要算是我們自有生以來的最大光榮的一天，和我們貴國的最大的名
士見面，但可惜我這個流氓，竟把那樣光榮的日期都忘記了。

那時胡適大博士受了商務印書館的聘，聽說就是夢旦先生親自到北
京去敦請來的，正在計劃著改組商務編譯所的大計。大博士進大書
店，在當時的報紙上早就喧傳過一時。

博士到得很遲，因為凡是名腳登場總是在最後的。——光榮到了絕
頂的是，他穿的也是夏布長衫。他那尖削的面孔，中等的身材，我
們在那兒的像片上早是看見過的……〔註8〕

《創造十年》是郭沫若在流亡日本期間撰寫的，那時他主要從事學術研
究，與胡適在學術上多有歧見。《創造十年》的回憶文字已經明顯帶有情感化
的臧否色彩，話有些刻薄，但並沒有惡語相向，無非有那麼點文人相輕的意
思罷了。

其實胡適與郭沫若初次見面時彼此關於對方的印象和認知，也只存在於
各自的心裏，並沒有表現在交往中。他們相識的開始和交往，應該說是一種
很尋常的文人之間的來往。所以我們在胡適幾天後，即8月12日的日記中，
看到的是一則很平淡的記事：「到編輯所，朱謙之與郭沫若來談。」朱謙之、
郭沫若大概是為出版朱謙之的《革命哲學》一書（郭沫若為書作序）之事去
拜訪胡適。

轉過年去，（1922年）9月17日，胡適在《努力周報》發表了一篇「編
輯餘談」《罵人》，針對郁達夫在《夕陽樓日記》中批評余家菊在一本書中翻
譯的錯誤，指郁達夫的改譯「錯誤百出」，並謂郁達夫和創造社成員「淺薄無
聊」。〔註9〕郭沫若在10月3日寫了《反響之反響》一文，其中第一部分是「答
《努力周報》」，針對胡適《罵人》一文對郁達夫的批評，認為「以『公道』
自任的」胡適，實際上是攻其一點，不及其餘。同時對胡適譯文中的錯譯，
又一一指摘，讓讀者去辨別「究竟誰是誰非，誰錯誰不錯」。於是，創造社作
家與胡適之間展開了一場關於翻譯問題的歷時數月的筆墨官司。這也成為文
學史特別記述的創造社成立後進行的幾場論戰之一。

為一篇文章的一些誤譯而大起干戈，似乎是一樁小題大做的事情，幾十

〔註8〕《創造十年》，上海現代書局，1932年9月。
〔註9〕見《努力周報》，1922年9月17日第20期。

年後看那些尖刻激烈的文字，頗覺有些滑稽，一方雖只是文壇上的初出道者，一方卻已是名重一時的學者，兩方的爭執，卻不免有點像學子們互不服氣一逞口舌之快的幼稚。

胡適大概看不過創造社青年的孟浪，而郭沫若等人組織創造社，本就是要挑戰文壇權威和偶像的，胡適自己送上門來，豈有不應之理。如果僅僅從這些幹仗的文字去判斷胡、郭之間的關係，當然不免偏執。但事實上，一直以來在文學史敘事中，恰恰就是把這場隔空罵仗的筆墨爭鋒定格在文壇上，藉以記述郭沫若（包括創造社）與胡適的關係，可待到爭論的事情過去，卻沒有了後話。而胡適與郭沫若（包括郁達夫、成仿吾等人）真正有接觸，實際上是在筆墨官司之後，這又應了「不打不成交」的老話。所以，要真正瞭解郭沫若與胡適在交往之初的關係，需要看一看筆墨官司之後的事情。我們不妨梳理一些文獻資料，那是真實的歷史存在。

胡適在 1923 年 4 月 1 日的《努力周報》上又發表了一則「編輯餘談」，其中寫道：「努力第二十期裏我的一條《罵人》，竟引起一班不通英文的人來和我討論譯書，我沒有閒工夫來答辯這種強不知以為知的評論。」這其實有點豎起免戰牌的意思了。郭沫若並未罷休，12 日即寫了一篇《討論注譯運動及其他》，藉討論吳稚輝提倡的注譯運動，反譏胡適，道：「你北京大學的胡大教授喲！你的英文誠然高明，可惜你自己做就了一面照出原形的鏡子！你須知通英文一事不是你留美學生可以專賣的，……假使你真個沒閒工夫，那便少說些護短話！我勸你不要把你的名氣來壓人，不要把你北大教授的牌子來壓人，不要把你留美學生的資格來壓人。」〔註 10〕這一來一往，已經不是關於翻譯問題的爭執了，雖仍針鋒相對，卻已見收兵之兆。

4 月下旬，胡適從北京來到上海。5 月 15 日，他給郭沫若、郁達夫二人寫了一封信，並請亞東書局遣人送去。信中寫道：

> 我這回南來，本想早日來看你們兩位，不幸在南方二十天，無一日不病，已有十天不曾出門一步了。病中讀到《創造》二卷一號，使我不能不寫這封信同你們談談我久想面談的話。
>
> 我是最愛惜少年天才的人；對於新興的少年同志，真如愛花的人望著鮮花怒放，心裏只有歡欣，絕無絲毫「忌刻」之念。但因為我愛

〔註10〕載《創造》季刊，1923 年 5 月第 2 卷第 1 期。

惜他們，我希望永遠能作他們的諍友，而不至於僅作他們的盲徒。

至於我對你們兩位的文學上的成績，雖然也常有不能完全表同情之點，卻只有敬意，而毫無惡感。我是提倡大膽嘗試的人，但我自知「提倡有心，而實行無力」的毛病，所以對於你們嘗試，只有樂觀的欣喜，而無絲毫的惡意和忌刻。

後來你們和幾位別人，做了許多文章，很有許多意氣的話，但我始終不曾計較。」「至於就譯書一事的本題而論，我還要勸你們多存研究態度而少用意氣。在英文的方面，我費了幾十年的苦功，至今只覺其難，不見其易。我很誠懇地希望你們寬恕我那句「不通英文」的話，只當是一個好意的諍友無意中說的太過火了。如果你們不愛聽這種笨拙的話，我很願意借這封信向你們道歉。

如果你們不見怪，我很誠懇地盼望你們對我個人的不滿意，不要遷怒到「考據學」上去。你們做文學事業，也許有時要用得著考據的幫助。……考據是一種公開的學問，我們不妨指出某個人的某種考據的錯誤，而不必懸空指斥考據學的本身。

最後，我盼望那一點小小的筆墨官司不至於完全損害我們舊有的或新得的友誼。

此信能不發表最好，倘有賜覆，請寄亞東圖書館轉。

這是一封主動示好的信，胡適雖然還是用了「前輩」（與年齡無關，依留學或出道時間的先後而言）的口氣表達自己的看法，但希望捐棄嫌隙，相互和好乃至成為「諍友」的意願是真誠的。郭沫若接讀信後的第二天就給胡適寫了回信，信中說：

手札奉到了。所有種種釋明和教訓兩都敬悉。先生如能感人以德，或則服人以理，我輩尚非豚魚，斷不至因小小筆墨官司便致損及我們的新舊友誼。目下士氣淪亡，公道雕喪，我輩極思有所振作，尚望明晰如先生者大膽嘗試，以身作則，則濟世之功恐不在提倡文學革命之下。最後我虔誠地默禱你的病恙痊愈。〔註11〕

郭沫若是以包括郁達夫、成仿吾幾人的「我輩」的口吻覆信胡適，接受了胡

〔註11〕兩信均收《胡適來往書信集》上冊，中華書局，1979年5月。

適的誠意，並對作爲新文學「前輩」的胡適表達了恰如其分的謙恭和希望。
至此，筆墨官司一事揭過。

事實上，像這樣的筆墨爭鋒，在當時的文壇上並不是什麼了不得的大
事，只是後來文學史敘述的那一套模式（把各種論爭作爲文學史脈絡的一種
基本構成），放大了爭執的文學史意義，也放大了它對於當事者之間人際關係
的意義。

在這之後，胡適逗留上海期間，曾與郭沫若等人有幾次往來，他都清晰
地記在日記中。我把它們摘錄出來，並輔以那時與胡適在一起的徐志摩的相
關文字，看看郭沫若與胡適最初交往的情形。

10 月 11 日日記載：

飯後與志摩、經農到我旅館中小談。又同去民厚里 692 訪郭沫若。
沫若的生活似甚苦。〔註12〕

徐志摩本日的日記中亦有相關記載，且更詳盡：「午後爲適之拉去滄
州別墅閒談，看他的烟霞雜詩，問尚有匿而不宣者否，適之赧然曰
有，然未敢宣，似有所顧忌。……適之翻示沫若新作小詩，陳義體
格詞採皆見竭蹶，豈《女神》之遂永逝？」「與適之經農，步行去民
厚里一二一號訪沫若，久覓始得其居。沫若自應門，手抱襁褓兒，
跣足，散服（舊學生服），狀殊憔悴，然廣額寬頤，怡和可識。入門
時有客在，中有田漢，亦抱小兒，轉顧間已出門引去，僅記其面狹
長。沫若居至隘，陳設亦雜，小孩羣雜其間，傾跌須父撫慰，涕泗
亦須父揩拭，皆不能說華語；廚下木屐聲卓卓可聞，大約即其日婦。
坐定寒暄已，仿吾亦下樓，殊不話談，適之雖勉尋話端以濟枯窘，
而主客間似有冰結，移時不渙。沫若時含笑睇視，不識何意。經農
意噤不吐一字，實亦無從端啓。五時半辭出，適之亦甚訝此會之窘，
雲上次有達夫時，其居亦稍整潔，談話亦較融洽。然以四手而維持
一日刊，一月刊，一季刊，其情況必不甚愉適。且其生計亦不裕，
或竟窘，無怪其以狂叛自居。」〔註13〕

10 月 13 日日記載：

沫若來談。前夜我作的詩，有兩句，我覺得不好，志摩也覺得不好，

〔註12〕「志摩、經農」，徐志摩、朱經農。
〔註13〕《徐志摩日記》，林漓編《徐志摩文集》，海天出版社，2000 年 8 月。

今天沫若也覺得不好。此可見我們三個人對詩的主張雖不同,然自有同處。」「沫若邀吃飯,有田漢、成仿吾、何公敢、志摩、樓□□〔註14〕,共七人,沫若勸酒甚殷勤,我因爲他們和我和解之後這是第一次杯酒相見,故勉強破戒,喝酒不少,幾乎醉了。是夜沫若、志摩、田漢都醉了。我説起我從前要評《女神》,曾取《女神》讀了五日。沫若大喜,竟抱住我,和我接吻。

徐志摩10月15日的日記亦記到13日飯局之事:「前日沫若請在美麗川,樓石庵適自南京來,故亦列席。飲者皆醉,適之説誠懇話,沫若遽抱而吻之——卒飛拳投罰而散——罵美麗川也。」〔註15〕

10月15日日記載:

與志摩同請沫若、仿吾等吃夜飯。田壽昌和他的夫人易漱瑜女士同來。叔永夫婦也來。

徐志摩本日日記到飯局上的話題:「今晚與適之回請,有田漢夫婦與叔永夫婦,及振飛。大談神話。」

10月18日日記載:

到鄭振鐸家中吃飯。同席的有夢旦、志摩、沫若等。這大概是文學研究會和創造社「埋斧」的筵席了。

以上這些出自胡適,以及徐志摩日記中關於胡、郭交往的文字記載,是很有價值的文獻資料。胡適在10月13日日記中寫到的,「我們三個人對詩的主張雖不同,然自有同處」,説明拋開筆墨爭鋒的偏狹,胡適發現作爲詩人,他與郭沫若是可以彼此相通的,這就是文人相交時有了同道、知音的那種感覺吧,雖然只是部分的。而那一天接下去在郭沫若宴請胡適飯局上的那一幕,則更是耐人尋味的。

在宴席上郭沫若抱住胡適親吻這個場景,是至今流傳甚廣的一則文壇趣事,人們一直也只是把它當作文人軼事的一個段子看待。但是仔細琢磨胡適記述的文字,這一情節本身其實包含了很嚴肅的歷史內容:胡適不再端著教授的架子、留美的身份,很「誠懇」(徐志摩當時的感覺,應該是眞實的)地坦承「從前要評《女神》,曾取《女神》讀了五日」,表明他對於新出道的郭

〔註14〕日記手稿如此,據徐志摩日記所記,應爲(樓)石庵。
〔註15〕《徐志摩日記》,林漓編《徐志摩文集》,海天出版社,2000年8月。

沫若，實際上並非不屑一顧，像他在文中所寫，而是認眞看待的。郭沫若聽聞此話後抱吻胡適的舉動，可能有點醉態，但其實表明，他應該是很在意胡適對於《女神》，對於他的詩歌創作的評價和認可的。

從這樣的記述文字中，我們可以看到眞實的郭沫若與胡適交往之初的關係，儘管有那樣一個戲劇性的開場，還是可以稱之爲文友吧，雖然不是「諍友」。

郭沫若與胡適的關係被曲解，其實不只是在我們的文學史敘述中，爲不少人稱道的胡頌平撰《胡適之先生年譜長編初稿》（臺灣聯經出版事業公司，1984 年 5 月初版），從另外的方向上，或出於另外的動機，同樣曲解這一關係。

《胡適之先生年譜長編初稿》記錄了胡適與創造社的筆墨之爭，但對胡適 1923 年 5 月 15 日給郭沫若、郁達夫寫有長信一事卻隻字不提（該長編中對胡適的許多書信是全文錄入的），這也是將一件史事弄成有頭無尾。而該長編對於胡適 1923 年赴滬期間與郭沫若、郁達夫、成仿吾等人在筆墨爭執了結後的幾次會面，是這樣記述的：

（10 月 11 日）張東蓀借張君勱處請客。飯後，先生同徐志摩、朱經農去民厚里 121 號訪郭沫若。成仿吾亦在座，主客之間甚枯窘。

（10 月 13 日）郭沫若請先生與徐志摩、樓石菴等吃飯。

（10 月 15 日）先生與徐志摩回請郭沫若，有田漢夫婦、任鴻雋夫婦及徐新六等人。（以上三條均見《徐志摩全集》第 1 集，第 589～590 頁）

比較一下胡適日記中所記，兩者文字表達的內容和涵義有很明顯的不同。「長編」只用最簡單的文字記述了有這樣三次會面，唯一能夠傳達出歷史場景中眞正涵義的，是撰寫者「主客之間甚枯窘」的一句話，一句言外有意的話。括號內係「長編」爲三條譜文所注出處，非常可笑，甚至可稱拙劣。胡適自己的日記，明明都有記錄，而且是詳細得多的記錄，撰寫者不引用，徐志摩日記相關的記述也詳細得多，撰寫者亦不引用。胡頌平自己撰寫的幾行文字，雖然記錄了幾件基本史事，但以其主觀取捨，實際上模糊，甚至改變了事情眞正的含義，隱去了胡適主動向郭沫若和創造社示好，而郭沫若等人亦積極回應這一眞實的歷史情境。史實變得面目不清。

當然，因爲學術理念、政治立場的不同，特別是兩者後來又糾纏在一起，

郭沫若與胡適交往之初的關係沒有能夠發展下去，終於還是成了論敵，但這改變不了當初的歷史。

「上海交遊」：識谷崎潤一郎

1955 年郭沫若率領中國科學代表團訪問日本期間，在東京由朝日新聞社安排了一個座談會。座談會的佳賓是郭沫若、谷崎潤一郎、內山完造以及朝日新聞社的白石凡。座談會開始以後，實際上成了郭沫若與谷崎潤一郎的「對談」，歷史、文學、婚姻家庭、和平問題、社會主義等等，他們的談話涉及了廣泛的話題，座談會持續了三個小時。〔註 16〕朝日新聞社之所以請來谷崎潤一郎，不僅因為他是日本著名作家，還因為他與郭沫若在三十年前就相識了。

《隨郭沫若戰後訪日》一書中記述的這一情節，並沒有為郭沫若研究所注意，所以直至拙著《文化越境的行旅——郭沫若在日本二十年》出版（2005年 3 月）時為止，所有的郭沫若傳記和年譜，對於郭沫若與谷崎潤一郎曾經有過的交往均沒有任何記載（郭沫若的自傳中當然也未曾寫到與谷崎潤一郎的相識）。這應該說是一個很大的缺憾。

郭沫若與谷崎潤一郎的相識，其實是一件非常有意思的史事，因為谷崎潤一郎曾用一個作家敏銳的觀察和生動的文筆記錄下了他初次與郭沫若相見的場景，那是格外富於生活實感的一個歷史場景。谷崎潤一郎筆下的郭沫若，是迄今所能見到的僅有的一件關於青年郭沫若「素描」式的史料，它讓我們能夠對於郭沫若獲得一種直觀的、感性的認知。

郭沫若留學時期的大正年間，日本文壇呈現為自然主義、唯美主義和白樺派的理想主義三足鼎立的局面。谷崎潤一郎是唯美派的一個代表作家，郭沫若說他那時就在《改造》、《中央公論》上讀到過谷崎潤一郎的作品。當郭沫若在創造社初期的文學活動中標榜「生活的藝術化」，追求以文學涵養「優美淳潔的個人」時，其中所表達的富有唯美傾向的主張，應該多少是受到過谷崎潤一郎的啟發的。大約在那之後不久，谷崎潤一郎也知道了新起在中國五四文壇的郭沫若這個名字。郭沫若在當時的日本文學界被一些評論者稱作

〔註16〕劉德有《隨郭沫若戰後訪日》，遼寧人民出版社，1988 年 9 月。

「中國的森鷗外」。谷崎潤一郎還知道，郭沫若娶了一位日本女性，在福岡讀書時就有了家室，「常常爲柴米油鹽所困擾，是與貧窮鬥爭過來的」。他評價郭沫若的文章，「受日語的影響很大」。認爲，郭沫若寫詩也寫小說，語言方面還通曉英語、德語，「在這一點上越發可以稱爲『中國的森鷗外』」。

1926 年 1 月，谷崎潤一郎到上海遊歷了一趟，逗留了一個月左右時間。他在 1918 年曾到過中國，並試圖尋訪一些中國新文學家，但大失所望。這一次的上海之行使他如願以償，結識了一批中國的新文學家，郭沫若當然是給他留下深刻印象的一位。回國後，谷崎潤一郎寫了一篇遊記——《上海交遊記》，連載於日本《女性》雜誌，1926 年 5 月、6 月、8 月第 9 卷第 5 期、第 6 期，第 10 卷第 2 期，眞實地記錄下他在上海的交遊經歷，與郭沫若的相識，留下一份珍貴的史料。

谷崎潤一郎是 1 月中到達上海的，不久，他就從自己的經紀人那裏得知上海內山書店的老闆與中國的新文學家常有交往，在他那裏可以聽到中國新文壇的種種消息。於是，谷崎潤一郎去了位於北四川路的內山書店，並認識了內山完造。內山完造給他介紹了三位中國作家作爲新文學的代表人物：郭沫若、田漢、謝六逸。內山完造介紹前兩人，顯然是考慮到谷崎潤一郎的文學傾向，而謝六逸那時正在翻譯日本古典文學名著《萬葉集》、《源氏物語》。在與內山完造的交談中，谷崎潤一郎不僅瞭解了中國新文學的一些情況，而且得知上海的報紙報導了他到上海的消息，已有中國作家希望內山完造介紹他們與自己見面，內山完造也有意爲他安排一次與中國作家見面的聚會。谷崎潤一郎當然非常高興。這可以說是出乎他的意料，他感覺著「好像是一個夢」。

聚會是在內山書店的二樓舉行的，因爲會場不大，不能滿足所有想來的人，只邀請了十幾位圈內人。那天傍晚，谷崎潤一郎走進內山書店，一眼便「看見在火爐前面有一位身穿黑色西服、戴著眼鏡、彎著腰的青年人，那就是郭沫若君。他有著一幅圓圓的臉、寬寬的額頭，一對柔和的大眼睛，不柔順的硬頭髮鬆散地直立著，就好像每一根都能清楚地數得過來似的從頭頂上放射出來。由於稍微有點駝背，從體形上看像個老成人。」聚會的話題主要圍繞關於日本文學作品的翻譯和中國文壇與劇場的現狀。谷崎潤一郎希望盡可能多地收集一些翻譯作品帶回去。郭沫若、田漢介紹說有許多日本文學譯作，但它們大多還只是翻譯者手中的譯稿，因爲書局不肯出版單行本，只能

在同人雜誌上發表，而這些雜誌的生命往往是短暫的。谷崎潤一郎感覺，中國文壇的狀況與日本「新思潮」時代的文壇相似。郭沫若感慨道：「劇壇方面也與日本的那個時代相同。所以，我們即使寫出劇本，無論如何不能指望在劇場上演，只有外行人偶爾進行的小規模的試演罷了。」

　　聚會大約在十點鐘時散了，谷崎潤一郎覺得談話還未盡興，便邀郭沫若、田漢一起邊散步邊交談，到了他在一品香旅館的住處。他們又一起邊飲紹興酒邊繼續談話，郭沫若與田漢談起了現代中國青年的種種苦悶。在交談中，谷崎潤一郎顯露出他對中國認識的膚淺，郭沫若頗不以爲然，說道：

　　日本和中國不同。現在的中國還不是獨立國家，日本借來資金是自己使用。在我們國家，外國人可以隨便出入，無視我們的利益和習慣，他們自行在我們國家的土地上建造城市，開辦工廠。我們雖然看到這一切，卻無可奈何，只能任其踐踏。我們的這種絕望地、靜靜地等待著自滅的心情，決不單單是因爲政問題和經濟問題。日本人因爲沒有這樣的體驗，所以不會理解。可是，這使我們青年的心情多麼暗淡啊？所以，一發生對外事件，甚至連學生也大事騷動，就是這個緣故。

　　日本的所謂中國通沒有談過這些事，中國人雖然在經濟上是偉大的人種，卻沒有政治上的能力。不僅沒有，他們還是極端的個人主義者，認爲政治不算什麼。國家的主權被外國人奪去了，他們還心平氣和的勤奮地工作，連續不斷地儲錢。在這方面，中國人雖然有弱點，也有在變化中的堅強之處。中國自古以來雖然多次被外國人征服，但是中國民族不但沒有衰弱反而發展了。而征服者卻被中國的固有文化征服，結局是被溶於「中國」這口坩堝之中。

　　不過，以前的入侵者都是比我們文化低的民族。中國與比自己文化高的民族相遇，這次是歷史上的第一次。他們分別從東南西北向中原入侵。不只是經濟上的入侵，而且幹了各種壞事，引起我們國家的不安。他們貸款給軍閥並賣給軍閥武器，同時又建立被稱爲租界的中立地帶。如果不這樣，就不會發生今天國內的動亂，乃至戰爭持續不斷。中國從前也有過戰爭，可是，像今天這樣的野蠻人的侵略，與單單內亂的性質是不同的，這一點我們是親眼所見的。不，這次不只是我們，而且全國人民都有了一種以今天的野蠻人爲對

手、必須真刀真槍地與之對抗的覺悟。我想，國家這一觀念恐怕沒有比現在更加深入人心了。

曾經去過南洋一帶的谷崎潤一郎認為，那裏商界華人的情況並非如此，他們掌握著當地的經濟命脈，權力大得驚人；但他們對中國的現實卻不放在心上，甚至忘了祖國的語言。郭沫若反駁他說：

> 南洋的中國人現在已經覺醒了。他們到底還是以國家為靠山，在白種人的壓迫下開始醒悟了。所以，他們這時都送子女回祖國接受教育。廣東開展抗英運動時，他們積極地出錢支持。我們文學創作者雖然拿不出錢來，但是，我們要用筆把這種鬱悶之情寫成詩歌、小說，用藝術的力量向全世界的人訴說。這樣做，就是為使通情達理的人理解中國的苦惱的最有效的辦法。

在「一品香」的交談一直持續到深夜。谷崎潤一郎後來說，他能理解郭沫若、田漢他們「鬱積在胸中的煩惱」，也尊重郭沫若表達的那些見解。

1月29日，歐陽予倩和田漢在徐家彙路的新少年影片公司發起組織了一次「文藝消寒會」，「以破年來沉悶的空氣」。他們邀請了谷崎潤一郎。

谷崎潤一郎到達「文藝消寒會」會場時，第一個見到的又是郭沫若，他正站在陽臺上揮舞著帽子。參加「消寒會」的人很多，擠滿了客廳，椅子都不夠用了。因為多是文藝界人士，許多人登臺獻藝：小提琴演奏、舞劍、大鼓說唱、民謠小曲……突然，郭沫若跳上椅子，拍著手說：「諸位，谷崎君還有拿手好戲哪！」搞得谷崎潤一郎不知所措，急忙把郭沫若從椅子上拉下來，郭沫若又跳上去，谷崎又把他拉下來。最後，谷崎潤一郎只好以講話代演節目，由郭沫若為他翻譯。這一晚，谷崎潤一郎酩酊大醉，郭沫若把他送回了旅館。

谷崎潤一郎的這次上海遊歷是他難以忘懷的，他感覺：「在日本文壇上，像我今天這樣在中國受到如此規模的歡迎，恐怕是誰也不敢想的……它一定會使我的朋友吃驚的。」回到日本以後，他曾託朋友將自己新出版的一本小說《吃蓼的蟲》帶給郭沫若。〔註17〕

流亡日本的十年間，郭沫若在千葉縣深居簡出，谷崎潤一郎那時定居在京都，他們之間沒有再見過面。不過谷崎潤一郎還是一直關注郭沫若的消息。「我間接地聽到一些關於郭沫若氏在千葉縣暫住的事，以不參與政治活動為

〔註17〕以上所錄，均出自谷崎潤一郎《上海交遊記》。

條件被允許留在日本的事,以及他在搞與政治無緣的學術研究的事。」1937
年郭沫若秘密回國,谷崎潤一郎馬上就從報刊上得知了郭沫若回國前後發生
的那些事情,還從受郭沫若囑託的朋友那裏聽說了他怎樣為留在日本的妻兒
安排著作版稅的事宜等等。但是他們何以未能再次見面呢?

郭沫若在當時的處境,使他採取一種「隱於市」的生活方式是很自然的。
谷崎潤一郎卻是覺得「由於雙方的立場太不一樣了,所以既沒有前去訪問,
也沒有寫信」。〔註18〕他一直是一個遠離政治的作家。

直到1955年12月6日,在東京帝國飯店舉行的那場座談會上,郭沫若
與谷崎潤一郎於初次相識後才第二次見面。他們互致問候以後,郭沫若問起
村松梢風的近況,問起佐藤春夫、志賀直哉是否健在;谷崎潤一郎則問及田
漢和郭沫若的詩歌創作。雖然他們交談的話題非常廣泛:從詩歌創做到歷史
研究,從日本的大化革新到中國的經濟建設,從政治變革到道德習俗的演進,
從漢字簡化到女性化裝、婚禮儀式的從簡,但談話更像是在各自說話。不過
當郭沫若談到漢字將來可能走拼音化之路時,他們發現了一個共同的話題。
谷崎潤一郎擔心古典作品怎麼閱讀,郭沫若說:「可以把優秀的古代作品全部
譯成現代語,就像谷崎先生把《源氏物語》譯成現代日語那樣。」

顯然,郭沫若還記得谷崎潤一郎在1930年代用現代口語翻譯日本古典文
學名著《源氏物語》一事。從1934年開始,谷崎潤一郎傾八年時間完成了《源
氏物語》今譯,在日本文壇頗得贊譽,他因此獲得日本政府頒發的文化獎章。
或許不是巧合吧,郭沫若也在1935年1月中旬完成《〈離騷〉今言譯》,從而
開始了他以現代漢語翻譯屈原作品的工作。後來斷斷續續至1953年,他最終
完成了《〈屈原賦〉今譯》。

三個小時的座談結束後,郭沫若留谷崎潤一郎共進午餐,請他吃了「雞
素燒」。告別時,他對谷崎潤一郎說:「明年4月我來招待你。乘飛機來,快
得很。」〔註19〕

谷崎潤一郎在與郭沫若交談的時候說過:「我也非常想去中國呀!」在郭
沫若之後,他從田漢那裏又接到過訪問中國的邀請,但在他逝世前到底還是
未能再一次訪問中國。他曾在1957年拜託內山完造給郭沫若帶話,說明自己
不能前往中國是由於健康狀態和交際繁忙的原因。可是究其實,還在於政治

〔註18〕谷崎潤一郎《昨天今天》。
〔註19〕劉德有:《隨郭沫若戰後訪日》,遼寧人民出版社,1988年9月。

的隔膜。谷崎潤一郎不太情願被邀請後的訪問，更不喜歡在眾人面前的演講
或是與政治家會面之類的事情。「當可以從東京直接去北京，能看些喜歡的東
西，只和喜歡的人見面的時候，我想我會作考慮」。〔註20〕

　　中國五四新文學與日本近現代文學之間有過密切的交往，郭沫若與谷崎
潤一郎的相識正是基於這樣的歷史背景而發生的，但他們相識以後的交往，
卻又有些耐人尋味的東西在裏面，見證著兩國文壇交往的一個側影。

在東洋文庫：結交林謙三

　　郭沫若一生的譯著卷帙浩繁，其中有一部非常特別的譯作——譯自一個
日本青年研究中國古代音樂史的著作。這就是林謙三著的《隋唐燕樂調研
究》。郭沫若翻譯這部著作是在流亡日本期間。與此相關的是，郭沫若最早的
雕像，即是由林謙三在那時創作的。這是一尊青銅雕塑胸像，如今存放於東
京都三鷹市亞非圖書館的「沫若文庫」。在亞非圖書館二層，闢有一間「中國
室」，室內常年展出「沫若文庫」的部分藏品，正中擺放的即是這尊雕像。在
這部譯著和這一尊青銅雕像之間，連接著兩個人的友情與交往。

　　林謙三原名長屋謙三，1899 年出生於大阪市一個造船技師的家庭。他就
讀於東京美術學校雕塑專業，1924 年畢業。林謙三曾在 1927 年到朝鮮參觀學
習古代美術，由是，對東方古典音樂發生了濃厚的興趣。《隋唐燕樂調研究》
就是他研究中國古代隋唐樂調、樂譜，及其與西域各國的音樂和傳入日本的
唐樂調之間關係的一部學術著作。

　　郭沫若與林謙三相識是在 1928 年，這在他為《隋唐燕樂調研究》所寫的
「序」中有記載。但郭沫若那時開始專心研究中國古代歷史，林謙三則是專
攻美術，兼習音樂史，兩人的術業可說相去甚遠，他們緣何相識？而郭沫若
又為什麼會去在自己完全陌生的學術領域翻譯一部研究音樂史的著作？這一
直是讓人不解的事情。在還沒有找到可以直接說明史實的資料時，我曾推
測：「林謙三以學美術而研究中國古代音樂史，必然需要學習和具有中國古代
歷史、古代文獻、典籍等方面的知識，郭沫若應該是他一個非常合適的學界
朋友。他之所以請郭沫若將《隋唐燕樂調研究》譯成漢語，不會無緣無故，

〔註20〕谷崎潤一郎：《伊豆山》。

一定是在撰寫書稿的過程中，他們已經有著很多學術上的相互請益、交流。」
〔註21〕後來，在查閱郭沫若《甲骨文字研究》手稿（現藏郭沫若紀念館）
時，意外地發現了一段文字資料，記錄了郭沫若與林謙三相識交往的開始和
緣由。

我們現在所能看到的《甲骨文字研究》中《甲骨文字研究序錄》一篇，
與手稿的文字實際上有所不同，它刪掉了手稿結尾的兩段文字，並且其中最
後一段文字在原稿中即已爲郭沫若自己所刪去。兩段文字所敘，都已經不關
涉書稿本身的內容了，這大概是它們被刪掉的原因。其中倒數第二段的文字
主要是說在東洋文庫查找甲骨文資料時，曾蒙文庫主任石田幹之助給予很大
方便，因而表示感謝的話。郭沫若在這裏提及的，顯然是他在 1928 年 9 月間
專門往東京的東洋文庫查閱資料的事情。這段集中跑東洋文庫的工作持續了
「一兩個月」。〔註22〕

手稿最後一段文字被作者用筆墨劃掉了，幸運的是，墨線塗抹下的文字
依然清晰可見。這段文字是這樣的：

> 同在庫中研究之林謙三君，於無心之中得成益友。林君乃日本青年
> 雕刻家，其研究之題目爲漢時代中西藝術之交涉，而主眼尤在音樂。
> 茶餘飯後每就所得者相與談論，恒樂而忘疲也。余深有感於林君之
> 奮發，無形之中受其鼓勵者不少。今當擱筆，余甚望其研究之早觀
> 厥成。

這段文字是與前段文字銜接的，所以「庫」即指東洋文庫。它清楚地告訴我
們，郭沫若與林謙三是同在東洋文庫查閱資料時相識，並且成了「益友」。從
字裏行間還可以看到，郭沫若對於林謙三的爲人、爲學之道頗爲讚賞，在與
林謙三交往中獲益不少，所以引爲益友。

當然，郭沫若這段文字不曾示人，但他後來在爲林謙三的《隋唐燕樂調
研究》所寫的「序」中還是把這些意思都表達出來了。他說，對於林謙三的
「爲人很謙和」、「爲學及專摯」，是十分「感佩的」，「我便從原稿的形式中替
他迻譯了過來。我自己所得的益處是很不少的。我自己對於音樂本是外行，
關於本國的音樂的故實以前也少有過問，自結交林氏後算稍微聞了一些緒

〔註21〕見《文化越境的行旅──郭沫若在日本二十年》，文化藝術出版社，2005 年 3
月。

〔註22〕見《我是中國人》，《海濤》，上海新文藝出版社，1951 年 8 月。

餘。」〔註23〕應該正是東洋文庫的那段交往，結下了後來的文緣。

事實上，郭沫若在翻譯《隋唐燕樂調研究》的同時，撰寫了一篇研究歷史人物的論文《隋代大音樂家萬寶常》。作爲中國古代音樂史上一位人物的萬寶常，在郭沫若眾多歷史人物研究的對象中，可謂獨一無二。雖然郭沫若是從「對於萬寶常的物質生活之數奇懷著無上的同情，對於他的精神生產之湮滅尤其感著無上的義憤」，去撰寫此文的；但文章從音樂史角度，從萬寶常代表著當時由「新來的胡樂與舊有的古樂或準古樂結合」所產生的新的音樂流派──「合成派」的意義上，考察、論述了萬寶常在中國音樂史上的地位。〔註24〕這是郭沫若介入到音樂史領域的歷史人物研究。郭沫若對於萬寶常發生了研究的興趣，他這篇論文題義的確立，必定與林謙三、與翻譯《隋唐燕樂調研究》有關。而他在論文中大量引述的古代典籍中有關隋代音律、音調、音樂史方面的專門性資料，也應該是林謙三研究「隋唐燕樂調」所曾需要參考或使用的。

1935 年，郭沫若譯就了《隋唐燕樂調研究》。在初稿譯出後，他與林謙三又用了八九個月的時間進行推敲，增改，使之精益求精。林謙三願意他這部研究有關中國音樂史的著述能先以漢語發表，郭沫若也希望能藉此書使中國的學界在中外文化交流史的視野上去研究中國音樂史。這無疑都是很有見地的眼光。

郭沫若於是開始聯繫書稿在國內的出版。他在 1935 年 9 月 20 日致信葉靈鳳時特別表示，可以將此書稿交現代出版社出版，並且說：「因爲是學術研究的東西，我可以把稿費放低出售，（依原稿紙計算，每張六百字，價四元，此乃最低價。）但印刷紙張要講究。」〔註25〕然而，現代出版社不願意出版此書。郭沫若又在 11 月 15 日致容庚的信中特意介紹：林謙三「專心研究中國古代音樂十餘年，通英、法、印度諸國文字，著有《隋唐燕樂調研究》一文，於中國外國歷來研究之成績均一一加以檢點，而別創一新說明，極有價值」。他表示可以不署自己的譯者之名，詢問《燕京學報》能否發表該文。〔註26〕幾經周折，郭沫若後來將這部書稿交沈尹默在上海主持的孔德研究所，由中

〔註23〕《隋唐燕樂調研究‧序》，上海商務印書館，1936 年 11 月初版。
〔註24〕《隋代大音樂家萬寶常》，《沫若文集》第 12 卷，人民文學出版社，1959 年 6 月出版。
〔註25〕孔令境編：《現代作家書簡》，廣州花城出版社，1982 年 2 月版。
〔註26〕《郭沫若書簡──致容庚》，廣東人民出版社，1981 年 5 月出版。

法文化出版委員會編輯，上海商務印書館，1936 年 11 月初版發行。有意思的
是，與此同時，郭沫若自己又將《隋代大音樂家萬寶常》一文用日語譯出，
發表在 1936 年 1 月出版的《日本評論》雜誌第 11 卷第 1 期上。這在中國現代
學術史和翻譯史上算得上是一段佳話了。

　　林謙三非常感激郭沫若爲翻譯、出版他稱之爲自己「處女作」的《隋唐
燕樂調研究》所做的一切。爲表達自己的謝意，他決定爲郭沫若塑一尊雕
像。在創作過程中，林謙三多次請郭沫若到他在西原的雕刻工作室來作模
特。當郭沫若四十五歲生日到來之際，塑像完成。完成時，由郭沫若親手在
雕像的背面用壓刀鐫刻了詩句：「巧薄天工，化我爲銅。影未嘗動，瞑絕時
空。」〔註 27〕

　　1936 年夏，郭沫若從河井荃廬那裏借閱到明代錫山安國十鼓齋《先鋒
本》、《中權本》、《後勁本》三種石鼓文拓本的照片資料，他分幾次送到林謙
三的工作室，由林謙三翻拍成膠片，再由林謙三請朋友放大洗印出來以供
研究用。郭沫若憑藉這幾種拓本資料充實完成了《石鼓文研究》，後交由孔
德研究所出版。在書稿出版前，他曾致信沈尹默，在說到這批拓本資料彌足
珍貴時寫道：「此邦人士中得窺其全豹者僅一二人，在中國除舊藏者及弟而
外，恐當以足下爲第三人矣。」〔註 28〕郭沫若研究金文甲骨，經常會有拓片
資料需要翻拍，所以請林謙三幫忙之事，當還有其他，只是沒有被文字記錄
下來吧。

　　關於郭沫若與林謙三的交往，我們能夠知道較爲詳細的，就是譯書與塑
像這一來一往兩件事情的經過。雖然如此，我們可以感覺到，他們二人在那
時的交往過從應該是很親密的。林謙三曾偕其母親一起去須和田走訪郭沫若
和安娜，這樣的生活細節當可印證這一點。

　　1936 年底，郭沫若應《宇宙風》編者之索要，寄去一張近照，刊登在 1937
年 4 月《宇宙風》合訂本第 3 集上。在這張照片的背面，郭沫若題寫了這樣
一段話：

　　　此張乃日友林謙三兄（Hayasi Kengo）爲余製胸像時在其製作室中
　　　所攝。右側即林君，余則「對影成三人」已了。林君於雕刻外復擅

〔註 27〕菊地三郎《萬馬齊喑的亞洲學——四十年親歷漫談》；日本沫若文庫建設委員
　　　　會編《沫若文庫》，朝日新聞社，1956 年 6 月 5 日出版。
〔註 28〕《石鼓文研究‧重印弁言》。

場音樂，有《隋唐燕樂調研究》之作，已由余從原稿中迻譯爲中文，
不日將出版之。

看來郭沫若也是用心良苦，藉此在爲林謙三，爲《隋唐燕樂調研究》的出版，
做廣告宣傳了。

助傅抱石東京辦畫展

　　郭沫若與傅抱石 1933 年春在日本東京相識。那時傅抱石剛到東京，入東
京帝國美術學校作研修生。他與郭沫若之間的交往和友誼從一開始就是圍繞
著詩、畫、書法藝術展開的。傅抱石在日本學習了兩年多時間，期間最重要
的一件事是在東京成功地舉辦了個人畫展。這個畫展的舉辦，得到郭沫若的
大力支持。

　　《郭沫若年譜》（龔濟民、方仁念）中關於郭沫若幫助傅抱石在東京舉辦
畫展之事有兩條譜文記載：其一，1934 年 5 月，「在東京銀座的松阪屋爲傅抱
石主持《書畫個展》的開幕式，並協助舉行記者招待會，在會場親自擔任翻
譯，還曾爲展出的許多作品親筆題款題詩。展覽會結束後，又『勸抱石再開
一次個展』……」其二，1935 年，「本年爲傅抱石在東京舉行的個人書畫作品
展覽會列名主催，以至所有學術界、藝術界名流均來參觀……」

　　按照這兩條譜文記載，傅抱石於 1934 年、1935 年在東京舉辦了兩次個人
畫展，而且 1934 年 5 月項下的那句「勸抱石再開一次個展」，似乎還成爲 1935
年畫展的佐證。然而，這兩條譜文說的其實是一件事。

　　所謂傅抱石在 1934 年 5 月舉辦畫展一事，主要根據郭沫若在《竹蔭讀
畫》一文中的記述推斷而出。《竹蔭讀畫》中郭沫若是這樣寫的：「抱石在東
京時曾舉行過一次展覽會，是在銀座的松阪屋，開了五天，把東京的名人
流輩差不多都動員了。」〔註29〕郭沫若只記有傅抱石辦過一次畫展，沒記具
體時間。在文章的前一段文字中倒是有一個時間的記載：「二十三年二月三
日」，但這是郭沫若與傅抱石回憶起「二十三年二月三日，是舊曆的大除夕」，
他們曾一同在東京中野留學生監督家中晚餐之事。「二十三年」即 1934 年，

〔註29〕《竹蔭讀畫》，《郭沫若全集・文學編》第 10 卷，人民文學出版社，1985 年 9
　　　月，第 302 頁。

顯然，譜文的編撰者把這一時間推斷爲畫展舉辦的年份。但將這樣兩件在文字敘述上完全讀不出有時間接續關係的事情，推斷在同一年發生，應該說是太隨意了。

郁風寫有《「能師大眾者　敢作萬夫雄」》一篇回憶文章文，其中記到 1935 年傅抱石在東京舉辦畫展，這是對的，但沒有更準確時間記錄（這也是第二條譜文之依據）。可以校正並準確考訂傅抱石畫展一事的資料依據是《郭沫若致文求堂書簡》中的幾封信函。

查《郭沫若致文求堂書簡》，1935 年 5 月 9 日，郭沫若在寫給田中震二的一張明信片上寫有「明日參觀傅氏展覽會前，將順過府上，屆時再談」的話。〔註30〕這裏所說的傅氏展覽會即應指傅抱石畫展。此前的 4 月 16 日傅抱石曾有一信給郭沫若，談及請田中慶太郎、河井荃廬等人寫評論文字或評語，以及郭沫若爲其題作已交付攝影等事。郭沫若在接到傅抱石信的當天（17 日），即在給田中慶太郎的信中轉託田中幫助傅抱石所請之事。這些應該都是在爲畫展做準備工作。5 月 31 日，郭沫若在致田中慶太郎的信中特別寫道：「傅君個人展覽，承蒙鼎力相助，傅君之收穫，當超乎金錢也。日後仍望關照。」〔註31〕從郭沫若給田中震二的信和《竹蔭讀畫》中「我去看他的個展時是第二天」的記載推斷，傅抱石的畫展覽應該是在 1935 年 5 月 9 日揭幕。但這裏還存在一個疑問，以郭沫若與傅抱石的私交，從他爲傅抱石多幅展出之作題詩題辭並爲籌備畫展給予了許多幫助這種情況而言，他似乎不會不參加畫展開幕式，那麼畫展開幕的時間則是 5 月 10 日，而郭沫若在《竹蔭讀畫》中所說第二天去看畫的記憶可能有誤。當然，前一天出席揭幕式，第二天再一次去看畫展也是有可能的。看來這一點只能存疑。

傅抱石在成功舉辦了個人畫展之後不久，即因母親病重而匆匆回國，未能再返日本繼續學業。除這一次畫展之外，他在日本期間沒有舉辦過第二個畫展覽。至於《竹蔭讀畫》中「勸抱石再開一次個展」的話，是郭沫若在這篇文章中所記 1943 年 10 月 17 日往訪傅抱石時所說的話（文章中表述得非常清楚），與東京那次畫展毫無關係。另外，譜文中使用了「以至所有學術界、藝術界名流均來參觀」這樣表述的文字，也大失嚴謹。一個「以至」把郭沫若出席了畫展和「東京的名人流輩差不多都」到場這樣兩個本來並無邏輯關

〔註30〕《郭沫若致文求堂書簡》第 186 號，文物出版社，1997 年 12 月。
〔註31〕《郭沫若致文求堂書簡》第 188 號，文物出版社，1997 年 12 月。

係的事情，改變成了由於郭沫若列名「主催」，「以至所有學術界、藝術界名流均來參觀」這樣的因果關係，這是對歷史敘述的極大失真。

逢文求堂田中慶太郎

在流亡日本的近十年間，郭沫若與東京文求堂主人田中慶太郎的交往，應該說是他人際關係中最重要的部分，僅從一件史實即可看到這一點：郭沫若在此期間所編纂撰寫的學術著作總計有 15 種，其中 9 種由文求堂出版。這樣一個簡單數字的背後，應該有著豐富的歷史文化信息。但是很長時間以來，郭沫若與田中慶太郎和文求堂之間關係的詳細內容並不為人們所知，同時，人們卻又對這一交往關係存在很深的誤解。

從描述郭沫若在日本十年亡命史（這之中存在著許多空白處）的角度說，考察他與田中慶太郎和文求堂交往的關係史是必不可少的，而這，首先需要拂去歷史的塵埃，廓清歷史的誤讀。

筆下隱曲

郭沫若與田中慶太郎和文求堂交往的關係在此前之所以被人們誤解，大概主要出自兩個方面的原因：郭沫若自傳的文字描述與金祖同筆下的文字記錄。

以田中慶太郎是郭沫若流亡日本期間交往最多，也最為重要的一個人物這一史實而言，他應該是郭沫若在自傳中重筆寫到的人物。但事實是，在郭沫若筆下，寫到田中慶太郎的文字卻僅有屈指可數的幾處。郭沫若寫自己的傳記或回憶文章，當然有取捨所經歷過的人、事的自由，但從他這種經意或不經意的「從略」中，實際上給讀者傳遞的是一種具有臧否意味的信息。即使不說是顯得輕慢，至少也會令人感覺著幾分蹊蹺。郭沫若回憶起初次在文求堂見到田中慶太郎時的場景，是這樣寫的：

> 店主人姓田中，名叫慶太郎，字叫子祥，把文求堂三字合併起來作為自己的別號，也叫著救堂。（這是有點類似於兒戲，實際上救字並不是「文求」二字的合書。）年齡在五十以上。他是連小學都沒有畢業的，但他對於中國的版本卻有豐富的知識，在這一方面他可遠遠超過了一些大學教授和專家。他年青時候曾經到過北京，就全靠

買賣上的經驗，他獲得了他的地位和產業。大約在日本人中，但凡研究中國學問的人，沒有人不知道這位田中救堂；恰如在上海，但凡研究日本學問的中國人，沒有人不知道內山完造的那樣。我在當天走進這文求堂的時候，就在那餐桌後面，發現了一位中等身材的五十以上的人。沒有什麼血色的面孔作三角形，兩耳稍稍向外坦出，看來是經過一種日本式的封建趣味所洗練過的，那便是這位書店老闆了。〔註32〕

描寫田中慶太郎外貌的這段文字顯出暗示的意味，帶著些挪揄的感情色彩。它們彷彿在表達作者並不喜歡他寫到的人。

如果說郭沫若筆下的文字，讓人們還只是能去猜測，甚至想像他與田中慶太郎的關係；那麼，對此有著明確解讀的，就是殷塵（金祖同）的那本《郭沫若歸國秘記》。人們大概也多是據此書的說法對這一關係做出認定和評判的，因爲金祖同在書中實際上是借郭沫若之口，來述說其與田中慶太郎的關係：

他有些憎恨這個「田中救堂」。

因爲救堂對待鼎堂和內山對待魯迅的意氣相似，出版商的那副氣焰是卑不可當的。不過據他平時告訴我，救堂的人格不及內山多了。雖然我們不能說內山待魯迅一些私意沒有，而救堂卻是滿肚子懷著鬼胎的……

十年來，鼎堂在居留日本的過程中，除非萬不得已，偶爾向他去商量一二次外，他是不常去的。此外就是關於印行他的著作事件，因爲這對於救堂是有利的。

有一次他曾想把他的大女兒嫁給我，他千方百計地設法，想怎樣來解決我是一個有婦之夫的重婚問題，爲了這，有一個時期他的一家同我非常的接近，非常的親熱，常常叫他的兒子到市川來，甚至他的大女兒也常常來，後來，當他發覺「重婚」是不可能的時候，他們就立刻對我冷淡許多了。〔註33〕

〔註32〕《我是中國人》，《郭沫若全集·文學編》第13卷。
〔註33〕殷塵：《郭沫若歸國秘記》，言行出版社，1945年9月。《郭沫若歸國秘記》建國後雖未再版，但1984年印行的《郭沫若秘密歸國資料選》（四川社會科學院文學研究所抗戰文藝研究室編，內部出版）中收錄了此書（略有文字刪

在金祖同看來，田中慶太郎與郭沫若的關係，一言以蔽之，全然是一個書商與一位學者之間的出版與金錢、剝削與被剝削的關係。郭沫若「憎恨」這種不得不與一個心懷「鬼胎」的商人去打交道的關係。

在郭沫若流亡日本期間人際關系譜中這樣重要的一頁，眞是如金祖同所寫的那樣嗎？這番描述眞是郭沫若自己講給金祖同的嗎？這也許本身是個謎：或許它只是出自金祖同之筆，在當時的歷史情勢下（抗戰期間），郭沫若默認了這樣的說法。或者郭沫若與田中慶太郎之間確曾發生過齟齬，這在出版商與著作者這層關係上也是可以想像的，郭沫若當然會心存不悅，也是因了戰爭的緣故，這種不悅被放大了。還有可能是田中慶太郎對那場戰爭的態度，決定了郭沫若與田中慶太郎都必須忘卻他們在此之前的交往史，不然，何以郭沫若歸國之後，他留在日本的家眷得到的是此前他並不熟識的岩波書店老闆岩波茂雄的照拂（包括資助孩子們上學），而非來自文求堂田中慶太郎的關照。

當然這些只能是揣測。

但是，抗日戰爭這一歷史背景的存在，是翻閱這些文字進行解讀時必須要考慮到的。因爲這個背景因素之於郭沫若是非同尋常的：他有一個與日本女性結合而成的家庭；他能夠結束被通緝的流亡生活回國，是因爲國民政府欲有所「藉重」；他回國後又在抗戰宣傳的大舞臺上同時爲國共兩黨所「藉重」。可以相像，置身在這一歷史場景中，要去述說一個有郭沫若這樣身份和經歷的中國人與一個日本人的交往（儘管主要發生在戰爭爆發前），應該是有些尷尬或兩難的吧！

此前就有過這樣一件事，可以讓我們從旁看到這一點：郭沫若在日本時與容庚在古文字學術研究上「同聲相應同氣相求」，1929 年起就建立了密切來往（書信），互通有無的關係。1931 年 9 月初，郭沫若在給容庚的一封信中，向容庚求借一些拓本、照片等研究資料，容庚應允，且已備好準備郵寄。正當此時，「九一八事變」爆發，容庚當即致信郭沫若，慷慨激昂地寫道：「正欲作書與足下，寫完前三字而小鬼出兵瀋陽之耗至，血爲之沸，故一切拓本照片均停寄。國亡無日，兄尙能寄人籬下作亡國寓公耶？關於東省消息，在日人顛倒是非或爲所蒙蔽。兄試思，無故出兵占據我城市，殺戮我人民，寧

削），且在郭沫若研究界廣爲人知，並作爲史料在諸如郭沫若的年譜、傳記使用。

有理由可書？故弟所希望於兄者惟歸國一行，日人之爲友爲敵便可了然。」「兄不忍於蔣氏之跋扈而出走，獨能忍於小鬼之跋扈而不回國乎？」〔註34〕朋友這樣的責問，對於郭沫若在處理日本人際關係時，應該是有一種道義與心理壓力的，雖然事後容庚與郭沫若仍然繼續著如常的交往。而且，只要郭沫若的日本人際關係背景依然存在，即使他後來「別婦拋雛」回國抗戰，那仍然會對他構成一個潛在的壓力。

郭沫若將他記述自己流亡日本生涯的一篇文章題作「我是中國人」，其實是耐人尋味的。作爲一個愛國者，這個標題當然首先眞確地表達出當時身爲一介「弱國子民」的中國人生活在日本的那種切身感受、切膚之痛。同時，這個標題又讓人感覺到，它是郭沫若在著意向人們訴說、剖白他的心跡。

好在戰爭的迷霧已經遠去，現在來考察郭沫若與田中慶太郎的關係，可以不必再顧及到歷史的陰影。而眞正能解讀郭沫若與田中慶太郎關係內涵的，應該是保存下來，並已整理出的二百餘封「郭沫若致文求堂書簡」〔註35〕。這些書簡，使人們對於郭沫若與田中慶太郎交往的關係，可以有比較多的瞭解了。雖然僅根據二百餘封郭沫若的書信而沒有與之相應的資料，似乎還難以對這一交往關係的始末有一個完整的瞭解，但是至少關於郭沫若與田中慶太郎之間到底維繫一種什麼樣的關係，我們可以從中獲得比較眞確的解讀。

文求堂主人

在考察這一批書簡之前，有必要瞭解一下田中慶太郎和他的文求堂書店。田中慶太郎 1880 年出生於京都，1899 年畢業於東京外國語學校（今東京外國語大學前身）中國語學科。田中慶太郎的上輩即經營書店，因書店是文久元年（1861 年）開的業，故取名爲文求堂。1901 年，文求堂由京都遷至東京。田中慶太郎 1908 年後有一段時間在北京購置了房子，長駐中國，一面學習中國古代典籍方面的知識，一面搜求善本書籍。文求堂就是以經營漢籍古書而聞名於日本漢學界。

在那些經常光顧文求堂的日本漢學家眼裏，田中慶太郎是「一位聰明的商人，同時也是一位有很高教養的人」。他精通漢籍的版本學，也通曉中國

〔註34〕1931 年 10 月 4 日容庚致郭沫若信，據原信手迹。
〔註35〕《郭沫若致文求堂書簡》，文物出版社出版，1997 年 12 月。

書畫。著名的漢學家內藤湖南稱：「在今天的東京，學者之中對於古書的鑒賞能力而言，沒有一人能與『文求堂』主人相匹敵。」〔註36〕「田中先生是個很重友情的人。無論是同行業者之中，還是先生以及學生等等，受過他親切幫助的人特別多。」「他又是一位有時什麼也不怕，想說的話什麼都敢說，還能辛辣批評的具有自由意志的人。」〔註37〕田中慶太郎是日本中國文學研究會的支持者，對於研究會設立事務所、出版會刊等給予了很多幫助，他與竹內好、松枝茂夫、增田涉這些中國文學研究會的年輕人有著很好的關係。

文求堂在學者們或有志於漢學的年輕學子們眼中除了是一處購書之地，還是一個聚談、交往的場所。石田幹之助說，文求堂像個學者俱樂部，青年學者在這裏能見到許多「學界文壇的老前輩」，「也就得到了接觸珍貴的高論卓說的機會」。一位外地學者開玩笑地說，「如果上京的話一是去東洋文庫拜讀，二是到文求堂來聽講，都是絕對不能少的。」〔註38〕在經銷圖書之外，文求堂也做出版方面的事。它歷年所出版的書有二百餘部，但主要是與漢學和中國語言學有關的著作，其中就包括郭沫若的《兩周金文辭大系》等九部著作。田中慶太郎認為，「出版就是把喜歡的事情做出來」。所以有人說：「為了出版，無視盈虧，大都承諾下來的人，除田中先生以外，今後不會再有了。」〔註39〕實際上，文求堂的經營主要是靠漢籍銷售而非出版，「比起出版來，文求堂還是在古書店上更有名些」。

這些關於田中慶太郎和文求堂的描述、評價，都出自那些對其懷著珍視之情的日本漢學家之口，也許不免溢美之辭。不過，從《郭沫若致文求堂書簡》中我們大體上也可以獲得相似的印象。將「書簡」中涉及郭沫若與田中慶太郎之間關係的方方面面加以梳理之後，我們可以於此關係得到一個完全不同於金祖同描述的解讀。如果用一個詞來概括這一關係的內容與實質，那就是「朋友」。而且那是一種交往非常密切的朋友關係，是兩家人之間可以相互登堂入室的朋友關係。這一關係貫穿在郭沫若與田中慶太郎交往的各個方面。

〔註36〕反町茂雄：《『文求堂』和它的主人》，《日本古書通信》，1951年10月15日第59號。

〔註37〕齋藤兼藏：《回憶田中先生》，《日本古書通信》，1951年10月15日第59號。

〔註38〕石田幹之助：《追悼文求堂田中慶太郎翁》，《日本古書通信》，1951年10月15日第59號。

〔註39〕齋藤兼藏：《回憶田中先生》，《日本古書通信》，1951年10月15日第59號。

寫書、出書

　　郭沫若在文求堂第一眼見到田中慶太郎的情景，在他筆下雖然帶著揶揄的味道，但接下去兩人之間的接觸，是一個顧客與書店店主尋常的接觸：郭沫若選中了一本急需的書，卻無力買下，於是提出以身上僅有的幾元錢做抵押，把書借回去看一兩天。田中慶太郎躊躇了一下，委婉地拒絕了，對於顧客唐突提出的要求，他做出的反應沒有什麼不合適之處。在一般情況下，顧客與店主的接觸至此也就結束了。但田中慶太郎讓尋常的書店詢問有了後續發展，他告訴了郭沫若「一個更好的門路」。

　　郭沫若這樣記下了下面的情節：「他告訴我：要看這一類的書，小石川區的東洋文庫應有盡有。你只要有人介紹，便可以隨時去閱覽的。那東洋文庫的主任是石田幹之助，和藤森成吉是同期生啦。」〔註 40〕顯然，在田中慶太郎提示郭沫若，藤森成吉與石田幹之助是同期生之前，他們之間應該已經有了很長時間的交談。如若不是郭沫若詳細講述了他在日本留學的經歷，藤森成吉這個名字是沒有可能在他們的交談中出現的。也即是說，在初次接觸中，田中慶太郎對於郭沫若的情況和正在從事學術研究就有了瞭解。這應該就是他們交往下去的基礎。

　　郭沫若正是在田中慶太郎的提示下，得以在東洋文庫充分閱覽了那裏所藏文獻資料，這對於他關於中國古代社會的研究大有幫助。他也從此開始了與田中慶太郎的交往。

　　從《郭沫若致文求堂書簡》中見到的最早的一封書信寫於 1931 年 6 月 28 日，隨後幾封信的內容都是商議《兩周金文辭大系》的編纂出版事宜。此時，郭沫若與田中慶太郎之間的關係應該已經是很密切的了。此前兩年多的時間中他們有著怎樣的來往，我們不得而知，但這並不防礙我們去瞭解在他們交往中最為重要的一個方面：郭沫若編撰著作的出版事宜。

　　在文求堂的第一次見面，當然不會讓田中慶太郎馬上對郭沫若在學術方面的能力、水平有多少瞭解。但是隨著交往愈多愈深，他肯定對於郭沫若在古文字領域的學術研究漸漸有了很高的評價，繼而就有了出自一個出版人的職業期待。田中慶太郎樂於助人，但並不是慈善家。作為一個經營漢籍兼營出版的商人，應該說他是有其獨特的眼光和魄力的。他能識人、識才，也很

〔註 40〕《我是中國人》，《郭沫若全集・文學編》第 13 卷。

瞭解漢學研究領域的學術動向，所以才會對郭沫若有了出版的職業期待。金祖同寫的那本小冊子也承認這一點：「在我剛把《兩周金文辭大系》纂成的時候，也就是我在日本生活最窘困的時候，我不能忘記他以三百元買我這一束稿子，使我能在日本立足，識我於稠人之中，那不能不說救堂是個世故很深而具有銳利眼光的人。」〔註41〕田中慶太郎這種期待，不單是從經濟方面的考慮，還體現著一種學術方面的眼光。

就郭沫若而言，流亡日本初期是他人生經歷中最爲困難的時期，要靠一支筆，而且是在一個全新領域裏進行的學術研究來養家糊口，他需要來自出版商的大力支持。但是他所求的不是別人的幫助、施捨，他有充分的自信：對於自己能力的自信，在學術上開闢新說的自信。他正是以這樣的自信面對與「文求堂」主人的交道往來，而且對田中慶太郎給予了朋友式的充分的信賴。

郭沫若的才氣、學識和他沉潛於遠古史迹研究的那番執著和毅力，田中慶太郎的識人、識才和作爲一個經營漢籍兼營出版的商人所葆有的獨特眼光、魄力，既是他們兩人相識，進而結成朋友關係的初始機緣，也是維繫他們這一朋友關係的終極動因。所以，在郭沫若與田中慶太郎的關係交往中，郭沫若編撰著作出版事宜的商討、操作，成爲最主要的一個內容。但這又不是一般作者與出版商之間那種簡單的你拿書稿來，我出版的關係方式。從所能見到的最早的那封郭沫若致田中慶太郎的信函中可以看到，他在編撰書稿的過程中就開始得到田中慶太郎的幫助和支持。《郭沫若致文求堂書簡》的二百餘封書信中的大部分，都記載有田中慶太郎和文求堂在這方面的「行經」。其內容包括：參考書、工具書的借閱、提供、購置，拓片、圖片的攝製、翻拍，資料的查找、核對、抄錄等等。在書簡中，關於書籍版式、開本、用紙的考慮，圖片、圖版尺寸大小的商定等等內容也是很多的。

文求堂主要經營與中國古代典籍有關的圖書，從中國購進圖書的渠道非常暢通，而且具有極好的信譽。這爲郭沫若提供了一個很大的便利，即借閱、委託代購所需書籍。在二百餘封書簡中，有好幾十封信函都記載有借書、還書、購書、代購書刊、代訂書刊之類的事情。郭沫若只要有所需，似乎一紙信片，田中慶太郎就會爲他或寄到或遣人送到。在編纂《兩周金文辭大系圖錄》時，郭沫若曾向田中慶太郎一次便開列出所需書籍八九種，且有版本要

〔註41〕殷塵：《郭沫若歸國秘記》，言行出版社，1945年9月。

求，說：「尊處如有，乞寄下；缺者，請設法函購。」〔註42〕有時他急需什麼
書，就會在信上寫下「急欲一閱」樣的字句，而田中慶太郎也會在第二天把
書寄出。文求堂經營古舊書，田中慶太郎自己也有不少明版、宋版的善本藏
書。後來文求堂歇業拍賣時，這些藏品很為行內人看好。郭沫若在 1955 年訪
日時也曾問起文求堂的這些藏書，並且希望它們能夠回歸中國。大概田中慶
太郎讓他看過不少藏書。

「昨蒙展示珍藏……謝甚謝甚。」這是郭沫若 1932 年 10 月 27 日致田
中慶太郎信中的話。提及的珍藏，不知是不是指文求堂所藏的石鼓文拓本。
郭沫若就是看了文求堂的藏本後，才寫了《石鼓文研究》。在他編纂的幾種
書籍中，有些拓片資料就是由田中慶太郎提供的，這在「書簡」中也有所
記載。

「請就《繆篆分韻》之類著書，考漢篆『寬』字之結構，抄示為禱。」
「日前查核『太行山』時，似見府上有地理辭典，乞據以查核『河內』地
名。」〔註43〕這是分別在兩封信函中郭沫若寫到請田中慶太郎幫助查抄資料
的事情，這樣的要求，在「書簡」中時有可見。「五日夜手書奉到。查考迅速
周密，感佩無似。此問題務請徹底解決，終究是一種見識。」〔註44〕這封信
是郭沫若寫給田中震二的。雖然我們不知信中言及的問題是什麼，但田中震
二顯然在查找資料之外，還做了考證研究的工作。「剪報所載消息極有價值，
諸多費心，感甚。」〔註45〕這應該是郭沫若為感謝田中慶太郎提供的剪報資
料所寫的致謝信。從書簡中可以看到，當郭沫若在資料方面有這樣的請求
時，田中父子總是盡力而為。這當然已經不是出版商與著作者的關係可以囊
括的。文求堂和田中慶太郎實際上成為郭沫若從事撰述工作的一個可以信賴
的資料室。

《石鼓文研究》發表後，馬敘倫寫下萬言長跋「駁擊」郭沫若的說法，
郭沫若「擬撰文反駁」，於是特別請田中慶太郎「枉過面談」。《兩周金文辭大
系》出版後，有人著文指摘其內容有誤，郭沫若寫了答文，寄田中慶太郎說：
「另函奉上《答〈兩周金文辭大系〉商兌》。擬收為《之餘》附錄，寫得極溫
和。不解之處甚多，若沉默，則似默認錯誤，故仍以答覆為好。務請老兄過

〔註42〕《郭沫若致文求堂書簡》第 120 號，文物出版社，1997 年 12 月。

〔註43〕《郭沫若致文求堂書簡》第 12 號、第 5 號，文物出版社，1997 年 12 月。

〔註44〕《郭沫若致文求堂書簡》第 73 號，文物出版社，1997 年 12 月。

〔註45〕《郭沫若致文求堂書簡》第 9 號，文物出版社，1997 年 12 月。

目。若以爲不發表爲宜，請即置留手邊。」〔註46〕這樣的事情表明，郭沫若在學術問題上也把田中慶太郎看作一位可以交流的對話者，而且很重視他的意見，不止把他視爲僅僅是個出版商。因此，他們之間在出書的合作上就有了更重要的內容。

商討選題

「頃頗欲決心於中國文學史之述作，擬分爲三部，商周秦漢爲一部，魏晉六朝隋唐爲一部，宋元明清爲一部。期於一二年內次第成書。此書如成，需要必多。特憾家計無著，不識有何良策見教否？」〔註47〕這是郭沫若1931年9月20日致田中慶太郎信的主要內容，他就自己擬定的一個著述選題徵詢田中慶太郎的意見。記載這類內容的信函，在《郭沫若致文求堂書簡》中還有數封。這樣的商討是他們兩人之間在郭沫若撰著出版關係方面的一個延伸，正是這樣的延伸，使他們之間著作者與出版商的關係變得非同尋常，具有了一種學界朋友的內涵。

郭沫若擬述作中國文學史，看來田中慶太郎並不贊同，因爲這個選題沒有進行。田中慶太郎未必不確信郭沫若在這方面的學術能力，而是有他考慮的著眼點，即出於出版方面的考慮。但是顯而易見，他的選擇並不只是爲了賺錢，而體現出一種經營的方針。從文求堂歷年所出書目看，它的所長或者說田中慶太郎的興趣所在，是有關中國古代典籍、版本書、考古、古文字方面的編纂、著述。如果單純從獲取利潤的角度考慮，出版中國文學史應該比出版金文甲骨文方面的撰述有著更好的市場預期，作爲出版商的田中慶太郎不會看不到這一點。那麼應該說他的經營方針，融通著他一以貫之的學術文化的眼光和魄力。

一年之後，郭沫若的一封信函中又提到一個撰述選題：「昨日晤談，甚快。卜辭之選，初步考慮，擬限於三四百頁範圍內……擬取名《卜辭選釋》。盡可能選成兼有啓蒙性與學術性之讀物。」郭沫若在信中還就田中慶太郎如同意這個選題，列出擬請他幫助商借的圖書、資料。信的結尾寫道：「以上諸點，請酌。」〔註48〕這一撰述計劃得到田中慶太郎的贊同、協助，很快便完成並出版了，即《卜辭通纂》。從這封信中可以看出，《卜辭通纂》選題的提出、

〔註46〕《郭沫若致文求堂書簡》第38號，文物出版社，1997年12月。
〔註47〕《郭沫若致文求堂書簡》第3號，文物出版社，1997年12月。
〔註48〕《郭沫若致文求堂書簡》第29號，文物出版社，1997年12月。

確定和完成出版，從一開始田中慶太郎就參與其中，而且郭沫若很看中他的意見，應該說其中也融進了田中慶太郎的辛勞。

《兩周金文辭大系圖錄》得以編纂的緣起也與此相似。從郭沫若 1933 年 12 月 11 日致田中慶太郎的信看，提起編纂該圖錄（初時作《兩周金文辭圖版》）的想法，或許還是出自田中慶太郎的意見。後來關於「圖錄」的編纂方式，郭沫若也與田中慶太郎有具體的商議。〔註49〕1936 年 10 月 5 日，郭沫若在致田中慶太郎的信中寫了這樣一段話：「今稍得閒，擬自劉氏拓本中遴選二千片左右，按照尊意編成四百頁上下一書，未知其後有何考慮？盼示。」這裏所說的應該就是次年 4 月完稿的《殷契粹編》一書。從文辭之意可知，《殷契粹編》得以成書出版，田中慶太郎之「尊意」和「考慮」，是非常重要的因素。〔註50〕

作為一種歷史回顧，如果把這兩類事情聯繫在一起，似乎還展現出另一層因果鏈接的意義。以郭沫若的學識，他撰寫一部中國文學史是毫無問題的。田中慶太郎若給予支持（在生計上、出版上），此事也會做成，但耗費的時日肯定不短。從先秦開始迄於明清的一部文學史，郭沫若預計的一二年時間，恐怕是難以完成的。這樣一來，是否還會有《卜辭通纂》、《古代銘刻彙考》、《兩周金文辭大系圖錄》、《殷契粹編》這些著作的相繼問世呢？

當然這是一種假設，但顯而易見的是，郭沫若如果在 1931 年就轉移了他當時學術研究的關注點，至少是會因此分散了他專注於古文字和古代史研究的時間精力，那麼奠定了他在這一學術領域地位的那些著作總要少了二三吧。郭沫若當時不會想到這一點，生計問題對他就是一個很大的壓力。田中慶太郎或許也沒有意識到這點，而只是出於文求堂經營方針的考慮對這兩類選題作出不同的選擇。但在事實上，他們之間這種關於撰述選題的商榷和達成的默契，使得郭沫若在近十年的時間內能專心在既定學術領域的研究。這是田中慶太郎與郭沫若的關係中尤其值得珍視的一點。

學界交友

與做學問的事業相關，郭沫若在流亡期間走進一個新的交往圈，結交了許多日本學界人士。

〔註49〕見《郭沫若致文求堂書簡》第 122 號，文物出版社，1997 年 12 月。
〔註50〕《郭沫若致文求堂書簡》第 206 號，文物出版社，1997 年 12 月。

郭沫若雖然曾有留學日本十年的經歷，但那是作為一個學醫的學生，所以與日本歷史、考古學界素無交道往來。他所從事的歷史學、金文甲骨之學的研究著述，於這方面學界的交道往來就是必不可少的了。田中慶太郎在這方面給予他以很大幫助。

郭沫若是經常光顧文求堂的，而並非如金祖同書中所言除萬不得已才去，「書簡」中這方面行止的記述就有許多。當時在東京第一高等學校任教的長澤規矩也記得：「郭沫若先生常來文求堂。」文求堂對預定要來的客人，會為他們安排午飯。「我和郭氏多次一同吃午飯。」〔註51〕從田中慶太郎的經歷中可以看到，他在日本漢學界和歷史學、考古學界有著非常廣泛的交往，文求堂也是個「談笑有鴻儒，往來無白丁」的去處，所以學者們、青年學子們才會把那裏視同一個學術沙龍，不時地「到文求堂來聽講」。郭沫若在文求堂當然會結識許多日本學者。「書簡」第 4 函裏提及這樣一件事：「昨日得晤各位，快甚。」雖然我們不知道這「各位」是何許人，但推測起來，郭沫若晤見的應該是一些學界朋友。事實上，從郭沫若開始古文字研究時起，他得以與日本學界一些從事考古、中國古代歷史研究的學者的相識，都是直接、間接地經由田中慶太郎的介紹。像中村不折、河井荃廬、長澤規矩也，也包括石田幹之助。

1932 年 11 月，郭沫若為尋訪古文字資料曾有一次京都之行，這是他流亡日本期間重要的一次學術走訪。在京都之行中，郭沫若訪問了京都帝國大學的考古學教室。這次走訪，讓他結識了內藤湖南、梅原末治、水野清一這些京都學派的學者。郭沫若的京都行是得到田中慶太郎大力幫助的。

在郭沫若決意京都一行後，田中慶太郎曾欲陪同前往。（郭沫若寫於 10 月 30 日的信中有這樣幾句打油詩：「老兄能西下，再好也沒有。已得老婆同意，說走便可以走。只待老兄方便，不問什麼時候。」）後來不知何故，田中慶太郎無法同去，郭沫若便希望有田中震二同行，又謂，如果「震二弟亦有不便，或無願去之希望，請勿勉強。能得老兄介紹書，僕一人獨去亦無妨事也。」〔註52〕後來郭沫若是偕田中震二同往京都的。從郭沫若幾封有關京都之行的事致田中慶太郎的信中可知，田中慶太郎的出面或介紹，對於他這次

〔註51〕長澤規矩也：《回憶起來的人們》，《日本古書通信》，1974 年 11 月 15 日，第 5367 號。
〔註52〕《郭沫若致文求堂書簡》第 47 號，文物出版社，1997 年 12 月。

學術走訪是非常重要的前提，不然，他的京都之行恐怕很難如願。

郭沫若與這些日本學者的交往對於他的學術見解產生了什麼影響，我們無從判斷，但他從這些學者那裏得到的學術資料的支持，是可以從他的著作中看到的。在這方面的往來中，田中慶太郎擔當了一個中間人的角色，當然不是掮客式的中間人，而是雙方都信賴的朋友。所以，郭沫若常常無須自己出面商求借閱、翻拍、使用他人的藏品、著作，把它們交由田中慶太郎去操作就行了。《郭沫若致文求堂書簡》中即有許多有關這類事情的記載，像爲編撰《卜辭通纂》請田中慶太郎商請河井荃廬、中村不折允用其藏品，〔註 53〕爲編纂《兩周金文辭大系圖錄》請田中慶太郎翻拍梅原末治著作中所收銘文等等。〔註 54〕《石鼓文研究》一書的編纂撰寫，更是與同河井荃廬的交往密切相關。

從研究金文、甲骨文時起，郭沫若就同時在研究石鼓文。他對於石鼓文的新發現，還引起了一些學者和收藏者對石鼓文的重視。他曾在文求堂看到一套石鼓文拓本的照片，便著手研究，並很快寫成《石鼓文研究》一文。但郭沫若知道還有些重要的拓本資料他未能看到，「研究亦不能說完成」，於是暫時擱置下來。後來，通過田中慶太郎，郭沫若與河井荃廬開始有了交往，從河井荃廬那裏借閱並翻拍了他一直想看到而未能全看到的那些拓本，就是著名的明代安國所藏石鼓文三種拓本：先鋒本、中權本、後勁本，最終完成《石鼓文研究》一書。該書後作爲「孔德研究所叢刊之一」，由長沙商務印書館於 1939 年 7 月出版。

經濟往來

郭沫若和田中慶太郎既然有作者與出版人的這一層關係，經濟上的往來就是必不可少的。而且，郭沫若流亡日本時期是靠稿酬、版稅維持家庭生計，除在國內發表文章、出版著作獲得一部分收入，在文求堂出版著作則是其獲取經濟收入的另一個主要來源。所以經濟關係是郭沫若與田中慶太郎之間非常重要的一層關係。金祖同之所以把這層關係解讀爲剝削與被剝削的關係，其所依據的，即是在《郭沫若歸國秘記》中記述下的那椿被無意間發現的事情。書中這樣寫著：

〔註 53〕見《郭沫若致文求堂書簡》第 29 號，文物出版社，1997 年 12 月。
〔註 54〕見《郭沫若致文求堂書簡》第 108 號，文物出版社，1997 年 12 月。

（鼎堂的著作）普通每版五百部，抽版稅一成五，（就是百分之十五）可是鼎堂的名著雖是轟動一時，卻不見他們再版，難道五百部竟銷不完嗎？這是很使他疑心的一回事。記得前年——一九三七年的夏天，我和鼎堂去看他的時候，適巧他們家裏因爲兒子田中震二之喪，都不在店裏，卻給我們意外發現了一個秘密，使鼎堂氣得飯都吃不下似的，那就是被我們檢到一部沒有貼上版稅的《卜辭通纂》。當時鼎堂爲了十年來的感情不願意喪於一旦，所以沒有發作。〔註55〕

此事是否屬實，尚無其它資料可爲佐證。田中慶太郎是否靠有意壓低（漏記）版稅甚或其它手段（隱瞞印數）來出版郭沫若的書以大賺其錢，也沒有可資說明的材料，難以以意度之。但金祖同書中有一個問題必須指出，即，他所敘述的這件事如果確實發生過，也不可能發生在「一九三七年的夏天」，因爲田中震二之喪是在 1936 年秋。郭沫若在 1936 年 9 月有一封致田中慶太郎的信，大概是與他這一天，包括金祖同的行迹不無關係。「本星期日（二十日）震二君忌辰將踵謁葉山尊府。今朝接金祖同君函，謂二十日來市川。若於貴店得見金君，乞轉告上情。可改爲二十一日下午。」〔註56〕也就是說，田中震二忌辰這一天，郭沫若應該是去了葉山田中家的府邸，而不是文求堂。同時，他把金祖同來訪改在次日。如果把金祖同在書中所謂「田中震二之喪」理解爲震二的週年忌也是不可能的，那時他與郭沫若都已經回國了。

事實上《郭沫若歸國秘記》一書類似的錯記還有多處，包括把郁達夫 1936 年訪日記爲 1937 年。所以如將書中所述作爲信史，是需要以其它資料以爲佐證的。

關於《卜辭通纂》的版稅，倒是有一封郭沫若寫給田中慶太郎的信談及此事，那是在商議這一選題的時候（初作《卜辭選釋》）。郭沫若明確表示：「至於版稅請老兄酌情處理，年末支付亦可。迄今自老兄處已取用書籍多種，今後仍擬陸續取閱。書款望於年末扣還。」〔註57〕從這封信中看不出《卜辭通纂》版稅的具體稅率，但在《郭沫若致文求堂書簡》中也還有幾處說到稿酬、版稅等事項，如第 132 函的內容是商談《兩周金文辭大系圖錄》一書的版稅。信中寫道：「印數似以限定三百部爲宜。去年《金文叢考》出版時，尊函中『手

〔註55〕殷塵：《郭沫若歸國秘記》，言行出版社，1945 年 9 月。
〔註56〕《郭沫若致文求堂書簡》第 205 號，文物出版社，1997 年 12 月。
〔註57〕《郭沫若致文求堂書簡》第 29 號，文物出版社，1997 年 12 月。

寫本較之鉛字印刷，著者需負擔部分印刷費』云云一節，當猶記得，印稅率望按 25%計算。聞不日枉過，屆時詳談可也。」《卜辭通纂》與《金文叢考》、《兩周金文辭大系圖錄》同樣都是手寫本影印，估計印稅率當在伯仲之間，而不至是「一成五」。當然，郭沫若與田中慶太郎「詳談」的結果如何，我們不得而知；25%的版稅率是高是低，該書其後的實際印銷數，以及文求堂與郭沫若之間如何計算版稅（按最低起印數，或按實際銷售數），結算版稅等等，也屬難於斷定之事，不能妄加揣測。不過，從郭沫若寫給田中慶太郎的這些有關商談稿酬、版稅事宜的信函來看，「文求堂」出版郭沫若書稿的印數、版稅，並非田中慶太郎一手遮天或是一筆糊塗賬，而是一書一議，經過商定的。我們現在看不到，也不知道他們之間有無簽訂過出版契約，像這樣的商定，至少可稱為君子之約吧。

郭沫若與田中慶太郎之間經濟往來的關係，是他們二人關係中頗為費解的部分。雖然如此，我們還是可以從旁解讀一下這一關係。

郭沫若在文求堂所出版的著作，都是很專門的學術性、資料性書籍，文求堂也許可以贏利，大賺其錢的可能性卻微乎其微。從文求堂的經營業績看，在其存在的近百年內（至其歇業的 1954 年）共出版二百餘部書，顯然出書只是它一項小小的業務，而且未必都盈利。田中慶太郎應該是靠書店業務賺錢的。所以，那些經常出入文求堂的日本漢學家們說田中慶太郎作出版，只為的是作他願意做的事，別人不願意出的書，他也會接受下來等等，大概並非溢美之辭。他出版郭沫若的書，也應該包含這樣的考慮吧。即使有贏利的預期和操作，只要是君子賺錢，取之有道，那也是無可非議的商業行為。其實，理解郭沫若與田中慶太郎這一層關係的實質，是不應該把經濟往來之外的因素加入其中的。

在「書簡」中有關經濟上、物質上往來的記述，倒是多有這樣的內容：「請惠假常用毛筆一枝」〔註58〕；「小型原稿紙將用盡，請印一二百張擲下為盼」〔註59〕；「子女之學費、月票等開支較多，如方便，請預假印稅二百元」〔註60〕等等。郭沫若曾同白揚社簽訂過一個出版合同，並預支稿酬 600 元。但後來書稿未成，他似也不願意繼續此事，合同延期後的時限又到了，預支

〔註58〕見《郭沫若致文求堂書簡》第 4 號，文物出版社，1997 年 12 月。

〔註59〕見《郭沫若致文求堂書簡》第 137 號，文物出版社，1997 年 12 月。

〔註60〕見《郭沫若致文求堂書簡》第 155 號，文物出版社，1997 年 12 月。

的稿酬必須退還。他請田中慶太郎爲其「解燃眉」之急，是田中幫他分兩次還清這筆款項。〔註61〕郭沫若那時舉家生計全靠他的著述稿酬、版稅，不免捉襟見肘，甚至要寅吃卯糧。他有所需，田中慶太郎還是隨時給予幫助的，雖然大多只是「預支」的關係。

登堂入室

在郭沫若的信函中有一些他寫給田中慶太郎的詩，更可見他們交往之深。有一封郭沫若給田中慶太郎的信中寫有「御歌拜誦」之句，顯係指誦讀了田中寫給他的和歌。所以，可以推測他們之間是有詩文往還的。1932 年歲末，郭沫若寫了一首七律寄田中慶太郎：

> 江亭寂立水天秋
> 萬頃蒼茫一望收
> 地似瀟湘驚肅爽
> 人疑帝子劇風流
>
> 尋仙應仡謝公屐
> 載酒偏宜蘇子舟
> 如此山川供嘯傲
> 工盡足蔑王侯第〔註62〕

這樣寄情寫志的詩，自然不是爲一般交際場合中的朋友唱酬而作。

> 相對一尊酒
> 難澆萬斗愁
> 乍驚清貌損
> 頓感淚痕幽
>
> 舉世誰青眼
> 吾生撼白頭
> 人歸江上路
> 冰雪滿汀洲

這是郭沫若 1933 年初寫給田中慶太郎夫婦二人的兩首無題詩中的一首。

〔註61〕參見《郭沫若致文求堂書簡》第 211 號、第 217 號、第 218 號，文物出版社，1997 年 12 月。
〔註62〕《郭沫若致文求堂書簡》第 45 號，文物出版社，1997 年 12 月。

〔註63〕前一日，郭沫若在雪中往訪田中慶太郎，相談竟日，「因白鷹而傾心，爲研辰而破笑」，（白鷹乃一酒名——作者注）故歸家後於清晨寫下兩首詩寄田中慶太郎夫婦。詩中抒寫的顯然是一種流亡異國他鄉的漂泊感、孤寂感，如同他在另兩首詩中寫道的：「小庭寂寂無人至，款款蜻蜓作對飛」，「柔管閒臨枯樹賦，牢愁如海亦連天。」〔註64〕郭沫若將他的這種感受、情緒，不止一次地寫在給田中慶太郎的詩中，一定是把這作爲一種情感上的慰寄，精神上的交流。

在郭沫若寫給田中慶太郎的詩中，他與人交往時那種熱情個性的展露是不消說的，同時也可以品出田中慶太郎決不是一個呆板、拘謹的人，也就是說，他們之間具有一種很隨意、很放鬆的朋友關係。「邑齋夫子劇能譚，口角流沫東西南。姻緣雖是前生定，說破全憑舌寸三。舌底無端惱御僚，紅線良緣是解消。如此老人充月下，人間何處賦桃夭。」邑齋即是田中慶太郎。這首詩中談及的應該是一個私人生活的問題，郭沫若完全用著戲噱的口吻，詩題就叫作「爲舌禍問題嘲邑老」。〔註65〕在另外一封信中，郭沫若告訴田中慶太郎，「小生消夏之法：晨四時起床，掃除，自炊，日譯《戰爭與和平》二十頁，大小便隨意。倦時讀讀自己做的文章，想一想理想上的人（兩性不論）。夜十時就寢，就寢前洗一次涼水澡。如此如此。」〔註66〕看來，他們相互能夠以文字進入到對方的私生活中去。還有一封信中，郭沫若給田中慶太郎寫了這樣一段話：「余亦欲每日踵府拜訪，如田所君那樣，然問題不能唯心地解決，此固馬克思主義之精髓也。」〔註67〕與田中慶太郎談論到馬克思主義，這與那「經過一種日本式的封建趣味所洗練過的」文求堂主人形象的描寫，幾乎是風馬牛不相及了。像這些文字的往還，若非深交，恐不能也。

在郭沫若致田中慶太郎的信中「昨談甚快」這樣的字句，多有出現。他寫在1932年2月21日的一封信中有這樣一段話：「日前厚擾，得以暢吐胸膈，爲四五年來未曾有之快事。」這應該是一次面對面的傾心交談。郭沫若「得以暢吐」的也許是心結，也許是鬱悶？「四五年」，也就是從他流亡日本開始

〔註63〕《郭沫若致文求堂書簡》第76號，文物出版社，1997年12月。
〔註64〕《郭沫若致文求堂書簡》第91號，文物出版社，1997年12月。
〔註65〕《郭沫若致文求堂書簡》第80號，文物出版社，1997年12月。
〔註66〕《郭沫若致文求堂書簡》第28號，文物出版社，1997年12月。
〔註67〕《郭沫若致文求堂書簡》第78號，文物出版社，1997年12月。

到寫下這封信時的全部時日。能使他傾訴四五年來的「胸膈」，且因之大快於心，那麼，田中慶太郎即便只是作爲一位傾聽者，在傾訴者的眼裏也決非等閒輩的朋友。以郭沫若流亡日本時的處境和心境，能得這樣暢吐傾談者，他應該是獲得了精神上的滿足的。

郭沫若與田中慶太郎之間隨意、密切的關係，還延伸到兩個家庭之間的走動，往來。「園中牡丹盛開，暇請偕晴靄夫人及諸女公子來遊。」晴靄即是田中慶太郎夫人嶺子。〔註 68〕在郭沫若的「書簡」中，像這樣記載了兩個家庭相互往訪的邀約和往訪之事就有多處。其中既有郭沫若和田中慶太郎夫婦之間相偕過訪，也有他們女兒之間的互相往來，還有田中慶太郎的「高堂雨中奔波」，去看望郭沫若、安娜的記錄。〔註 69〕

在「書簡」中多次記下了兩家之間互贈物品，提到的有酒、衣服、火腿、鮭魚等等。雖然多是些日常生活起居所需食、用之俗物，倒也說明兩家之間的這種往來不是刻意在交際，而是隨心隨性的生活的一面。所以，郭沫若在田中慶太郎的女兒出嫁之際贈送賀禮時，還特別說明是將他人贈送自己的禮物轉贈柳子以爲紀念。〔註 70〕

田中慶太郎夫婦都喜歡書畫。晴靄夫人曾專門爲郭沫若作畫，畫扇面，郭沫若也爲她的畫題詩、題字。在「書簡」中除了可以看到郭沫若爲晴靄夫人所畫扇面而寫的答謝詩《畫意》之外，還有他步晴靄夫人所寫的和歌《嵐之歌》韻，用日文和的一首狂歌：「秋空澄碧曉嵐吹　果木雕零落葉飄」。〔註 71〕這應該是迄今所見郭沫若第一首以日本詩歌格律形式創作的詩。

「書簡」中有兩首打油詩頗爲有趣，是記郭沫若爲田中慶太郎夫人問診之事。其中一首寫道：「月華偶被烏雲著，誤把烏雲當成月中兔。幸只打診未投方，不然已把夫人誤。世間正苦竹藪多，從今不敢攀黃而問素。」〔註 72〕這是郭沫若爲「謝誣腹之罪」而作。顯然，他爲田中夫人打診的是一個涉及田中夫婦隱私的事。他們之間可以這樣輕鬆、詼諧地言及此事，恐怕至交不過如此。

田中慶太郎的二子田中震二是田中家人中與郭沫若來往最多的。他與郭

〔註 68〕《郭沫若致文求堂書簡》第 16 號，文物出版社，1997 年 12 月。
〔註 69〕見《郭沫若致文求堂書簡》第 66 號、第 103 號，文物出版社，1997 年 12 月。
〔註 70〕《郭沫若致文求堂書簡》第 160 號，文物出版社，1997 年 12 月。
〔註 71〕《郭沫若致文求堂書簡》第 35 號，文物出版社，1997 年 12 月。
〔註 72〕《郭沫若致文求堂書簡》第 22 號，文物出版社，1997 年 12 月。

沫若似是一種亦師亦友的關係，他幫助郭沫若做了不少資料方面的工作。田中震二在二十六歲時因病不幸早逝，他的墓碑是由郭沫若題寫的。這也是郭沫若與田中慶太郎一家關係的一種標誌吧。

與中國的人際交往習慣有所不同，在日本人之間，即使是朋友，也不意味著可以隨意相互登堂入室。能交往到這樣的程度，必定是很親密的關係。郭沫若與田中慶太郎兩人、兩家之間，應該算是能彼此登堂入室了。

大概因為彼此很熟悉，很隨意了，郭沫若受別人囑託請田中慶太郎幫忙的事，也時有發生。1930 年代初在東京留學的傅抱石，於 1935 年 5 月成功地舉辦了第一次個人畫展。郭沫若為這次畫展幫了傅抱石很大忙，其中最主要的一點就是請田中慶太郎鼎力襄助。田中喜愛書畫，在東京的美術界廣有交往，文求堂的座上客中美術界的人士就特別多。郭沫若記得，畫展揭幕那天，東京美術界的名流差不多都到場了。想必田中慶太郎是出力不小，至少從「書簡」中可以看到郭沫若請他為傅抱石的篆刻託請河井荃廬寫評語的記載。所以畫展結束後，郭沫若特別向田中慶太郎致謝。事實上，郭沫若多次為傅抱石託請田中慶太郎幫助其辦事：為書稿《摹印學》出版的事，為他欲結識河井荃廬的事，向文部省詢問助學金的事等。[註 73] 這一方面說明郭沫若器重傅抱石，另一方面也表明郭沫若與田中慶太郎之間有一種不見外的朋友關係，否則，他斷不會次次向田中慶太郎開口。

「妻弟佐藤俊男頃日來京求職，茲特專誠紹介，如有方便尚乞加以提挈是幸。」[註 74] 這應該算是郭沫若為安娜之弟佐藤俊男寫給田中慶太郎的一封介紹信。1934 年，來日本訪問的周作人、徐祖正想要拜訪中村不折，找到郭沫若。郭沫若雖與中村不折相識，但還是轉請田中慶太郎為他們介紹，去拜訪了中村不折。[註 75] 留日學生楊凡想辦一個日語補習學校，郭沫若也贊成他的想法，並且擬出一個初步計劃，兩次（僅就所見）致信田中慶太郎商及此事。[註 76] 諸如此類的事情，在「書簡」中還記錄有一些。這也從側面

[註73] 分別參見《郭沫若致文求堂書簡》第 184 號、第 166 號、第 92 號、第 198 號，文物出版社，1997 年 12 月。

[註74] 《郭沫若致文求堂書簡》第 6 號，文物出版社，1997 年 12 月。

[註75] 見《郭沫若致文求堂書簡》第 152 號、第 154 號，文物出版社，1997 年 12 月。

[註76] 見《郭沫若致文求堂書簡》第 158 號、第 196 號，文物出版社，1997 年 12 月。

說明，在旁人眼中，郭沫若與田中慶太郎有著很好的關係。

從總體上說，郭沫若流亡日本期間的人際交往並不廣泛，而且他也不能不取著低調，或者說他寧願與這個社會保持著一定程度的疏離。所以同田中慶太郎之間的關係就格外顯得重要。從以上的方方面面看，郭沫若與田中慶太郎保持著很密切的交往，但我們在解讀他們這種個人交往關係的時候，其背後的一些因素是不能忽略的。田中慶太郎的女婿增井經夫在談及郭沫若流亡日本時期的心境時，曾用了「苦澀」一詞，應該是比較貼切的。郭沫若與田中慶太郎的關係中大概也包含有這樣的成分。這「苦澀」並非來自田中慶太郎，或是這一關係本身，是隱蔽在其背後的種種歷史因素使然。

近代以來，中日兩國一個崛起、一個衰落的歷史所形成的倚強凌弱的政治關係，日本社會普遍的對於中國人的歧視（最典型的就是所謂「之那人」的稱謂），郭沫若作為政治流亡者而又攜有一個中日混闔家庭的居留身份，文求堂作為推出他著述的主要出版者（當然也就是其經濟上的主要來源）等等，這些因素交錯起來，必然會使郭沫若在與這個社會、與這個社會中人（包括田中慶太郎）交往的時候，時時都會有一種寄人籬下的感覺。當一種感覺和感情不能不同時包含有民族的、倫理的、道義的、經濟的種種成分，而又無法使其相互認同時，郭沫若的內心世界一定是很複雜的、敏感的，甚至是脆弱的。

1937 年 7 月，郭沫若秘密歸國，原本已經準備由文求堂重新出版的《甲骨文字研究》被擱置了。戰爭期間直到戰後，郭沫若與田中慶太郎和文求堂再沒有任何聯繫。1951 年 9 月 15 日，田中慶太郎去世，兩年後他的長子乾郎也去世。此時，田中家族中再沒有人具備經營文求堂這樣一個書店所需要的專業知識和經驗，文求堂終於在 1954 年歇業閉店。當郭沫若於 1955 年底再次來到日本時，他只能到葉山（那是田中家的宅邸所在地，他在 30 年代曾多次去過）高德寺田中慶太郎的墓地，去祭悼這位老朋友了。

在發掘，梳理過郭沫若與田中慶太郎關係的方方面面之後，我們可以看到，若從考察郭沫若生平經歷的角度而言，這樣一種關係已經遠遠超出兩人之間範疇，它包含了能讓我們真切瞭解郭沫若十年流亡生涯中真實生存狀態的諸多歷史信息。

「邂逅知音」？——與西園寺公望

所謂郭沫若與西園寺公望的交往，是郭沫若在流亡日本期間最富有傳奇意味，也最令人琢磨不定的一樁人際關係。直到今天，許多文章著作在敘述到郭沫若抗戰爆發之際秘密歸國一事時，仍把這一交往關係作爲蔣介石的幕僚們向其進言的重要說辭，以說服蔣介石解除對郭沫若的通緝令，使其可以歸國。歷史的眞相究竟如何呢？

1934 年，上海的一家報紙《社會新聞》，在其第 7 卷第 4 期上一處並不起眼的版面上刊載了一篇豆腐塊大小的報導：《郭沫若受知西園寺》，作者署名「天」，顯然是個化名。文章的內容如下：

> 詩人郭沫若，年來寄居扶桑千葉，久已與實際政治脫離關係，而從事著譯。但國內出版市場，極端蕭條，且郭之著作，大半禁止發行，故郭詩人國內之生財資源，幾已完全斷絕。郭家非素封，亦無儲積，在此無可奈何之際，只得在日本雜誌賣文，以痛罵中國當局爲條件，換得若干稿費。日本當局，以其能反對中國當局也，故認爲可收之順奴，乃由外務省於庚子賠款中，月給以百五十元津貼，故郭氏近來生活，頗爲安定。此外尚有一事，可告讀者，即郭之《中國古代社會研究》一書，在日本早有譯本，最近西園寺公將該書閱讀一遍，頗爲嘉許，認爲天才之作，故特在其別墅，宴請郭氏，由西園公親自招待，盛贊其天才。郭氏經此一番迷湯，尤其五體投地，願爲天皇效勞云。

這是迄今所能見到的唯一一段當年見諸於文字的，關於郭沫若與西園寺公望關係的記載。有關郭沫若與西園寺公望交往的傳言是否即因此而出，不好斷言，但這樣一則消息報導，儘管刊登在並不醒目的報紙版面上，應該也會引起相關人士的注意。畢竟西園寺公望乃非同尋常之輩。

西園寺家族是日本最古老的公卿之一清華家族的後裔，西園寺公望三歲即繼承公卿名位，幼年時代是作爲明治天皇的遊玩夥伴度過的。他 22 歲留學法國，專攻政治學，10 年後回國，任文部大臣等職務。後作爲政友會的總裁，在明治 39 年和 44 年兩度擔任總理大臣。西園寺公望是歷經三朝（明治、大正、昭和）的政界元老，在昭和時代，當日本軍部勢力逐漸發展到左右政壇的過程中，唯一有可能與軍部勢力抗衡的政界人士只有他。

　　與西園寺公望在日本政壇這樣顯赫的地位相比，郭沫若當時只是一介布衣，且安居於東京之外的鄉下做學問，兩人之間即使有往來，也未必會有什麼新聞效應。但是以郭沫若被國民政府通緝的政治流亡者這一身份，而與日本政界元老西園寺公望聯繫起來，則肯定是要引人注意的，雖然交往之事看起來似乎無關政治。

　　但是，這則消息報導的真實性怎樣呢？

　　《社會新聞》在郭沫若流亡日本期間多次刊登過有關他的消息報導，造謠誹謗之事時有之，像「中共東京支部報請中央批准開除郭沫若黨籍」這樣的消息，就出自該報。不過在大多數情況下，其誹謗之言總是夾雜在內容亦真亦假的報導中。這篇《郭沫若受知西園寺》的報導應該也是如此。

　　把郭沫若說成是領取日本政府津貼的文化漢奸，當然是造謠，但把他與西園寺公望這樣身份地位的人聯繫起來，卻未必無中生有。而如果確有其事，則此消息的來源應是出自日本。曾經多年旅日的學者武繼平先生，經多方查找，在 1933 年 1 月 6 日的《東京新聞》查到一篇題為《在愛妻國度裏晴耕雨讀　通過著述得園公知遇——支那流亡詩人　捨棄革命志士之夢》的報導。該報導是用這樣的文辭開篇的：

> 西園寺公與支那革命詩人——他們的關係像邂逅知音一樣諧調，支那流亡詩人通過著述得園公知遇，頗為溫暖的一段緣分。」然後介紹了郭沫若在北伐期間的經歷，以及家人和流亡日本後的情形。在敘述到郭沫若從事中國古代社會研究、古文字研究時寫道：「這個流亡革命家的辛苦勞作，在日本也意外地得到了知己。」「園公老當益壯，求知欲越發旺盛。當東京一家書店送來郭沫若所著的四冊《金文叢考》的時候，他讀了，而且竟然當晚就讀完了三分之一。園公給作者寄去最高級別的感謝信。」「他還曾親去作者陋舍探望。

　　在上世紀 30 年代初即與郭沫若相識的日本學者增田涉，在一篇文章裏曾經寫道：「他（指郭沫若——筆注）的金文也得到西園寺公望的承認（西園寺給予了讚揚）。我曾從當時作為郭氏資助者的文求堂田中慶太郎那裏聽說。」〔註77〕這說的顯然是同一件事。田中慶太郎是出版《金文叢考》的文求堂書店老闆，給西園寺公望送去《金文叢考》的那家東京的書店，應該就是文求

〔註77〕增田涉：《郭沫若素描》，日本《中國》月刊，1969 年 4 月號。

堂了。

　　《東京新聞》上這篇報導的眞實性如何，如以增田涉的文章互爲印證，應該大致是不錯的。該文報導中寫到的另一件史事，似也可間接得到印證，即，文中說：「犬養前首相已經熟讀了他的前一部作品《兩周金文辭大系》，臨死前還從上海發行所預訂了他的下一部著作《甲骨文字研究》。」犬養，即犬養毅，1932 年時在日本首相任上。5 月 15 日，日本海軍少壯派軍人發動政變，襲擊首相官邸、警視廳，犬養毅遇害。這被稱作「五一五事件」，日本政黨內閣時代因之結束。5 月 16 日，郭沫若有一封致文求堂田中慶太郎的信，信中特別寫到：「木堂先生遭遇不測，實堪遺憾也。」〔註78〕「木堂」爲犬養毅號。若無關聯（當然不僅僅是《兩周金文辭大系》由文求堂出版這樣的關聯），郭沫若肯定不會在信中與田中慶太郎說起犬養毅，且直稱其號。

　　總之，《東京新聞》的報導，雖然在關於郭沫若經歷的敘述上有不確切之處，但有關其在日本情況的報導，應該是可信的。從標題上看，上海《社會新聞》報導的消息應該就是來自《東京新聞》的這篇報導（都是強調因學問而得知遇），但敘述的內容，除了西園寺公望讀過郭沫若的著作這一點，其他卻不相同，包括西園寺公望所讀的是哪部著作都說法各異，那顯然就是《社會新聞》自編的，而且其報導已經是舊聞了。

　　《金文叢考》出版於 1932 年 8 月，《東京新聞》的報導發表於 1933 年 1 月，所以文中所說郭沫若與西園寺公望交往的情況，是發生在 1932 年的事情，從那以後，他們之間還有過什麼關係，再未見有文字記載。有一位日本學者曾給我講到過這樣一則「民間史料」：在日本的「二二六事變」（這是在 1936 年 2 月 26 日，日本發生的又一次兵變）中，西園寺公望庇護過郭沫若。郭沫若在「二二六事變」時，曾被當地警憲部門「審訊」，〔註79〕但當天便回家了。這之中是否有西園寺公望「庇護」，無從證實。這一說法只流傳於民間（千葉市川）。

　　《社會新聞》關於郭沫若「受知西園寺」的報導，在當年似是流傳甚廣，所以後來一直有人拿它說郭沫若回國之事。當然，《社會新聞》的報導實際上又暗藏有殺機。郭沫若在歸國以後寫的一篇文章裏特別說起過這個傳聞，他寫道：「我可以坦白地再說幾句話：西園寺公望看過我的書是事實，看後向人

〔註78〕《郭沫若致文求堂書簡》第 17 號，文物出版社，1997 年 12 月。
〔註79〕郭沫若《五十年簡譜》記：「日本『二二六』事變發生，受日本憲兵審訊。」

稱讚過也是事實，但他和我並沒有一絲一毫的直接關係。我不願意借他來擡高我的身價，我也不願意拿我去擡高他的身價。他固然是日本元老，而且是值得尊敬的一位國際政治家，然而說到古器物學的研究上，他究竟只是我的一名愛讀者而已。」〔註80〕郭沫若在這裏顯然是隱去了一些事情，原因自是不言而喻：這已經是在抗戰中了。

作《雷雨》序：與秋田雨雀

秋田雨雀是日本無產階級戲劇運動的代表人物。郭沫若與秋田雨雀的相識和交往，正是與「戲劇」和「無產階級文藝」兩個因素相關。有關他們之間交往的原始資料並不多，但是包含了不少歷史文化信息。

早在郭沫若流亡日本之初的 1928 年 11 月，秋田雨雀任所長的日本「國際文化研究所」創辦了一個《國際文化》，麥克昂被列名爲該刊撰稿人。麥克昂是當時郭沫若與創造社作家一起倡導無產階級革命文學時所用的筆名。但那時他與秋田雨雀並未相識。

日本的無產階級戲劇運動始於 1920 年代後期。在 1926 年印刷公司工人大罷工時，秋田雨雀主持的先驅座，爲了支持罷工鬥爭，組成了「皮包劇場」。之後，他們與東京築地小劇場中具有社會主義傾向的成員以及戲劇家村山知義等人，又共同組織了前衛座，在築地小劇場上演了藤森成吉、村山知義、久保榮等一批左翼作家的劇作。1929 年，日本無產階級劇場同盟（即「普羅特」）成立，開始在全國範圍內通過演劇，向廣大工農階級及都市的勞動階層進行革命的啓蒙教化。到了 1934 年，隨著日本當局鎮壓無產階級文藝運動，「普羅特」被解散。郭沫若是在這之後才與秋田雨雀相識，但之前，他顯然已經關注到秋田雨雀和他的無產階級戲劇活動了。

1935 年 10 月，東京《劇場藝術》創刊號上發表了郭沫若寫給 LM 的一封信，題作《雁來紅——給 LM 君的一封信》，〔註81〕信寫於 9 月 6 日。LM，即梁夢迴，是留日中國學生。《劇場藝術》是由中華（留日學生）戲劇座談會的一批左翼文化青年邢振鐸、梁夢迴、杜宣等人在東京創辦的刊物，梁

〔註80〕《在轟炸中來去》，《郭沫若全集・文學編》第 13 卷。
〔註81〕這是郭沫若的一篇佚文。

夢迴係編輯之一，為創刊號約稿，聯繫了郭沫若。郭沫若的信是覆信，信中寫道：

> 爾〔註82〕們能和秋田雨雀氏時常親近是很好的行動。秋田氏我雖然還不曾見過面，但我是敬仰著他的，他一向的行經就有爾所說的那幾句話的精神。他能夠苦幹，而且能認清目標苦幹。單是「苦幹」，向反的一方面也是可以適用的，要緊的是目的意識，是為什麼。秋田氏的態度是大可以做青年人的模範的。

不久之後，緣於另外一個留日學生左翼文學社團質文社的邀約，郭沫若與秋田雨雀初次見面。那是在一次座談會上。《質文》月刊約秋田雨雀撰寫了一篇文章，又請他來雜誌社座談。「座談時，郭先生也從千葉趕來了。他們還是第一次會見，談得很投機」。〔註83〕

　　轉過年來的1月，郭沫若與秋田雨雀分別為日譯本《雷雨》撰寫了「序」。曹禺的《雷雨》發表後並未得機會上演，直到1935年4月27日，由「中華同學新劇公演會」的「一群流浪在東京的愛好戲劇的青年」，在東京神田區的一橋講堂將《雷雨》首次搬上舞臺（吳天、劉汝禮、杜宣導演），並連演三天。〔註84〕同年秋，《雷雨》在國內上演。《雷雨》在日本演出後，邢振鐸與日本劇作家影山三郎將劇本譯為日文，譯本由東京サイレン社（汽笛社）於1936年2月初版發行。郭沫若是用中文為該譯本寫的「序」，由邢振鐸譯為日文。該序言的中文本發表於東京《東流》月刊，1936年4月第2卷第4期，題作《關於〈雷雨〉》。事實上，日譯本《雷雨》有三個「序」（原作者序亦在譯本中），且均出自劇作名家，這讓日譯本《雷雨》成了《雷雨》版本中獨一無二的。

　　郭沫若與秋田雨雀相識後，應該是不時有相互走動來往的，儘管郭沫若作為政治流亡者一直深居簡出。在秋田雨雀的日記中，我們可以看到一些他們往來的文字記載。譬如：他在1936年2月21日的日記中記到：上午，郭沫若來訪，藤森成吉亦在座。午餐郭沫若邀一起去吃中國料理的四川家常菜。下午，三人同往藤森成吉位於池袋的寓所。〔註85〕在藤森成吉寓所，

〔註82〕郭沫若在流亡日本期間所寫文字中，偶有以「爾」作「你」用的情況。
〔註83〕臧雲遠《東京初訪郭老》，《悼念郭老》，三聯書店，1979年5月。
〔註84〕《〈雷雨〉在東京公演》，東京《雜文》月刊，1935年5月15日第1期；《中國留日左翼學生文化運動記要》，《文史資料選輯》第109輯。
〔註85〕《秋田雨雀日記》第3卷，日本未來社，1966年2月。

他們觀賞渡邊華山的繪畫和題詩，評論到渡邊華山的詩在平仄上有些問題。
〔註 86〕

　　1937 年 4 月 2 日的日記中記到：晚，往銀座參加為鳳子演出話劇《日出》
舉行的聚餐會，並一起合影留念。在座的有郭沫若、新居格、近藤、平林、
堀口大學、望月百合子、小林千代子等人。〔註 87〕這又是一次與曹禺劇作有
關的活動。鳳子是在 3 月初應留日學生組織的「國際戲劇協進會」邀請，來
日本參加該會準備之中的《日出》的排演。此前，鳳子參演了復旦大學畢業
生組織的「戲劇工作社」排演的《日出》。3 月 20 日晚，鳳子在東京一橋講堂
主演了《日出》。〔註 88〕4 月 2 日的這次聚餐會是為慶賀鳳子演出成功而舉行
的，那一張合影留念的照片也保存了下來。

同《臺灣文藝》的聯繫

　　郭沫若曾有一封致《臺灣文藝》的信，以《魯迅傳中的誤謬》為題，發
表於《臺灣文藝》，1935 年 2 月第 2 卷第 2 號。該信後作為佚文收錄於《郭沫
若佚文集》〔註 89〕中。郭沫若致信《臺灣文藝》是為訂正增田涉《魯迅傳》（《臺
灣文藝》譯載了該文）中傳言，羅曼羅蘭評價《阿 Q 正傳》的文章落於創造
社之手而被毀棄之史誤所寫。有關這一史事，已為文壇所知。但在此事之外，
當時流亡日本的郭沫若緣何與《臺灣文藝》有聯繫，倒是一件讓人覺得很突
兀，且至今在其生平史迹中也未曾被述及的事情。

　　臺灣在甲午戰爭之後就處於日本殖民統治之下，但在新文化運動和五四
新文學影響下，臺灣在同一時期也產生了新文學，20 世紀 20 年代是它的開拓
期。郭沫若作為新詩人的文名，在這一時期即已為臺灣文壇所知（當時的報
紙上有報導）。到了 1930 年代，臺灣新文學進入到發展期，已經有了一批活
躍的作家、評論家，他們需要有各自的陣地和專門的隊伍，於是文學社團、
文學刊物在臺灣各地應運而生。與此同時，臺灣反對日本殖民統治的政治運
動，因遭到嚴重打擊，從合法活動而趨於地下活動，「這使臺灣知識分子必然

〔註 86〕藤森岳夫：《たぎつ瀨》，日本中央公論事業，1968 年 8 月。
〔註 87〕《秋田雨雀日記》第 3 卷，日本未來社，1966 年 2 月。
〔註 88〕鳳子《雨中千葉》，1981 年 8 月 16 日《光明日報》。
〔註 89〕王錦厚、伍加倫、蕭斌如編，四川大學出版社，1988 年 11 月出版。

的要找出路，一方面，自由主義思潮的澎湃是控制不住的，由於客觀情勢的
要求，臺灣知識分子自然而然的對建立新文學這一條路認真地站起來，大家
並且認爲有組織文學團體的必要」。〔註90〕

在這樣一種政治文化情勢下，1934 年 5 月，於臺中舉行了一次臺灣文藝
大會，出席大會者有百餘人。「這在小小的臺灣可謂空前的盛況」。藉這次大
會之機，賴明弘等組織了一個文藝團體「臺灣文藝聯盟」。這是臺灣全島文學
界第一次聯合成立的一個社團組織，它打破了地域、派別的界限，在當時引
起很大反響。賴和、賴明弘、賴慶、張深切等人被推選爲常務委員。聯盟成
立的同時，即擬定創辦一個刊物。11 月 5 日，作爲「臺灣文藝聯盟」機關刊
物的《臺灣文藝》創刊。刊物創辦之初，負責編輯的賴明弘即想到要向郭沫
若約稿，只是苦於無緣相識。

這一年 9 月，賴明弘前往日本東京，期間結識了從臺灣赴日本留學的蔡
嵩林〔註91〕，知其與郭沫若相識，遂請蔡嵩林做介紹，給郭沫若寫了一封信。
信寫於 11 月 19 日，信中寫道：「要首先向先生懇請佳稿，以增全臺灣同胞之
雜誌臺灣文藝之光輝。竊思我們素來最爲敬仰之先生，尤其是能夠理解殖民
地將要建設大眾的新文學之精神的先生，也許所樂應鄙人等之懇求吧。」關
於臺灣的新文學，信中介紹說：「臺灣之新文學運動，是跟隨著中國之新文學
革命而擡頭起來。雖然已多年，但爲諸種種困難之客觀情勢，至今還是在微
微不振之狀態。這是我們最爲痛感者。但臺灣新文學雖然尚未見良好的收穫，
也已有新文學的形影可觀了。至少，對於舊文學之宣戰可謂得著勝利，對民
眾培養了理解新文學之精神了。我們堅決地相信我們臺灣的新文學，一定能
夠如同歷史的演進不斷地發展，將有未可限量的前途可以期待。」賴明弘在
信中還發表了對於文壇正在進行的「大眾語文」討論的見解。

郭沫若收到賴明弘的信後，立即以明信片回覆一信，顯然對臺灣新文學
很感興趣。信寫道：

> 你們的信接到，尤其是賴君的長信，我是很愉快的閱讀了的。臺灣
> 有臺灣文藝誕生是極可慶賀的消息，我是渴望著拜讀。臺灣的自然、
> 風俗、社會、生活⋯⋯須得有新鮮的觀察來表現出來。

〔註90〕賴明弘：《臺灣文藝聯盟創立的斷片回憶》，《臺北文物》，1954 年 12 月第 3 卷。
〔註91〕蔡嵩林曾拜訪過郭沫若，並寫有《郭沫若先生的訪問記》，刊載於《先發部
　　　　隊》，1934 年 7 月 15 日第 1 號。

賴君關於所謂「大眾語文」的批評是極正確的，目前的中國正是「黃
鍾毀棄，瓦釜雷鳴」的時代，讓他們去無事忙好了，縱橫中國的大
眾和他們沒有關係的。我大抵每天都是在家的，你們得空的時候可
以來談。

沫若　十一月二十一日〔註92〕

　　郭沫若在信中明確表達了邀約之意，於是，賴明弘、蔡嵩林便與郭沫若
聯繫約定去拜訪他。在這期間，恰好《臺灣文藝》（創刊號）從臺中郵寄到東
京，賴明弘立即奉寄一本給郭沫若。不久後的一個周日——12 月 2 日，賴明
弘、蔡嵩林二人專程前往市川，拜訪寓中的郭沫若。在交談中，他們的話題
既有臺灣文學，也有大陸文壇。交談的時間不是很長，因為先後還有兩撥客
人到訪郭沫若。這次拜訪和那本寄贈的刊物，引出了《魯迅傳中的誤謬》一
文的撰寫和在《臺灣文藝》的發表。

　　賴明弘在拜訪郭沫若之後寫有《訪問郭沫若先生》一文，詳細記述了訪
問的經過，文中還以對話形式記錄了他們交談的話題：

近年來為什麼很罕有先生創作？

沒有發表的地方。

上海豈不是有文學、現代等的文藝雜誌？

是，可是文學有黨派性，即××一派為中心的。現代很膽小，他們
出版業者極力逃避政府的干涉，所以沒有舞臺可以發表。

中國現在的左派作家有在活動嗎？中國左翼作家聯盟現在怎樣？

大都受政府的壓迫，陷於無可如何的狀態了吧。

……

創造社一派的作家，豈不是還在活動嗎？

是，雖然還在活動，可是離散了。

先生怎麼不再寫些小說？

我亦想要寫，不過我想寫的是中國民眾現在的寫實底生活，可是我
遠離了故鄉多年。現在的中國民眾底具體的生活，不能夠在目前看
見，所以現在擱起筆來。雖然幼時在中國，可是現在的中國之情勢

〔註92〕見《郭沫若先生的信》，《臺灣文藝》，1935 年 2 月第 2 卷第 2 號。

不比當時了。

先生不想回國嗎？

那是未定的，我的生命不會現在就死去，大約還能再回國一趟吧。
哈哈哈。

聽說丁玲被政府暗殺了。是真的嗎？

我卻沒有確實知道。議論紛紛，也有人說她現在轉向了。聽說什麼
在擁護政府的雜誌國民文學，最近丁玲女士在執筆云云。但是，實
在轉向與否，丁玲女士早前的功績仍然是存在著。

先生，臺灣的文學從哪一條路走去好呢？

我想還是以寫實主義，把臺灣特有的自然、風俗，以及社會一般民
眾的生活，積極的而大膽地描寫表現出來。臺灣的特殊環境，我們
是不能夠知道的，只好廣泛而率直地表現出來。別抱什麼難解的觀
念，盡量去努力。

對於舊詩應取排斥的態度嗎？

對於舊詩，不取排斥的態度，以誘導的方法，使其感化合流我們如
何？不消說，我是局外者，不知道你們的內容。若從合法底純藝術
的立場說，即不在話內。可是若從非合法的政治底立場說，必須以
誘導他們舊詩人來合流為上策。

我們的團體是合法的純文學團體，並沒有政治底色彩。可是對於舊
詩，豈不是採取排斥的態度，才是建設新文學的精神嗎？

那是不必說的，對於舊詩我也是反對的，但是不單舊詩，凡一切舊
的形式，不合現代的內容，都要改革，我們都有再新創造的必要。……
我們對於一切的語言，必須以新的感情來創造活潑潑而具有新的生
命才好。

中國的新文學雜誌如現代、文學，對於舊詩似乎完全排斥它。

是，文學或現代對於舊詩是絕對排斥的。〔註93〕

〔註93〕原文發表於《臺灣文藝》，1935年2月第2卷第2號。賴明弘這篇訪問記以對
話方式記述的這一部分的文字表達，顯得不夠順暢，個別「的」、「底」使用
不當處徑予刪削。

　　因爲還有別的客人，賴明弘與蔡嵩林對郭沫若的拜訪，談到這裏就結束了。二人覺得這次訪問「很有收穫」，「沫若先生的話，很有益於臺灣的文壇」。

　　事實上，從這些談話中我們也可以瞭解到郭沫若當時對文壇和文學創作的一些看法。而與《臺灣文藝》和賴明弘有關的這幾篇書信、文章，則是郭沫若流亡日本期間很有價值的史料。

於細微處看歷史——從魯迅的書賬說起

　　魯迅與郭沫若是中國現代文學史、文化史上兩個非常重要的人物，但他們二人在魯迅生前卻「未嘗一面」。儘管如此，對郭沫若而言，與魯迅的關係仍然是他人生行旅中非常重要的人際關係，因爲他們之間的關係，實際上包含、記錄了許多歷史文化信息。

　　在正史上，他們先後是被視爲新文化運動的兩面旗幟的。但是講到二人的關係，文學史卻在有意無意之間，總是把他們有交集的時候，就置放於相互爭鬥的情勢之中去敘述，所以，這就給後人留下了很大的學術想像的空間。於是，將二人做筆墨官司的那些文字或微言大義，或咬文嚼字地解讀一番，就可以推論出一個魯、郭關係如何如何的說法，而且在大多數情況下，還內含著一個評說是非的標準，即，對待魯迅的態度如何。

　　一直以來，文學史是把大大小小的論爭，作爲一個貫穿始終的線索去記述歷史，一些人也總是把關於魯迅與許多同時代人的關係的考察放在「罵與被罵」的語境中，述及魯迅與郭沫若關係的典型場景就是相互「筆墨相譏」。這樣的敘述方式是不是該顛覆一下姑且不論，至少我們可以把已成習慣的那種選擇目光移動一下，去看一看一些歷史細節處有些什麼內容，是個什麼樣子。

　　魯迅是個做事非常仔細，不耽瑣細的人，他的日記中，每年都會有一紙書賬，記載一年中他人所贈書籍，但主要爲他自己所購書籍的明細，包括書名、數量、價格、購買日期，最後會有一個全年購書款的總匯，以及月平均購書用款的記錄。其中記載有魯迅所購郭沫若（書賬上並未寫明作者）流亡日本期間出版的著作的情況。我將其梳理一過，羅列如下：〔註94〕

―――――――――――――

〔註94〕見《魯迅全集》第 14 卷、第 15 卷，人民文學出版社，1981 年版。

1931 年：

甲骨文字研究二本　李一氓贈　5 月 14 日（上海大東書局，5 月出版）

1932 年：

兩周金文辭大系一本　8.00　1 月 22 日（文求堂書店，1 月 10 日出版）

金文叢考一函四本　12.00　8 月 8 日（文求堂書店，8 月 1 日出版）

殷周（青）銅器銘文研究二本　5.00　10 月 27 日（上海大東書局，1931 年 6 月出版）

金文餘釋之餘一本　3.00　12 月 3 日（文求堂書店，11 月 6 日出版）

1933 年：

卜辭通纂四本　13.20　5 月 12 日（文求堂書店，5 月 10 日出版）

古代銘刻彙考三本　6.00　12 月 20 日（文求堂書店，12 月 10 日出版）

1934 年：

古代銘刻彙考續編一本　3.50　5 月 28 日（文求堂書店，5 月 20 日出版）

1935 年：

兩周金文辭大系圖錄五本　20.00　3 月 23 日（文求堂書店，3 月 5 日出版）

兩周金文辭大系考釋一函三本　8.00　8 月 28 日（文求堂書店，8 月 20 日出版）

其中「本」的數量實際是該書卷數，括號內出版時間是我所標出的。粗看之下，這不過是一些乏味的文字和數字，像任何一本帳簿一樣。但仔細琢磨，發現其中包涵有一些頗有意思的信息。

魯迅知道郭沫若在從事古文字研究，大概是從得到《甲骨文字研究》的贈書〔註95〕開始。《甲骨文字研究》恰好也是郭沫若流亡日本期間古文字研

〔註95〕魯迅 1931 年 5 月 14 日日記記載：「晚雨。李一氓贈《甲骨文字研究》一部。」李一氓是秉郭沫若意，爲魯迅送去贈書的，因爲《甲骨文字研究》在上海大東書局印行一事是由他聯繫進行的。

究的第一部著作。從該部著作開始，直至 1937 年 7 月歸國時止，郭沫若所編撰完成的古文字研究著作共有 12 種。其中 10 種入於魯迅書賬中，且 9 種為魯迅自己購得。另外兩種：《殷契粹編》編纂於 1936 年，出版於 1937 年，《石鼓文研究》成書於 1935 年，出版於 1939 年，那時魯迅已經辭世。也即是說，魯迅生前購買了郭沫若所有已經出版的古文字研究著作。從上列括號內標明的出版時間（筆者標注）可以看到，魯迅都是在書出版後即購入，且都是自己去買的，這在其當天日記中均有記載。只有《殷周（青）銅器銘文研究》一種例外，是於該書出版一年多後方購得。該書由大東書局出版而非日本文求堂，大概魯迅沒有注意到該書的出版信息，後來才知道了，於是託周建人將該書買來，這在他 1932 年 10 月 27 日的日記中有記載。〔註96〕

魯迅如何評價郭沫若的這些學術著作，沒有看到相關的文字記載，但這紙書賬至少表明他看重郭沫若在古文字領域的研究，而不會是為了與郭沫若打筆墨官司買下這些書。〔註97〕順便說一下，在魯迅的書賬中似乎沒有他購買過當時文壇上大大小小哪一位作家著作的記錄（贈書者例外）。

與此或可說相關的有一個歷史細節，發生在日本。1936 年 11 月，郭沫若與到訪日本的郁達夫一同參加了日本改造社為編譯出版日文本《魯迅全集》舉行的一次編輯會議。改造社社長山本實彥就一份已擬定的魯迅作品目錄，請郭沫若發表意見。郭沫若仔細看過該目錄後提出幾條建議，其中之一，是希望借出版全集的機會，把魯迅搜集的墓誌銘整理出版，「這一定是很好的歷史研究的資料」。〔註98〕這個提議未被採納。這並不奇怪，不要說當時在日本，就是在國內，之後的幾十年間，又有幾人意識到魯迅一生所搜集的這些碑拓的學術價值呢！郭沫若應該是憑著他作為學者的學識與對魯迅作為一個學者的認知，而看重這些「樸學式的」東西的。也所以，他儘管並不很喜歡魯迅小說的創作手法和風格，但是非常推崇魯迅的學術著作《中國小說史略》，稱：「王國維的《宋元戲曲史》和魯迅的《中國小說史略》，毫無疑問，

〔註96〕該日日記記載：「夜三弟來並為代買《殷周青銅器銘文研究》一部二本，價五元，贈以酒一瓶。」書賬中作「殷周銅器銘文研究」，與郭沫若《殷周青銅器銘文研究》書題相差一字，從此段日記可知，係筆誤，掉一「青」字。

〔註97〕余曾對一年輕的博士（研究魯迅）示以這紙書賬，問其有何感觸，彼答曰：「魯迅先生為了瞭解論敵，……」余瞠目，繼而搖首歎息。

〔註98〕郭沫若：《達夫的來訪》，上海《宇宙風》半月刊，1937 年 2 月第 35 期。

是中國文藝史研究上的雙璧。不僅是拓荒的工作，前無古人，而且是權威的成就，一直領導著百萬的後學。」〔註 99〕郭沫若自己的學術計劃中也有過一個撰寫一部多卷本中國文學史的考慮，從商周秦漢而至宋元明清。〔註 100〕只是當時他的金文甲骨研究著述所費精力和時間甚多，無暇它顧，終未能著手進行。

治學於中國古代史與金文甲骨研究，使得郭沫若在詩人的激情、浪漫之外兼有學者的思想與睿智。比之於文壇上的文友，他對於魯迅有獨到的文化認知（當然是在人們把評說魯迅納入一種政治文化的話語模式之外），儘管他們對待傳統思想文化的態度有很大的不同。譬如，他對於魯迅與莊子關係的認識。

郭沫若認爲，魯迅早年「頗受莊子的影響」。他從魯迅著作在詞彙（常用莊子獨有或創用的語彙）、語法方面與《莊子》的聯繫，從《莊子》的故事、寓言中攫取創作題材，以及魯迅從文學史的角度對於《莊子》「文辭之美富」的贊頌等方面，論述了這種影響。同時，他又從魯迅對於莊子思想的認知和闡釋，論到其一方面受莊子思想影響，一方面又「想盡力擺脫」這種影響。〔註 101〕

郭沫若當年對魯迅的這一認知，可說是見他人所未見。這應該與他偏愛《莊子》和自己的創作經歷有關。郭沫若少年時代即熟讀並喜愛《莊子》，到日本留學接觸了西方的泛神論思想之後，對於莊子思想又有了現代意義上的「再發現」，所以他讀魯迅早期的文章著述，會敏感到其中莊子的影響。在他從魯迅著作中所梳理的十餘種「莊子所獨有或創用的語彙」中，許多也是他自己所常用或化用的，譬如，那列爲第一種的「曼衍」一詞，魯迅在《人之歷史》、《科學史教篇》、《文化偏至論》、《摩羅詩力說》中多有使用，郭沫若在編《創造》季刊時則寫過許多「曼衍言」——一些關於藝術與人生的警言、詩句或寓言。魯迅《故事新編》中的《出關》取用了《莊子·天運篇》的故事，《起死》的開篇出自《莊子·至樂篇》一段寓言；郭沫若在同時期創作的歷史小說《鵷鶵》取材自《莊子·秋水篇》。

〔註 99〕郭沫若：《魯迅與王國維》，上海《文藝復興》，1946 年 10 月第 2 卷第 3 期。
〔註 100〕郭沫若與文求堂老闆田中慶太郎討論了這個計劃。參見《郭沫若致文求堂書簡》第 3 號，文物出版社，1997 年 12 月。
〔註 101〕郭沫若：《莊子與魯迅》，重慶《中蘇文化》半月刊，1941 年 4 月第 8 卷第 3、4 期合刊。

　　諸如此類，能夠把魯迅與郭沫若聯繫在一起的歷史細節，其實還有許多。只是與「筆墨相譏」的喧鬧場景相比，它們被忽略不計了。但是把若干這樣的歷史細節糾集在一起考察，它們顯然昭示著在魯迅與郭沫若的「筆墨相譏」之外，他們又有著相通的一面。

　　魯迅有一首詩《無題》是人們熟悉的：「萬家墨面沒蒿萊，敢有歌吟動地哀。心事浩茫連廣宇，於無聲處聽驚雷。」詩作於 1934 年 5 月，是書贈到訪的日本作家、文藝批評家新居格的一紙條幅，當時並未發表，〔註102〕收入《集外集》後才為人知。

　　一年後的 5 月，流亡日本的郭沫若，為正在日本留學的青年畫家傅抱石的一幅畫作寫了一首題畫詩，也無詩題。詩寫的是畫意：「銀河倒瀉自天來，入木秋聲氣未摧。獨對蒼山看不厭，淵深默默走驚雷。」〔註103〕詩成後，至今也未發表過，只在 1936 年郁達夫到訪日本時的一次筵席上曾書一斗方贈增田涉。文字略有改動：將「入木秋聲氣未摧」改作「入木秋聲葉半摧」，「獨對蒼山看不厭」改作「獨對寒山轉蒼翠」。〔註104〕

　　比較這兩首詩，不能不令人驚訝。詩中所抒寫的詩人的心境是那麼相似，對現實境遇的描述和感覺，對未來的期待和堅信，可說是異曲同工。兩詩結尾一句，亦均典出《莊子·在宥》篇中的「淵默而雷聲」。更值得玩味的是，1961 年 10 月，由黑田壽男率領的日中友好代表團訪華期間，毛澤東親筆題寫了魯迅的《無題》一詩贈給代表團，他認為詩義比較難懂，特意囑郭沫若將詩譯成日文。郭沫若不但將詩譯為日文，同時還翻譯成白話文，並步魯迅韻做了一首和詩。〔註105〕若以這兩首詩而言，魯迅與郭沫若之間的相通，可稱得上是「同聲相應，同氣相求」。

　　郭沫若曾經說到，「中國文壇大半是日本留學生建築成的」，「中國的新文藝是深受了日本的洗禮的」。〔註106〕這裏所謂的「日本留學生」，是指曾留學

〔註102〕見魯迅 1934 年 5 月 30 日日記（《魯迅全集》第 15 卷），該詩後收入《集外集》（上海群眾圖書公司，1935 年 5 月）。

〔註103〕傅抱石這幅畫作現由一臺灣收藏家收藏。該畫作已編入《郭沫若題畫詩存》（山西教育出版社，1997 年 11 月出版）。

〔註104〕見增田涉：《郭沫若——亡命前後》，日本《中國》月刊，1969 年 4 月第 65 號。

〔註105〕譯魯迅詩一事，見於郭沫若《翻譯魯迅詩》一文，載 1961 年 11 月 10 日《人民日報》。

〔註106〕郭沫若：《桌子的跳舞》，《創造月刊》，1928 年第 1 卷第 11 期。

日本的創造社作家、周氏兄弟和語絲社作家，這一支撐起新文學大半壁江山的作家群體。郭沫若的這一說法很有見地，因爲他從這一作家群「日本留學生」的身份特徵切入，思考了他們的留學經歷帶給新文學一些什麼的問題。這實際上也就是關於五四新文學與日本近代文學關係的問題──一個在很大程度上被新文學史忽略了的內容。當然，這一留學經歷的文化背景，也就必然會對魯郭關係的形成發生影響。

有兩個似乎並不相關的歷史細節：魯迅在日本弘文學院留學時曾寫過一首打油詩，詩形狀似側置的金字塔（以豎版排字看），即，第一句一個字，從第二句起每句遞增一字。〔註107〕郭沫若在九州帝國大學留學時創作的自由體新詩中有一首《雷雨》，詩形狀似倒置的金字塔（也以豎版排字看），即，詩的前半部分每句遞增一字，後半部分每句遞減一字，首尾句均是一字。〔註108〕在其他現代作家或詩人的筆下還從未見有這樣的詩作，魯迅、郭沫若怎麼會不約而同地寫出這種形式的詩呢？也許只是巧合，但他們應該是見過這樣形式的詩。我疑其與日本明治時代出現的口語體詩歌創作有關聯（這種表現爲一種建築美的形式，只能出自使用方塊漢字的文字）。當然，這需要考察，但是無疑，日本社會、日本文化的背景，應該是瞭解，特別是解讀他們之間關係的非常重要的因素。

1906 年 3 月，魯迅申請從仙臺醫學專門學校退學，他「決計要學文藝了」，因爲「中國的呆子、壞呆子」，不是醫學所能醫治的。1921 年 1 月，郭沫若向九州帝國大學醫學部遞交了一份休學三個月的申請，以生病爲由，實際上是決定棄醫從文。他先是準備到京都大學轉學文科，未果，便返回上海投身文學活動。年內，《女神》出版，創造社成立。相隔十幾年的這兩個歷史場景本不相干，但實際上都與他們人生旅程中的日本體驗密切相關。所以，他們最終會糾集在一起。

郭沫若與魯迅之間發生筆墨官司，都是因爲當時文壇上的事情，魯迅去世，魯、郭之間當然也就不會再有這樣的「筆墨相譏」。此後，每年在魯迅祭日到來之際，郭沫若都會撰寫紀念魯迅的文章（新中國成後就更不必說了）。但有人偏偏以爲這是郭沫若在魯迅生前身後對於他的態度發生了劇變，言

〔註107〕見沈瓞民：《回憶魯迅早年在弘文學院的片段》，1961 年 9 月 23 日《文匯報》。
〔註108〕《雷雨》，1920 年 9 月 7 日上海《時事新報·學燈》。

外之意或許是謂之虛偽、作秀吧。這是很奇怪的邏輯。事實上，當年在魯迅逝世後，就有人借郭沫若撰寫紀念魯迅的文章說過更難聽的話，譬如，田軍的《致郭沫若君》，大意是說：「魯迅是被他的敵人逼死了的」……，「郭沫若就是魯迅的敵人」云云。又有好事者告郭沫若道：魯迅的《女弔》，「落尾幾句分明是在罵人」。幾十年過去了，還屢有人在文章中引《女弔》「……這些人面東西」，說是指郭沫若。把《女弔》作如是解的人莫不是以爲，魯迅剛說過：「我和茅盾，郭沫若兩位，或相識，或未嘗一面，或未衝突，或曾用筆墨相譏，但大戰鬥卻都爲著同一的目標，決不日夜記著個人的恩怨。」〔註109〕月餘後即可拐著彎罵郭沫若爲「人面東西」。這豈不是把魯迅拖入虛僞中去了。

郭沫若當年就寫了辯駁的文章，〔註110〕他當然不能任人在自己身上潑污水。有一個歷史細節亦可讓我們去瞭解當年郭沫若的心境。

魯迅逝世時，尙流亡在日本的郭沫若是在當天傍晚從日本報紙的報導中得知噩耗的。他連夜撰寫了一篇祭文，就是後來以《民族的傑作》爲題發表的那篇文章。這篇文章的手稿保存下來了，是所有可見的郭沫若（文章）手稿中絕無僅有的一件。非用稿紙起草寫就，而以毛筆書寫在一幀約三尺闊的日本紙（專作書畫用，類似中國的宣紙）上。文章亦無標題。顯然，這並不是爲發表，或哪家報刊約了稿而寫的。這是郭沫若驟聞噩耗，出於對一個非常尊敬的人眞摯的感情，所用的一種表達感情的方式，祭奠的方式，是很古典的方式。所以，在幾十年後得見這一件手稿時，我的第一感想就是：郭沫若那時如果能夠回國，他一定是要攜這一紙祭文，親至魯迅葬禮或墓前誦讀拜祭。不經意之間流露出來的感情和呈現出來的狀態，應該是最眞實的。

魯迅去世後，有些人（也是出於崇敬之心吧）把他捧得很高，郭沫若也用過「民族的傑作」、「大哉魯迅」這樣的頌揚之辭，但在具體評價魯迅的時候，他是用平實的、言之有據的文辭。於是有人罵他是「貓式恭維」者。郭沫若謂，「並不以此介意也。鷦鷯巢林不過一枝，鼴鼠飲河不過滿腹，余對魯迅之認識並不深廣，特一枝之巢，滿腹之飲，想魯迅如在，亦當不至以此爲侮耳。在余之意，似宜視魯迅爲讓大眾共巢共飲之深林與大河，不必聖之神

〔註109〕《答徐懋庸並關於抗日統一戰線問題》，《魯迅全集》第6卷。
〔註110〕見《答田軍先生》，載1937年1月25日上海《大晚報》。

之，令其不可侵犯也。」〔註111〕這倒稱得上是知人之識。

　　一紙魯迅的書賬，自然不是能夠拿來大做什麼文章的，上述的那些資料，也多是歷史進程中的細節，但我們若把許多這樣的細節糾集在一起的時候，我們應該會在習見的場景、習慣的思考之外發現歷史。歷史的眞實，未必不存在於細微末節處。

「十年神交，握手言歡」——彥堂與鼎堂

　　1928 年的仲夏，攜一家人流亡日本，避居在千葉縣市川市鄉下的郭沫若又被一種寫作的欲望擾動了。他已經沉寂了近半年的時間，其間主要精力都用來讀書，不僅讀文學的書、文藝理論的書，而且廣泛地涉獵了哲學、經濟、歷史等等社會科學方面的書籍。這一方面是因爲遠離了國內的生活現實，他很難再有文學創作的衝動，另一方面則是與創造社同人們開展的文化批判運動，迫使他要大量閱讀社會科學方面的理論書籍。

　　從這樣的閱讀中，郭沫若接受了辯證唯物主義的方法論，他生出一個雄心勃勃的念頭：「運用辯證唯物論來研究中國思想的發展，中國社會的發展，自然也就是中國歷史的發展」。也「想就中國的思想，中國的社會，中國的歷史，來考驗辯證唯物論的適應度」。於是，他首先想到要把小時候背得爛熟的《易經》作一番研究。

　　在東京神田街的舊書店，郭沫若花六個銅版買到一本日本版的《易經》，還是明治時代水戶藩的藩學讀本，開始了對於中國古代社會的學術研究。他很快便寫出了《周易的時代背境與精神生產》一文，在上海《東方雜誌》上連載，初秋之際又完成了《詩書時代的社會變革與其思想上的反映》的初稿。

　　但這時，郭沫若卻猶豫起來，因爲他內心產生了懷疑：《易經》、《書經》、《詩經》這些先秦典籍，在它們流傳的過程中當然是已經失眞了的，那麼，僅僅依據這些文獻資料去研究古代的中國社會，怎麼能夠得到令人信服的結論呢？

　　「我要尋找第一手的資料，尋找考古發掘所得的，沒有經過後世的影

〔註111〕郭沫若 1941 年 11 月 23 日致林辰信，《魯迅研究月刊》，2003 年第 10 期。

響，而確確實實足以代表古代的那種東西。」郭沫若這樣想著。他開始往上野圖書館尋找考古發掘資料，查閱到羅振玉編著的《殷虛書契前編》，初次接觸了甲骨文。不過，郭沫若並不知道，就在此時，遠在千里之外的河南安陽小屯殷虛，正在進行著一次重要的考古發掘，主持這一發掘的是一位叫董作賓的學者。

董作賓在小屯殷虛主持的這次發掘，是中央研究院歷史語言研究所在這一年成立後進行的首次重要的考古發掘，專門發掘調查殷虛的甲骨。

事實上，甲骨文的發現才僅僅三十年時間。那是在 1899 年，人們偶然從被賣到中藥鋪做藥材的龜甲上發現了有未曾見過的文字刻辭，於是開始對那些散落各處的甲骨進行收集整理，開始有了甲骨之學的研究。但三十年間從未爲此做過考古發掘，所以 1928 年春，歷史語言研究所成立後立即著手要在小屯殷虛對於甲骨進行有計劃的科學發掘，董作賓被先期派去安陽做調查甲骨文出土情況。

經過實地考察，董作賓瞭解到二三十年間盜挖殷虛的情況日益嚴重，而出土的甲骨被古董商大肆收購用來發財，大量流散到海外。但是「甲骨挖掘之確猶未盡」，組織對殷虛進行發掘，已經到了刻不容緩的時候了，「遲之一日，即有一日之損失」。於是，他向研究院提交了《殷虛甲骨調查報告發掘計劃書》並獲得通過。到了秋天，由其主持在小屯殷虛進行了第一次的試發掘，收穫頗豐，共得甲骨 854 片。董作賓從中遴選了 381 片，摹錄發表《新獲卜辭寫本》，爲甲骨文研究提供了最新的重要資料。

一年後，史語所又在小屯陸續進行了第二次、第三次發掘，直至 1937 年抗戰爆發，一共進行了 15 次考古發掘，董作賓 8 次參加了發掘工作。這些事情，避居在日本鄉下的郭沫若當時是不知道的，他在差不多已經寫成《中國古代社會研究》之時，才從主編燕京大學學報的容庚那裏知道了小屯殷虛的發掘，知道了董作賓的《新獲卜辭寫本》，並從容庚處借到該書。得閱這些新的卜辭寫本資料後，郭沫若又爲《中國古代社會研究》撰寫了《殷虛之發掘》等三篇「追論及補遺」文章，時在 1930 年 2 月。

這可以說是郭沫若與董作賓間接發生了關係，他對董作賓主持的殷虛發掘及《新獲卜辭寫本》的發表，大爲稱頌，贊其：「足爲中國考古學上之一新紀元，亦足以杜塞懷疑卜辭者之口」。〔註112〕

────────────────

〔註112〕《殷虛之發掘》，《中國古代社會研究》上海聯合書店，1930 年 3 月。

　　郭沫若與董作賓直接有交集，已經到了 1932 年夏秋之際，那時他開始著
手編撰《卜辭選釋》（成書後作《卜辭通纂》）。他與董作賓第一次聯繫是請董
爲他找尋一殷虛陶器上的刻文，董作賓很快親自用素縑摹錄了該陶文並寄到
日本。素昧平生，初次聯繫就得到這樣實實在在的幫助，郭沫若很感動，於
是，特意寫了一首七絕並且手書一條幅，贈送給董作賓。詩是這樣寫的：

　　　　清江使者出安陽，

　　　　七十二鑽禮成章。

　　　　賴君新有餘且網，

　　　　令人長憶靜觀堂。〔註113〕

　　郭沫若用《莊子》中寫宋元君事的典故，極力贊譽董作賓在 1928 年秋所
主持的安陽小屯殷虛發掘甲骨文之事，稱其發掘出土了大量甲骨，好比余且
網捕到大白龜一樣。郭沫若一開始進入甲骨文研究領域，就非常推崇王國維
的研究，而他又以董作賓爲王靜安之後最有影響的甲骨文研究者，所以，他
在詩的結句會寫到「令人長憶靜觀堂」。

　　這首七絕的創作和題寫的條幅，記錄了郭沫若與董作賓最初交往的事
情，是彌足珍貴的史料。事實上，在這首詩發現之前，人們並不知道郭沫若
與董作賓最初是怎樣開始了交往。更有意思的是，短短四句詩，關聯到後來
被學界稱作「甲骨四堂」中的三人，即：王觀堂（國維）、董彥堂（作賓）、
郭鼎堂（沫若）。

　　就是從這時起，郭沫若與董作賓隔著浩瀚的東海開始了密切的文字往
來。這是一種推心置腹的學術交流的往來。在得知小屯殷虛第二次發掘出大
龜四版的消息後，郭沫若急切想看到大龜四版上的刻辭，經過董作賓和主持
第二次發掘工作的李濟的幫助，他很快就得到了大龜四版的拓片。在接到郵
寄來的拓片的那天，郭沫若興奮不已，當即給好友田中慶太郎寫了一封快信，
告之：「三千年前大龜四片已從北平寄到。請來一遊，將奉以龜之佳肴也。」
〔註114〕。後來他又將李濟、董作賓「以新拓之大龜四版及《新獲卜辭》之拓
墨惠假，並蒙特別允許其選錄」之事專門記入《卜辭通纂·述例》中。

　　與董作賓相識時，郭沫若剛剛開始編撰《卜辭通纂》，於是，他與董作賓
的文字往來，差不多全是關於《卜辭通纂》的。是年冬，郭沫若從董作賓來

〔註113〕有關此詩的發現、考訂，見《流亡期間若干舊體佚詩考》一節。

〔註114〕《郭沫若致文求堂書簡》第 57 號，文物出版社，1997 年 12 月。

信中得知其有甲骨文斷代研究之作，分世系、稱謂、貞人、坑位、方國、人物、事類、文法、字形、書體十項，很感興趣。這也是他準備撰述的問題，他本計劃在《卜辭通纂》書成後，附以一卜辭斷代表。郭沫若遂覆信董作賓討論甲骨文斷代問題，很快，轉過年（1933 年）來的 1 月末，他就得到董作賓寄示其《甲骨文斷代研究例》的三校稿本。讀後，郭沫若「以其體例綦密」，決定自己原擬作的卜辭斷代表，「不復論列」。〔註 115〕他稱讚《甲骨文斷代研究例》：「如是有系統之綜合研究，實自甲骨文出土以來所未有。」同時，又與董作賓討論彼此意見相左的「陽甲與沃甲之互易」、「帝乙遷沬事之有無」二事。

其實，《卜辭通纂》此時已經付印了。郭沫若在讀過董作賓《甲骨文斷代研究例》稿本後，發現自己在編纂甲骨刻辭時因王襄《簠室殷契徵文》一書拓片不精，疑爲僞品而摒棄未用之誤，特選取董作「足以證佐余說」的「僅見之例」，譯錄數片以作補充。他將這些事情都記入 2 月 8 日夜所作的《卜辭通纂‧後記》中。

但事情還沒有結束。郭沫若在《卜辭通纂‧後記》中論及董作賓《甲骨文斷代研究例》所引「五示」、「虎祖丁」二辭，「因未見原契，故多作揣測語」。董作賓得知後，摹錄了那兩片甲骨刻辭，於 3 月中旬寄給郭沫若。郭沫若特作《書後》，「爰揭之於次，以補余書之未備」。董作賓大概是考慮到《卜辭通纂》已在影印製作中，隨後又將兩片甲骨刻辭的照片直寄郭沫若。郭沫若收到照片很高興，因「書尚在印刷中，爰一併採入」。他也爲此又寫了一段《書後補記》的文字，特別表示：「余於此對於彥堂之厚誼深致謝意。」〔註 116〕

《卜辭通纂》由文求堂出版後，郭沫若給田中慶太郎開列了一個二十人（處）左右的贈書名單，請他代爲寄送，其中國內學者唯有三人（處），其中之一即爲住在上海曹家渡小萬柳堂的董作賓。郭沫若請田中慶太郎寄給董作賓的贈書有三部，包括贈歷史語言研究所的一部，〔註 117〕可見董作賓在郭沫若心中的分量。

與董作賓的交往，是郭沫若流亡日本期間重要的學術交往之一。他們二人之間的這一交集又完全在學術領域，是純粹的學者之誼。在開始交往後的

〔註 115〕《卜辭通纂‧後記》：「本書錄就，已先後付印，承董氏彥堂以所作《甲骨文斷代研究例》三校稿本相識。」
〔註 116〕《卜辭通纂考釋‧書後》，東京文求堂書店，1933 年 5 月初版。
〔註 117〕參見《郭沫若致文求堂書簡》第 83 號，文物出版社，1997 年 12 月。

許多年間，他們只是神交、文字交。這與郭沫若與容庚交往的情況相似。他與董作賓初次見面，已經到了十年後抗戰期間的 1942 年。

那時，他們二人都輾轉到了四川：郭沫若在重慶市內天官府主持文化工作委員會的工作，董作賓任職的中央研究院歷史語言研究所則搬遷到宜賓南溪縣的李莊小鎮。董作賓在一次去重慶市參加學術會議後拜訪了郭沫若。他後來以文字記述了這次見面：「三十一年春，訪沫若於渝，十年神交，握手言歡。」

這次見面，讓董作賓感慨萬分：「昔疑古玄同（錢玄同——筆注）創爲『甲骨四堂』之說，立廠（唐蘭）和之，有『雪堂（羅振玉——筆注）導夫先路，觀堂繼以考史，彥堂區其時代，鼎堂發其辭例』之目，著在篇章，膾炙學人。」但此時，「甲骨四堂」中「觀堂墓木盈拱，雪堂老死僞滿。惟彥堂與鼎堂，猶崛然並存於人世，以掙扎度此偉大之時代也」。而鼎堂「屏置古學，主盟文壇」，只彥堂猶「抱殘守缺，絕學自珍」。郭沫若爲二人的見面欣喜異常，當即又賦絕句一首相贈：

> 卜辭屢載正尸方，
> 帝乙帝辛費考量。
> 萬蟲千牛推索遍，
> 獨君功力邁觀堂。〔註118〕

詩中「正尸方」、「帝乙帝辛」是甲骨上的刻辭，「萬蟲千牛」意指刻有卜辭的甲骨（「蟲」爲龜，「牛」指牛胛骨）。郭沫若顯然回憶到編撰《卜辭通纂》時與董作賓的交誼。「獨君功力邁觀堂」，他對於董作賓的評價當然是很高的，但其中也不免含了幾分人事滄桑的慨歎。

抗戰勝利後，隨著國內政治形勢的變化，郭沫若與董作賓之間的關係，不再是單純的學者之交，也就不復再有「握手言歡」的心緒了。不過在學問上，董作賓還是對郭沫若持一貫的評價。1948 年中央研究院推選院士時，正在美國的董作賓於 2 月 2 日給胡適寫過一封信，信上說：「春間中研院邀院士，您必出席，關於考古學方面，希望您選思永或沫若，我願放棄，因爲思永兄病中，應給他一點安慰，沫若是外人，以昭大公，這是早想託您。」〔註119〕思永，即梁思永。董作賓之所以寫這封信，是因爲在胡適所推薦的考古組院

〔註118〕詩與董作賓所寫文字，均見《題鼎堂贈絕句》，收《董作賓全集》。
〔註119〕耿雲志主編：《胡適遺稿及秘藏書信》第 37 冊，黃山書社，1994 年。

士人選名單中，他是排在第一位的。董作賓希望胡適推選郭沫若，雖然有「以昭大公」的考慮，但作為候選院士提名，他首先認可的當然還是郭沫若的學術水平和學術成就。

新中國成立，董作賓去了臺灣。從此，在世的甲骨二堂分處海峽兩岸。

郭沫若在 50 年代以後，對於董作賓的態度，在政治上有所指責，並且顯然將政治上的臧否帶入學術評判中。這或許是時勢所至，但總是讓人遺憾的事情。有一次，郭沫若在與楊樹達通信討論殷虛甲骨刻辭時講到董作賓，謂：「董某妄人耳，其說未可盡信也。」〔註120〕楊樹達在讀到郭沫若信中此語時，頗不以為然，他在當天日記中寫道：「記《卜辭通纂》曾言讀董斷代研究例，拍案叫絕，今乃斥為妄人，鼎堂真妙人哉！」〔註121〕

董作賓則可說是真正從未介入過政治的一位純粹的學者，所以，他到臺灣後仍然對於郭沫若在古文字研究上的學術成就保有高度評價。在他的全集中，還收錄有《跋鼎堂贈絕句》的小文，收錄有郭沫若贈他的絕句（那時海峽兩岸還處在政治上完全對立的狀態下），實令人感喟不已。

〔註120〕郭沫若 1953 年 9 月 19 日致楊樹達信，《積微居友朋書札》，湖南教育出版社，1986 年 7 月。

〔註121〕《積微翁回憶錄》，上海古籍出版社，2006 年 12 月。

書 信 篇

《櫻花書簡》釐正補遺 〔註1〕

　　郭沫若於 1913 年 6 月在成都考取天津陸軍軍醫學校，是年秋，告別父母家人，乘船走長江水路出夔門，復經陸路北上京津。但他沒有入軍醫學校就讀，年底，在大哥郭開文的資助下，赴日本留學，於 1914 年 1 月 13 日到達東京。此後，直至抗戰期間的 1939 年初才有機會重返故鄉。在這二十餘年間，他與父母家人的聯繫全靠書信往來。其間從乘船離家到 1923 年 1 月止，郭沫若寄回的家書有六十餘封得以保存下來，其中 66 封經樂山文館所整理、考訂、編輯，以《櫻花書簡》爲題，由四川人民出版社於 1981 年 8 月出版。另有一封家書收入蕭玫所編圖片集《郭沫若》（文物出版社，1992 年 11 月出版）。這些家書，無疑是郭沫若留學日本時期最爲珍貴的一批史料，對於瞭解、研究郭沫若留學期間的生活狀態、思想變化、棄醫從文的經歷等等，具有極爲重要的學術價值。

　　《櫻花書簡》（以下簡稱「書簡」）自出版以來一直爲學界所用，從未疑其有無疏漏。事實上，這些書信的落款處基本未署書寫年代，而書簡又多未保留信封，有封套者也多爲函套分離的情況，故在書寫時間的判定上尙有需要斟酌之處。作爲郭沫若生平史料，「書簡」（包括其中寫到的人、事）當然是編撰郭沫若年譜的重要資料，迄今已出版的幾種郭沫若年譜，即是根據「書簡」所判定的時間將這些資料入譜的，如果對這些家書書寫時間的判定有誤，譜文自然就會大有出入。而且因爲時間順序的關係，實際上要還涉及到對郭沫若留學期間一些重要的經歷如何判定（譬如，他是何時告知父母與安娜婚戀之事的）。

　　查考、比對「書簡」與原稿手迹、原信封套，分析書信內容以及相關史

〔註 1〕　本節最初成文於 2004 年，是《櫻花書簡》整理出版二十餘年後，首次指出其中史誤，並對於這些史誤（信函書寫時間）逐一進行考訂而寫成的文字，曾以《櫻花書簡正誤》爲題，附錄於《文化越境的行旅——郭沫若在日本二十年》（文化藝術出版社，2005 年 3 月出版）一書中。當時主要根據《櫻花書簡》一書出版的文本進行考證，訂正了其中九封信函書寫時間的舛誤。之後，才陸續得見這一批文獻史料主要部分的原貌，包括若干信函封套的圖片。據此，又將郭沫若早年的這些家書疏理一遍，對於收入《櫻花書簡》中信函的疏誤（又發現的）與未曾錄入《櫻花書簡》的相關史料（信函封套等）所包含的信息，陸續增寫了五條（涉及五封信函）考訂的文字，以及關於另外五封遺失書簡信息的補遺文字。

料，可以發現「書簡」中對多封信函書寫時間的判定有誤，且有遺漏之書簡，根據原書編排順序做正誤如次：

（1）第 9 函

「書簡」作 1914 年 8 月 1 日。

正：1914 年 7 月 31 日。

考：「書簡」謂此信是有封套的，封套背面寫有「八月一日，日本寄」的文字，與書信落款時間「八月一日」是一致的，也注意到「宜昌」、「重慶府」、「嘉定府」三枚郵戳的日期，斷定此信寫於 1914 年，這是正確的。但該封套正面兩枚日本郵戳的信息被忽略了。一枚「TOKIO」（當時東京的拼法）郵戳的日期無法辨認，一枚收寄郵局（郵電所）的郵戳名稱模糊不清，日期卻可以辨認：「3.7.（××）」「3」為大正三年，即 1914 年，「7」為 7 月，這是很清晰的。日子的數字不甚清晰，但為兩位數，似是「31」。郭沫若將寫信時間署為早於郵寄（郵戳）時間一天的情況，在「書簡」中不止一兩次。這封信函的書寫時間不會是 8 月 1 日。

（2）第 24 函

「書簡」作 1915 年 5 月。

正：1915 年 5 月 23 日。

「書簡」以該信「無封套，無書寫時間」，但信中提及「於月之七日，乃同吳鹿平君趨歸上海」事（即郭沫若與同學為抗議日本對華提出「二十一條」返回上海一事），斷定信寫於 1915 年 5 月，這是不錯的。但是我在所見到的，保存下來的郭沫若這批早年家書資料中，找到了應該是這一函書信的封套，可以確定該信準確的書寫時間。

不過這一尋找是很曲折的，因為不能見到原物，只能依據原物圖片來考訂，而該封套正、背兩面的圖片，又是雜亂無序地分散在一批書信封套的圖片之中，先要考訂出完整的封套。被考訂出的兩張圖片的情況是這樣的：

為封套正面的圖片：文字為信函的寄達地址、收信人等信息，以及郵票、收寄郵局的郵戳。兩枚郵戳中一枚有「駒込」二字，這是郭沫若租住在東京本鄉區期間郵寄信件的一個收寄郵電所所用郵戳，但郵戳上的時間看不清了。另一枚郵戳的文字為「TOKIO」，時間為「24.5.15」。在已見的日本郵戳中，時間的表示均用三組數字，但有兩種方式。一為：（大正）年、（公曆）

月、日（自左至右）；一為：（公曆）日、月、年（自左至右）。這一枚東京郵戳上的日期表示為第二種方式，即：1915 年 5 月 24 日。

為封套背面的圖片：文字為寄信人的姓名、地址等信息：「日本東京本鄉區眞砂町二十一番地富喜館　郭緘五月二十三日」。封套背面依郵路順序有漢口、萬縣、重慶、嘉定府四地的四個郵戳。其中萬縣的日期最為清晰：「四年六月十二」，嘉定府：「四年六月（日期不清）」。另兩枚的日期均難以辨認。但這已經足夠了。「四年」是民國四年，即 1915 年。郭沫若從日本寄出信函，到達萬縣（四川境內），大致都在近二十天時間。

那麼，1915 年 6 月 12 日到達萬縣的信，應該正是從東京 5 月 24 日寄出的信，所以這兩個分別為封套正、背面的圖片顯示的，實為同一信封。郭沫若這一時間段書寫寄出信函中，唯有第 24 函是沒有（找到）封套的，則可以斷定，此封套即為該信函的封套。同時，該信函中的內容亦可印證這一點。郭沫若等人從上海返回東京後，因已經退了原租住房，只能另覓他處。他在信上寫了「已移住處」，在「本鄉區追分町三十一番地富喜館」，但尚不知房主姓氏，所以告家中，信函「由李君轉交」，不要寄此處。從前示封套背面文字可以看到，郭沫若將地址仍寫為原住處，卻又寫了新住處所在的「富喜館」，顯見只是為署一個郵寄而非收信地址而已。如此，寫在封套背面的「郭緘五月二十三日」，當可作為該信書寫時間。

（3）第 34 函

「書簡」作 1916 年 2 月 11 日。

正：1916 年 1 月 9 日。

考：以信中所言「雲南變故」事，斷作 1916 年，確。以署「正月九日」為陰曆，換作陽曆 2 月 11 日有誤。日本自明治維新後改農曆紀年為公元紀年，「正月」、「初幾日」這樣的用法仍保留在公曆紀年元月之內的稱謂中。「書簡」中署時間的用法基本為陽曆，如使用陰曆，則特別標明「陰曆」。信中謂：「年假已完，明日便又開學矣」，確實表明為 1 月中的事。日本學校（也包括其他部門、單位）的年假（或稱冬假）一般是在年底一周至次年 1 月初的兩周內，3 月下旬後還有春假，2 月是沒有這樣的假期的。

「書簡」在其「說明」中屢以「正月」、「初×」解為郭沫若按家鄉（中國）習慣使用舊曆的說法，有誤。事實上，郭沫若在日本期間（包括後來的流亡時期）所寫書信，乃至其它文字中以「正月」、「初×」等署明時間的，

如無特別標明，均爲公曆。

（4）第 43 函

「書簡」作 1917 年 1 月 15 日。

正：1916 年 1 月 15 日。

考：信謂：「本日校內前學期成績發表，男名列十二，……日人同學多爲男賀……」應爲初到六高那一年的情景，「前學習成績」即謂第 1 學期（1915 年 9 月入六高后那一學期）成績。第 36 函（1916 年 4 月）寫有「校內第二學期成績發表，因少怠惰竟降至十九名」云云，當與此信前後銜接（當時日本學校分爲三個學期）。又，關於欲寄家中「歐戰寫眞帖」以開通風氣事與第 41 函（1916 年 12 月）所言欲擇新聞雜誌寄歸家中，確相關聯，但從詞句之意看，應在 41 函前而非其後，所以第 41 函中方有「年來疏忽，未曾一次寄歸」句。

另外，此信起首一句便寫道：「今日爲陰曆十二月十一日也。」雖然未說明是農曆的哪一年，但公曆 1917 年 1 月 15 日爲農曆丁巳年十二月二十二日，而非「十二月十一日」，這也證明此信不可能寫於 1917 年。而公曆 1916 年 1 月 15 日，則正好是農曆丙辰年「十二月十一日也」。

（5）第 48 函

「書簡」作 1917 年 6 月 12 日。

正：1917 年 6 月 11 日。

考：該明信片郵寄郵戳有「岡山 6，6，11」字樣，係大正 6 年 6 月 11 日。大正 6 年即 1917 年。郭沫若自署「六月十二日」，當係誤記。

「書簡」「說明」中相當部分的時間（年、月），是據信封上郵戳的寄到時間斷定，這在考訂的邏輯上並不合適。這類情況的信封上大多同時有在日本發寄的郵戳，應首先據此判斷，如無發寄郵戳，方可據寄到的郵戳考訂。（估計考訂者不知郵戳上所用日本大正紀年的方法，該紀年以 1911 年爲大正元年，月、日則仍以公曆紀年爲準。）

（6）第 49 函

「書簡」作 1917 年 4～5 月間。

正：1917 年 6 月 23 日。

考：信中「第二學年試驗已於今日完畢」，是爲 1917 年，不錯。但以信

中有「已入初夏」的文字斷爲四五月間，是不知日本學校之校曆故。四五月間乃春假後剛開學不久，斷不會有學年考試（應在暑假之前）。信中「今日」即信末署 23 日，恰呼應了 48 函（1917 年 6 月 12 日）所說：「校內於十八日開始試驗，二十三日竣事」，信當爲 6 月 23 日所寫。

（7）第 50 函

「書簡」作 1917 年 6 月 23 日。

正：1914 年 6 月 23 日。

考：「書簡」的「說明」講此函有封套，上寫有「岡山市……六月二十三日發」等字樣，且有宜昌府「六年七月三日」、重慶府「六年七月七日」的收信郵戳，是爲 1917 年。因以斷此信寫於該年 6 月 23 日。

以信封斷寫於 1917 年，不錯。但據此信未整理時的原狀看，信紙與信封是分別置放的，因而信封有可能不是該信寄出的函套。又，第 49 函已考訂寫於 1917 年 6 月 23 日，此信中雖有「茲復奉得三哥、四姐及兒婦書」句，但並無特別事情需立即覆信，故同一日內應不至再寫有第二封家書。信中有「暑來……元弟七妹二侄想必歸家矣」，似爲詢問暑假中元弟七妹等歸家事。第 6 函（1914 年 6 月 6 日）中有「暑假將至，姊妹們想當回家耍也；七妹歸時可與我寫封信來甚好，二侄女亦不妨寫一信來……」第 7 函（1914 年 6 月 21 日）中又有「暑暇在邇，想弟妹二侄女等均各歸家矣」這樣的內容，此信似與該二函在時間上有接續關係。當然，這樣的內容也可出現在 1915 年以後各年暑假將至時寫下的信函中，但問到元弟暑假歸家事，則應只在 1914 年，因爲元弟於該年暑假畢業從成都返回家鄉後即未再外出就學（只當年夏末曾有兩月赴省，旋又返家），執意居家。另外，以「書簡」中所見，1914 年 6 月已有兩封家書，這與此函中「本月內已有兩稟肅呈矣」，恰相吻合。故斷此信寫於 1914 年 6 月 23 日爲好，而原作爲此信的信封則係第 49 函所用（該信函原注無封套）。

（8）第 54 函

「書簡」作 1918 年 3 月 1 日。

正：1916 年 1 月 19 日。

考：此信所署時間「正月十九日」，信中沒有特別內容表明是用陰曆日期，應爲公曆 1 月 19 日，與第 34、第 60、第 64 等函同。（「說明」將後兩函的「正

月」斷爲公曆豈非自相矛盾）

此信是寫給濟蒼弟（元弟郭翊昌）的，信中寫有希望濟蒼弟能於暑中伴二老登峨眉山的內容，及「憶前歲夢中登臨得句云：『俯瞰群山小，天空我獨高』」句，「說明」因以與第 49 函（1917 年 6 月）給父母的信中詢問「二老峨眉之遊能成行否」之事聯繫起來，斷定寫於 1918 年。

然而，第 49 函所詢問之遊峨眉事，在當年 8 月（見第 52 函）已有結果：「峨眉之遊，適今歲世亂年荒，竟不能成行，殊歉然也。」那麼，轉過年來的 1 月（即假設此信寫於此時）再提暑中游峨眉之議，當直陳其事，不會用此信中泛議「峨眉天下秀」，「登峨眉爲最宜」這樣的口吻。以此信中對濟蒼弟所發遊峨眉之議與第 49 函直接詢問父母「峨眉之遊能成行否」的相關內容聯繫比較，此信反應寫在前。從生活邏輯上說，也應該是先有對家中兄弟伴父母遊峨眉的建議，然後才會有了父母遊峨眉的具體安排。至於分別用「前歲」和「昔日」兩個時間副詞來敘述「夢中登臨得句」，在分別寫給父母和濟蒼弟的信中，其實是同樣的含義，並不構成時間上的接續關係。

此信開頭的一句詢問之詞值得注意：「教讀之餘，舊筆尙時溫習否？」據郭宗瑨說，郭翊昌（濟蒼）曾有半年時間在沙灣小學任過校長，並教過課，時在 1915 年。（見《櫻花書簡》，第 154 頁）郭宗瑨講的半年時間是在其入學發蒙之初，應該就是 1915 年 9 月至 1916 年 1～2 月之間的那個學期。那麼只有在這一時間段，郭沫若致濟蒼弟的信中才會用「教讀之餘」的詢問之詞。

綜合這兩點，此信當寫於 1916 年 1 月 19 日。

（9）第 55 函

「書簡」作 1918 年 3 月 31 日。

正：1919 年 3 月 31 日。

考：這在「書簡」中是被認爲郭沫若最先提及與安娜結婚成家之事的一封信。但是，對比此信與第 56 函（1918 年 5 月 25 日）中同樣言及與安娜結婚成家事之說辭，顯然此信應寫於第 56 函之後。「悲的是孩兒不孝，貽憂二老，玉卿函已遵命詳細答覆了，是男誤了人，也不能多怪，還望父母親恕兒不孝之罪。」這詞句的口吻和表達的意思，應該是早已告知家中此事，並不止一兩次地就此與家人在信中說到此事後才會寫出的。而第 56 函中所寫：「男不肖陷於罪孽，百法難贖，更貽二老天大憂慮，悔之罔極，只自日日淚向心

頭落也……」一大段文字的語氣、內容，表示的悔愧之意，雖不能斷爲第一次向家中言及此事，卻可斷爲「書簡」中最先說到此事的一封信。另外，此信中「和兒漸漸長大」一句與第 56 函中特別向父母親介紹了和兒的生辰，何以取名，「正長得肥滿大樣可愛」等文字聯繫比較，亦可說明：第 56 函是初次告之父母親和兒的情況，此信則必寫於第 56 函之後。第 56 函寫於 1918 年的時間斷定是可以肯定的，因而此函寫在 1918 年 5 月之後，而函末署明的 3 月 31 日也就意味著不會是在 1918 年。

因爲郭沫若在信中寫到吳鹿蘋於日內回國一事，所以「說明」斷此信爲 1918 年的理由，實際上主要是依據吳鹿蘋畢業回國時間在 1918 年的說法。另外，還據信中有「和兒漸漸長大」，「近來戰爭已平息」句，斷定非寫於 1918 年之前，這倒是不錯的。吳鹿蘋大學畢業那年回國，是據吳本人的「介紹」，但「吳在日本帝大學應用化學三年，即 1918 年畢業」的推斷，卻有模糊不確之處。日本大學有春季、夏季畢業兩種情況，吳如畢業於 1918 年春季，旋即回國，郭沫若在 3 月 31 日寫下此信還是可能的，但吳若畢業在該年夏季，則其回國且準備於 9 月返日的安排（見信文），決不可能開始在 3 月底還差著一個學期學業的時候，並且當畢業之際尚在國內逗留。以吳鹿蘋在帝大就讀三年計，他是何年何月入學的呢？「書簡」第 27 函其實有準確的說法：「吳鹿蘋亦於本期本科畢業，下期則入大學也。」郭沫若該信寫於 1915 年 7 月 1 日，因可知吳於 1915 年 9 月進入大學。三年之期，吳應畢業於 1918 年 7 月前後，其回國之行當然在此一時間段之後。此函寫於 3 月 31 日，只能是吳鹿蘋畢業轉過年來的 1919 年。

（10）第 57 函

「書簡」作 1918 年 7 月 2 日。

正：1919 年 7 月 2 日。

考：此信內容與吳鹿蘋回國事相關，故「說明」將其書寫時間斷定在 1918 年，仍是據吳鹿蘋大學畢業回國的年份。如上文所析，那有一個推斷上的含混、疏漏，所以應該正其爲 1919 年。同時，此信內容中有兩點亦可作時間考訂的依據，進一步確證其書寫的時間（同時也進一步確證了對第 55 函的正誤）。

其一，信中說：「學校自前月十八日放假後，男每日往院中去治療耳疾。本校學生治病，不取分文，只可惜醫的人都是助手……」1918 年與 1919 年只

一年之差，但恰是郭沫若從岡山六高畢業進入九州帝國大學醫學部之際。信文在這裏所提到的醫院，應該是指大學的附屬醫院。那麼，這裏所寫的「學校」、「本校」，應爲福岡的九州帝國大學而非岡山的第六高等學校，也就是此函應是郭沫若 1918 年 9 月進入九州帝國大學醫學部就讀後所寫，並且只能是在 1919 年或其後。

其二，信中寫到，「自從二十一日起，男每日便往病理教室實習，……」這是一個表明郭沫若寫此信時已在九州帝國大學就讀，而非岡山六高的關鍵依據。六高是帝大的預科，所設科目均繫基礎課。查郭沫若在六高三年學習成績單所列科目，有數學、物理、化學、動物植物、英語、德語、拉丁語、國語（即日語）、修身、體操，涉及試驗的科目有動植物試驗、物理試驗、化學試驗。沒有病理學的課程（實際上也不可能有）。而根據郭沫若在校那一時期九州帝國大學醫學部學生必修課程設置及課時安排的規定，可以查找到如下安排：第 1 學年第 3 學期（即春假後至暑假前的學期）開始有「病理學總論」課程，每周 2 課時，第二學年第 1 學期每周 4 課時；第 2 學年第 1 學期開始有「病理學實習」課程，每周 6 課時。這確證了「往病理教室實習」是在九州帝國大學。當然，按上述九州帝國大學醫學部規定，郭沫若所謂的「往病理教室實習」如是指「病理學實習」課程，則應在第 2 學年的第 1 學期及其後，即 1919 年 9 月之後。這意味著署作「7 月 2 日」的此函可能寫於 1920年或更晚。但考慮信中措辭並非課程的準確稱謂，亦可理解爲與「病理學總論」相關的實習，同時，結合信中寫到的吳鹿蘋回國之事，則此函應寫在 1919年而不是更晚的年份。

（11）第 59 函

「書簡」作 1918 年 11 月 27 日。

正：1915 年 11 月 27 日。

考：「書簡」認爲此信書寫的確切年代尚待查考佐證，但暫定爲 1918 年。原因有二：一是郭沫若至 1918 年 3 月的家書中，屢勸元弟東渡留學，在此信中卻寫有「吾弟既決家居，則兄輩省定之缺，吾弟可好爲替補之也」。似爲放棄勸學之意，此信後亦未再提元弟留學之議。二是以信中「又有改途教育之傾向」句之「又有」，係指元弟 1915 年曾任沙灣小學校長之事。

以原因一的推斷方式其實也可以反過來說，此信寫在元弟決意家居之初（1914～1915 年），之後才有了郭沫若作爲兄長的一次次勸學之議。原因二則

顯然是錯會了「又有」之意。從上下文可知,「又有改途教育之傾向」句,是接著元弟先有函「言志在學工,並以實業相勸勉」,而「今歲六月」復有函「教為調查北京師範內容」,於是,郭沫若以為元弟「又有改途教育之傾向」。「又有」非指元弟曾從事過教育之事,而是改變了學工的志向。

這封郭沫若寫給兄弟郭開運的信,通篇內容都是對其所做居家的選擇表示理解,並作勸慰、勉勵之辭,其辭其意應出自郭沫若留學日本初期的筆下,亦即郭開運輟學返回故里之初。這可以聯繫那時的一些信函對照分析。從書簡第4、第8、第9、第10、第11、第14、第16函等信函的內容中可知,在從郭開運1914年暑期畢業前開始,到他畢業返鄉,復往成都,不久即重回故里且「決意居家」這段時間裏,郭沫若對元弟今後的志向、安排十分關切,屢屢提出自己的建議。在1914年11月16日的家書(第16函)中寫有「元弟決意居家,也難強奪其意,總之學業總不可荒疏」的詞句。這是郭沫若在接到郭開運10月26日從成都的來信後寫回家中的。郭開運在短短二三個月之間便做出居家的考慮並從成都返鄉,想必作為兄長且多次勸元弟去日本留學的郭沫若會更加關切於此的。所以這第59函的書寫時間應該與此時相關聯,而不至相隔了幾年之後再重提此事。

仔細比較第16函「元弟決意居家」和第59函「吾弟既決家居」以及郭沫若對此表示的意見,前者是初決之意,後者顯係心意已定,則第59函當在第16函發出後隔有一段時間才會寫下,即不會寫於1914年的11月27日。恰好「書簡」中收有一封寫於1914年11月27日的信,信中也寫到元弟家居事。根據郭開運1915年下半年起曾任沙灣小學校長,但半年後即去職的史料,結合第59函中「憶前處北京,弟亦有函矣,言志在學工,並以實業相勸勉。今歲六月,弟亦有函矣,教為調查北京師範內容,則吾弟又有改途教育之傾向,而今則所言又如是矣,勇退之情,亦何甚耶」一段文字,兩者正相呼應契合,而且,這裏還透露出郭開運已有辭去教職之意,故此函當寫於1915年11月27日。

（12）第62函

「書簡」作1920年3月。

「書簡」對這一封信函書寫時間的判定,不能稱之為「誤」,但僅確定其寫於3月,是為不完整,應為1920年3月15日。

此信有時間落款:「陰曆正月二十五日夜燈下」,但沒署年份。「書簡」根

據信中寫到「安娜已於今晚分娩，又得一男」一事，斷其書寫年份為 1920 年，這是不錯的，但以《創造十年》的敘述文字為據，不如以郭沫若 1920 年 3 月 30 日致宗白華的信為依據更嚴謹、準確。該信中清楚地記有郭沫若二子博生出生的時間和出生的情況，《創造十年》則寫於 1932 年，且文中只籠統寫了「在一九二〇年的三月尾上」這樣一個時間概念。郭沫若在給宗白華的信中一開始便寫道：「十五日傍晚我又得了一個豚兒。」3 月 15 日正是農曆庚申年正月二十五日，即此信的落款時間。

由於「書簡」未將此信的撰寫時間完整判定，《郭沫若年譜》（龔濟民、方仁念）據該書誤將此信撰寫時間繫於 3 月 25 日，於是連帶著，郭沫若次子的出生之日，也被錯記。

（13）第 66 函

「書簡」作 1923 年 1 月 22 日。

正：1923 年 1 月 21 日

這一封家書，是郭沫若為第三個兒子「佛生」出生，「母子均無恙」而專寄的家報。落款處沒署年份，「書簡」據《創造十年》所述，斷定寫在 1923 年是不錯的，此信之前幾天的一封家書（第 65 函）亦可為印證。該信告父母親說：「富子大約在這兩三日之內臨盆，一切都已準備好了。」但是「書簡」將此一封信落款所署日期「陽曆正月二十一日」誤識讀作「陽曆正月二十二日」（據原信手迹）。這個日子因是「佛生」的生日，郭沫若在信中特別說到是查了舊曆為「全月五日屬午」，即，（癸亥年）臘月初五，亦正為陽曆（1923 年）1 月 21 日。

《郭沫若年譜》（龔濟民、方仁念）據「書簡」將此家書誤繫於 1 月 22 日的同時，將郭沫若三子的出生日期也錯記了日子。

（14）遺漏的一封書信（殘簡）

在「書簡」中序列第 8 函的 1914 年 7 月 28 日家書後，編者將一紙殘簡作為該函家書的「附箋」，以說明文字的形式置於文末：

> 另外發現有一頁箋紙，從紙張類型、墨迹光澤質量、書法情趣分析，與這封信相同，時間也是「七月二十八日」，信紙邊上寫有「回信仍交東京」六字，無上款，無封套。可能是這封信的附箋。現全文抄錄如下：

> 昨夜夢中，得見阿父母頗帶愁容，男想夢幻難信，且逢凶化吉，阿
> 父母必甚安康也。男甚頑健，請母勞掛慮。男開貞跪稟，七月二十
> 八日。

這是需要做一點辨析的。

「書簡」將這一紙信文斷定爲第 8 函的「附箋」，而且沒有將該段信文列入信函正文項內，似乎是過於草率了。即使斷定其爲第 8 函家書的「附箋」，也應將其作爲第 8 函家書文字的一個組成部分，第 8 函家書才能構成一完整的文獻資料。僅記入說明文字，當然會造成史料的缺失。譬如，在三寰出版社，1992 年影印出版的《櫻花書簡》中，就沒有這一紙殘簡信文的影印件，那麼從該書就讀不到完整的家書資料。此其一。

其二，從這一紙殘簡的情況和文字內容來看，它並不是第 8 函家書的「附箋」，應是另外一封信函的殘簡。

首先，從內容看，殘簡所寫之事是「昨夜夢中」所見，而非第 8 函家書寫畢後又想到什麼事情需要附言。寫夢中所見（且就在昨日），都是表達思念親人之意，應該是寫在信函的正文中（「書簡」中有若干封信都有這樣的內容），不會信寫成後才想起，去補一「附箋」。

其次，從殘簡的情況看，豎行書寫的信紙右邊寫有「回信仍交東京」幾字，而同樣豎行書寫的第 8 函家書，在信文末，也就是信紙接近左邊處亦有一行文字：「家函仍交東京」。若以殘簡爲第 8 函家書的「附箋」，「回信仍交東京」幾字顯然就是多餘的。此外，殘簡的那段文字後，書寫者鄭重署以「男開貞跪稟，七月二十八日」，這也不符合人們的書寫習慣，因爲第 8 函家書落款處已經署有「男開貞跪稟，七月二十八日」。

其實「書簡」中有許多封家書都在信文後有另外附言的文字，看看它們是如何寫的，就可知這一殘簡應該不會是第 8 函家書的「附箋」。所謂從「紙張類型、墨迹光澤質量、書法情趣」上的辨別（按照「書簡」的說明），在六十餘年前（以《櫻花書簡》1981 年出版計）書寫於一兩年或兩三年之間的信件中，其實是無從判斷的，何況郭沫若所寫家書所用字體，在接連兩信中就截然不同的情形，在「書簡」中也時時可見。

我以爲這紙殘簡有可能是一封書信的後半部分，前文佚失了。該信的書寫年代，以「回信仍交東京」而言，應是在郭沫若住在東京但有短暫外出的年份。如此，該信只可能寫於 1914 年或 1915 年的暑假期間。「書簡」第 8 函

既寫於 1914 年 7 月 28 日，那這一封署爲「7 月 28 日」的殘簡，只能是寫於 1915 年的暑假期間的一封家書。

郭沫若於 1915 年 7 月 1 日領到一高預科的畢業文憑，即被分派至岡山第六高等學校，但他是在 9 月初才到達岡山，暑假期間仍住在東京。兩個月的假期，又是在一個階段的學業畢業後的假期，他應該是有可能外出旅行的，若在這期間給家中寫信，會特意囑咐「回信仍交東京」吧。

再看由郭沫若自己在信上排出序號的 1915 年的家書情況：第 4 號家書是「書簡」中列第 29 函的那一封，第 8 號家書是「書簡」中列第 32 函的那一封。兩函之間的第 30 函（寫於 7 月 20 日）、第 31 函（寫於 9 月 7 日），應是郭沫若自己排序的第 5 號、第 6 號、第 7 號三函中的兩封家書，還缺失一封家書。那麼署爲「7 月 28 日」的這一殘簡，應該正是缺失的這函家書。

補遺：若干佚失的家書

在所能見到的郭沫若早年家書原始資料中，許多信函的封套與信是分別置放的，其中有一些信封值得做些考證，它們沒有相對應的信函，也即是說這關係到已知郭沫若家書之外的若干信函的信息，雖然信函本身可能已經佚失了。

其一，爲一函封套的背面。寫有「日本東京小石川大冢漥町二四　戶村方　郭」等郵寄者信息。這是郭沫若初到東京時的住地。封套蓋有三枚郵戳，分別爲：「宜昌三年五月二十五」、「重慶府三年六月二日」、「KIATINGFU（嘉定府三字已難辨）三年六月初六」。這幾枚郵戳的時間是相互銜接的，從這幾個時間可以前推該封信函在日本的郵寄時間，約在 1914 年 5 月 10 日前後。

「書簡」中所收錄家書，在 1914 年 3 月 14 日（第五函）與 6 月 6 日（第六函）兩函之間爲空白，可以推斷，這一封套爲寫於 1914 年 5 月 10 日前後一函家書的封套。

其二，爲一函封套的背面。有「五月二十日」字迹，蓋有三枚郵戳，兩枚可辨。「宜昌」一枚日期「六月二日」（年份不清），「嘉定府」一枚日期「五年六月十四」，即 1916 年 6 月 14 日。從字迹、郵戳日期，以及封套樣式看，這應該是郭沫若一封早年家書，且是自日本寄回的家書所用封套，「五月二十日」爲寄信日期。

「書簡」中所收錄家書，在 1916 年 5 月至 8 月間都是空白，可以推斷，這一封套爲寫於 1916 年 5 月 20 日（或 19 日）的一函家書的封套。

其三，爲一函封套的背面。寫有「日本岡山第六高等學校　郭開貞家報二月四日」等郵寄者的信息。封套蓋有四枚郵戳：「宜昌府六年二月十九」、「萬縣六年（月份不清）二十四」、「重慶府六年二月二十（另一數字被遮擋）」、「嘉定府六年三月初三」。從這些文字和郵戳相互接續的日期，可認定這應是自日本郵寄於 1917 年 2 月 4 日的一封信函的封套。

「書簡」中所收錄家書，寫於 1917 年 1 月末至 2 月的，只有 2 月 24 日一函（第 45 函），可以斷定，這一封套爲寫於 1917 年 2 月 4 日（或 3 日）的一函家書的封套。

其四，爲一函封套的背面。寫有「日本岡山市第六高等學校　郭開貞」字樣。蓋有三枚郵戳，兩枚可辨認：「宜昌府六年五月一日」、「嘉定府六年五月十日」。這些文字和郵戳日期顯示，此封套爲郭沫若早年家書所用封套，該信函應於 1917 年 4 月內寄出。

「書簡」中所收錄家書，在 1917 年 4 月至 5 月間僅有寫於 4 月 11 日的一張明信片，可以推斷，該封套所寄信函爲寫於 1917 年 4 月中旬的一封家書。

其五，先看一函封套正面，寫有收信者地址商號等文字，收寄郵戳：「岡山 6.5.19」，即 1917 年 5 月 19 日。再看一函封套背面，寫有「日本岡山第六高　郭開貞」字樣，蓋有四枚郵戳，兩枚可以辨認：「宜昌府」一枚日期「五月三十一」（年份不清），「重慶府」一枚日期清晰可見「六年六月五日」，即 1917 年 6 月 5 日。從郵寄、郵路時間的銜接，以及字迹的情形看，這兩函封套實爲一封套的正背兩面。

「書簡」中所收錄家書，在 1917 年 5 月間發出的僅有 5 月 5 日發出的一張明信片（第 47 函），可以斷定，這一封套爲寫於 1917 年 5 月 19 日（或 18 日）的一函家書的封套。

以上考訂的五函封套，都無相應書信可尋（會不會有些殘簡留存在哪裏，保存這一批郭沫若早年家書文獻資料者或許知道，外人則不得而知了。此外，是否還有其他像這些封套一樣與那一批家書相關的史料存放在一起，也是外人不得知的），但從這些封套記載的歷史信息，我們至少可以知道，郭開貞在這些年月日期裏還給家裏郵寄過書信。

張瓊華書信之誤讀

關於張瓊華，在早年郭沫若的生平史料中，除了《黑貓》裏面所寫到的那一幕結婚場景，幾乎就再沒有什麼爲人們所知的了，《櫻花書簡》中卻記有一封被稱作她寫給丈夫的信。雖然這只是一紙殘簡，且沒有編入正文，但應該也是很難得的史料。

《櫻花書簡》收錄的郭沫若 1914 年 6 月 6 日的家書，一開始就說到，「頃奉五哥來函中，附兒婦一紙，得譜」。在關於這函家書的「說明」中，《櫻花書簡》的編者提供了一段文字資料：在整理郭沫若這批早年家書資料的過程中，發現的一紙「殘信底稿箋」。《櫻花書簡》的編者疑其出自張瓊華之手，認定其即爲郭沫若此函家書中所言五哥書信中附來的「兒婦一紙」，並將殘信文字附錄於注釋中。〔註2〕

不過，這應該是對於史料的誤讀。

首先，張瓊華寫給郭沫若的書信是寄往日本的，如有原信得以保存下來，應該是保存在與郭沫若在日本期間有關的資料中，不可能存留於樂山沙灣郭家的老屋。當然，《櫻花書簡》的編者在這裏可能把一個意思表達錯了，也就是說，其所謂「即這封信中所提及的『附兒婦一紙』」，應是「即這封信中所提及的『附兒婦一紙』的底稿」的意思。

其次，即使這一殘簡係底稿，也不能簡單斷定它是附於「五哥來函中」那一紙張瓊華書信的底稿。張瓊華有書信給郭沫若的事情，在「書簡」中有另外的信函中也提及，譬如，1915 年 7 月 20 日郭沫若寫給郭開運的信中亦寫到：「八嫂來函亦讀悉。」（八嫂即張瓊華）〔註3〕1918 年 5 月 25 日寫給父母親的家書中說：「今日接到玉英（張瓊華）一函。」〔註4〕故殘簡究竟是郭沫若在哪一封家書中提及的張瓊華來信的底稿，還要考察其文字內容與相應的郭沫若家書的文字內容，才好做出判斷。

《櫻花書簡》在注釋說明中抄錄了殘簡的文字，其中寫道：「妻回娘家，每年至多兩次，皆各有喜事才回。又於今十月妻返娘家也，因爲胞弟少輝完婚，妻待酒過後急返沙灣。」（此處識文有錯漏，見下文）「又於今十月妻返

〔註2〕見《櫻花書簡》第 6 函及「說明」（2），四川人民出版社，1981 年 8 月。
〔註3〕見《櫻花書簡》第 30 函，四川人民出版社，1981 年 8 月。
〔註4〕見《櫻花書簡》第 56 函，四川人民出版社，1981 年 8 月。

娘家也」一句很清楚地表明，張瓊華這一紙書信，如果確實寫了的話，是寫在某一年的十月之後。張瓊華在這裏可能講的是陰曆十月，但無論陰曆還是陽曆，寫在十月之後的信函，都不可能是郭沫若在 1914 年 6 月 6 日家書中提及收到的「兒婦一紙」。

其三，事實上，《櫻花書簡》沒有完整地考察作爲原始資料的那一紙「殘信底稿箋」，也就難以準確解讀該資料的歷史信息。《櫻花書簡》注釋說明中所錄文字，只是該原始資料的一小部分。

該「殘信底稿箋」共有三頁，竪行書寫。第一頁起首寫有「尙武夫子安履」云云一段文字，顯然是不滿意這段文字，所以書寫中斷了，下面有書寫者隨意、散亂寫下的幾個字詞。這一頁的左半頁上書寫者另起筆寫道：「敬啓者於前五月收到華箋壹札……」這些文字與第二頁、第三頁均爲前後詞句相接續的文字。至末句「無如事長紙短，礙難盡錄」，應該說信稿已寫成，只差落款處的一二文字。

從整個資料的內容、書寫文辭、刪改增添文字的情況、遣詞造句的特徵等各方面綜合分析，這是一紙書信的文字，爲張瓊華所寫，且只是爲書寫一信所打的草稿。這些情況都是可以肯定的，不必「疑出自」什麼。當然，眞正的問題並不在於此。

我謂其爲誤讀史料的關鍵在於：儘管有這一書信草稿的存在，也可以認定其爲張瓊華所寫，但其究竟是否最終落筆爲一紙書信，並寄往日本郭沫若處，是一個有待證實的事情。如不能或未能（以目前的情況看，這種可能性是最大的了）〔註5〕查找到，或證實有這樣一函寫成並寄出了的書信，則這一「殘信底稿箋」是不能稱之爲張瓊華給郭沫若的一封書信的，只能稱爲擬作書信草稿（區別於留底之稿）。

雖然如此，作爲張瓊華手寫留下的文字資料，其內容還是有史料價值的，其中包含著一些歷史信息，故將其錄出如次〔註6〕：

> 敬啓者：於前五月收到華箋壹札，內敍各情展誦已悉。堂上二老近
> 來不比從年，日見精神疲倦。家中各事俱勞累罷，二老常思我夫，

〔註 5〕郭沫若於抗戰開始歸國後，其在日本生活期間的文獻史料均留在日本的家中，由安娜保存。建國後，一部分被送回郭沫若處，一部分留在日本，現在保存在亞非圖書館「沫若文庫」。在所有這些資料中，尚未聞見有張瓊華的書信。

〔註 6〕據手迹。原稿無標點，亦未分段。

圖 23-1、23-2：張瓊華擬作書信草稿

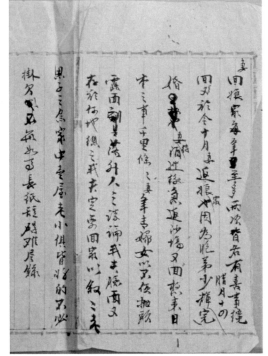
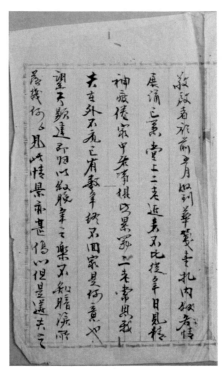

在外不覺已有數年，終不回家是何意也？望夫顯達即歸，以敘晚年之樂，不知暗淚所落幾何。（妻）見此情景亦甚傷心，但是遵夫之命侍奉二老格外留心。於去歲大姑孃、三嫂、雲妹于歸，今歲七妹、二姑孃俱各于歸。又買田地，家中凡百樣銀錢俱用完了。想二老對於兒媳之德恩同滄海。（其）〔註7〕於元弟夫婦所住房圈〔註8〕乃二娘的，妻房圈乃從年房圈，一則以好侍奉翁姑，二則妻獨自一人如若遷移，夜晚恐無安穩之眠。至於信內所云妻將來定有好處，妻不解好處從何而出，請詳示知。見信之後，我夫看何日定決歸家，先給一音，不然明年尹堯根同尹二妹進京之時，妻意欲一同來京，不知我夫可允來否？再者，近年以來，妻偶得一疾，心痛或五日壹次，十日壹次，以無定準。至於妻回娘家，每年至多兩次，皆各有喜事

〔註7〕從前面一段棄置的文字看，應係「其信所云房圈」之意，當是郭沫若家信中詢問了家中住房情況。

〔註8〕房圈，即房間，當地發音讀如「圈」。

才回。又於今十月妻返娘家也，因爲胞弟少輝臘月十四完婚，妻待
酒過後急返沙（灣）場。又回想來日本之事，千里條條（迢迢），妻
年青婦女，以不便拋頭露面，落外人之談論，我夫臉面又存於何地。
總之，我夫定要回家，以敘二老思子之念。家中一屋老小俱皆好的，
不必掛欠。無如事長紙短，礙難盡錄。

　　這一紙草稿的書寫時間，從其文字內容而言，以「二老常思我夫，在外
不覺已有數年」，及「又回想來日本之事」的文句推斷，草稿落筆應在 1913
年（郭沫若離家）之後兩三年，但在 1916 年夏之前（郭沫若 1916 年 8 月與
安娜相識後應不會再提張瓊華往日本事），則其時間當在 1916 年初前後。張
瓊華筆下有些地方遣詞用字不大合適、文辭不甚通暢，這倒也可說明此草稿
非他人代筆（郭沫若所得家書，即多由郭開運代筆）。事實上，在「殘信底稿
箋」上中斷作廢的一段文字中，張瓊華說到「前五月收到華箋時，二老令妻
回音壹局，因爲寫字艱難未回音」。可知，寫信這樣的筆墨之事，對於張瓊華
確非易事。

圖 24：張瓊華與婆婆杜夫人

「事長紙短」，從這一紙其實已不算短的文字稿中，我們可以獲知一些有意思的史實：張瓊華不僅「在讀書」（《黑貓》中語），而且是有文字書寫能力的，至少信函是可以書寫的；她的字，筆迹清秀，寫得也不錯。文中寫到張瓊華的日常生活，以及沙灣老屋內家人的情況等等，特別是其中還傳達出郭沫若似曾有讓張瓊華去日本的考慮這樣的情況。

我們知道張瓊華給郭沫若寫有書信，至今未能得見一封，確為一遺憾之事，但有一封張瓊華之父張文宣寫給郭沫若——也就是岳丈給女婿的信保存下來，也算是難得了，值得做些考察，說道一番。我先將原信文字書錄如次，〔註9〕再做分析。

（尚）武賢婿惠覽：聞府上喜事，未能親身到府拜賀，只得謹具微儀，著人來府，愧甚，歉甚。外帶來大女馬尾緞衫一件查收。如喜事過後，請婿來舍消耍幾日，可與鄭老四說明日期，好備夫駕來迎。

原件因信紙有損毀，擡頭稱謂奪一字，從信函內容看，應係「尚」字，則信是寫給「尚武」的無疑，「尚武」乃郭沫若青少年時所用表字。信的內容完全是關於親家之間往來之事：郭家有喜事，身為姻親的張文宣因事不能親往道賀，遂著人送賀儀至郭家，順便給自己的大女兒，也就是張瓊華帶去一件衣衫交付女婿，同時請女婿得閒來家中「消耍」。信的落款時間沒有年份，只署「陰曆十一月二十七日」。郭沫若與張瓊華成婚是在公曆 1912 年 3 月初，即夏曆壬子年正月十五前後，而他考取天津陸軍軍醫學校離開家鄉並且接著東渡日本，是在 1913 年，即夏曆癸丑年的夏季，這即是說，張文宣給郭沫若寫此信的「陰曆十一月二十七日」，只能是壬子年冬月二十七日，那是公曆 1913 年 1 月 4 日。

這個日期提示了一個涉及郭沫若自傳中所記行迹的問題。以此信書寫的時間而言，可以斷定：郭沫若在 1912 年末至 1913 年初的那個冬天的寒假裏，是從成都的學校返回沙灣家中度過的，因為老丈人顯然是不會在女婿還駐留成都時給他寫那樣一封信並捎去給女兒的衣衫的。但是在郭沫若所作《五十年簡譜》中，他這樣記述了自己在那個寒假的行踪：「歲暮，中學畢業，考入成都高等學校理科，留省未歸。」〔註10〕

〔註 9〕據手迹。原稿無標點。
〔註10〕《五十年簡譜》，《中蘇文化》半月刊，1941 年 11 月第 9 卷第 2、3 期合刊。

　　這究竟是郭沫若記憶失誤，還是他別有考慮呢？郭沫若的傳記作品中存在有史實、史事疏誤的情況並不罕見，由於記憶失誤者有，因某種考慮而在史事取捨之間造成失誤者也有。《五十年簡譜》中關於 1913 年寒假行跡的這一記述，我以爲出於後者的原因而至錯記，並且可能間接地與他同張瓊華的那椿婚姻有關。

　　一直以來人們所瞭解的郭沫若與張瓊華的婚事，事實上都得自於《黑貓》，此外再無其它可靠的文字記載。「隔著麻布口袋買貓子，交訂要白的，拿回家去才是黑的。」《黑貓》詳細記述了郭沫若與張瓊華結婚前後的種種人事，甚至包括一些細節處。但是《黑貓》敘事文字中濃重的主觀情緒化色彩，也是顯而易見的。可以看得出來，那是郭沫若在撰寫《黑貓》時，刻意強化了對於這椿婚姻的失望與不滿，儘管事情已經過去近二十年。

　　《黑貓》的敘事，基本上結束於郭沫若婚後五天即離家遠去成都繼續學業的場景。開船之際，母親站在岸上呼喚兒子不要再跑到外面的世界去那個情節，兒子在船上詠出「阿母心悲切」的那些詩句，把這椿婚姻的悲劇性色調渲染得更爲濃重。此後，郭沫若自傳中有關婚姻之事的後續，便再無記述。於是，《黑貓》似乎留給人們這樣一個無言的結局：郭沫若用離家在外求學的方式，實際上擱置了既成的婚姻。

　　《五十年簡譜》強化了這一點。其中 1912 年譜文的全部文字是這樣一些內容：「春，奉父母命草率完婚，大失所望。完婚後五日晉省。分設中學與成都府中學合併。（學制改變，中學改爲四年畢業，唯余等已學滿四年者，仍須遵守舊制。因而分中之丙丁兩班與成中之新甲新乙共四班人合班。）歲暮，中學畢業，考入成都高等學校理科，留省未歸。」這是不是有意無意地表明，他在 1912 年中都沒有回家？

　　郭沫若婚後再次回家的記述，已經到了 1913 年 7 月。回家的原因是那年報考天津陸軍軍醫學校被錄取，郭沫若要遠行就學而向父母家人告別。《初出夔門》中這樣寫道：（考試）「揭曉是在七月中旬，六個人限於八月初十在重慶取齊，我便由成都回到峨眉山下的故鄉，向我的父母親族告別。在七月下旬由嘉定買船東下，直詣重慶。」〔註11〕他在家時間僅幾天而已。而如若按《五十年簡譜》的記述，郭沫若在 1912 年 3 月間，於婚後五天離家赴省就讀，再一次返家則已經到了 1939 年 3 月（特別強調是「二十七年後第一次回沙

〔註11〕《初出夔門》，《宇宙風》半月刊，1935 年 9 月 16 日第 1 期。

灣」)。所以,實際上有不少敘述或評說郭沫若與張瓊華婚姻關係的文字,都是這樣來解讀歷史的。

可史實並非全然如此。

有一張郭沫若於 1912 年 6 月 13 日寫給家中的明信片留存下來,他是專門向父母稟報暑假將至,他與兄弟郭翊昌一起歸家之事的。看來他在暑假期間是從成都回了家的。這一封張文宣寫給女婿的信,又印證了郭沫若在 1913 年初的寒假中也是返回沙灣家中了的。在外讀書,逢寒暑假回家(這時回家當然是要與妻子生活在一起),郭沫若的生活軌迹並沒有因為一個不如意的婚姻而刻意改變了什麼(如果他想要,實際上是可以做另外選擇的)。

再從張文宣這一封信來看,雖只是一紙很尋常的關涉家常事的信函,但使人從中感覺到的是一種正常的翁婿關係、親家關係,那麼與之相關的背後,當然也不會是多麼彆扭的,僵持的,甚至視同陌路的夫妻關係吧。若不然,郭沫若怎會在遠去日本之後,還有過讓張瓊華也去日本的想法呢。

從這樣一些史料中,我們是不是可以對於郭沫若在完婚後的精神心態,有一個更真實的感知和描述呢?與張瓊華的婚姻,郭沫若在當時會有不滿,覺得不如意,乃至大失所望,但應該不至於有《黑貓》中記述的那樣激烈、甚至決絕的情緒反應。倒是書中寫到他最初得知母親為自己擇定婚事時的感覺更符合當時的歷史情境:「就這樣要說是絕望說不上絕望,要說是稱心也說不上稱心。心機像突然取去了稱盤座的天秤,兩個稱盤只是空空地動搖。動搖了一會之後自然又歸於平靜了。」

與張瓊華結婚後的郭沫若應該是「又歸於平靜了」,生活的軌迹依舊。如果不是他後來遠去日本,並與另一個女子經由自由戀愛而生活在一起的人生體驗,他大概是不會用那樣的筆觸去描述被稱之為隔著口袋買貓的那場婚姻的,畢竟《黑貓》是寫在 1929 年。

致李石岑信寫於何時?

1921 年 1 月 15 日上海《時事新報・學燈》發表了郭沫若致李石岑的一封信,文末未署寫信時間。該信後作為《論詩》(一)收入上海光華書局初版《文藝論集》,仍未署寫信時間。《文藝論集》1929 年 7 月第四版改題作《由詩的韻律說到其他》,始署寫作時間為「九年年末」(即 1920 年末。上海圖書館編

《郭沫若著譯分類書目》記《文藝論集》初版本中即注寫作時間爲「1920 年年末」，有誤）。《文藝論集》編入《沫若文集》時作《論詩三札》之一，注該篇寫於「1921 年秋」；《郭沫若全集‧文學編》所署時間亦同《沫若文集》。《郭沫若著譯繫年》、《郭沫若年譜》均將該信的撰寫時間繫於 1920 年 12 月 20 日。怎樣來看這三個不同時間的說法呢？

我們先看將該信的撰寫時間繫於 1920 年 12 月 20 日的說法。這一時間的確定，顯然是依據該信中的第一句內容而來。郭沫若在信中寫道：「年假中草了兩篇戲曲：一名《湘累》，是把屈原姐弟事優孟化了的；一名《女神之再生》，今天才草就。」這即是說，這封信的撰寫，與《女神之再生》初稿的完成在同一天。《郭沫若著譯繫年》雖然將《女神之再生》「脫稿」的時間繫於 1921 年 1 月 30 日，但同時注明「此劇草稿完成於 1920 年 12 月 20 日」，故該《繫年》將信函的撰寫時間也繫於這一天。《郭沫若年譜》的這一條譜文，應是據《繫年》的記載而作。

《女神之再生》初稿完成的時間，及「1920 年 12 月 20 日」這一說法的來由，在「著述篇」《〈女神之再生〉，從散文到詩劇》中已有詳細的考訂，這裏不另贅述。將該信的撰寫時間繫於 1920 年 12 月 20 日，應屬錯記。

我們再看「1920 年年末」和「1921 年秋」兩個說法。

從邏輯意義上理解，這兩個時間，其實分別是對於《文藝論集》中《由詩的韻律說到其他》與《沫若文集》中《論詩三札》（之一）兩篇文章撰寫時間的標署。所以，如果所署寫作時間與發表於《時事新報》的那封信函有所不同，應該是可能的，但有一個前提條件，文章是對原信內容文字做了修訂。這樣一來，所注明的寫作時間，實際上是文章修訂完成的時間。

然而，該信在冠以篇題收入《文藝論集》及《沫若文集》時，並沒有實質內容的文字修訂，只是刪去了原信的第一段文字和信末的一句告別語。當然這畢竟也可以稱爲改削。但郭沫若在署下這兩個時間的同時並沒有使用「修訂」、「改定」這樣的字眼，而這兩個時間也明顯地不屬於作者改削原信，將其編入《文藝論集》或《沫若文集》的時間範圍之內。

關於《女神之再生》初稿的完成時間，郭沫若有兩個說法，一個是「1920 年 12 月 20 日」，一個是 1921 年「正月初旬」。前一時間出自他 1928 年編訂的《沫若詩集》。致李石岑信在以《論詩》爲題編入初版本《文藝論集》時沒有署寫作時間，當 1929 年 5 月郭沫若編訂第四版《文藝論集》時，他已經流

亡在日本，而這一版《文藝論集》恰恰又對一些原未標注寫作時間的文章加
注了時間。那麼我們可以推斷，他將《論詩》（一）署作於「九年年末」（1920
年年末），其實就是將《女神之再生》初稿完成於「1920 年 12 月 20 日」的說
法變爲一個約數。至於「1921 年秋」的說法，應該是誤記。

　　致李石岑信的撰寫與《女神之再生》初稿完成在同一天，這是可以肯定
的，那麼據《〈女神之再生〉，從散文到詩劇》的考訂，該信應寫於「1921 年
1 月上旬的前半旬」。至於《論詩》（一），包括《由詩的韻律說到其他》和《論
詩三札》之一，亦應以致李石岑信的撰寫時間爲其寫作時間，但需另注明它
們收入《文藝論集》的時間，及所做的改動。

　　郭沫若致李石岑信曾以不同篇題收入《文藝論集》等集子中，但還有
一椿史實，未見記載於郭沫若著譯文獻（著譯繫年、年譜）中，特記錄如
次：

　　由衛明編輯，上海普及出版社，1943 年 7 月初版的《當代作家書簡》中
收錄有一文《關於詩與音樂底個體》，署名郭沫若。該文就是郭沫若致李石岑
信，但只做了節錄，略去全文最後三個自然段文字。《當代作家》一書收錄了
二十餘位作家的書簡，它的編輯出版是不是得到所有作者的授權，不得而知。
該書收錄了郭沫若的三函書簡，除致李石岑信外，另兩函信是郭沫若寫給張
煌的，在該書出版前、後，均未見刊出過。兩信是郭沫若於 1942 年 9 月 11
日與 10 月 6 日爲《創作季刊》向其約稿事，先後致信張煌。《當代作家書簡》
給兩信都冠以篇題：9 月的一函作《祝與獻》，10 月的一函作《創作長假可以
滿期了》。

關於致原田淑人信

　　原田淑人是日本考古學家，20 世紀 30 年代曾在東京帝國大學和帝室博物
館（今東京國立博物館前身）任職，爲郭沫若查閱金文、甲骨方面的資料提
供了很大幫助。郭沫若通過他「縱覽」了東大和帝室博物館所藏的甲骨，並
且翻拍了許多資料。原田淑人的兒子原田正已曾回憶道，「那時常常聽父親
說：『今天郭先生到我的研究室來了。』」遺憾的是，這樣重要的交往關係，
我們迄今能夠見到的文字史料，只有一封保存在原田正已手中的郭沫若致原
田淑人的信函。

1955 年 12 月，郭沫若率中國科學家代表團訪日時原田正已出示了這封信。劉德有先生後來據此寫了《珍貴的墨迹——日本發現郭老在三十年代寫的日文書簡》一文（載 1980 年 6 月 2 日《人民日報》），並將以日語書寫的信文譯成中文。信的內容是這樣的：

「東大及帝室博物館的甲骨，承蒙厚意，允以縱覽和攝影，謹表衷心謝意。博物館的那一部分，照片洗出後極爲鮮明，但昨日得到的帝大的部分，稍差一些。有的字迹不清，難以辨認，我想，這無論如何也是印不成書的。爲此，請允許我不揣冒昧，委託文求堂的田中先生直接派攝影師前去再拍攝一次。」信落款時間爲「二月六日」，但未署年份。原田正已以信中談及拍攝甲骨文資料事及郭沫若的《卜辭通纂》於 1933 年 5 月出版，斷定該信寫於 1932 年。（顯然，他認爲郭沫若信中所言在東大和帝室博物館拍攝甲骨資料，是爲編撰《卜辭通纂》所用）不過，這一時間推斷過於冒然。

《郭沫若致文求堂書簡》中收有一封他在 1933 年 2 月 7 日致田中震二的信函。信中寫道：「另附致原田氏函，乞與令尊商量處置。倘可行，將請攝影師攜去轉致；如有不便，毀棄即可，姑用那張模糊不清的照片。」〔註 12〕聯繫到郭沫若在致原田淑人信文中所寫的內容，應該可以斷定，兩信所述爲同一件事。這是郭沫若在爲《古代銘刻彙考》而不是《卜辭通纂》準備資料。那麼他給原田淑人的這封信應寫於 1933 年 2 月 6 日，而且信還是由文求堂的人帶去面交的。

與金祖同書簡及與其人相識

郭沫若與金祖同的交往，在殷塵（即金祖同）所作《郭沫若歸國秘記》一書中有一些記載，但那畢竟還是回憶性資料，而非文獻性史料。有兩封郭沫若在流亡日本期間寫給金祖同的信是很珍貴的文字史料，但有些問題需要考訂。

這兩函書簡最初刊載於《郭沫若研究》第 10 輯（文化藝術出版社，1992年 9 月出版），其中一函爲殘簡，均根據原信手迹的照片錄入。兩張照片都是京都一位日本朋友提供的，據說原件是夾在一本書中被發現的，那很有可能

〔註 12〕《郭沫若致文求堂書簡》第 73 號，文物出版社，1997 年 12 月。

是金祖同當年曾閱讀過的書吧。

兩信此前均未曾被披露，故其書寫的時間亦未被考訂，因完整的一函只署有「二月十二日」，年代不詳，而那封殘簡恰恰缺失了信的後半（或結尾）部分。《郭沫若研究》為此作注說：「第一函，年份不詳，約寫於 1934 年（《卜辭通纂附考釋索引》於 1933 年 5 月印行）；第二函殘簡，寫作時間不詳，當於第一封信後不久。」這是根據信中所述之事，推斷與《卜辭通纂》的撰寫出版有關，進而斷定其年代。

在《郭沫若研究》第 10 輯出版之後三個月出版的《郭沫若書信集》（中國社會科學出版社，1992 年 12 月出版）中也收錄了這兩紙信函，其將第一函，即署有月日時間的一函，斷作寫於 1936 年，將殘簡一函，斷作 1936 年 5 月前後。從編者所做的說明文字可以看出，他是根據殷塵（即金祖同）《郭沫若歸國秘記》所記金祖同赴日本留學，並初次拜訪郭沫若的時間，推斷第一函寫於金留學日本的那一年，且斷言「郭沫若與金祖同之相交，大致始於寫作此信的一九三六年初」。

事實上，在那之後早已有史料，可以對這兩封佚簡書寫的時間，做一重新考訂，獲得比較準確的認識，並糾正由此所涉及到的關於郭沫若與金祖同初始交往時間的認定。

在寫於 2 月 12 日那封致金祖同的信中，郭沫若首先便寫道：「手書奉悉。承示楚王鼎拓本三件，敬謝盛意。足下於該器致疑，深佩立意高超，非同凡響。然僕自憾於原器無緣接近，於尊疑亦無可貢獻也。今尚有欲叩問者，該器全體作何形，其分量尺寸曾加衡度否？上海有照片出售否？其他同出之器亦在否？彼此間之花紋形式銘詞字形相若否？足下諒能知其詳，能蒙見告，至所企禱。如有照片出售時，能代為購寄一張尤所切望。」結尾處則說：「拓片暫留數日即當璧趙。乞釋廑念。」〔註13〕顯然，這是郭沫若為答謝金祖同寄示楚王鼎拓本並與其討論該鼎形制、花紋、銘文而寫的一封信。

巧的是，在 1934 年 2 月 12 日，郭沫若致文求堂老闆田中慶太郎的信中，記錄了與此事密切相關的情況。在這封信中，郭沫若先知會田中慶太郎說：「上海劉體智昨日寄到《善齋金文錄》一部。《大系》所需圖象及拓本，大致備齊，擬著手編纂。」（《大系》是指《兩周金文辭大系圖錄》）又告以：「《楚王鼎銘》三紙，自上海金祖同假得，乞攝影（原大），蓋面文與鼎沿文可合作一幅。因

〔註13〕兩信原件均無標點，亦未分段。

須立即歸還，乞囑攝影師切勿污損之。」〔註14〕事情很清楚，郭沫若函請田中慶太郎拍成照片的從金祖同處借來的《楚王鼎銘》三紙」，就是他在給金祖同信中所說的「楚王鼎拓本三件」。即是說兩信寫於同一天。因爲從金祖同處借得的拓片「須立即歸還」，故郭沫若接到拓片後馬上致信田中慶太郎，請他安排攝影事，同時亦馬上函請金祖同能將「拓片暫留數日」，一天內寫了這兩封信。

以這一封信書寫的時間，當然就可以糾正《郭沫若書信集》中關於郭沫若與金祖同之交始於 1936 年初的判斷。而且應該說，郭沫若與金祖同至少在 1934 年初便已相識（或者還更早一點），並通信往來。

殘簡一函，《郭沫若書信集》斷定其寫與 1936 年 5 月，是根據信中說：「太炎先生函已拜讀，誠如弟言，不免有所偏蔽，……」云云，以爲是指章太炎關於甲骨文致金祖同的信。金祖同正是據此作《甲骨文辯證》，並請郭沫若作序，而郭沫若的序文寫於 1936 年 5 月 22 日。於是斷定該殘簡寫於是年 5 月。「太炎先生函」指章太炎致金祖同信談論甲骨文事、其後金祖同作《甲骨文辯證》、郭沫若爲其作序等事，大致不錯，惟郭沫若作序一事，其實寫的是一篇評論文章。該文發表的正式文本是日文，題目作《章太炎先生の金祖同に與へ甲骨文を論ぜし書を評す》，中文本並無篇題，直至 1940 年刊載於重慶《說文月刊》時才稱《甲骨文辯證・序》。

郭沫若的評論文章是寫於 5 月 22 日，但據此便將該殘簡的書寫時間認定於 5 月，似有不妥。從殘簡的內容看，起碼應寫於金祖同作《甲骨文辯證》之前，這時他還在與郭沫若通信談論章太炎關於甲骨文的看法。之後，才有他作《甲骨文辯證》，還要有與郭沫若通信，才會有郭沫若撰寫評論文章。而這些都發生在 5 月 22 日之前的二十餘天內是不可能的。

其實，事情既然從「太炎先生函」說起，那就看看「太炎先生函」寫於何時。查看章太炎的學術活動，可知他在 1935 年曾與金祖同有四通書信談論甲骨文研究，〔註15〕郭沫若在文章中亦寫到「比者金君祖同得其手書四通，其前二通均以甲骨文眞僞爲主題，所見已較往年大有改進」這樣的話，那麼殘簡所提及的「太炎先生函」，應該就是指 1935 年的這四函書信。金祖同總不會一年後才去與郭沫若討論「太炎先生函」。

〔註14〕《郭沫若致文求堂書簡》第 120 號，文物出版社，1997 年 12 月。
〔註15〕見姚奠中、董國炎：《章太炎學術年譜》，山西古籍出版社，1996 年 8 月。

圖 25：致金祖同信殘簡

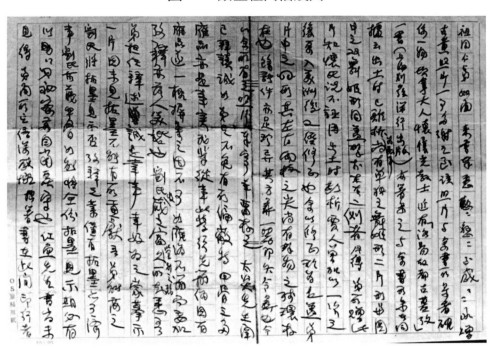

　　事實上，在該殘簡中還提及一件有關時間的事情：「該照片與余書所錄者確係一物，坎拿大人懷履光教士近有《洛易故都古墓考》一書（上海別發洋行出版）亦著錄之。」這裏所說《洛陽故都古墓考》，實應爲《洛陽古城古墓考》，出版於 1934 年。郭沫若編纂《兩周金文辭大系》即用到該書圖片，正是 1934 年的事情。殘簡中說到該書的出版用了「近有」的時間概念，當然距此不會很久，如是在兩年後年言及，不該稱「近有」吧。

　　所以推斷下來，郭沫若致金祖同的這一殘簡，應該寫在 1935 年。

　　兩函書簡的書寫時間可以確定了，雖然殘簡不能更精確到月份，但從這一殘簡還可以述及一件史事。郭沫若在信上說到「劉氏收藏之富，鑒別之精，久所知悉，吾弟擔任釋述，誠是幸事，幸好爲之。蒙摹示一片，因未見拓墨，不能有所貢獻。吾弟能商之劉氏將拓墨見示否？考釋之業僅有拓墨亦可濟事。劉氏所藏甲骨如能將全份拓墨見示，期必有以助」。這可說是他考慮編撰《殷契粹編》的開始。

　　1935 年 3 月《兩周金文辭大系圖錄》出版，8 月《兩周金文辭大系考釋》出版，郭沫若當然又在考慮下一步的古文字研究了。他把目光瞄向劉體智所

藏甲骨資料。劉體智即殘簡所稱劉氏，乃清末四川總督劉秉璋第四子，曾在清廷戶部銀行任職，民國後出任中國實業銀行總經理。劉氏一生嗜古，搜求古物，收藏有甲骨 28000 片，青銅器 400 餘件。曾將其藏品印行 10 種目錄，其中《善齋吉金錄》、《小校經閣金石文字》最為著名。

此前，郭沫若在編纂《古代銘刻彙考續編》、《兩周金文辭大系圖錄》時與劉體智已經有了聯繫，得到過他寄贈的資料、書籍，也給劉氏寄贈過樣書。〔註16〕他知道劉氏所藏甲骨豐富，更懂得其具有的學術研究的價值，當然也就極想看到這些藏品的拓片。在得知金祖同正為劉體智整理釋述其藏品後，便想通過金祖同商請劉體智「將拓墨見示」。金祖同顯然未負所託。轉過年來 1936 年盛夏之際，金祖同赴日本留學，劉體智託他將所藏甲骨拓片輯錄成 20 冊的《書契叢編》帶給郭沫若，並「允其選輯若干，先行景布」。

1936 年 10 月 5 日，郭沫若致信文求堂田中慶太郎，說：「今稍得閒，擬自劉氏拓本中遴選二千片左右，按照尊意編成四百頁上下一書。」接下去的幾個月，他從劉氏拓本中「擇取其一五九五片」，輯成《殷契粹編附考釋索引》。書成於 1937 年 4 月，5 月由東京文求堂出版。

幾函佚簡與「兩個口號」論爭的史事

「國防文學」與「民族革命戰爭的大眾文學」兩個口號的論爭，是上個世紀 30 年代抗戰全面爆發前夕左翼文化界發生的一件大事。論爭在當年自是沸沸揚揚，幾十年後也一直是現代文學史上引人汪目的問題，雖然近些年有了新的重要史實的發現，至今仍不能說把所有的歷史細節都疏理清楚了。有幾函迄今被歷史塵封起來的與郭沫若、茅盾、潘漢年相關的書信，揭示了一些人們所不知的史事。

一

茅盾是「兩個口號」論爭過程的一個重要參與者，而且曾在論爭的雙方之間充當過一個起調節作用的角色，其中就包括與當時流亡在日本東京的郭沫若的一信聯繫。在自己晚年的回憶錄中，茅盾對於「兩個口號」論爭的過

〔註16〕參見《郭沫若致文求堂書簡》第 120 號、第 173 號、第 198 號，文物出版社，1997 年 12 月。

程，他所撰寫的文章和在論爭雙方所做的調解工作，都有詳細的記述。但有一些事情，他可能遺忘了，或是因為什麼原因而沒有記錄下來。

郭沫若在論爭中是主張「國防文學」這一口號的，他所撰寫的幾篇闡述「國防文學」口號的文章是相當有影響的，他的一些見解也得到魯迅、茅盾的贊同。為此，茅盾說他曾給郭沫若寫過一封信。他在自己回憶錄中這樣寫道：

> 魯迅答徐懋庸的信發表之後，我曾給在東京的郭沫若寫過一封信，希望在兩個口號的論爭中我們與魯迅的步調一致，共同地積極地引導青年向正確的方面，使這場論爭早日結束。郭沫若沒有給我回信。但從《蒐苗的檢閱》這篇文章看，他不贊成我的意見。〔註17〕

與此相關的是，茅盾早在「兩個口號」論爭中撰寫的最後一篇文章《談最近的文壇現象》中，就記述到這一信聯繫之事。該文中特別提到：9月下旬，金祖同偷偷拿來發表了郭沫若所擬寫的一副戲聯，並在發表的「後識」中說他看見了茅盾寫給郭沫若的一封長信，「大致是勸他對此番論爭，不要發表意見，以免為仇者所快，似乎是動以大義」。茅盾在文章中寫道：「一個月前，我確有一信寫給郭沫若先生（今天有一位新從日本來的朋友說他也見過），但這封信，除談及上海文壇之『糾紛』及離奇的『謠言』外，我是請沫若先生積極發表意見，引導青年們到更正確。金祖同說我勸沫若『不要發表意見』，那不是活見鬼麼？」〔註18〕

然而，茅盾在回憶這段歷史情節的時候大概忘記（或是有意略去）了：郭沫若給他回過信，而且他們之間應該不只是一信往來。

1936 年 8 月 15 日，魯迅《答徐懋庸並關於抗日統一戰線問題》這篇文章發表後，「兩個口號」的論爭趨於結束。但真正標誌這場論爭結束的，是發表於 9 月下旬《文學》第 7 卷第 4 號、《新認識》第 2 號上的《文藝界同人為團結禦侮與言論自由宣言》。這個由魯迅、郭沫若、茅盾、林語堂、巴金、周瘦鵑、包笑天等文藝界各方代表人物 21 人簽名的宣言的發表，不但表示「兩個口號」的論爭結束，而且表明，文藝界在抗日救亡的旗幟下聯合了起來。關於這篇宣言發表的經過，茅盾在回憶錄中，只有一句寫到：「到九月中旬，馮雪峰已在為發表一篇《文藝界同人為團結禦侮與言論自由宣言》而奔忙。」

〔註17〕茅盾：《我走過的道路》，人民文學出版社，1984 年 5 月。
〔註18〕茅盾：《談最近的文壇現象》，1936 年 10 月 10 日《大公報》國慶特刊。

〔註 19〕他沒有說起宣言起草的經過，文學史也沒有記載這篇宣言出自誰的筆下。

事實似乎卻是，這篇宣言的起草應該與茅盾本人密切相關。

上述兩樁與茅盾直接關聯，而又大概是被他所遺忘了的事，在保留下來的兩封茅盾致郭沫若的信，以及由他轉寄的一封潘漢年致郭沫若的信中有所記錄，其中還包含有其他一些歷史信息。〔註 20〕

茅盾的這兩封信是於 1936 年 7 月 21 日、9 月 23 日寫給流亡在日本的郭沫若的。他在《談最近的文壇現象》和晚年回憶錄中所記述的那封信，寫在「魯迅答徐懋庸的信發表之後」，金祖同在郭沫若那裏看到這封信是 9 月 2 日之前（見金祖同所寫的「後識」），故該信應是寫於 8 月中下旬。那麼，我們目前可以知道，在 1936 年的夏秋之間，茅盾給在日本的郭沫若至少是寫過三封信。這三封信都非朋友輩之間互致問候那種禮節性的通訊，所談之事，均與「兩個口號」論爭有關。這些在茅盾的年譜和傳記中並無記載。

二

我們先看被茅盾遺忘的兩封信中所寫之事。

7 月 21 日的信是一封短信。主要是為轉寄潘漢年特意致郭沫若的一封信函。然後寫道：「公信（擬取公開信的形式）正屬草中，待脫稿後再由此間各位朋友補充校訂。」順便說一下，郭沫若流亡日本期間一直受到日本警方的監視，所以朋友們給他的信件，為慎重起見，或通過內山書店轉寄，或在信封上把收信人寫為「佐藤和夫」（郭沫若長子的名字）。茅盾在致郭沫若信時大概也考慮到這一點。這封信的信封上亦署收信者為「佐藤和夫」，寄信人則署名「沈惕若」。「惕若」是茅盾使用過的一個筆名。

從信的行文看，在此信之前，茅盾似應還有過信函致郭沫若，所以此信才能不做任何寒暄，直說「公信」事。茅盾正在起草的「公信」是怎麼回事，又是遵誰之囑呢？這需要看潘漢年特意致郭沫若的那封信。

昔日後期創造社小夥計的潘漢年，此時攜帶著中共駐共產國際代表團的任務剛從莫斯科回國不久。信的開始是寒暄問候，並講述了與郭沫若流亡生活有關的一些人、事。接下去寫道：

〔註 19〕茅盾：《我走過的道路》，人民文學出版社，1984 年 5 月。
〔註 20〕以下所錄三封信函的引文均據原信手迹，信存郭沫若紀念館。

國內文化界情況想深知一切，宗派與左稚傾向依然嚴重，我們有許多意見，要你、茅盾、魯迅三人共同簽名發表一個意見書公開於文化界——內容側重文學運動，與你所寫反對賣國文學的聯合戰線諸論點差不多，已由茅盾兄起草，恐來不及經你過目，可是我們相信發表後不會使你不滿意，或少有未盡善盡美之處，盼你另文補充，發揮。我們認爲在原則上不會有不同意見，所以擅越替你簽名了，請原諒。

潘漢年還建議郭沫若道：「能夠利用各方面向你討稿子的機會，發揮一下你的寫作是有很大的意義。可是那些年青朋友鬧意氣，包辦、自負的糾紛，能夠適當的給他們一個糾正，在目前特別有意義……」

這裏所說的文化界「宗派與左稚傾向」和鬧「糾紛」，顯然就是指在「國防文學」口號提出後到兩個口號開始論爭中所表現出來的問題。而由茅盾在起草的「公信」，應該就是後來那篇《文藝界同人爲團結禦侮與言論自由宣言》在開始起草時的考慮。這從另一封信中可以看得更清楚。

茅盾在 9 月 23 日信中所寫的第一句話是：「九月十二日信早已收到。遲復爲歉。」郭沫若這封寫於 9 月 12 日的信，應該就是覆茅盾 8 月中下旬寫給他的那封信。這說明茅盾在回憶錄中所寫的「郭沫若沒有給我回信」，至少是記錯了。

在信中，茅盾告知郭沫若：「宣言已發，附奉一份。」並謂：「桂局已經『解決』，故將反對內戰一段，索性刪去。原有反對『剿共』一段，因多數自由主義作家主張不加提明，而不提明則反覺『羊肉不吃惹到一身騷』，故弟等商議之結果，亦爽性刪去。現在此宣言已沒有多大積極的政治意義，然爲推動廣泛的救國運動計，勢不能只有我輩少數人署名，權衡目前之需要，故遂爲此做了。」

茅盾接著寫道：

最近兩篇大作均已拜讀。「糾紛」已有清結之勢。九月號《作家》有呂克玉一文，不知已見到否？尊見如何，便中盼以相告。據弟所知，此文爲清算此間過去文藝運動之宗派主義公式主義而作，脫稿尚早在八月中也。此文中亦提及「創作自由」。弟最初在「關於引起糾紛的兩個口號」中僅略提一句，蓋因此口號爲策略，意在引致現在頗有「自由」的多數作家爲我們爭求我們的「自由」之外圍；既係策

略的口號，是不便明說的。然而因為周揚之過左的高調，弟不得不在「再說幾句」一文中指出「在今愛國有罪之世，創作之不自由者恐僅國防文學耳」，（引用尊語），而呂克玉文中亦不得不指明：在今日主張「創作自由」是有利於我們的策略了；這樣「拆穿了西洋鏡」，真是萬不得已，而所以致此者，實緣此間「文壇」上抱有「我們操有文藝統治權」之幻想者甚多，初不止周揚一人。我們明白認知，現唯前進文學之影響力為最大，然我們亦應明白認知，現在我們是被「統治著」——即沒有發表的自由，再進一步說，亦正唯前進文學之影響為最大，故我們不必憂慮「創作自由」之口號會妨礙了自己，便宜了別人。此一口號之所以能在今日可運用為策略的口號，其現實根據有若此者。今雖不得已而來拆開了西洋鏡，但仍擬巧妙地運用起來。甚盼臺端運巧妙的筆法，來作後援。

在信的結尾處，茅盾說：「在最近將來，弟擬寫一文，表示『爭端』了結。金祖同君在臺端戲擬之對聯後所加『附記』，無端加弟以用『手段』的罪名，此層弟不得不有聲明。」於是，寫罷這封信後三天，茅盾即撰寫了《談最近的文壇現象》一文。

從擬以魯、郭、茅三人聯名發表的「公信」，到最後由文藝界各方代表人士共同簽署的宣言，操作此事者當然是根據論爭過程中文藝界情況的變化，改變初衷而達成最後的結果。但茅盾應該自始至終都是參與者，並是文稿的起草人或起草人之一。《文藝界同人為團結禦侮與言論自由宣言》發表於 9 月20 日，茅盾三日後即給郭沫若寫了這封信，可以說是對他們二人之間通信討論此事所作的最後知會。

三

從這幾封書信中，我們可以獲得一些非常有意思的歷史信息。首先一點就是茅盾與郭沫若之間多次通信往來這件事。

其實，僅就茅盾在《談最近的文壇現象》和回憶錄中提及的那封信函，我們應該就有一個疑問：為什麼在「兩個口號」論爭激烈之時，茅盾會突然致信一封給流亡海外的郭沫若？他出於什麼考慮，又以何種身份？

茅盾與郭沫若在 20 年代初因成立文學研究會的事情相識。不久，創造社成立，分別為兩個文學社團核心人物的二人就打起了筆墨官司。所以，二人

雖然都活躍在五四新文壇上，之間的交往並不多。大革命期間，他們先後都在廣州、武漢，從已知的史料看，卻並無來往。大革命失敗以後，兩人先後流亡日本，其間的 1928 年 7 月至年底，兩人都在東京地區，但未曾見面，也沒有聯繫。茅盾於 1930 年回國。郭沫若則一直在日本滯留不能歸國，又因一直受到日本警方的監視，故深居簡出，與國內文壇也很少交道往來，以致有朋友擔心他會變成「石人」。所以，如果不是有什麼特別的理由，茅盾當然不會突然聯繫郭沫若。

上述三封信應該是解答了這個疑問。茅盾不是以一般文壇朋友的身份致信郭沫若，潘漢年也不是以私交給郭沫若寫信，這是一個經過「我們」（潘漢年信中語）商量的舉動，而且魯迅也應該是知道此事的。聯繫的起因，就是商議此事的「我們」，希望以魯、郭、茅三人在文壇的聲望和影響力，「清結」文壇上論戰、「糾紛」的局面。

郭沫若在整個流亡日本期間主要從事中國古代社會和金文甲骨的研究，與文壇的關係相對來說是疏遠了。但在 1935 年以後，因為與留日的一批左翼文學青年交往日益密切，並參與了左聯東京分盟的活動，他在繼續學術研究的同時，文學創作和文學活動日漸增多，也逐漸恢復了與國內文壇的聯繫。因而，他積極參與了「國防文學」口號的討論和之後兩個口號的論爭，為此撰寫了多篇文章。郭沫若本來並不贊成「國防文學」的提法。1936 年春，在東京質文社的一次編委會上，「左聯」東京分盟的負責人任白戈傳達了上海方面提出的「國防文學」的創作口號，徵求眾人的意見。郭沫若認為，用「國防」二字來概括文藝創作不妥，與會的其他人也都不贊成用「國防」二字。任白戈回到上海，把意見帶給黨的文委負責人，返回東京後告訴大家說，「這是黨的決定。」〔註21〕林林又特意給郭沫若帶去《八一宣言》，讓他瞭解中共關於建立抗日民族統一戰線的政策。郭沫若接受了「國防文學」的口號，並於 6 月 14 日寫出了《國防・污池・煉獄》一文，闡述他對於「國防文學」口號的理解。我們可以設想，倘若郭沫若一直沉浸在書齋裏做他的歷史學和古文字學的學問，茅盾與他聯繫的歷史情節大概就不會發生了。

其次一點讓人感到興趣而又完全不曾為人們所知的情況是，「我們」何以會考慮採用以魯迅、郭沫若、茅盾「三人共同簽名發表一個意見書公開於文

〔註21〕臧雲遠：《東京初訪郭老》，《悼念郭老》，生活・讀書・新知三聯書店，1979年 5 月。

化界」的方式來平息文壇的「糾紛」？何以由茅盾來起草這一「公信」？後來為什麼又改變為文化界同人集體簽名的宣言？

在新文壇尤其是左翼文學界，魯、郭、茅三人的聲望和影響力當然是無出其右者，「我們」既然考慮到由什麼人來發表一紙意見書的方式，以平息左翼文學界發生的「糾紛」，那麼用魯、郭、茅三人的名義，自然是順理成章的一種選擇。但這裏畢竟還存在著一個特定的原因：遠在海外的郭沫若此時又參與到國內文壇的活動中，更主要的是，他剛剛發表了《國防·污池·煉獄》一文，支持並闡釋了「國防文學」這一口號，自然會被視作主張「國防文學」口號的周揚一派，解決「糾紛」的局面，需要他一起努力。

其實在撰寫《國防·污池·煉獄》的時候，郭沫若應該還沒有看到胡風的《人民大眾向文學要求什麼》一文。該文 6 月 1 日，發表於上海《文學叢報》月刊第 3 期，提出「民族革命戰爭的大眾文學」的口號。即使他在寫文的過程中看到了該文，也並未想到與其提出的新口號針鋒相對，所以《國防·污池·煉獄》一文中沒有論及「民族革命戰爭的大眾文學」這一口號。

郭沫若的文章發表在《文學界》，7 月 10 日第 1 卷第 2 期上。巧的是，《文學界》的編者在這一期刊物中編輯了一組文章，其中包括郭沫若的《國防·污池·煉獄》、魯迅的《論現在我們的文學運動》、茅盾的《關於〈論現在我們的文學運動〉》三篇。編者在茅盾的文章後寫有一個「附記」，說是希望冀魯迅和茅盾文章的提示，展開對於「國防文學」和「民族革命戰爭的大眾文學」兩者關係的討論。魯迅的文章雖然沒有點明「民族革命戰爭的大眾文學」是由誰提出的，但闡釋了該口號涵義，表明了自己的主張。該文本是在胡風的文章刊出後，為補救在文壇引起誤解並加大了分歧的局面，經與馮雪峰、茅盾等商量後撰寫的。茅盾原來贊成過「國防文學」的提法，在這篇文章中則表示贊同魯迅的意見。這就形成了一個人為的對比組合：郭沫若主張「國防文學」，魯迅、茅盾主張「民族革命戰爭的大眾文學」。但實際上，郭沫若是在只有一個口號的情況下討論「國防文學」的概念，魯迅、茅盾則是在提出了「民族革命戰爭的大眾文學」後，在討論兩個口號的關係中闡釋這一口號的涵義。

魯、郭、茅三人的文章同時發表在同一刊物的同一期上，本來就是罕見的，又構成了一個對立論爭的情勢，這確實是有看點的。《文學界》是周揚一派主張「國防文學」口號的陣地，他們是否有意做這樣的安排不好妄言。然

而，即使他們在主觀上想通過討論來彌和兩派主張之間的分歧，但這樣安排的結果，恐怕適得其反。事實也是如此。在魯迅發表了《答徐懋庸並關於抗日統一戰線問題》一文，並說明了提出「民族革命戰爭的大眾文學」口號的經過後，郭沫若又撰寫了《蒐苗的檢閱》。他雖然贊同魯迅所說的「問題不在爭口號，而在實做」，「大戰鬥卻都為著同一的目標，決不日夜記著個人的恩怨」，但是仍然堅持「國防文學」的主張，並要求魯迅撤回「民族革命戰爭的大眾文學」的口號。茅盾看到該文後，與魯迅討論這篇文章，「魯迅說，不必理睬它了，它只是就口號來反對口號，對於我們提出的文藝家聯合陣線的大原則，文章還是贊成的。而且，郭沫若是創造社的元老，底下有一大幫人，如果我著文反駁，馬上會有一群撲上來的，犯不著」。〔註22〕這雖然是後話，但確是當時文壇的實際情況。「我們」大概正是因為預見到了「糾紛」可能會進一步加劇，所以當《文學界》7月10日出版後，茅盾、潘漢年21日即致信郭沫若，商量以魯、郭、茅三人名義發表「公信」之事。

用三人的名義發表一個意見書，以魯迅與郭沫若之間「『未嘗一面』而時每『用筆墨相譏』」〔註23〕的關係而言，當然只有茅盾來做起草人是合適的。而且，茅盾在所謂的「周揚派」與「胡風派」之間也相對處在一個居間的位置。

從7月下旬潘漢年、茅盾與郭沫若商議發表一封「公信」，到9月下旬茅盾函告郭沫若「宣言已發」。我們可以推測在這兩個月中間，茅盾與郭沫若還應有不止一次的信件往還討論這件事，但是我們現在無法知道他們討論了什麼，也無法知道「公信」何以未成，而又演變為一紙「宣言」。

茅盾起草的意見書的內容，從他對於8月中下旬寫給郭沫若那封信函的記述，他當時所寫的文章《關於〈論現在我們的文學運動〉》、《關於引起糾紛的兩個口號》、《再說幾句》，以及9月23日致郭沫若信中關於「宣言」的說明可知，主要應該包括兩點：一是對「兩個口號」的爭論一致採取魯迅的意見，二是提出「創作自由」的原則。那麼，從郭沫若寫於8月30日的《蒐苗的檢閱》一文中，我們可以很清楚地看到，他並不贊同茅盾的意見。就在寫罷此文的兩天後（9月2日），他在金祖同寓所戲擬了一副對聯：「魯迅將徐懋庸格殺勿論弄得怨聲載道，茅盾向周起應請求自由未免呼籲失門」，

〔註22〕茅盾：《我走過的道路》，人民文學出版社，1984年5月。
〔註23〕郭沫若：《搜苗的檢閱》，《文學界》，1936年9月10日第1卷第4期。

〔註24〕雖爲戲言，其實表達的也正是他在《蒐苗的檢閱》中所寫的兩層意思。意見不同，自然無法聯名發表意見書。

從另一方面看，魯迅在答徐懋庸的文章中點明「民族革命戰爭的大眾文學」的口號是由他提出的之後，以周揚爲首的「國防文學」派停止了爭論，胡風在此之前已經不再寫論爭的文章了，而馮雪峰以呂克玉的署名撰寫的《對於文學運動幾個問題的意見》帶有總結文壇紛爭和「兩個口號」論爭的意思（茅盾在信中也向郭沫若説明了），論爭基本上結束。在這種情況下，當然就更沒有必要再發表三人聯名的意見書。

儘管如此，停止關於口號的爭論並非目的，口號的提出，本是爲「最大限度地動員文藝上的一切救亡力量」，從而結成一個廣泛的抗日民族統一戰線，所以在「口號戰」平息後，還需要以一種什麼形式來表明文藝界的聯合。發表一個廣泛的宣言，顯然是最好的選擇。從茅盾 9 月 23 日信可以看出，宣言的起草或者並未另起爐竈，而是從「公信」的意見修改而成，或者另行起草，但在起草時也已經商告了郭沫若。

這幾封書信中第三點值得注意的是，潘漢年在「兩個口號」論爭這一歷史場景中的出現。他在論爭中充任了一個什麼角色嗎？

「國防文學」與「民族革命戰爭的大眾文學」兩個口號的先後提出，以及之間發生的論爭，實際上反映的是中國共產黨內對於如何建立抗日民族統一戰線的不同思想認識，以及確認統一戰線思想的一個認識過程。周揚領導的上海地下黨文委，在失去與中央聯繫的情況下，根據共產國際第七次代表大會和《八一宣言》的精神，提出「國防文學」的口號。馮雪峰作爲中央特派員的任務之一，就是根據瓦窯堡會議所確定的黨的抗日民族統一戰線政策做統一戰線的工作。他到上海以後，經與魯迅、茅盾商議，提出了「民族革命戰爭的大眾文學」這個口號。兩個口號之間有分歧，自然就會有爭論，但後者一經提出，即引發了激烈以至對立的論爭，實在是因爲其中糾纏了許多口號之外的因素：文壇上原就有的所謂「周揚派」與「胡風派」的矛盾、周揚與馮雪峰之間的矛盾、馮雪峰工作方式方法上的欠考慮等等。我們目前爲止所知道的是，從「民族革命戰爭的大眾文學」口號的提出，到兩個口號展開論爭直至結束，作爲中共特派員的馮雪峰是在其中作爲一個主導者的人物。是他與魯迅、茅盾商議提出了「民族革命戰爭的大眾文學」這一口號，

〔註24〕載《今代文藝》，1936 年 9 月 20 日第 3 號。

也是他在胡風擅自以個人名義貿然捅出這個口號，因而引起兩個口號之間發生激烈爭論的情況下，盡力做工作平息這場紛爭。潘漢年是一個從未出場的人物。但在考慮以魯、郭、茅三人聯名發表意見書這件事上，剛從國外回來的潘漢年卻現身了。

聯繫郭沫若商議發表一個意見書，由潘漢年出面，首先會讓我們想到的一個原因是，潘漢年原為創造社成員，北伐期間又進入國民革命軍總政治部，與郭沫若的關係自然非茅盾同郭沫若的關係所能相比。茅盾此前與郭沫若並無同事或合作關係，那麼潘漢年出面可以使得雙方更順利地溝通。如是，則潘漢年只不過充當了一次聯繫人。可是從他致郭沫若信的內容和寫文的口吻來看，他在考慮發表意見書這件事上顯然是局內人。「我們有許多意見，要你、茅盾、魯迅三人共同簽名發表一個意見書公開於文化界……」潘漢年這裏所說的「我們」當然包括他自己，還應有馮雪峰、茅盾、魯迅等，但恐怕不包括周揚。

潘漢年自 1929 年 6 月擔任中共中央宣部「文化工作委員會」第一任書記後，有兩年時間是在上海領導左翼文化運動，「左聯」就是在他任內成立的，所以他對上海左翼文化界的情況非常熟悉，而且與各方的關係都很好。然而，此時逗留在上海的潘漢年卻不是受命做這裏的文化工作。他是在莫斯科由中共駐共產國際代表團派遣，回國參加國共談判聯絡工作的。潘漢年在 5 月抵達香港，後又到南京，在兩地先後會見了國民黨的談判代表，7 月來到上海，與馮雪峰接洽，研究如何去陝北的方案。那麼他怎麼會「插手」文藝界的「紛爭」呢？

自胡風擅自以個人名義提出「民族革命戰爭的大眾文學」口號後，六七月間上海文化界的「紛爭」呈愈演愈烈之勢，馮雪峰與周揚的矛盾也使得他們之間對立情緒更嚴重。這肯定是令馮雪峰頭疼的情勢。潘漢年恰在此時來到上海，我們是不是可以做這樣的推測：在他與馮雪峰研究去陝北方案的同時，馮雪峰也想到請潘漢年為自己的工作助一臂之力。以工作職責而論，潘漢年不該插手此事，但他被派遣回國就是做國共談判工作的，在滬期間，他曾會見了宋慶齡、沈鈞儒等，向他們介紹中共關於建立抗日民族統一戰線的主張，那麼順便協助一下文化界的統一戰線工作也就義不容辭了。郭沫若因主張「國防文學」是被看作「周揚派」的，而若想把魯、郭、茅三人聚合在一起，就馮、潘二人的文壇經歷和關係而言，惟潘漢年有可能做

得到。所以，由魯、郭、茅三人發表一個意見書的考慮，極有可能是潘漢年想到的。

然而潘漢年在 7 月底 8 月初，也就是剛剛聯繫了郭沫若後即起身前往陝北，所以事情往下的發展他沒有參與其中。「公信」考慮的擱淺，是否與此也有關係呢？我們不好斷言。但是兩個口號論爭結束之後，馮雪峰與周揚關係的塵埃落定，卻是在潘漢年 10 月又返回上海作中共辦事處主任任內。馮雪峰擔任了中共上海辦事處副主任，成為潘漢年的助手；周揚則在 1937 年 9 月由潘漢年安排轉去延安工作。

在看過這幾封信後，還有一個問題卻是令人難以理解的：茅盾何以會把與郭沫若往來通信、轉寄潘漢年致郭沫若的信、起草擬由魯、郭、茅三人聯署的意見書及《文藝界同人為團結禦侮與言論自由宣言》這些事情完全遺忘了呢？如果說茅盾在 1936 年只是偶然與郭沫若通過一次一般的信函，那麼他在近半個世紀後寫回憶錄的時候忘卻此事，倒也不足為怪。但茅盾與郭沫若之間原沒有通信聯繫，他是專門為當時文壇上發生「糾紛」這樣的大事而與郭沫若通了若干封信，應該是不可能忘記的。何況 8 月下旬致郭沫若的那封信，他並沒有遺忘。雖然也可能是因為此信已經記錄在了文章中，但只要記起這封信，相關的事情應該會回到記憶中吧。那麼更大的可能是，茅盾有意淡忘了這件事情。畢竟建國後再談起「兩個口號」論爭的話題是在 50 年代後期，而與這些事情有關的潘漢年已在 1955 年蒙冤入獄，直至茅盾撰寫回憶錄的 1979 年，那都是一個不便被提起的名字。

這幾紙塵封起來的信中披露的人、事，讓我們看到了在「兩個口號」論爭過程中一些完全不為今人所知的歷史細節。這些歷史細節，也許並不足以改變人們已有的對於「兩個口號」論爭的基本判斷和評價，但它們補充了我們對於這段歷史過程的描述。同時，這些資料讓我們看到了在此之外，還應該有一些新的可能性，還應該有許多歷史細節尚待發現，這是我們能夠真正還原「兩個口號」論爭的歷史場景所期待的。

《郭沫若致文求堂書簡》的疏誤

《郭沫若致文求堂書簡》(以下簡稱《書簡》)收錄了自 1931 年 6 月至 1937 年 6 月間，郭沫若致日本東京文求堂主人田中慶太郎及其子田中乾郎、田中

震二的書信 230 函（實爲 229 函）。這是郭沫若流亡日本期間數量最多，也最爲重要的一批文獻史料，其中包含有大量關於郭沫若學術研究、文化活動、人際交往、生存狀態等等的歷史信息。《書簡》由中日兩國學者合作整理、翻譯、編輯而成，文物出版社，1997 年 12 月出版。

　　《郭沫若致文求堂書簡》出版已逾十年，但似乎並未被郭沫若研究者所重視，許多論者言及郭沫若的流亡生涯，仍然只是延用、援引那些少得可憐的、大家早已熟知的史料，這不能不說是很大的遺憾。另外一個需要提及的事情是：《書簡》本身在整理的過程中，存在一些疏漏、舛誤，或存疑的問題，文字錄入方面的差錯亦有不少，需要再做些考訂的工作，以期這一批文獻史料能夠更爲精細、準確。下面對於《書簡》中一些存在問題的書信，以及一些原未署日期但可以爲之確定較確切日期的書信做一番考訂。單純屬於文字釋錄的差錯，因《書簡》收有完整的原件圖片，不另勘誤。

一、《書簡》第 45-(2)號

　　列於《書簡》第 45 號信函中的這一頁信箋不是一封書信，而只題寫有一首詩。這是郭沫若以「蒙倛外史」署名題寫的一首詩，應該也是他自己所作，題贈田中慶太郎的。因該頁信箋沒有書寫日期，又與第 45-(1)號信函置於同一封套內，故《書簡》將其附於該信函後。詩是這樣寫的：

> 江亭寂立水天秋，萬頃蒼茫一望收。
> 地似瀟湘驚肅爽，人疑帝子劇風流。
> 尋仙應仿謝公屐，載酒偏宜蘇子舟。
> 如此山川供嘯傲，鑲工盡足藐王侯。

壬申歲暮　　蒙倛外史

　　第 45-(1)號信寫於 1932 年 10 月 30 日，是郭沫若以一首打油詩的形式寫給田中慶太郎，商議一起赴京都行程之事的，這是他一次重要的學術尋訪。題寫在另頁信箋的詩，署「壬申歲暮」，壬申年是 1932 年，10 月末稱「歲暮」也勉強可以，但以詩的內容而言，決非寫於此時，或者說應該不是寫於郭沫若在市川居家的時候。其詩的創作，明顯地是由於詩人出行在外，看到一片並非日常習見的山川景色，而情有所動，心有所感，觸發了詩興，才能寫出來的。那麼，能給郭沫若以寫此詩靈感的，應該是在京都一行期間之所見。

　　自 1928 年初起便蟄伏於市川眞間山下江戶川畔，且身受日本警方的監視，郭沫若活動的範圍基本就是在東京、市川兩地之間。1932 年 11 月初開始的那次赴京都的學術尋訪，是他僅有的一次遠足之旅。京都是日本平安時代的古都，地處關西，無論山川風物還是歷史人文景觀，自大異於（在很多人眼中也勝於）東京地區的江戶川畔。具有詩人性情的郭沫若至京都一行，雖爲尋訪甲骨文資料，而非遊覽山水，又豈能沒有詩意詩情的翻涌。「如此山川供嘯傲，鑢工盡足藐王侯」。這樣的詩句，只有在這樣的情境中才可以吟詠出來吧！至於是不是「地似瀟湘」，那倒全看彼時彼地在某種心境下人的感覺了。

　　要言之，列爲第 45-(2) 號者，雖置放於郭沫若 1932 年 10 月 30 日信函封套內，但非隨該信附寄。詩應是郭沫若 11 月初往京都出行期間所作。郭沫若赴京都有田中震二陪行，又得到田中慶太郎幫助（參見《郭沫若致文求堂書簡》第 48 函），他有詩作，自然會寄田中。至於該信箋怎樣得到田中慶太郎手中，則可暫存疑。

二、《書簡》第 63 號

　　按《書簡》提供的信息，這是一未見信封，未署日期，但與其他 1932 年的書信放在同一袋內的「殘片」，《書簡》將其作爲一殘簡。該「殘片」只有一頁，全部文字是「丹翁《讀釋祖妣》」及一首打油詩「一沫讀之若有味，略翻數頁淡可記。他說牡牝是祖妣，讀者以爲確之至。既云古初拜生殖，之二者究像甚器。盍求土音從何來，證我發明之文字。」

　　僅僅據此將其認定做一函書簡，恐過於牽強。《釋祖妣》是郭沫若的一篇考釋古文字之作，收在《甲骨文字研究》中。《甲骨文字研究》1931 年 5 月由上海大東書局出版。這一頁文字所抄錄的《讀釋祖妣》，應該就是身在上海的丹翁（張丹斧）讀到《釋祖妣》之後所作的一首詩，而他將詩附於書信中寄給了郭沫若。張丹斧與郭沫若在那段時間多有書信往來，這在《郭沫若致文求堂書簡》中屢有記載。殘頁文字從筆迹看，確是郭沫若手迹，那麼，它就有可能是郭沫若抄錄下丹翁的詩，寄示田中慶太郎的（張丹斧與田中慶太郎也因郭沫若介紹而相識）。即使如此，這也僅僅是郭沫若附在給田中慶太郎或是文求堂信函中的一紙而已，沒有相應的書信，這一紙文字恐怕不好稱殘簡，只能作一紙手迹殘頁罷了。

三、《書簡》第 92 號

此信函未經郵寄，信封上書有「煩抱石兄持交」的文字，應是由傅抱石交與田中慶太郎的，而信末只署寫於「六月五日」，年份不詳，《書簡》將其斷作 1933 年 6 月 5 日。這一時間有誤，從此信內容可以查考其書寫的準確時間。

這是一封爲傅抱石寫給田中慶太郎的介紹信，介紹傅抱石聯繫文求堂印書之事。信的全文爲：「傅抱石君有《摹印學》一部，欲在此間出版，不識貴堂能承印否？特爲介紹。如貴堂樂意承印，據傅君云，條件可不拘，請酌裁。」又「附白：《圖錄》原稿本已妥收，丹翁信亦接讀。外，原稿數紙並附上，乞查收是幸。」

傅抱石在日本留學期間與田中慶太郎相識是通過郭沫若，在《書簡》中，我們可以找到郭沫若初次介紹傅抱石去見田中慶太郎的那封信：寫於 1934 年 11 月 18 日的一封信（《書簡》第 166 號）。信沒有郵寄，是傅抱石面交田中慶太郎的。信中寫道：「頃有中國篆刻名家傅抱石君（尤善刻細字，且工畫）欲與尊臺一談，特爲介紹。」比較其與第 92 號的文詞即可看出，雖同爲傅抱石向田中慶太郎介紹之語，第 92 函信絕不會寫在第 166 函之前。

信中「附白」所言「《圖錄》原稿本已妥收」，應是考訂此信書寫時間的依據。「《圖錄》」在郭沫若致文求堂的書信中是指《兩周金文辭大系圖錄》。我們按時間梳理一下郭沫若寫給文求堂田中父子的信函，就可以看到，《兩周金文辭大系圖錄》一書的編纂之事，是 1933 年 12 月才在文求堂與郭沫若之間確定下來，在開始稱作《兩周金文辭圖版》。在往來通信中，郭沫若簡稱其爲《金文辭圖版》或《圖版》（見《郭沫若致文求堂書簡》第 106 號、第 107 號、第 108 號）。在他寫於 1934 年 1 月的信函中，開始簡稱作《圖錄》（見《郭沫若致文求堂書簡》第 112 號），此後便一直將該書簡稱《圖錄》或《大系圖錄》。這也說明《書簡》第 92 號信函，是不可能寫於 1933 年 6 月的。那時，郭沫若正在做石鼓文研究。

《兩周金文辭大系圖錄》的編纂大致完成於 1934 年 11 月，後又有些補遺，置換圖片等工作，1935 年 3 月 5 日由文求堂影印出版。在 5 月 26 日郭沫若致田中震二的信上，寫有這樣的文字：「《圖錄》原稿裝訂事，請催促之。」顯然，郭沫若是在《兩周金文辭大系圖錄》出版後，催促文求堂將原稿裝訂好。（文求堂出版郭沫若古文字研究的著作，均以原稿影印，出版後原稿返還

郭沫若）那麼，第 92 號信函中「《圖錄》原稿本已妥收」的話，應該就是郭沫若在收到文求堂寄還裝訂好的《兩周金文辭大系圖錄》原稿本後的回覆了。緊接著，郭沫若在 6 月 13 日的一封信中，又「另紙《圖錄》勘誤」附寄給田中慶太郎，顯然這是在又校看了《圖錄》稿本後所做的「勘誤」。因之，第 92 號信函應寫於 1935 年 6 月 5 日。

四、《書簡》第 211 號

《書簡》遺漏了此信一行文字。

「本日海軍參與官永田善三郎氏來函，要求面談，擬於明正六日拜借貴府二樓一敘，不識有妨礙否？」此信寫於 1936 年 12 月 18 日，一日本海軍軍官要求與郭沫若面談，郭沫若選擇的會面地點是在文求堂，這樣的信息，在郭沫若致文求堂所有書信中應屬最特別的了。其中包含的，可能是迄今我們尚不知曉的郭沫若流亡期間人際往來的某一方面。

信函接下去的內容更耐人尋味：「如蒙玉諾，別紙致永田氏函，請加封付郵為禱。（如不便，尚乞示知，該函即請毀棄。）」其中括號內的文字應係後補的，小字寫在正文旁。《書簡》所遺漏的即為括號內文字。從這段文字，特別是《書簡》所遺漏的那句話來看，永田善三郎要求與郭沫若面談的事情，恐非尋常小事，也非文化學術方面的事情，所以郭沫若也是小心謹慎的。他既不在家中，也沒有隨意找個地方（譬如咖啡廳）作會面地點，而選在文求堂，顯然是刻意的，刻意讓二人的會面在一個第三者田中慶太郎（這當然是他信任的朋友）的視線範圍內（雖不一定在場）。所以，他會把給永田善三郎的信交田中慶太郎封寄，如果不能會面，也由田中慶太郎將該信毀棄。後面這一點很要緊，這實際表明，如果不能在文求堂（也就是自己可以信任的朋友所在的場合）會面，郭沫若即不會應允永田善三郎面談的要求。

一位日本海軍軍官想約一個中國學者，卻也是一個政治流亡者面談，這是可以有充分想像的空間的。不過，轉過年去的 1 月 6 日，郭沫若是否與那位永田善三郎會晤面談，我們就不知道了。這第 211 號信函，可以立此存照，或許日後會有相關的史料發現，填補那讓人想像的空間。

五、《書簡》第 59 號

該信函落款處只署有「八日」，沒有年月，但該信原存放於 1932 年袋內。《書簡》「疑」其日期為 6 月 8 日或 7 月 8 日，但未予確定。該信寫道：「日

前蒙嫂夫人賜以多珍。昨日震二君來，復拜領種切，謝甚。目下正草《創造十年》之作，但苦幼兒糾纏，頗不易就。稍暇擬來京奉訪。」以信中「正草《創造十年》之作」諸語可知，該信寫在 1932 年不錯（《創造十年》作於 1932年）1932 年 7 月 23 日，郭沫若致現代書局葉靈鳳的信中寫有這樣的內容：「《創造十年》只成前編，你們既趕著要出書，只好把前編寄給你們，但我的條件是⋯⋯」〔註 25〕現代書局應該是接受了郭沫若的條件，郭沫若也將《創造十年》的撰寫告一段落，並於 9 月 11 日寫了《作者附白》將書稿交現代書局。9月 20 日，《創造十年》出版。

從這樣一些相關聯的日期來推斷，郭沫若給田中慶太郎信的書寫日期當在 9 月初旬之前，但「疑為六月八日或七月八日」的斷定，從邏輯上說並不嚴謹。這樣推斷，無非是依據「正草《創造十年》之作，但苦幼兒糾纏，頗不易就」與郭沫若在 7 月下旬已經在同現代書局協商出版《創造十年》這樣兩個情況做出的。但是郭沫若與現代書局商討出版條件，並不能說明他已經結束了《創造十年》的寫作。同時，《創造十年》的撰寫開始於 1932 年的哪一個月，並沒有一個確切的時間記載。郭沫若在《五十年簡譜》中記：「夏，草《金文叢考》及《創造十年》。」而從《創造十年》「發端」的敘述中看，則應開始於 1932 年初（3 月前後）。事實上，《金文叢考》的編撰在 4月就開始了〔註 26〕。所以，郭沫若關於「夏」的時間概念，也只是一個大概的說法。從邏輯上說，3 月至 9 月初旬之前的幾個月份（8 月除外，當月 8 日郭沫若已有一封致田中慶太郎的信），都應在查考郭沫若該信書寫時間的範圍之內。

以現有的資料而言，應該說還不能從 3 月至 9 月之間，以逐一排除的方式考訂郭沫若該信書寫的月份。但我們所知郭沫若在 6 月與田中慶太郎來往通信的一個情況，可以提供一種考訂的判斷。6 月 6 日，郭沫若給田中慶太郎寫有一信，信中說：「昨奉擾竟日，快慰莫名。」「《金文叢考》解題擬另作。又《金文餘釋》校勘多疏，祈擲下，或由震君攜來最好。」〔註 27〕以此信所述之事與第 59 函的內容對照起來看，兩者似正相關聯：第 59 函謂「日前蒙嫂夫人賜以多珍」之「日前」事，應該就發生在 6 月 6 日信中說的「昨奉擾

〔註 25〕載孔另境編：《現代作家書簡》，上海生活書店，1936 年 5 月初版。

〔註 26〕參見《郭沫若致文求堂書簡》第 13 號、14 號、15 號等信函。

〔註 27〕《郭沫若致文求堂書簡》第 20 號，文物出版社，1997 年 12 月。

竟日」之「昨日」。而「昨日震二君來」，正應了郭沫若在 6 日信中希望由田中震二攜來《金文餘釋》之稿的請求。故，可以將 1932 年 6 月 8 日，作爲對第 59 號信函書寫時間的一個認定。

六、《書簡》第 200 號

該函爲 1936 年 3 月 4 日致田中慶太郎的一紙明信片，信中寫有一事：「日前白揚社主人來，言願出古代社會史，初版二千部，版稅……」《書簡》編者爲「古代社會史」作注曰：「指《中國古代社會研究》。」這封信披露了郭沫若曾與日本白揚社有過交道往來的史事，當然是很有價值的文獻史料，但《書簡》編者以此事爲白揚社欲簽約出版郭沫若的《中國古代社會研究》，〔註 28〕則過於武斷。郭沫若的信是用中文寫的，「古代社會史」顯然不會是指《中國古代社會研究》，當係白揚社另約撰寫的一部書名。郭沫若一年多後在一篇未完成的文稿中記述了此事，他寫道：

> 東京的白揚社曾和我訂過一次契約，要我用日本文寫一部《中國古代史》，約定六月底交稿，並且從版稅中預送了我六百元。但去年因爲別種文字做多了一點，而且也感覺著了用日本文寫東西的不高興，約束便沒有如期辦到。後又延期到年底，但年底也依然不能如約，結局是只有解約的一途。

> 使我有點躊躇的事，便是想向和我關係很深的另一家書店文求堂，去借六百元來，償還白揚社的那筆款項。〔註 29〕

從這段文字我們可以得知，《書簡》所說之事，即爲白揚社約請郭沫若用日文撰寫一部《中國古代史》書稿。這當然是需要另外寫的一部書稿，且應是一種歷史讀本，而非將已經出版的學術論著《中國古代社會研究》譯成日文由白揚社出版。

白揚社與郭沫若的此議後來是簽了約的，且預支了六百元版稅，只是郭沫若沒有寫成而解約。從《書簡》第 217 函（1937 年 1 月 22 日）與第 218 函

〔註 28〕 郭沫若的作品曾有被翻譯刊載於白揚社的雜誌，但郭沫若與白揚社有直接的交道往來，僅見於此事。白揚社與《中國古代社會研究》的日文譯本亦無關係。而目前，已有學者在其文章中以《郭沫若致文求堂書簡》編者注釋的說法，作爲史料引用（見藤田梨那：《郭沫若與日本雜誌的關聯》，載《郭沫若學刊》，2011 年第 1 期）。

〔註 29〕 此文稿藏郭沫若紀念館。

（1937 年 1 月 25 日）所述之事中看到，正是文求堂田中慶太郎分兩次幫郭沫若償還了預支白揚社版稅的款項。

一組書簡，一段歷史——與林語堂和《宇宙風》

1933 年，林語堂主編的《人間世》半月刊創刊，之後，又創辦《宇宙風》，專門刊登散文小品。當時，各個雜誌上也刊登有大量散文小品，這一文體的創作呈一片繁盛之態。1934 年甚至被稱爲「小品年」。在這樣一種文壇態勢下，也展開了關於小品文的論爭，魯迅代表的左翼作家激烈地抨擊林語堂等所提倡的「幽默」、「閒適」，認爲散文小品這種文體形式應該是「匕首」、「投槍」。

但就是在這樣的情勢下，郭沫若卻與《宇宙風》、林語堂發生關係，他的《海外十年》首先在《宇宙風》連載。這引起一些左翼作家不滿，也有迴護者則以爲他是不瞭解國內文壇狀況。隨之，郭沫若與林語堂和《宇宙風》之間出現齟齬，《海外十年》也停寫了。不過幾個月後，他們之間似乎冰釋嫌隙，郭沫若的《北伐途次》仍首發在《宇宙風》連載，歷時八個月之久。這一過程究竟是怎麼發生的呢？有一組郭沫若致《宇宙風》的信函，大致記錄了其中重要的史事，是很有意義的史料，但需要先理清這些信函的來龍去脈。

這些信函刊載於《宇宙風》（乙刊）1939 年 3 月 16 日第 2 期上的《作家書簡》（二），收錄了 5 函郭沫若寫給《宇宙風》的信，但均無受信人姓名，亦無撰寫時間。《郭沫若書信集》〔註30〕將這幾封信做了收錄，但除推斷其中第一函的受信人爲陶亢德，其他四封信寫於 1936 年外，未有更確切的考訂。這裏逐函做一梳理、考訂，並糾正疏誤。

> 惠書接到。承詢《海外十年》之作本是前幾年想寫的東西，但還沒有動筆，如在現在寫起來，要成爲「海外二十年」了。所想寫的是前在日本所過的生活，假如盡性寫時總當在二十萬字以上，這樣長的東西怕半月刊不適宜吧。
>
> 《浪花十日》之類的文章可以做，但如不從事旅行便難得那樣的文

〔註30〕黃淳浩編：《郭沫若書信集》，中國社會科學出版社，1992 年 12 月。

章。因此我希望你們按月能寄兩三百元的中幣來，我也可以撥去手中的它事來用心寫些小品，按月可以有兩三萬字寄給你們發表，你們覺得怎樣呢？假如這樣嫌鬆泛了時，按字數計算，千字十元發表費亦可，但也要請先寄費來後清算。請你們酌量一下罷。

這是一封覆信。顯然，此信及所覆之信（雖然我們見不到），就是郭沫若與《宇宙風》發生聯繫的開始。從信的內容我們可以知道，《宇宙風》向郭沫若約稿，詢問《海外十年》的撰寫情況，約寫《浪花十日》那樣的記遊散文。郭沫若的覆信除告以寫文的情況，直截了當提出自己的條件，請對方考慮。他在當時全靠稿酬養家糊口，這樣做也是理所當然的。那麼此信寫於何時呢？這需要插入述及另一封郭沫若致《宇宙風》的信，即刊載於《四川大學學報叢刊・郭沫若研究專刊》，1980 年 11 月第 2 集中所稱郭沫若致陶亢德的信。

信是這樣寫的：「陶元德（即陶亢德——筆注）先生的信和款子均已奉到，我決計寫《海外十年》，分段地寫，寫完留學時代的生活爲止。第一段是『初出夔門』，今日動手寫，大約三五日可以寫出。怕你們懸念，特寫一封信片來報告。」信有落款，寫於 8 月 24 日，署名郭鼎堂。〔註31〕這一封信當是《宇宙風》接到上述郭沫若的信後，回信應允了他提出的條件，於是有郭沫若這一封覆信。以《初出夔門》發表於《宇宙風》創刊號（1935 年 9 月 16 日），可以肯定此信寫於 1935 年。但受信人，從行文看，應該是林語堂或編輯部。

陶亢德初次約稿郭沫若，言明要《浪花十日》那樣的文章，當然是讀到該文，《浪花十日》發表於 1935 年 7 月《文學》月刊，第 5 卷第 1 期。郭沫若應允寫《海外十年》的覆信寫於 8 月 24 日，而之前還要有一次《宇宙風》給他回信的過程，那麼，他覆《宇宙風》第一封信的書寫時間，應該是在 1935 年 7、8 月間。

事實上，《宇宙風》向郭沫若約稿的直接當事人陶亢德，對此有過記述（但無具體時間）。他在《知堂與鼎堂》一文〔註32〕中是這樣回憶的：在辦《人間世》的時候，因謝冰瑩作介，曾去信向郭沫若約稿，郭沫若覆信說有一部現

〔註31〕《郭沫若研究專刊》刊注該信寫於 1933 年，又謂《海外十年》，「即《創造十年》」，均有誤。
〔註32〕載《古今》半月刊，1943 年 4 月第 20～21 期合刊。

成的《離騷》〔註 33〕的白話譯稿，問是否要。陶亢德與林語堂商量後覺得長篇詩歌不適合《人間世》，遂婉請郭沫若另惠它稿（這當是在 1935 年 2、3 月間）。事情便不了了之。到了創辦《宇宙風》時，陶亢德決心將其辦成「精彩絕倫」的散文刊物，在考慮組稿時又想到郭沫若。他記起郭沫若曾說到要寫「海外十年」的事情，《浪花十日》又剛好是發表出來的散文作品，於是就有了《宇宙風》尚未創刊便與郭沫若開始聯繫的書信往來，有了上面信中所寫的內容。

　　1935 年 9 月 16 日，《宇宙風》半月刊在上海創刊，林語堂主編，陶亢德為編輯兼發行人。郭沫若的自傳散文《初出夔門》作為「海外十年之一」，發表在創刊號上，署名鼎堂。接下去「之二」、「之三」……12 月 1 日出版的《宇宙風》第 6 期上刊發了「海外十年之五」《樂園外的蘋果》後，連載便停止了。郭沫若與林語堂和《宇宙風》之間顯然出現了矛盾。直接引發矛盾的，應該是郭沫若為張天虛小說所作序言《論幽默——序天虛〈鐵輪〉》，作於 1936 年 1 月 18 日，發表在同年 2 月 4 日上海《時事新報》上。序文開篇便說：

> 天虛這部《鐵輪》，對於目前在上海市場上泛濫著和野雞的賣笑相彷彿的所謂「幽默小品」，是一個燒夷彈式的抗議。

> 近代的好些青年人，真真是有點豈有此理！幾乎什麼人都要來「幽默」一下，什麼人都要來「小品」一下，把青年人的氣概，青年人的雄心，青年人的正義，青年人的努力，通同萎縮了，大家都斜眉吊眼地來倚「少」賣俏！我真是有點懷疑，你們的精神是真正健全的嗎？

文章接著寫道：「本來『幽默』是一種性格的表現，不是隨隨便便可以勉強得來，也不是什麼人都可以假裝得來的。最高階級的『幽默』是一種超脫了生死毀譽的潛在精神之自然流露。……現在的『幽默』專販，那一位有這樣的本領？稍稍被人警告得幾句，便要臉紅筋脹，『狗娘養的』破口大罵起來，不要讓『幽默』笑斷了氣罷。」「低級的『幽默』，人人都可以假裝出來的，被人誤解為滑稽，為俏皮的這種『幽默』，在我們學過醫學的人看來，每每是一種精神病的表現。它是逃避現實，畏難怕死的一種低級精神之假面。弄得不

〔註33〕即《〈離騷〉今言譯》，1 月 15 日譯竣，4 月收入上海開明書店初版《屈原》。

好，是有送進瘋人院的可能的。」「現在的『幽默』家們，尤其年輕的『幽默』家們喲！……不要再假裝『幽默』了，不要再苟安於偷懶怕難的『小擺設』了，你們把你們的被禁壓了的欲望向積極方面發展吧。」

郭沫若寫這篇文字，顯然是注意到了國內關於小品文的爭論，可能也聽到對於他在《宇宙風》發文的非議，或是有朋友從旁提醒，於是用文章表明對於散文小品寫作的態度。而文章在《時事新報》刊載時，編者又附言說，郭沫若為《宇宙風》寫文，是不知國內情況，受人之愚，今已明白，「海外十年」不會有下文了這樣的話。這是否郭沫若的本意，不得而知，林語堂、陶亢德見此當然會「為之大怒」。據陶亢德回憶，他與林語堂立即寫了反駁的文章。但他們似乎不想一下把事情鬧到臺面上，於是，文章沒發，陶亢德先給郭沫若去信責問，郭沫若也不想與《宇宙風》搞僵，回信言辭並不激烈，只是責備林語堂文中常多「左派左派」的字眼。林語堂即覆信解釋，實為「左派」欺人在前，且欺人太過的事實。

郭沫若應該是比較認同林語堂的解釋吧（身在海外的郭沫若那時對待國內文壇的事情，並沒有很濃重的宗派意識。譬如，他直至抗戰爆發後周作人附逆之前，都對周有很好的評價亦可印證於此），於是，就有了那一組信函中應為第二函的那封信，應是致林語堂的信。信寫道：

> 二月十二日信接到。《日本之春》不能寫，但《海外十年》是可以續寫的，大約在貴誌十四期上便可重與讀者見面。但我有一點小小的意見，希望你和××先生能夠採納。目前處在國難嚴重的時代，我們執文筆的人都應該捐棄前嫌，和衷共濟，不要劃分畛域。彼此有錯誤，可據理作嚴正的批判，不要憑感情作籠統的謾罵（以前的左翼犯有此病，近因內部糾正，已改換舊轍矣）。這是我的一點小小的意見，你們如肯同意，我決心和你們合做到底，無論受怎樣的非難，我都不再中輟。請你們回我一信，我好把前所受的五十元稿費立即奉還。如以為是可以採納，那是最好也沒有的。《海外十年》的第六節是「在朝鮮的尖端」，可登預告也。

這封信大致寫在 1936 年 2 月下旬。信中所說「我們執文筆的人都應該捐棄前嫌，和衷共濟，不要劃分畛域。彼此有錯誤，可據理作嚴正的批判，不要憑感情作籠統的謾罵（以前的左翼犯有此病，近因內部糾正，已改換舊轍矣）」，應是指「國防文學」口號提出（1 月）、「左聯」解散（2 月）、「關門主

義」傾向有所糾正等文壇之事。從該信內容和文壇情勢看，雙方應能冰釋嫌隙了。

然而，事有不測。從那組書簡的第三函信我們看到這樣的內容：「今天接到你的信使我打破了一個悶葫蘆，我還以為你們有意和我決絕，故不回我的信，原來你是寫了回信而在望我的回信的嗎？你的回信我卻至今沒有收到，大約是在前月尾上這兒發生事變的時候有了浮沉吧。你的意見是怎樣的，我自無從知道了。」「前月尾上這兒發生事變」，應指「二·二六事件」。〔註34〕也即是說，郭沫若在發出上信後等待《宇宙風》方面的答覆，卻不得。直到近一個月後再接到《宇宙風》的信，才知道《宇宙風》回覆他的信，沒有寄到他手中。他等待《宇宙風》的意見，《宇宙風》那面也在等候他的回信。這第三封信應是寫給陶亢德的，寫於1936年3月間。

信的事情搞清楚了，彼此之間意見的溝通還要有信函往來，那麼時間大概也就至少到了四月間。書簡中第四函信這樣寫著：

> 信接到。目前國難迫緊，文學家間的個人的及黨派的溝渠，應該及早化除。我在貴誌投稿，你們當在洞悉中，我是冒著不韙而幹的。我的目的也就在想化除雙方的成見，免得外人和後人笑話。近時的空氣似乎好了很多，個中還有相當的醞釀，但請你們在這時也務要從大局著想。能夠坦白地化除畛域，是於時局最有裨補的。比如發表我給××信，××加些按語來表白自己的抱負和苦衷等等（有忠告也是好的），是極好的辦法。我對於你們是開誠布公的，請你也不要把我當成外人看待，我們大家如兄如弟地攜起手來，同為文字報國的事，我看是最為趁心之舉。只要你們能夠諒解我這番意思，我始終是要幫著你們的，以後還想大大地盡力。這層意思請你同××過細商量一下吧。關於日本的文字前幾天用給你的信札的形式寫了兩張，但總因忙也沒寫下去，我現在寄給你，你看可以補空白時，便割去補補吧。關於日本，現在很難說話，我預備坐它幾年牢。

〔註34〕1936年2月26日，由日本軍部「少壯派」軍官率領一千四百餘名士兵以武力佔領了政府重要機關，同時襲擊了政府要員的府邸，殺死內大臣、大藏大臣、陸軍教育總監等多名高級官吏。政變組織者向陸軍大臣提出「兵諫」：要求成立「軍人內閣」，建立軍事獨裁。29日兵變被平息。這一兵變稱「二·二六事件」。事件發生時，郭沫若亦「受日本憲兵訊詢」（《五十年簡譜》）。

此信應寫在四月間，可以說是郭沫若對於與《宇宙風》之間發生齟齬，然後化除矛盾過程的一個了結。信是寫給陶亢德的，態度很真誠，話說得也中肯。信中「××」處應為「語堂」，「我給××信」，應該就是 2 月下旬他寫給林語堂的那封信。陶亢德曾回憶到後來接過郭沫若「一長信，痛言國事之亟，大家不應再作意氣之爭」，「當時讀了很感動」。〔註35〕大概就是這封信。雖然我們看不到《宇宙風》方面的回函，但可以肯定雙方至此消弭了齟齬。因為接下去就是郭沫若與《宇宙風》的繼續合作。

　　書簡中的最後一函，一開始便說到「發表費百元早接到」。這當指《宇宙風》預支給他續寫《海外十年》的稿酬，但由於他自己的原因難以續寫，所以他徵詢對方意見道：

> 《海外十年》幾次提筆想續寫，但打斷了的興會一時總不容易續起來。我現在率性把一部舊稿寄給你們，請你們發表。我費了幾天工夫清理了一下，刪除了好些蛇足，在目前發表似乎是沒有妨礙的。你們請看一遍再斟酌吧，如以為有些可刪，請於不損害文體的範圍內酌量刪除，或用××偃伏。如以為不好發表，閱後請寄還我。

> 如可發表，發表費能一次寄給我最好，因為我在右胸側生了一個碗大的癰，已決心進醫院去割治。如一次寄不足，能先寄兩百元來也好。

從後續情況可知，《宇宙風》同意了郭沫若易稿的意見。「一部舊稿」，是指《武昌城下》，寫成於 1933 年 7 月 12 日，有六七萬字篇幅。日本改造社曾約請郭沫若將其縮寫為一萬六七千字文章，以日文發表於《改造》雜誌 1935 年 5 月號。但郭沫若對於縮寫後的《武昌城下》頗不滿意。正好借與《宇宙風》合作這個機會吧，他「索性把這母體的《武昌城下》取了出來」，重新整理，改題為《北伐途次》，交與《宇宙風》。〔註36〕《北伐途次》從 7 月 1 日發刊的《宇宙風》第 20 期開始連載，直至 1937 年 2 月刊載完畢。

　　這封信的受信人，當為陶亢德。寫信的時間，從信中說右胸側生一大癰事，〔註37〕以及《北伐途次》發表的時間，可知是在 1936 年 5 月底。

　　在連載《北伐途次》最後結尾部分的那期《宇宙風》出版後第 3 天，郭

〔註35〕陶亢德《知堂與鼎堂》，《古今》半月刊，1943 年 4 月第 20～21 期合刊。

〔註36〕《北伐途次·序白》，《宇宙風》，1936 年 7 月第 20 期。

〔註37〕見郭沫若：《癰》，《光明》半月刊，1936 年 6 月 25 日第 1 卷第 2 期。

沫若給陶亢德寫有一信，說道：「惠書及款六十元，均奉到，謝謝！《北伐途次》銷多銷少，並不在意，唯望印刷略帶風致，能用二分加空否，紙張好得一點尤好。目前頗窘，初版印稅，能即賜百五十元否，又上所印出的略有誤字，且欲稍加添削。手中雜誌隨到隨即被友人攜去，望將雜誌重寄一份來，或剪出，或直將原稿寄下，均好。雜誌費請在賬中扣除可也。發表費事，六元者如減爲四元，則十元者似宜減爲八元，不識尊意如何？」﹝註 38﹞這已經是在商談《北伐途次》出書的事情了。從信的內容和行文可以看出，這一次連載《北伐途次》，郭沫若與《宇宙風》的合作非常圓滿。至於接下去郭沫若仍不斷在《宇宙風》發表文章，則是必然的後話了。

我們考訂理清了一組郭沫若致《宇宙風》信函的頭緒，從中也大體上看到了郭沫若與《宇宙風》及林語堂（雖然林後來去了美國）之間發生關係的來龍去脈。把他們放在文學史中去回看，是耐人尋味，且值得重提的。郭沫若是左翼作家（且爲一標誌性人物），林語堂在實際上常是被放在左翼作家對面的，特別是在關於小品文的論爭中。郭沫若可以與《宇宙風》和林語堂合作，共處，雖然經歷了一番曲折；而林語堂也並非是那「將屠夫的凶殘，使大家化爲一笑」者，不然，《宇宙風》何以會刊載記述北伐革命的文字。這是值得文學史去書寫的一筆，即便只是小小的一筆。幾乎與此同時（5 月起往後），成鮮明對比的是，文壇上基本出於人爲的原因，爲「兩個口號」分作兩個陣營在那裏爭來爭去，幾個月論爭下來，其結果又如何呢？這是文學史應該記取的。

陝北，未發出的信札

1937 年 6 月，蟄居在千葉縣市川須和田鄉間的郭沫若，在不到半個月的時間內，接連收到李民治（德謨）兩封來信。這是自流亡日本以來少有的事情。

先是 6 月 12 日收到李民治一信，夾帶在內山完造的來信中，寄到文求堂田中慶太郎處轉來。郭沫若在流亡日本期間，許多與國內聯繫的事情（轉送

﹝註38﹞平衡編：《作家書簡》，萬象圖書館，1949 年 2 月；陳夢熊：《郭沫若遺簡五通考述》，《郭沫若研究》第 10 輯，文化藝術出版社，1992 年 9 月。

稿件、收寄稿酬、朋友通信等），都是通過在上海的內山完造和內山書店。信是當年 2 月發出的，顯然在轉到內山完造手中時，已經輾轉很長時間了。那時的李民治應該身在陝北。

李民治的來信寫了些什麼，已經不得而知。郭沫若則留下一番感慨：「五年不通音聞。故人尚無恙，但已相形得自己之落後矣」。

十天後的 22 日，郭沫若又收到「德謨自三原來信」。三原，當是指陝西三原。接到這封信後，郭沫若似乎有些心緒激蕩，當即草擬了覆信，說：「你的行動，我間接地早知道得一些。」「二萬八千里（原文如此──筆注）的行程，我的肉體未能直接參加，我是十二分抱歉的。但我始終是和從前一樣，記得前些年辰早就寫過信給你，說我就骨化成灰，肉化成泥，都不會屈撓我的志氣」。「前月中旬郁達夫由福州來信，言蔣有所藉重，要我回去。〔註39〕郁教他們先取消通緝令並彙旅費來。但距今已一月，又渺無消息。大約是並無誠意，只在使用心計吧」。信的臺頭稱「D 兄」，即指「德謨」，落款則署名作「M. J. Kuo」，這是郭沫若三字羅馬拼音的縮寫。〔註40〕

然而，信寫好後，郭沫若「繼又躊躇，未寄」。

自從創造社在 1929 年 2 月遭國民黨當局查封以後，流亡在日本的郭沫若就漸漸與創造社的朋友們失去了聯繫。成仿吾是早一點，在 1928 年 5 月去德國途中，曾在東京與郭沫若會過面，郁達夫是於 1936 年 11 月到訪日本，才與郭沫若又見了面。這期間，郭沫若沒有見到昔日創造社的其他朋友們，與他們也似乎沒有通信往來。李民治（德謨）大概是唯一的例外，在郭沫若開始亡命生涯的一段時間內，他還與郭沫若保持著聯繫。

郭沫若與李民治的朋友關係，不同於他與成仿吾、郁達夫等創造社同人的關係。事實上，李民治是在南昌起義失敗後，回到上海才參加進後期創造社的活動。但李民治與郭沫若北伐期間在總政治部共事，南昌起義後又成為郭沫若的入黨介紹人之一，這樣的關係自然非同一般。1928 年 2 月，郭沫若攜家人去了日本，李民治仍留在上海，先是做些文化工作，後來做特科工作。1929 年 10 月，一本以「L.郭沫若譯」署名的譯作《新俄詩選》，由上海光華書局出版。「L」，即為李民治。書中選譯了 24 首俄國和蘇聯詩人的詩歌作品，是李民治編選並翻譯的，他請郭沫若修改潤色了譯文。1931 年 5 月，郭沫若

〔註39〕這應該是指郁達夫 1937 年 5 月 18 日致郭沫若的那封信。
〔註40〕文中引用資料均繫郭沫若紀念館館藏資料。

的第一部古文字研究著作《甲骨文字研究》由上海大東書局出版，6 月，《殷周青銅器銘文研究》亦由大東出版。這都是通過李民治在上海聯繫的。〔註41〕《甲骨文字研究》出版後，郭沫若還特意委託李民治將書贈送魯迅。〔註 42〕直到 1932 年秋，李民治被中共中央調往江西瑞金工作，郭沫若與他的聯繫中斷了，也就是郭沫若感慨的「五年不通音聞」。

李民治到蘇區後在國家保衛局工作。他與郭沫若失去聯繫是因工作的關係，還是郭沫若自己的原因，不得而知。

長征開始，李民治隨中央紅軍北上。到達陝北後，他曾任過毛澤東秘書。1936 年「西安事變」後任陝西省委宣傳部長。李民治給郭沫若寫信時就是在陝西省委宣傳部長任上，他是以朋友身份與郭沫若私人通信，還是兼有組織聯絡的因素呢？我們看不到原信，當然不好妄斷，但從郭沫若擬寫出的回信的文辭看，應該是兼有組織聯絡的意思在其中吧。這與潘漢年在 1936 年 7 月通過茅盾寄信給郭沫若的情況相似。

寫好的信文，沒有付郵，留下一個歷史的遺憾，似乎也不該稱之為一封書信。但這無疑是一件很有價值的文獻史料，使我們能夠真切地瞭解郭沫若當時的心態，也可以從側面看到他在流亡日本期間與中共黨組織之間的關係。而郭沫若當時有些「躊躇」的心態（當然不僅僅之於一函書簡），與他不久後秘密歸國，以及歸國之初的狀況，應該是不無關聯的。

〔註41〕《李一氓回憶錄》（人民出版社，2001 年 1 月）這樣記述了兩書出版的事情：「我又認識了孟壽椿，也是四川人，一位美國留學生。那時他當大東書局的編輯所長。我手頭正有郭沫若的兩部稿子，一是《中國古代社會研究》，二是《殷周青銅器銘文研究》。因為大東書局張靜廬向我表示願意出版郭沫若的著作，在徵求郭沫若的同意之後，我就把《中國古代社會研究》交給了張靜廬，大概在 1930 年底就出版了。至於《殷周青銅器銘文研究》，我早就同孟壽椿談起過，他出的稿費也比較優厚，我就把它交給孟壽椿，1931 年也出版了。郭沫若在他的《海濤集》最後《我是中國人》的一節中，提到這件事，把孟壽椿誤記為李幼椿，應予更正。」不過，李一氓在這裏也誤記了一事，即，他交張靜廬的那部郭沫若書稿是《甲骨文字研究》而非《中國古代社會研究》。《中國古代社會研究》1930 年初由上海聯合書店初版發行。

〔註42〕1931 年 5 月 14 日魯迅日記中記有此事。見《魯迅全集》第 14 卷，人民文學出版社，1981 年版。